Elvira Neuendank
Film als pädagogisches Setting
Ein Medium als Vermittlungs- und Vergegenwärtigungsinstanz

[transcript]

Dissertation, Fakultät Erziehungswissenschaft, Psychologie und Bildungsforschung, TU Dortmund, 2020
Gutachten: Prof. Dr. Ulrike Mietzner, Prof. Dr. Barbara Welzel

Bibliografische Information der Deutschen Nationalbibliothek
Die Deutsche Nationalbibliothek verzeichnet diese Publikation in der Deutschen Nationalbibliografie; detaillierte bibliografische Daten sind im Internet über http://dnb.d-nb.de abrufbar.

© 2022 transcript Verlag, Bielefeld

Alle Rechte vorbehalten. Die Verwertung der Texte und Bilder ist ohne Zustimmung des Verlages urheberrechtswidrig und strafbar. Das gilt auch für Vervielfältigungen, Übersetzungen, Mikroverfilmungen und für die Verarbeitung mit elektronischen Systemen.

Umschlaggestaltung & Satz: Elvira Neuendank
Druck: Majuskel Medienproduktion GmbH, Wetzlar
Print-ISBN 978-3-8376-6067-8
PDF-ISBN 978-3-8394-6067-2
https://doi.org/10.14361/9783839460672
Buchreihen-ISSN: 2702-9247
Buchreihen-eISSN: 2703-0466

Gedruckt auf alterungsbeständigem Papier mit chlorfrei gebleichtem Zellstoff.
Besuchen Sie uns im Internet: https://www.transcript-verlag.de
Unsere aktuelle Vorschau finden Sie unter www.transcript-verlag.de/vorschau-download

Elvira Neuendank
Film als pädagogisches Setting

Film

Elvira Neuendank, geb. 1984, ist Kultur- und Erziehungswissenschaftlerin und arbeitet als wissenschaftliche Mitarbeiterin am Institut für Allgemeine Erziehungswissenschaft und Berufspädagogik der TU Dortmund. Sie forscht und lehrt zu ästhetischer Bildung, Medien-, Film- und Erinnerungskultur sowie zu Fragen der Vermittlung in musealen Settings.

Inhalt

7 Film als pädagogisches Setting — zur Einleitung in eine Perspektive
9 embedded pedagogy — als Pädagogik im Film und als Verhältnis zum Publikum
12 Audiovisual arguments — pädagogische Strukturierungen im Film
17 Forschungsgegenstand Film — methodische Herausforderungen und Ansätze

21 Filmwahrnehmung — zwischen Aufmerksamkeit und Gewohnheit
25 Aufmerksamkeit als Ausgangspunkt ästhetischer Filmerfahrung
33 Organisation von Aufmerksamkeit mit filmischen Mitteln
38 Soziokulturelle Horizonte von Aufmerksamkeit
42 Institutionalisierung von Aufmerksamkeit durch das Kino

55 Filmkultur — Prozesse medialer Bezugnahme und kultureller Zirkulation
60 Der Film als konjunktiver Erfahrungsraum
68 Habitualisierungen — Zuschauende in Begegnung mit Filmen
76 Das Vor- und Nachleben des Films
82 Atlas zum Thema Pietà
84 Verwandtschaftsverhältnisse filmischer Darstellungen
92 Zusammenhänge zu außerfilmischen Praxen und Diskursen

95 Filmische Wissensformen — mediale Praktiken, Konventionen und Formen
97 Normative und kontextuelle Wissenshorizonte
104 Filmkulturelles Wissen und mediale Könnerschaft
109 Erinnerungskulturelle und mediale Routinen
114 Implizites Wissen als sinnlich-emotionale Responsivität
124 Historiographische Erkenntnisleistung durch den Film
132 Grenzen der Überführbarkeit filmischer Wissensformen

137 Geschichte als soziale Filmpraxis
139 Das Verhältnis zwischen Vergangenheit und Film
147 Das Wissen der Zeugenschaft
162 Das filmische Wissen der Entstehungszeit
175 doing history – Geschichtskonstruktion der Sozietät
190 Gefühlswissen des Historischen

211 Schluss – zusammenfassend drei Thesen zum Film als pädagogisches Setting

219 Quellen
219 Literatur
240 Filme

241 Dank

Film als pädagogisches Setting –
Zur Einleitung in eine Perspektive

Im Film *Die bleierne Zeit* (1981)[1] befindet sich in der Mitte eine ca. vierminütige Sequenz, in der die beiden Schwestern Juliane und Marianne bei der Betrachtung des Films *Nacht und Nebel* (1956)[2] zu sehen sind:[3] ein abgedunkelter Raum mit einer Leinwand vorne, einem Filmprojektor hinten und einem jungen Publikum, das sitzt und gebannt einen Film anschaut (Abbildungen 1a,b). In der ganzen Sequenz gibt es keinen einzigen Dialog zwischen den Protagonistinnen oder den anderen Zuschauenden – nur über die Darstellung der gemeinsamen Filmrezeption inklusive der nonverbalen Reaktionen wurde hier ein Schlüsselmoment des Films inszeniert. Den Filmprojektor bedient der Vater von Juliane und Marianne. Da er Pfarrer ist, scheint es naheliegend, dass er diese Filmvorführung im Kontext seiner Gemeindearbeit organisiert hat.

Mit dieser Sequenz lässt sich beispielhaft der Unterschied zwischen dem pädagogischen Setting einer Filmvorführung und dem pädagogischen Setting eines Films hervorheben. Der Kontext einer Filmbetrachtung wirkt sich auch auf die Auseinandersetzung mit dem Film aus. Eine Filmrezeption an einem Samstagabend mit Freunden im Kino findet unter ganz anderen Vorzeichen statt als im Kontext des Englisch-Unterrichts in der Schule oder als Teil eines Filmprogramms einer (in-)formellen Bildungsinstitution – wie es in *Die bleierne Zeit* vermutlich der Fall ist. Jede Rahmung hat Einfluss auf die Erwartungshaltung, die Anschlussdiskussionen und die begin-

Abbildung 1a: *Die bleierne Zeit* TC: 00:50:06.

Abbildung 1b: *Die bleierne Zeit* TC: 00:50:52.

---

1 *Die bleierne Zeit*, Regie und Drehbuch: Margarethe von Trotta, Deutschland 1981.
2 *Nacht und Nebel* [*Nuit et brouillard*], Regie: Alain Resnais, Drehbuch: Jean Cayrol, Frankreich 1956.
3 *Die bleierne Zeit*, TC: 00:49:20-00:53:05.

nende Beschäftigung mit dem Film. Mal wird dieser Prozess mit medienpädagogischem Material unterstützt, mal zeichnet diesen Prozess die offene – aber nicht minder relevante – Art einer Freizeitbeschäftigung aus.

Wenn jedoch der Film selbst als pädagogisches Setting verstanden wird, liegt der Fokus auf dem Potential, das das Filmmaterial im Hinblick auf pädagogisch relevante Prozesse birgt. Dabei stellen sich zwei zentrale Fragen: Was hält der Film in seinem Status als Gegenstand einer eigenen Ordnung bereit, aus dem heraus auch eine Form der Initiation von Selbst- und Weltbeschäftigung hervorgehen kann? Welche innerfilmischen, außerfilmischen und intermedialen Elemente zeichnen dieses pädagogische Potential des Films aus? Dazu wird hier im Verlauf dem Ansatz einer „Pädagogik der Medien" nachgegangen, wie er von Sigrid Nolda und Jochen Kade seit Ende der 1990er Jahre beschrieben wurde;[4] damit erfolgt hier ein Anschluss an erziehungswissenschaftliche Perspektiven, „denen es um die distanzierte Beobachtung und Analyse der Pädagogik *in* den (Massen-)Medien geht"[5], wie es Jochen Kade 2004 benennt. Den damit zusammenhängenden Überlegungen liegt weder ein emphatisches noch ein zweckgerichtetes Verständnis von Pädagogik zugrunde. Mit Pädagogik ist nicht eine bestimmte Form der Vermittlung gemeint – belehrend, informativ, gelenkt etc. –, sondern jede Form der Ansprache, aus der potentiell Momente der Selbst- und Weltbeschäftigung hervorgehen können. Pädagogische Prozesse durchziehen alle Lebensbereiche oder genauer: Der Fokus auf pädagogische Prozesse lässt sich auf alle Lebensbereiche ausweiten und wird daher von Heinz-Elmar Tenorth 1992 als „stiller Sieg" der Pädagogik beschrieben.[6] Da das Pädagogische laut Michael Wimmer (1996) „nicht an besondere Personen, Zwecke, Orte und Zeiten gebunden"[7] ist, kann dem überall nachgegangen werden – auch und gerade in den alltäglichen, umgangssprachlich nicht als explizit pädagogisch deklarierten Situationen. Die Fokussierung auf pädagogische Muster und Aspekte ist also eine Frage der Perspektiveinnahme in der Beschäftigung mit *verschiedenen* Gegenständen und keine Eingrenzung auf *einen* bestimmten Gegen-

---

4   Vgl. hierzu unter anderem Nolda, Sigrid (1998): Distanzierte Familiarität. Zur möglichen Pädagogik von Fernseh-Familienserien. In: Zeitschrift für Erziehungswissenschaft, Heft 1, S. 89-102; Nolda, Sigrid (1999): Popularisierung von Bildungswissen im Fernsehen. In: Drerup, Heiner / Keiner, Edwin (Hrsg.): Popularisierung wissenschaftlichen Wissens in pädagogischen Feldern, Weinheim, S. 157-179; Nolda, Sigrid (2002): Pädagogik und Medien. Eine Einführung, Stuttgart; Kade, Jochen (1999): Irritationen – zur Pädagogik der Talkshow. In: Gogolin, Ingrid / Lenzen, Dieter (Hrsg.): Medien Generation, Opladen, S. 151-181; Kade, Jochen / Seitter, Wolfgang (2003): Von der Wissensvermittlung zur pädagogischen Kommunikation. Theoretische Perspektiven und empirische Befunde. In: Zeitschrift für Erziehungswissenschaft, 6. Jg. / H. 4, S. 602-617.

5   Kade, Jochen (2004): Erinnerung und Pädagogik. Darstellungsformen des Holocaust im Spielfilm. In: Meseth, Wolfgang / Proske, Matthias / Radtke, Frank-Olaf (Hrsg.): Schule und Nationalsozialismus. Anspruch und Grenzen des Geschichtsunterrichts, Frankfurt / New York, S. 65-91, hier S. 65.

6   Vgl. Tenorth, Heinz-Elmar (1992): Laute Klage, stiller Sieg. Über die Unaufhaltsamkeit der Pädagogik in der Moderne. In: Brenner, Dietrich / Lenzen Dieter / Otto, Hans-Uwe (Hrsg.): Erziehungswissenschaft zwischen Modernisierung und Modernitätskrise. Weinheim, S. 129-140 (29. Beiheft der Zeitschrift für Pädagogik).

7   Wimmer, Michael (1996): Zerfall des Allgemeinen – Wiederkehr des Singulären. Pädagogische Professionalität und der Wert des Wissens. In: Combe, Arno / Helsper, Werner (Hrsg.): Pädagogische Professionalität. Untersuchungen zum Typus pädagogischen Handelns, Frankfurt a.M., S. 404-447, hier S. 416.

standsbereich. Abstrakt betrachtet, umfasst das Interesse an Pädagogik nach Dieter Lenzen (1999) zwei umfangreiche Ebenen: zum einen den der Humanontogenese – also den Entwicklungsprozessen der einzelnen Person – und zum anderen den der Lebenslaufbewältigung als der gesellschaftlichen und institutionellen Einbettung der Humanontogenese.[8] Die damit verbundene Vielfalt an Vorgängen ermöglicht es, den Film in immer wieder anderen pädagogischen Bezügen zu diskutieren.

embedded pedagogy –
als Pädagogik im Film und als Verhältnis zum Publikum

Den folgenden Überlegungen liegt die These zugrunde, dass Filme aus den Faktoren ihrer Vermittelbarkeit hervorgehen und sie über eine unhintergehbare pädagogische Beziehung zwischen Film und Betrachter*innen konstituiert werden. Kurz: In jedem Film – ganz unabhängig vom Genre und Format – ist eine Pädagogik eingebettet. Denn in der Regel sind Filme so angelegt, dass sie zu einer Begegnung und Beschäftigung mit dem Dargestellten verhelfen – Filme sollen gesehen werden und Zuschauende dabei einen Zugang zum filmisch Thematisierten bekommen.[9]

Kerstin Jergus beschreibt die Vorgänge der pädagogischen Ansprache 2019 im Allgemeinen als „adressierende Anrufungen"[10]. Auf die Filmrezeption übertragen, lässt sich davon sprechen, dass durch die „adressierende Anrufungen" Zuschauende in ein pädagogisches Verhältnis zum Film eintreten können. Dabei lässt sich der Film als eine gezielt in Gang gesetzte pädagogische Kommunikation verstehen, bei der die pädagogischen Momente meist nicht dezidiert als solche benannt werden. Aber da die medienspezifische Beschaffenheit darauf ausgelegt ist, über sinnliche, emotionale und kognitive Anregungen Wissen – im Sinne eines weiten Begriffs, der auch Prozesshaftes, Nichtverbalisierbares und Vorreflexives miterfasst – zu vermitteln, basiert eine Filmrezeption auf einem pädagogischen Verhältnis zwischen Film und Publikum. Gerade diese Aneignungszentrierung des Wissenstransfers, wie er mit Filmen möglich ist, zeichnet für Jochen Kade eine pädagogische Kommunikation aus;[11] auch wenn die Aneignung und Auseinandersetzung mit Wissen innerhalb einer pädagogischen Kommunikation immer – zumindest in Teilen – ungewiss und unvorhersehbar bleibt.

Wird der Film als Kommunikationsmedium zwischen der produzierenden Instanz (Kollektiv aus Drehbuchautor*innen, Regisseur*innen, Techniker*innen und

---

8   Damit verlässt auch die hier folgende Ausarbeitung bewusst die einst enge Fokussierung auf das konkrete Erzieher-Zögling-Verhältnis. Vgl. Lenzen, Dieter (1999) (Hrsg.): Erziehungswissenschaft – Was sie kann, was sie will, Reinbek, S.27. Vgl. auch Luhmann, Niklas (1997): Erziehung als Formung des Lebenslaufs. In: Lenzen, Dieter / Luhmann, Niklas (Hrsg.): Bildung und Weiterbildung im Erziehungssystem. Lebenslauf und Humanontogenese als Medium und Form, Frankfurt a.M., S. 11-29.

9   Und wenn ein Zugang unmöglich scheint, kann dies ein wichtiges Element des arrangierten Möglichkeitsraums Film sein oder der Wissenshorizont des Entstehungskontextes des Films weicht zu stark vom Wissenshorizont der Zuschauenden ab.

10 Jergus, Kerstin (2019): Zur Medialität pädagogischer Beziehungen und der medialen Seite der Bildung. In Gentzel, Peter / Krotz, Friedrich / Wimmer, Jeffrey / Winter, Rainer (Hrsg.): Das vergessene Subjekt. Subjektkonstitution in mediatisierten Alltagswelten, Wiesbaden, S. 255-275, hier S. 268.

11 Vgl. Kade (2003): S. 602-617.

Darsteller*innen etc.) und der rezipierenden Seite verstanden, wird auch hier ein asymmetrisches Machtverhältnis deutlich, das vielfach konstitutiv für pädagogische Beziehungen ist. Denn die Verbindung zwischen der filmproduzierenden und der filmrezipierenden Seite gründet zumeist auf einem Wissensgefälle. Die pädagogische Machtinstanz der Filmproduktion zeichnet sich dadurch aus, dass mit den Mitteln des Films – beispielsweise über die Verwendung von Licht, Ton, Kameraeinstellung und Montage – Wissen (vielfach gezielt) gedeutet, selektiert, arrangiert und zueinander in Bezug gesetzt wird. Mit einem Film wird bestimmt, was, in welcher Abfolge und wie gezeigt wird. Diese Prozesse werden selten im Film selbst thematisiert, sondern bleiben im Verborgenen. Gerade dieses Wissen um die Produktionszusammenhänge des Films wird selten mit dem Filmpublikum umfänglich geteilt. Das Ergebnis ist ein Film der durch die pädagogischen Eingriffe bei der Filmproduktion gestaltet und arrangiert wurde. Somit wird nicht nur argumentativ, sondern auch über die Inanspruchnahme einer Machtinstanz Wissen transportiert.[12]

Ein Film lässt sich als medialer Wirklichkeitsraum verstehen, der für die Zuschauenden zur Beschäftigung bereit steht. Dabei liegt die Voraussetzung für ein „pädagogisches Geschehen", wie es mit einem Film angebahnt werden kann, Kerstin Jergus (2019) zufolge „in der Erfahrungsoffenheit und Veränderungsmöglichkeit" des Subjekts – also „der Möglichkeit von und durch Andere(s) angesprochen zu werden."[13] Es ist gerade diese Vielfalt an anregendem Anderen – zum dem auch Filme gehören, die den Ausgangspunkt für pädagogische Prozesse bilden können. Dabei ist diese Aufgeschlossenheit der einzelnen Person dem Film gegenüber grundlegend für ein pädagogisches Verhältnis zwischen Film und Publikum. Eine solche Empfänglichkeit für die Wissensformen des Films wird ebenfalls in *Die bleierne Zeit* thematisiert.

Der in *Die bleierne Zeit* zitierte Filmausschnitt aus *Nacht und Nebel* setzt zu Beginn des Jahres 1945 ein. Es werden die Verwicklungen der deutschen Industrie in das Lagersystem der Nationalsozialisten hervorgehoben. Daran schließen sich historische Aufnahmen an, die seit der Befreiung der Lager entstanden sind.[14] Diese Aufnahmen britischer Kameraleute, die kurz nach der Befreiung des Konzentrationslagers Bergen-Belsen entstanden sind, lassen das Ausmaß der Verbrechen erahnen und zeigen den Umgang der Alliierten mit den Leichenbergen. Durch die filmische Zusammenstellung in *Die bleierne Zeit* treffen die Archiv-Aufnahmen aus *Nacht und Nebel* auf eine Gruppe von jungen Zuschauenden im Vorführraum und eine neue Bedeutungsebene entsteht. Diese Form der Wiederverwendung der Aufnahmen lässt sich mit dem Begriff der „Remontage"[15] des Kunsthistorikers Didi-Huberman von 2010 beschreiben:

---

12 Vgl. zu der pädagogischen Inanspruchnahme von Macht im Zuge von Aufmerksamkeitskommunikation Kade, Jochen (2011): Aufmerksamkeitskommunikation. Zu einem erziehungswissenschaftlichen Grundbegriff. In: Amos, Sigrid Karin / Meseth, Wolfgang / Proske, Matthias (Hrsg.): Öffentliche Erziehung revisited. Erziehung, Politik und Gesellschaft im Diskurs, Wiesbaden, S. 75-99, hier S. 93.

13 Jergus (2019): S. 268.

14 Vgl. zu diesem Abschnitt von Nacht und Nebel die Monographie von Lindeperg, Sylvie (2010 [2007]): „Nacht und Nebel". Ein Film in der Geschichte, Berlin, S. 144-148.

15 Das Gesamte der Remontage ist mehr als die Summe aller Einzelteile. Durch die neue Zusammenstellung geschieht eine Aktualisierung, Erweiterung und Reflexion der bisherigen Perspektive. Vgl. Didi-Huberman, Georges (2014 [2010]): Remontagen der erlittenen Zeit. Das Auge der Geschichte II, Paderborn, S. 23f.

Aus der einstigen Verwendung des historischen Filmmaterials in Nacht und Nebel ist hier durch die Überführung und Kontextualisierung in eine andere Situation mit dem filmischen Verfahren der Montage ein epistemischer Akt erfolgt. Denn als Zuschauende von Die bleierne Zeit sehen wir nicht mehr die Archiv-Aufnahmen, wie sie bei Nacht und Nebel Verwendung fanden, sondern ihnen wird eine Personengruppe dazu in Bezug gesetzt. Die hier gezeigten Personen lassen sich der bundesrepublikanischen Generation zuordnen, die kurz vor und während des Zweiten Weltkriegs geboren wurde und in den 1950er Jahren zur Schule gegangen ist. Angehörige dieser Generation werden im Film Die bleierne Zeit Ende der 1950er Jahre durch Nacht und Nebel filmisch mit den historischen Verbrechen des Nationalsozialismus konfrontiert.[16] Mit diesen Filmaufnahmen wird hier ein gemeinschaftlicher Erfahrungsraum inszeniert, der als prägend für die zuschauende Gruppe bzw. die Protagonistinnen dargestellt wird. Zu dem Erfahrungshorizont dieser Generation wird dann in den 1960er Jahren eine Beschäftigung mit den Fehlern und Verbrechen der Elterngeneration – unter anderem entlang von juristischen Prozessen (national und international) und entlang von Diskursen um politische und moralische Entscheidungen der Vergangenheit und Gegenwart gehören.[17] Auch im zitierten Ausschnitt von Nacht und Nebel wird nach Beteiligung, Schuld und Verantwortung – besonders der Elterngeneration – gefragt: Zu einer Abfolge von Unschuldsbeteuerungen einiger Männer – scheinbar aus dem Kontext eines Verhörs oder einer juristischen Anklage – werden Bilder der jungen Zuschauenden, der Überlebenden und der Toten in Verbindung gesetzt.[18] Dabei werden die Blicke der Überlebenden durch die dargestellte Vorführsituation in Die bleierne Zeit mit den Blicken des jungen Publikums über den Schnitt und die Montage in Verbindung gesetzt (Abbildungen 2a-c).

Abbildung 2a: Die bleierne Zeit TC: 00:51:13.

Abbildung 2b: Die bleierne Zeit TC: 00:51:15.

Abbildung 2c: Die bleierne Zeit TC: 00:51:31.

---

16 Vgl. zur Rezeptionsgeschichte des Films: Lindeperg (2010 [2007]): S. 220-232, S. 290-306.

17 Vgl. zur Diskussion des Potentials und der Grenzen des Generationsbegriffs als Selbstthematisierungsformel und analytische Kategorie Jureit, Ulrike (2019): Generation – ein Kollektivbegriff mit begrenzter Reichweite. In: Die Mediation Quartal 1/2019, S. 21-27; Jureit, Ulrike (2017): Generation, Generationalität, Generationenforschung, Version: 2.0. In: Docupedia-Zeitgeschichte, 03.08.2017 verfügbar unter: https://docupedia.de/zg/Jureit_generation_v2_de_2017 (15.04.2020).

18 Vgl. zu der Montage dieser Sequenz in Nacht und Nebel auch Gregor, Ulrich (2011): Nuit et Brouillard. Bemerkungen zu einer Schlüsselszene. In: montage AV 20/1/2011, S. 183-185.

Mittels Schuss-Gegenschuss-Verfahren treffen in *Die bleierne Zeit* Täter, Opfer und Nachgeborene aufeinander. Die Rezeption von *Nacht und Nebel* wird als ein einschneidendes Erlebnis der beiden Schwestern inszeniert. Emotional ergriffen verlassen sie die Filmvorführung – aber der Tonebene des Films entkommen sie nicht. Die Musik und die Erzählerstimme hallen gut hörbar bis zu den Toiletten, wo die beiden nach Fassung ringen und sich weinend in den Armen liegen.

In *Die bleierne Zeit* wird die Filmrezeption von *Nacht und Nebel* neben anderen einschneidenden Erlebnissen der Kindheit und Jugend als ein prägender Moment von Juliane und Marianne inszeniert. Denn fortwährend wird in *Die bleierne Zeit* über Flashbacks nach Begründungsansätzen für die Situation von Juliane, Marianne und ihrer Generation in den 1970er Jahren gesucht, um letztlich auch den gesamtgesellschaftlichen Taumel dieser Zeit zu thematisieren. Dabei wird das gegenwärtige Verhalten von Juliane und Marianne mit der Summe der verschiedenen Ereignisse aus ihrer Vergangenheit – zu denen eben auch die Rezeption von *Nacht und Nebel* gehört – in ein Spannungsverhältnis gesetzt. Doch die Folgen werden nicht monokausal hergeleitet: Vieles haben die beiden Schwestern gemeinsam – von der Kindheit bis ins Erwachsenenalter – und dennoch trennt sie letztlich die konkrete Umsetzung ihrer politischen Ideen. Während Juliane sich als Frauenrechtlerin engagiert und als Journalistin arbeitet, wählt Marianne den Weg, ihre politischen Überzeugungen mit Gewalt einzufordern. Dabei basiert *Die bleierne Zeit* auf der Biographie der Ensslin-Schwestern, womit zugleich auch der Bezugsrahmen dieser Generation befragt wird.

Audiovisual arguments – pädagogische Strukturierungen im Film

Jeden Film zeichnen pädagogische Strukturierungselemente aus, die die konkrete Ausgestaltung der eingebetteten Pädagogik ausmachen und maßgeblich für die Rezeption sind. Gerade die Art und Weise, wie im Film Zugänge zum Dargestellten ermöglicht werden, mediale Erfahrungsräume entstehen und Aufmerksamkeit gelenkt wird, entscheidet darüber, wie ein Film als Ort der Werte- und Wissensvermittlung funktioniert. Aus dieser Perspektive kann von einem pädagogischen Einsatz filmischer Mittel gesprochen werden. So wie es Jochen Kade 2004 beschreibt:

> „Filmische Inszenierungsmodi, wie etwa eine starke Kontrastierung von Personen, eine Verknüpfung von gegensätzlichen Handlungssträngen oder die Variation, Steigerung und Redundanz von Erzählelementen sind immer auch pädagogische Modi der Beeinflussung der Aneignung."[19]

Auch bei den filmischen Elementen von *Nacht und Nebel*, denen Marianne und Juliane in *Die bleierne Zeit* begegnen, lässt sich fragen, wie sie als pädagogische Strukturierungen verstanden werden können. Die gelenkte Konfrontation mit den Verbrechen der Vergangenheit geschieht in *Nacht und Nebel* in Form einer pädagogischen Ausdeutung, die in dem gezeigten Filmausschnitt auch wesentlich von der Präsenz, Platzierung und Wortwahl der Erzählerstimme getragen wird. Um die Situation 1945 vor der Befreiung der nationalsozialistischen Lager zu thematisieren, werden die historischen

---

19 Kade (2004): S. 82.

Luftaufnahmen von einem Konzentrationslager durch die Erzählerstimme mit Hintergrundwissen über die involvierten Akteure und ihre Zielsetzung angereichert.[20] Es braucht die semantischen Impulse der Erzählerstimme, da es für dieses Wissen an dieser Stelle auf der visuellen Ebene keine Entsprechung gibt. Die Bilder der Baracken geben nicht das preis, was für die Argumentation notwendig ist. Als darauf die Bilder der Toten und Überlebenden aus dem befreiten Lager in Bergen-Belsen folgen, werden die zuvor beschriebenen involvierten Akteure und das wenige gezeigte NS-Lagerpersonal[21] vor der Weltöffentlichkeit zu Verbrechern und Verbrecherinnen[22] und ihre Taten zum Menschheitsverbrechen. Dabei wird an dieser Stelle genau gegenläufig zur vorherigen Strukturierung verfahren: Die langen Passagen mit den Bildern, die Tote

---

20 „1945. Die Lager dehnen sich aus, füllen sich. Es sind Städte von hunderttausend Einwohnern. Voll belegt. Die Industrie-Planung zeigt Interesse für dieses unerschöpfliche Arbeitskräfte-Reservoir. Manche Werke haben ihre eigenen, der SS unzugänglichen Lager. Bei Steyr, Krupp, Heinkel, I.G. Farben, Siemens, Hermann Göring und anderen werden auf diese Weise die Lücken geschlossen. Die Nazis können ja den Krieg gewinnen, und diese neuen Städte sind ein Teil ihres Wirtschaftsgefüges. Aber sie verlieren den Krieg. Es mangelt an Kohle für die Krematorien, an Brot für die Menschen. Auf den Lagerstraßen türmen sich die Leichen. Typhus." *Die bleierne Zeit*, TC: 00:49:20-00:49:55.

21 Die Diskussion innerhalb der Forschung, ob Frauen im Nationalsozialismus Täterinnen oder Opfer waren, wurde teils kontrovers geführt. Für einen Überblick vgl. Lanwerd, Susanne / Stoehr, Irene (2007): Frauen- und Geschlechterforschung zum Nationalsozialismus seit den 1970er Jahren. Forschungsstand, Veränderungen, Perspektiven. In: Gehmacher, Johanna / Hauch, Gabriella (Hrsg.): Frauen- und Geschlechtergeschichte des Nationalsozialismus: Fragestellungen, Perspektiven, neue Forschungen, Innsbruck, S. 22-68. Seit Anfang des neuen Jahrtausends erschienen zahlreiche Publikationen, in denen sich sowohl allgemein als auch auf Teilbereiche fokussiert mit dem Thema Frauen als Täterinnen im Nationalsozialismus beschäftigt wurde. Vgl. Krauss, Marita (2008): Sie waren dabei. Mitläuferinnen, Nutznießerinnen, Täterinnen im Nationalsozialismus. Göttingen; Kompisch, Kathrin (2008): Täterinnen: Frauen im Nationalsozialismus, Köln; Harvey, Elisabeth (2009 [2003]): Der Osten braucht dich! Frauen und nationalsozialistische Germanisierungspolitik, Hamburg; Kramer, Nicole (2011): Volksgenossinnen an der Heimatfront. Mobilisierung, Verhalten, Erinnerung, Göttingen; Maubach, Franka (2009): Die Stellung halten. Kriegserfahrungen und Lebensgeschichten von Wehrmachthelferinnen, Göttingen; Mühlenberg, Jutta (2010): Das SS-Helferinnenkorps. Ausbildung, Einsatz und Entnazifizierung der weiblichen Angehörigen der Waffen-SS 1942-1949, Hamburg. Diese Forschungen legen nahe, dass in nahezu allen Organisationen des nationalsozialistischen Regimes Frauen nicht wie lange behauptet, nur als Schreibkräfte, sondern auch als ausführende Mitglieder tätig waren. Aus diesem Grund verwende ich in dieser Arbeit, für alle Teilbereiche nationalsozialistischer Verbrechen, beide Geschlechterformen für die Benennung der Täterinnen und Täter. Nur im Hinblick auf die konkreten Filmbeispiele entspricht die Genderbezeichnung der Darstellungsweise des jeweiligen Films.

22 Hier und im Verlauf der Ausarbeitung wird dem gegenwärtigen Anspruch, die bipolare Gendereinteilung aufzuheben, bewusst nicht nachgegangen, da im historischen Kontext ein drittes Geschlecht in der bipolaren Ordnung nicht vorgesehen und nicht erwünscht war. Daher unterscheidet sich die Wahl der sprachlichen Markierung von Gender im Kontext der historischen Beschreibungen von denen der Gegenwart. Wie genau der Umgang mit Gender- und Sexualitätsnormen in der Zeit des Nationalsozialismus war, ist aktuell Gegenstand verschiedener historischer Untersuchungen. Vgl. hierzu die verschiedenen Aufsätze in: Schwartz, Michael (2014): Homosexuelle im Nationalsozialismus. Neue Forschungsperspektiven zu Lebenssituationen von lesbischen, schwulen, bi-, trans- und intersexuellen Menschen 1933 bis 1945, Oldenburg. Diesen Hinweis auf eine historisch genaue Rekonstruktion des Sozialgefüges verdanke ich Barbara Welzel.

zeigen, werden von der Stimme nur über vereinzelte Impulse gelenkt.[23] Einzig die von Hans Eisler komponierte Musik begleitet kontinuierlich diese Bilder.[24] Es findet keine semantische Ausdeutung statt, sondern eine nonverbale Annäherung, besonders weil diese Sequenz von den Bildern der Toten in ihrer Unerträglichkeit dominiert wird. Zur Inszenierung einer empirischen Wahrheit über das Ausmaß dieser Verbrechen wurden verschiedene historische Aufnahmen montiert – und sie sind so aussagekräftig, dass sie keiner Erläuterung bedürfen.

Die Vermittlerinstanz des Erzählers greift erst dann wieder deutlich ein, um den dargestellten Überlebenden eine Stimme zu geben und gesellschaftliche und juristische Konsequenzen einzufordern. Diese pädagogische Vermittlungsabsicht zwischen den historischen Ereignissen und der Verantwortung für diese Geschichte zielt auf eine Herausbildung von Moral und Gewissen. Neben der Unterscheidung dessen, was moralisch und was nicht-moralisch ist, wird *Nacht und Nebel* von einem Drängen nach Aufklärung bestimmt. Zur Umsetzung eines pädagogischen Aufklärungsinteresses bedarf es laut Jochen Kade (2004) eines wissenden „Deutungs- und Handlungszentrums"[25]. In *Nacht und Nebel* geschieht dies besonders durch die Verwendung von historischem Film- und Fotomaterial, dessen gezielter Montage und den verbalen Erläuterungen.

Über die Platzierung der Filmvorführung von *Nacht und Nebel* in *Die bleierne Zeit* wird neben der Bedeutung des filmgenerierten Wissens vor allem der Umgang mit diesem Wissen thematisiert. Zudem wurden über die (Rück-)Schau auf das Leben der beiden Schwestern fortwährend Lernanlässe inszeniert, sodass pädagogische Prozesse implizit zum Sujet des Films gehören. Die subjektkonstitutiven Geschehnisse des Erkennens, Aneignens und Empfindens – auch im Zusammenhang mit der Filmrezeption – zeichnen die Entwicklungsprozesse von Marianne und Juliane aus. Dabei birgt die Andeutung dieser Vorgänge – denn eine Darstellung ist nur bedingt möglich – ein pädagogisches Potential für Zuschauende, weil darin Impulse zur Bewältigung der eigenen Lebensführung und zur Konstruktion der eigenen Biographie liegen.[26] Denn Filmfiguren, wie Marianne und Juliane, treten beispielsweise in der Repräsentation eines Berufs, eines Familienmitglieds, eines Alters, einer sozialen Gruppe etc. in Erscheinung und bieten damit eine Vorlage zur Identifikation, Distanzierung oder Kommentierung. Bewusst und direkt, aber auch indirekt und vorreflexiv kann die eigene Lebensführung zu den dargestellten Entwicklungen der Figuren ins Verhältnis gesetzt werden. Zudem können Filme – wie andere Medienformate auch – Facetten und Modelle zum Umgangs mit der eigenen Biographie bieten, wie auch Sigrid Nolda 2002 hervorhebt: „Einzelne Biographien können als Vorbild genommen oder abgelehnt werden, ihre Gesamtheit als Recht zur Konstruktion einer völlig neuen Variante aufgefasst werden oder ein Bewusstsein von der Fragilität biographischer Konstruk-

---

23 „Als die Alliierten die Tore öffnen... alle Tore..." *Die bleierne Zeit*, TC: 00:49:55-00:51:12.
24 Vgl. zu der musikalischen Ausgestaltung von *Nacht und Nebel*: Lindeperg (2010 [2007]): S. 166-178. Vgl. auch Dümling, Albrecht (1993): Musikalischer Kontrapunkt zur filmischen Darstellung des Schreckens. Hanns Eislers Musik zu Nuit et Brouillard von Alain Resnais. In: Köppen, Manuel (Hrsg.): Kunst und Literatur nach Auschwitz, Berlin, S. 113-123.
25 Kade (2004): S. 66.
26 Vgl. Nolda (2002): S. 158; vgl. auch Jörissen, Benjamin / Marotzki, Winfried (2009): Medienbildung – Eine Einführung. Theorie – Methoden – Analysen, Bad Heilbrunn, S. 41-94.

tionen erzeugen."[27] Gerade Filme ermöglichen mittels audiovisueller Argumentation komplexe, explizite und implizite Weisen der Ausgestaltung von Figuren, zwischenmenschlicher Verhältnisse, gesellschaftlicher Zustände und Abläufe.

Dabei betont Sigrid Nolda die Potentialität medialer Formate als „ein Angebot für ein Publikum". Auf das filmische Vermittlungsangebot können – wie bei allen pädagogischen Settings – Prozesse der Aneignung folgen, sie müssen es aber nicht. „Nicht der Modus der Intention, sondern der der Anheimstellung prägt die über Medien an ein [...] Publikum gerichtete Pädagogik."[28] Es ist wichtig, den Film als einen Möglichkeitsraum zu verstehen, zu dem eine Spannweite an Umgangsweisen gehören kann, die je nach Person stark variieren kann:

> „Der Adressat dieser Pädagogik ist nicht Objekt einer Intervention, sondern ein Subjekt, das sich aus dem allseits Offerierten das aussuchen kann, was seiner Disposition, seinen Interessen, Bedürfnissen, Neigungen, Kenntnissen und Fähigkeiten am nächsten kommt, und das die Freiheit hat, unaufmerksam zu sein, zu unterbrechen oder aber auch immer dasselbe wahrzunehmen."[29]

Diese Passage Noldas vermittelt die Annahme eines durchweg aktiven und souveränen Subjekts, das immer durchdacht im Umgang mit medialen Wissens- und Deutungsangeboten agiert. Doch ein Rezeptionsvorgang basiert nicht nur auf bewussten Entscheidungen, sondern wird ebenso auch von unbewussten und vorreflexiven Abläufen mitbestimmt, die sich gerade im Kontext von (Rezeptions-)Gewohnheiten herausgebildet haben. Der Mensch kann in seiner Begegnung mit Medien genauso wie in seiner gesamten Entwicklung nicht nur als ein autonomes und souverän agierendes Subjekt verstanden werden. Er ist aufs Engste mit dem Erfahrungs- und Erkenntnishorizont seines soziokulturellen Umfelds verwoben. Damit autark und reflexiv umzugehen, ist möglich, sich aber in vollem Umfang dessen zu entledigen, kann kaum gelingen. Deshalb versteht Kerstin Jergus – mit Verweis auf Meyer-Drawe und Ricken[30] – pädagogische Prozesse als intersubjektiv angelegt: Denn „Intersubjektivität ist hierbei insofern jeder souveränen Subjektivität vorgängig, als sich Subjekte in Sozial- und Anderenbezügen konstituieren und sich von Anderen her erlernen"[31]. Dieser Annahme folgt auch die Protagonistin Juliane durch die Beschäftigung mit dem eigenen Lebensverlauf und dem ihrer Schwester in *Die bleierne Zeit*. In einem Streitgespräch mit ihrer Schwester sagt sie: „Außerdem glaube ich, dass wir uns aus unserer persönlichen Geschichte nicht befreien können"[32]. In diesem Film wird dezidiert das Eingebundensein des Einzelnen in Geschichte und Gegenwart befragt, um den gesellschaftlichen Bedingungen und biographischen Entwicklungen nachzugehen.

---

27 Ebd. S. 168.
28 Ebd. S. 160.
29 Ebd. S. 160.
30 Vgl. Meyer-Drawe, Käte (1990): Illusion von Autonomie. Diesseits von Ohnmacht und Allmacht des Ich, München; Ricken, Norbert (2013): Zur Logik der Subjektivierung. Überlegungen an den Rändern des Konzepts. In: Gelhard, Andreas / Alkemeyer, Thomas / Ricken, Norbert (Hrsg.): Techniken der Subjektivierung, München, S. 29-47.
31 Jergus (2019): S. 268.
32 *Die bleierne Zeit*, TC: 01:15:38.

Und sogar ein zweites Mal bestimmen Filmerfahrungen in *Die bleierne Zeit* eine Sequenz.³³ In diesem Film wird mit der Bedeutung von Filmen argumentiert: Dem eigenen Medium wird eine große Einflussnahme auf die Konstitution von Personen in der Auseinandersetzung mit drängenden Themen der Zeit zugeschrieben.³⁴ Denn zu den biographischen Schlüsselmomenten von Juliane und Marianne als junge Erwachsene gehört die Rezeption der filmisch dokumentierten Auswirkungen des Vietnamkriegs. (Abbildungen 3a,b) Auch hier als ein Film im Film angelegt, wird eine Gruppe bei der Betrachtung filmischer Aufnahmen gezeigt. Wieder wird sowohl die Situation der Filmrezeption als auch der projizierte Film gezeigt. Pädagogische Prozesse, wie sie von Filmrezeptionen ausgehen können, befinden sich immer eingebettet in soziale Rahmen: „Pädagogische Prozesse vollziehen sich sowohl mit als auch vor Anderen, die Gegenüber und Teil pädagogischer Prozesse sind – als Jahrgangsklasse, als Schulgemeinschaft, als gesellschaftlicher Raum, als Zuhörer_in etc."³⁵, wie Kerstin Jergus 2019 herausstellt. Daraus lässt sich der Schluss ziehen, dass die beiden Dimensionen – 1. das pädagogische Verhältnis eines Films und seiner Zuschauendenschaft und 2. die Wahl der pädagogischen Strukturierungen – in einem Film nicht ohne die soziokulturellen Kontexte der Entstehungs- und Rezeptionszeit diskutiert werden können. Das pädagogische Verhältnis zwischen einem Film und seiner Zuschauendenschaft und die Wahl der pädagogischen Strukturierungen in einem Film kann nicht ohne die soziokulturellen Kontexte der Entstehungs- und Rezeptionszeit diskutiert werden.

In *Die bleierne Zeit* (1981) werden Fragen nach den Beweggründen einer politischen Radikalisierung verhandelt, ohne entlastende oder eindeutige Antworten zu liefern.³⁶ Die Motive des Linksterrorismus, der besonders in den 1970er Jahren eine gesamtgesellschaftliche Tragweite erreichte, werden in diesem Film in ein Spannungsverhältnis zum Umgang mit dem beunruhigenden Wissen über die nationalsozialistische Vergangenheit und den (nationalen und internationalen) politischen Entscheidungen

Abbildung 3a: *Die bleierne Zeit* TC: 01:13:53.   Abbildung 3b: *Die bleierne Zeit* TC: 01:13:59.

---

33 *Die bleierne Zeit*, TC: 01:13:51–01:14:45.

34 Vgl. hierzu die Schilderungen von Volker Schlöndorff über seine Generation von Filmschaffenden (zu denen auch seine erste Frau Margarethe von Trotta gehört) und ihrer Auseinandersetzung mit dem politisch motivierten, bundesdeutschen Terrorismus der 1970er Jahre: Schlöndorff, Volker (2007): Deutscher Herbst. Die mörderischen Kinder. In: Die Zeit, 04. Oktober 2007, Nr. 41.

35 Jergus (2019): S. 269.

36 Vgl. hierzu auch die komparative Analyse von Julian Reidy, in der *Die bleierne Zeit* in einem Spannungsverhältnis zu zwei anderen Filmen verhandelt wird: Reidy, Julian (2013): Baader, Vesper, Ensslin im Kino. Terrorismus und memoria in Markus Imhoofs *Die Reise* (1986), Margarethe von Trottas *Die bleierne Zeit* (1981) und Andres Veiels *Wer wenn nicht wir* (2011). In: Germanica 53/2013, S. 163-179.

der Gegenwart gesetzt. Hier wird jegliche Zuflucht in Gewissheiten verhindert – es dominiert die Beunruhigung, Infragestellung und Ungewissheit. Juliane und Marianne erscheinen beide als empfänglich für die besondere filmförmige Zusammenstellung von Wissen über die historischen und gegenwärtigen Ereignisse und die damit verbundenen moralischen Implikationen. Und dennoch werden die Entwicklungsprozesse der beiden Protagonistinnen als gegenläufig, widersprüchlich, nonlinear und brüchig gezeigt.

Forschungsgegenstand Film – methodische Herausforderungen und Ansätze

> „Man kann eine Filmsequenz leider nicht in Anführungszeichen setzen und zitieren wie einen Absatz aus einem Buch, und sie in Worten zu beschreiben, ist zwangsläufig unvollständig."[37]

Die im Film eingebettete Pädagogik ernst zu nehmen, hat zur Konsequenz, Filme als Ausgangspunkt für das analytische Vorgehen zu sehen. „Filme sollten nicht das Rohmaterial, der ‚Inhalt' eines Diskurses sein, sondern ein Teil von ihm als Stichwortgeber und Ansprechpartner, als Frage und Antwort, als Problem und Lösung."[38] Bezugnehmend auf diese Haltung der Filmwissenschaftler Thomas Elsaesser und Malte Hagener (2013 [2007]) sollten Filme nicht primär dazu dienen, Theorien zu bestätigen oder in Form eines Exempels zu veranschaulichen, sondern vielmehr zu einem Anlass und einer zentralen Grundlage wissenschaftlicher Erkenntnisgenerierung werden.[39] Die Bedeutung eines Mediums für Denk-, Bewusstseins- und Erfahrungsprozesse stellte bereits Nietzsche 1882 heraus: „Unser Schreibwerkzeug arbeitet mit an unseren Gedanken"[40] – auch die wissenschaftliche Beschäftigung mit Filmen sollte dem Rechnung tragen.

Für die Perspektive auf den Film als pädagogisches Setting sind die Vorgänge, in die das Publikum durch die Rezeption verwickelt werden kann, ebenso von Interesse wie die medienspezifischen Strukturen und intermedialen Verbindungen des Films sowie die gesamtgesellschaftliche Rahmung der Produktions- und Rezeptionszusammenhänge. Aber gerade die Prozesse der Filmwahrnehmung und -auseinandersetzung stellen die Forschung vor ein Dilemma, weil sie zwar zentral sind, aber ihnen nur begrenzt beizukommen ist. Für diese doppelseitige Problematik des Forschungs-

---

37 Bazin, André (2004 [1948]): Der filmische Realismus und die italienische Schule der Befreiung. In: Ders.: Was ist Film?, Berlin, S. 295-326, hier S. 318.
38 Elsaesser, Thomas / Hagener, Malte (2013 [2007]): Filmtheorie zur Einführung, 4. überarbeitete Auflage, Hamburg, S. 67.
39 Vgl. hierzu das analytische Vorgehen von Engell, Lorenz (2010): Kinematographische Agenturen. In: Engell, Lorenz / Bystrický, Jiří / Krtilová, Kateřina (Hrsg.): Medien denken. Von der Bewegung des Begriffs zu bewegten Bildern, Bielefeld, S. 137-156.
40 Nietzsche, Friedrich (1986 [1882]): Briefwechsel. Sämtliche Werke. Kritische Studienausgabe, hrsg. von Colli, Giorgio / Montinari, Massimo, Band VI, Berlin, S. 172.

gegenstandes Film sensibilisiert Johannes Geng 2019 im Kontext seines Konzepts der sensorischen Regime:

> „Jede deutende Aussage über einen Film […] fußt selbst auf einem Akt des Wahrnehmens und bleibt, so die auf einer Metaebene zu formulierende Einsicht, an und für sich stets an diesen rückgebunden. Entsprechend ist Wahrnehmung gleichermaßen inhärente Existenzbedingung des Films, insofern seine Bilder nicht jenseits ihrer Bedingtheit im menschlichen Auge bestehen respektive bestehen können, als auch eine oftmals methodisch nicht problematisierte Voraussetzung seiner Analyse."[41]

Die Herausforderung besteht nun darin, die im Film angelegten Modi zu erfassen und daraufhin zu befragen, für welche Zuschauendengruppen welche Zugänge möglich sind. Doch schon die Verbalisierung sinnlicher Erscheinungen bzw. ihrer möglichen Wirkungen ist problematisch, da sinnliche Dimensionen nur ansatzweise bzw. unzureichend in Worte überführbar sind. Das empirische Phänomen der Wahrnehmung entzieht sich der präzisen sprachlichen Fassung.[42] Im Medium der Sprache lässt sich Wahrnehmung nur partikular und unvollständig reflektieren – das Nicht-Begriffliche mit Begriffen zu fassen, bleibt ein unüberwindbares Dilemma.

Eine weitere Herausforderung besteht darin, wie den Prozessen, die vom Film als pädagogisches Setting ausgelöst werden zu nähern ist. Welche Relevanz die Begegnung mit Filmen für die eigene Lebensführung hat – wie es in *Die bleierne Zeit* inszeniert wurde – kann meiner Ansicht nach außerhalb von Erzählwelten kaum bzw. nur sehr eingeschränkt nachgegangen werden. Besonders der Versuch über Zugänge der Wirkungsforschung Ergebnisse induktiv zu erheben, birgt Unzulänglichkeiten. Denn es setzt voraus, dass die Befragten in vollem Bewusstsein über ihre Wahrnehmungsvollzüge und -praxen sind. Auch ist die Aussagekraft einer Stichprobe begrenzt.[43] Dabei ist es wichtig, die Prozesse der Auseinandersetzung mit Filmen in ihrer Komplexität zu denken, weil sie nur teils bewusst, zeitversetzt zur Rezeption, nicht monokausal und lebenslang stattfinden können. Also kann sich den Zugangsweisen zu Filmen nur indirekt genähert werden und zwar über die Analyse der pädagogischen Strukturierungen mittels technoästhetischer Standards unter der Berücksichtigung der soziokulturellen Bezugshorizonte der Produktions- und Rezeptionszeit. Also wird hier bewusst der Weg einer kulturwissenschaftlichen Perspektive gewählt und dabei unter anderem der Position des Filmwissenschaftlers Oliver Fahle gefolgt, der auf die Grenzen des wissenschaftlichen Zugriffs auf Rezeptionsprozesse verweist: „Die Betonung des Wahrnehmungsvollzugs ist zwar für die philosophische Ästhetik entscheidend, darf aber nicht darüber hinwegtäuschen, dass dieser nur an den Objekten

---

41 Geng, Johannes (2019): Sensorische Regime. Die wahrnehmungsformierende Kraft des Films, Wiesbaden, S. 2.
42 Diese sprachliche Unzulänglichkeit ist konstitutiv für die Wahrnehmungsphilosophie. Vgl. Adorno, Theodor W. (2007 [1965/66]): Vorlesung über Negative Dialektik, Frankfurt a.M., S. 95; Wiesing, Lambert (2002) (Hrsg.): Philosophie der Wahrnehmung, Frankfurt a.M. S. 10f.
43 Vgl. beispielhaft die filmsoziologische Untersuchung von Morin, Edgar (2010 [1953]): Forschungen zum Kinopublikum. In: montage AV 19/2, S. 43-59.

selbst beschrieben werden kann."⁴⁴ Nur über die Analyse des Filmmaterials kann unter Hinzuziehung von Kontextwissen indirekt auf die Zuschauendenposition Bezug genommen werden. Konkret heißt das: Es gilt, die im Film angelegten Optionen der Beschäftigung zu erschließen.

Kulturwissenschaftliche Reflexionen greifen in der Regel auf keine Messergebnisse zurück, sondern entwerfen eine theoriebasierte Konzeption der Zuschauenden: Unter Rückgriff auf den jeweiligen theoretischen Referenzrahmen versetzen sich Wissenschaftler*innen in die Position der Zuschauenden und versuchen aus dieser Position heraus die Theorie zu bestätigen. Dieses Vorgehen kann nur partikulare Aspekte des Films reflektieren und geht immer mit einer Verkürzung und stellenweisen Idealisierung des Zuschauenden einher. Der vielfältigen und in Teilen widersprüchlichen, empirischen Phänomene kann eine Analysekategorie – so differenziert sie auch angelegt ist – nur bedingt gerecht werden. Besonders wahrnehmungsbezogene Forschung darf keinen Anspruch auf absolute Universalität formulieren und muss sich der Gefahr einer Annahme monokausaler Wirkmacht ästhetischer Filmerfahrung bewusst sein. Filme zeichnen sich – wie andere Artefakte – durch ihre Offenheit und Unabgeschlossenheit aus, auch weil ihre Rezeption sozial und historisch bedingt ist. Unter der Berücksichtigung dieser Problemlage und mit dem Interesse verschiedene Dimensionen des Mediums Film differenziert erörtern zu wollen, wird entlang von sozial-, medien-, film-, kunst- und kulturwissenschaftlichen Diskursen der Frage nachgegangen, welche Rezeptionsoptionen das pädagogische Setting eines Films ermöglicht.

Für eine Perspektivierung auf das pädagogische Setting würden sich wegen der grundlegenden Ausrichtung die vielfältigsten filmischen Formate, Genres und inhaltlichen Schwerpunktsetzungen eignen: Ob Serien, Spielfilme oder Youtube-Videos, ob unterhaltsam, ernst, fiktional oder dokumentarisch ausgerichtet, allem liegt eine pädagogische Struktur zugrunde, weil jedes filmische Ensemble auf Vermittlung und Aneignung hin ausgelegt ist – es soll gesehen und von einem (gewissen) Publikum verstanden werden.⁴⁵ Für eine Diskussion von verschiedenen Aspekten des pädagogischen Settings ist die Konzentration auf einen bestimmten Gegenstandsbereich produktiv. Die Vielfalt an filmischen Herangehensweisen zu einem Thema oder Format ermöglicht es, in der Analyse die verschiedenen Ausprägungen pädagogisch relevanter Strukturen herauszuarbeiten. So bietet beispielsweise die Fokussierung auf Filme, in denen die historischen Ereignisse aus der Zeit des Nationalsozialismus (und der unmittelbaren Nachkriegszeit) ausgelotet werden, ein großes Spektrum an. Bis in unsere Gegenwart hinein reißt das Interesse an der Thematisierung und Rezeption dieser Zeit nicht ab. Dabei werden gerade die für die Filmkultur zentralen Interferen-

---

44 Fahle, Oliver (2011): Das Material des Films. In: Sommer, Gudrun / Hediger, Vinzenz / Fahle, Oliver (Hrsg.): Orte filmischen Wissens. Filmkultur und Filmvermittlung im Zeitalter digitaler Netzwerke, Marburg, S. 293-306, hier S. 297.

45 Auch Filme, bei denen mit dem Rezeptionsvermögen des Publikums kokettiert wird oder es überstrapaziert wird, sind letztlich auf ein Gegenüber ausgerichtet – auch wenn dieses nicht hinsehen mag, kann, will oder darf. In diesem Zusammenhang analysiert beispielsweise Vinzent Hediger Filme im Hinblick auf mögliche Momente des „abgewandten Blicks". Er kommt zu dem Schluss, dass die „Momente des Wegsehens" zu einem konstitutiven Element vieler Filme geworden sind und sich über die Zeit regelrecht eine „Genreform des Unsehbaren" herausgebildet hat. Hedinger, Vinzenz (2012): Das Sichtbare und das Sehbare. Kino als Kunst des abgewandten Blicks. In: montage AV 21/2/2012, S. 119-143.

zen zwischen den Aspekten des sinnlich, emotionalen Empfindens, der außerfilmischen Bezugshorizonte sowie der medialen und kulturellen Konventionen immer wieder wie durch ein Brennglas hindurch auf eine drängende Weise virulent. Gerade weil durch die filmische Thematisierung der historischen Ereignisse der nationalsozialistischen Verbrechen vielfach moralische und ästhetische Grenzen zur Disposition standen, wurden hier auch oftmals Umsetzungen gewählt, die wesentliche Einschnitte in der Filmgeschichte darstellen. An diesem Filmspektrum wird exemplarisch deutlich, welchen hohen Stellenwert innerfilmische und außerfilmische Praxen und Diskurse für die Analyse von Filmen haben. Somit werden bei der Erschließung des Films als pädagogisches Setting auch Aushandlungsprozesse mit gesellschaftlicher Tragweite diskutiert. Denn auch die Erinnerungen an die Verbrechen und die Zeit des Nationalsozialismus sind weder statisch noch homogen. Schon immer wurden die historischen Ereignisse in einer Vielfalt (auch teils ambivalenter) Diskurse vermittelt. Dabei lassen sich über die verschiedenen Deutungskonjunkturen die pädagogischen Strukturierungen erörtern.

Filmwahrnehmung –
zwischen Aufmerksamkeit und Gewohnheit

„Aufmerksamkeit meint in diesem Sinne mehr als lediglich die Fähigkeit, in einer bestimmten Situation etwas Bestimmtes mitzubekommen. Mit ihr ist vielmehr die Erwartung verbunden, dass sich durch das Bemerken von Etwas zukünftiges Wahrnehmen verändert. Diese Wahrnehmungsveränderung geschieht durch eine Verschmelzung bisheriger Vorstellungen des Lernenden mit dem, was ihm als neuartig entgegentritt."[1]

Vermehrt seit dem 18. Jahrhundert wächst das Interesse an Phänomenen, die der Aufmerksamkeit und ihren gegensätzlichen Zuständen zugerechnet werden. Das geht unmittelbar einher mit normativen Implikationen und besonders pädagogische, psychologische, philosophisch-anthropologische, ökonomische, medienwissenschaftliche und kulturwissenschaftliche Diskurse werden davon beeinflusst.[2] Unter anderem zeichnet sich darin das vielfältige Bedürfnis ab, bestehende Gesellschaftsstrukturen zu begründen und (zukunftsorientierte) Ausrichtungen zu formulieren, wie Andreas Ziemann es 2011 für den Höhepunkt des Diskurses zu Beginn des 19. Jahrhunderts herausstellt:

„Es lebt und wirkt ein Aufmerksamkeitsdiskurs, der sich dem Problem von Erkenntniserweiterung, wünschenswerter Erziehung und maßvollen Verhaltensmodellen unter Bedingungen von menschlicher Perfektibilität und Disziplinierung verschreibt, der scharfsichtig am Komplexitätsproblem vor dessen moderner semantischer Karriere laboriert und von dem man annehmen darf, dass sich seine Bezugsprobleme mittlerweile um ein Vielfaches gesteigert haben. Das Erkenntnisinteresse gilt seitdem der Einübung und Kontrolle der Aufmerksamkeit. Beides zusammen wirkt als normatives Regulativ. Aufmerksamkeit könne und solle programmiert werden, so bereits die Idee

---

1   Dinkelaker (2017): S. 383.
2   Vgl. unter anderem Löffler (2014); und Crary, Jonathan (2002 [1999]): Aufmerksamkeit. Wahrnehmung und moderne Kultur, Frankfurt a.M.

um 1800; und man kann sie deshalb als Kulturtechnik begreifen, die jenseits natürlicher Anforderungen und Verhaltensreaktionen einsetzt".[3]

Die Brandbreite an Zuschreibungen und Bezugshorizonten, innerhalb derer Aufmerksamkeit eine Rolle spielt, ist vielfältig. Im Kontext der Verhandlung von Subjektkonstitution und -optimierung schwingt ein dezidiert pädagogisches Interesse mit. Insbesondere einige Pädagogen der Aufklärung versuchen sich an der Verbesserung der Aufmerksamkeit. Sie sahen darin ein „Instrument der Bildung und Disziplinierung der Persönlichkeit"[4], wie Michael Hagener 1998 zusammenfasst. Beispielsweise beziehen sich Johann Heinrich Pestalozzi und Johann Friedrich Herbart im 18. bzw. zu Beginn des 19. Jahrhunderts in ihren Konzepten auf den produktiven Wechsel zwischen gespannter Aufmerksamkeit und entspannter Zerstreuung, der sich positiv auf eine pädagogische Situation auswirken soll.[5]

Bereits Ende des 17. Jahrhunderts hielt es John Locke – als Vordenker der Aufklärung – für eine wichtige pädagogische Aufgabe des Lehrers „die Aufmerksamkeit des Schülers zu gewinnen und zu erhalten; solange er sie besitzt, wird er mit Sicherheit so schnell vorankommen, wie die Fähigkeiten des Lernenden es zulassen".[6] Mit Bezug auf Locke aktualisiert Käte Meyer-Drawe 2015 die Bedeutung von Aufmerksamkeit für ein pädagogisches Verhältnis zwischen Lehrenden und Lernenden für ihre Gegenwart.

> „Aufmerksamkeit will bekommen, verdient oder gewonnen werden, was gerade nicht bedeutet, dass der Schüler das herausfindet, worauf der Lehrer hinauswill. Es ist umgekehrt der Lehrer, der sich anstrengen muss, um Aufmerksamkeit als Geschenk empfangen zu können. Aber damit ist es noch nicht genug. Die Aufmerksamkeit muss auch erhalten bleiben. Sie meint einen empfindlichen Zustand; denn sie wird durch die Brüchigkeit der Erfahrung ermöglicht und bleibt gerade aus diesem Grunde durch sie bedroht."[7]

Meyer-Drawe hebt hervor, was bei Locke keine Beachtung findet: Für eine gelingende pädagogische Interaktion braucht es nicht nur Aufmerksamkeit seitens der Adressierten, sondern auch seitens der pädagogisch Handelnden ist Aufmerksamkeit notwendig. „Sie müssen aufmerksam sein auf das, was sie vermitteln, auf die Vermittlungsmethoden, auf ihre Adressaten, auf sich selbst und [...] also auch auf die Schüler, Teilnehmer, Klienten, auf die sie gerade nicht ihre Aufmerksamkeit richten",[8] betont auch Jochen Kade 2011.

Diese erziehungswissenschaftliche Perspektive lässt sich dabei auf die Vorstellung vom Film als pädagogisches Setting übertragen. Denn auch dieses Medium zeichnet sich dadurch aus, dass damit Aufmerksamkeit erzeugt und organisiert wird – selbst wenn es neben den Gemeinsamkeiten deutliche Unterschiede zu anderen Formen der pädagogischen Ansprache gibt. Fasst man das Verhältnis zwischen Filmen und Zu-

---

3 Ziemann (2011): S. 39.
4 Hagener (1998): S. 278.
5 Vgl. Dinkelaker (2017): S. 380f.
6 Locke (1970 [1693]): Gedanken über Erziehung, Stuttgart, S. 206.
7 Meyer-Drawe (2015): S. 123.
8 Kade (2011): S. 92.

schauenden als ein zirkuläres und die Rezeption mit Dewey als ein Interaktions-Geschehen auf, dann besteht eine (pädagogische) „Aufmerksamkeitskommunikation"[9], die über die Teilnahme an der filmkulturellen Praxis geschieht – auch wenn eine Überprüfung, wie sie in Bildungsinstitutionen erfolgt, nur über Umwege und indirekt stattfinden kann. Dabei ist Aufmerksamkeit immer – egal unter welchen medialen oder performativen Vorzeichen – durch Ablenkung und Gewöhnung bedroht und nur temporär, wie Meyer-Drawe ebenfalls betont: „Damit Aufmerksamkeit gefesselt werden kann, muss sie geweckt werden, ein fragiler Akt ohne Netz und doppelten Boden."[10]

Auf diese Weise wird Aufmerksamkeit in ihrer willentlichen Form thematisiert, die durch die Schaffung bestimmter Situationen herstellbar oder als Selbstdisziplinierung trainierbar ist: Aufmerksamkeit kann selbst- oder fremderzeugt werden und wird in dieser Form als Kulturtechnik verstanden. Den Gegensatz dazu bildet die unwillentliche, willkürliche Form der Aufmerksamkeit; wenn etwas die Aufmerksamkeit erregt und weder fremd noch selbst in planvoller Weise intendiert ist. Deshalb wird pädagogisch vielfach nicht nur die Aufmerksamkeitserzeugung angebahnt, sondern die drohende Ablenkung „etwa durch räumliche, zeitliche oder soziale Isolierungsstrategien"[11] – wie Jochen Kade es 2011 hervorhebt – durch Abschirmung oder andere Verfahren bedacht.[12]

Demnach beschreibt Aufmerksamkeit sowohl einen Verhaltensmodus als auch eine bestimmte Hinwendung zu einem Gegenstand oder einem Ereignis – entweder richten wir Aufmerksamkeit auf etwas oder etwas richtet sich an uns und die Aufmerksamkeit wird dann geweckt. Das Resultat ist immer Bewusstseinslenkung: Unabhängig vom jeweiligen Ausgangsreiz fasst Aufmerksamkeit die Fokussierung der Wahrnehmung auf einen Gegenstand oder ein Ereignis. Aufmerksamkeit wird zur Voraussetzung und zum Ausgangspunkt für sinnliche Erfahrung, weil die Sinne in den Prozess der Fokussierung, des Aufmerkens und der beginnenden Beschäftigung involviert sind. Besonders im Moment des Aufmerkens greift die vermeintlich klare Unterscheidung zwischen der sinnlichen Annäherung an einen Gegenstand und der kognitiven Beschäftigung damit nicht mehr – eine Trennschärfe, die bereits Baumgarten im 18. Jahrhundert zu überwinden suchte.[13] Das sinnliche Aufmerken kann zur Grundlage für Erkenntnisprozesse werden; damit stehen Wahrnehmen und Denken in einem engen Verhältnis zueinander. Mit Bezug auf die historische Position Baum-

---

9   „Um *pädagogische Aufmerksamkeitskommunikation* im engeren Sinne handelt es sich dann, wenn eine Aufmerksamkeitserwartung im Zusammenhang der Wissensvermittlung an eine Person nicht nur wahrnehmbar ist, sondern auch mit mehr oder weniger großer Intensität kommuniziert wird, und zwar unterscheidbar von der Wissenskommunikation, gleichwohl aber nicht losgelöst von ihr." Kade (2011): S. 93f.

10 Meyer-Drawe (2015): S. 123.

11 Kade (2011): S. 91.

12 Seit mehreren Jahren wird vermehrt die Aufmerksamkeitsstörung aus einer neurobiologischen Perspektive verhandelt. Vgl. hierzu kritisch: Olde, Valeska (2010): „ADHS" verstehen? Phänomenologische Perspektiven, Opladen / Berlin / Toronto; Gerspach, Manfred (2014): Generation ADHS – den *Zappelphilipp* verstehen, Stuttgart; Schmidt, Hans-Reinhard (2018) (Hrsg.): Modekrankheit ADHS. Eine kritische Aufsatzsammlung, Frankfurt a.M.

13 Baumgarten, Alexander Gottlieb (2011 [1739]): Metaphysica. Historisch-kritische Ausgabe, Stuttgart, §CWVI.

gartens reflektiert Iris Laner 2018 aus einer gegenwärtigen Perspektive heraus die sinnliche Erfahrung als erkenntnis- und bildungsrelevant:

> „Versteht man ästhetische Erfahrung als besonders lebendige, emotional einnehmende, Reflexionen auslösende sinnliche Wahrnehmung, so entpuppen sie sich in der Tat als idealer Träger von Bildungsprozessen. Denn wenn eine Erfahrung einnehmend ist, d.h. wenn sie sich aufdrängt und einen nicht mehr loslässt, wenn sie sich durch ihre Lebendigkeit in den Fokus der Aufmerksamkeit drängt und wenn sie Reflexionsbewegungen anstößt, dann nötigt sie geradezu, den eigenen sinnlichen Bezug zum Erfahrenen und zu sich selbst als Erfahrenden neu zu bestimmen."[14]

Im Sinne einer theoretischen Differenzkategorie lässt sich der Zustand der Aufmerksamkeit von dem Zustand der Gewohnheit abgrenzen und damit auch der Unterschied zwischen ästhetischen und aisthetischen Wahrnehmungsvollzügen beschreiben: Die aufmerksamkeitserregenden sinnlichen Erfahrungen der Ästhetik stehen dann im Gegensatz zu den routinierten sinnlichen Verarbeitungsmodi der Aisthetik. Somit ergibt sich über das Verhältnis zwischen Aufmerksamkeit und Gewohnheit eine analytische Folie, mit der der Frage nachgegangen werden kann, wie über den Konnex von Ästhetik und Aisthetik Aspekte der Filmbegegnung präzisiert werden können.

Dabei sind Aufmerksamkeit ebenso wie Wahrnehmung, Erfahrung und Ästhetik theoretische Konzepte, weil sie im strengen Sinne nicht beobachtbar sind; sie dienen zur Erfassung, Begründung, Kategorisierung und Reflexion der (intentionalen) Fokussierung der Wahrnehmung auf einen Gegenstand oder ein Ereignis. Zudem sind Aufmerksamkeit und Gewohnheit sozial bedingte Zustände, an denen das gesellschaftlich Bevorzugte ebenso nachvollziehbar wird, wie die Erwartungshorizonte sinnlicher Reize und Gewöhnungseffekte einzelner Kollektive. Das individuelle Erleben – vom Moment der Aufmerksamkeit bis hin zur Eingewöhnung – passiert vor dem Hintergrund von gesellschaftlich verbreiteten Vorstellungen. Die Favorisierungen einer Gemeinschaft werden zum Ausgangspunkt sinnlicher Standards – wie sie sich auch im Film niederschlagen und auch davon erzeugt werden.[15]

Gewohnheiten – als das notwendige Pendant zur Aufmerksamkeit – entstehen meist beiläufig und vielfach nicht intentional, als Nebenprodukte einer immer wiederkehrenden Praxis. Diejenigen Gewohnheiten, die sich mit der Zeit einschleichen, werden häufig erst reflektiert, wenn sie das Denken und Verhalten bereits bestimmen. Zudem sind Gewohnheiten sehr beständig, einmal in Kraft getreten, lassen sie sich nur schwer verändern oder abstellen. „Übertragen auf das Kino ließe sich somit sagen, dass die Gewohnheiten der Wahrnehmung, die sich im Zuge der Filmrezeption etablieren, auch dann noch nachwirken, wenn der einzelne Film zu Ende ist und der Zuschauer das Kino verlassen hat",[16] betont Johannes Geng 2019. Der Film kann aber auch zu einem Ort der Befremdung des Gewohnten werden – zu einem medialen Möglichkeitsraum, in dem eine aufmerksame Begegnung mit dem ansonsten Selbstverständlichen entstehen kann. „Wäre nicht die Filmkamera erfunden worden", konstatiert Siegfried Kracauer 1960, „so würde es eine enorme Anstrengung kosten, die

---

14 Laner, Iris (2018): Ästhetische Bildung zur Einführung, Hamburg, S. 28.
15 Vgl. Geng (2019): S. 26.
16 Geng (2019): S. 33.

Schranken zu überschreiten, die uns von unserer alltäglichen Umgebung trennen [...] Der Film macht sichtbar, was wir zuvor nicht gesehen haben oder vielleicht nicht einmal sehen konnten".[17] Im Verlauf der folgenden Ausführungen wird geklärt, welche filmischen bzw. filmrelevanten Diskurse und Praktiken aus dem Spannungsverhältnis zwischen Aufmerksamkeit und Gewöhnung hervorgegangen sind. Damit lassen sich Aspekte der Filmwahrnehmung ergründen und der Film kann als pädagogisches Setting konkretisiert werden.

Aufmerksamkeit als Ausgangspunkt ästhetischer Filmerfahrung

„Aufmerksamkeit meint ein erhöhtes Bewusstsein von einem fokussierten Wahrnehmungsbereich. Insofern ist sie eine Grundvoraussetzung kognitiver Prozesse. Zugleich ist sie aber auch eine basale Form der menschlichen Zuwendung zur Welt."[18]

Filme sind auf visuelle Wahrnehmung hin ausgelegt, zudem in der Lage auch auditive Welten zu erschaffen und können uns so sehr emotional berühren, dass sie einen bleibenden Eindruck hinterlassen. Damit kann die Filmerfahrung als eine in der sinnlichen Wahrnehmung gründende Erkenntnisart verstanden werden. Dabei sind Filmerfahrungen wie jede nichtfilmische Erfahrung konstitutiv für eine Vorstellung von der Welt und dem Selbst. Gudrun Morasch beschreibt 2014 mit Verweis auf Lutz Koch aus einer anthropologischen Perspektive Erfahrung im Allgemeinen als

„das einfache Kennenlernen von Menschen, Dingen und Phänomenen, kurz: der Welt, in die wir hineingeboren werden. Sie entwickelt sich als anfängliches Weltverständnis aus der sinnlichen Wahrnehmung und der Art, wie wir Menschen und Dingen begegnen, die uns auf diese Weise vertraut werden. Aber erst durch die Aufnahme ins Gedächtnis wird aus dem Vertrautsein Erfahrung, erst auf dieser Basis können Erfahrungen begleiten und führen".[19]

Die sinnliche Begegnung ist der Anfangspunkt für kognitive und abstrakte Denkprozesse. John Dewey unterschied in den 1920er Jahren zwischen der primary experience der sinnlichen Erfahrung und den möglicherweise daraus hervorgehenden kognitiven Akten der secondary experience:

---

17 Kracauer, Siegfried (2005 [1960]): Theorie des Films. Die Errettung der äußeren Wirklichkeit. Mit einem Anhang „Marseiller Entwurf" zu einer Theorie des Films, hg. von Inka Mülder-Bach, unter Mitarbeit von Sabine Biebl. In: Ders. (2004ff): Werke in 9 Bänden, Bd. 3, hg. von Mülder-Bach, Inka / Belke, Ingrid, Frankfurt a.M., S. 389.
18 Kade (2011): S. 78.
19 Morasch, Gudrun (2014): Erfahrung. In: Wulf, Christoph / Zirfas, Jörg (Hrsg.): Handbuch Pädagogische Anthropologie, Wiesbaden, S. 549-558, hier S. 549f.

> „Es wird nicht bestritten, dass jeder erfahrene Stoff überhaupt zu einem Objekt der Reflexion und kognitiven Inspektion werden kann. Aber der Ton liegt auf ‚werden', das Kognitive ist niemals allumfassend"[20]

Demnach ist jeder Denkakt auf sinnliche Erfahrung zurückzuführen, aber nicht jede sinnliche Begegnung hat kognitive Denkprozesse zur Folge und kann auch nicht in Gänze in rationale Strukturen aufgehen. Damit verweist Dewey auf die Potentialität von Erfahrung, aus der keine klare Kausalität resultieren kann. Im Anschluss an Dewey sind sinnliche Wahrnehmungsprozesse – wie sie auch bei der Filmrezeption ablaufen – mit Blick auf ihr Erfahrungspotential differenziert und polyvalent aufzufassen.

Sinnliche Wahrnehmung ist zentral für die gelingende Funktions- und Handlungsweise des Körpers, allerdings werden die ständig ablaufenden Wahrnehmungsprozesse in der Regel nicht immer reflektiert und bedacht vollzogen. Es würde grundlegende routinierte Abläufe des Alltags – wie Gehen, Fahrradfahren, Telefonieren etc. – hemmen, wenn sie immer bedacht und mit fokussiertem Augenmerk darauf stattfinden würden. Wird etwas über die Zeit vertraut, dann ist es so sehr angeeignet, dass es sich nicht mehr im Fokus der bewussten Auseinandersetzung befindet. Siegfried Kracauer fand für diesen Vorgang der Anpassung und Einverleibung 1960 in seiner Filmtheorie eine treffende Beschreibung:

> „Altbekannte Gesichter, Straßen, durch die wir täglich gehen, das Haus, in dem wir wohnen – all diese Dinge sind Teil unseres Selbst wie unsere Haut und weil wir sie wirklich von innen kennen, kennen wir sie nicht in ihrer äußeren Wirklichkeit. Sobald sie einmal unserer Existenz einverleibt sind, hören sie auf, Gegenstände unserer Wahrnehmung, begehrenswerte Ziele zu sein."[21]

Der Wahrnehmungsvollzug besonders im Umgang mit vertrauten Strukturen, Gegenständen und Handlungen unterscheidet sich von den Momenten, wenn die Wahrnehmung herausgefordert wird und in den Fokus der Aufmerksamkeit rückt. Um den pragmatisch ausgerichteten Gebrauch der Sinne von der herausragenden sinnlichen Bezugnahme zu unterscheiden, plädiert auch Martin Seel 1997 für eine Differenz zwischen Ästhetik und Aisthetik:

> „Thema der Aisthetik [...] ist einfach die menschliche Wahrnehmung, ohne eine Beschränkung auf bestimmte Formen und Funktionen. Aisthetik ist folglich etwas sehr viel Allgemeineres als Ästhetik. Ist Aisthetik eine Lehre von dem menschlichen Wahrnehmungsvermögen überhaupt, so handelt Ästhetik von einem bestimmten Gebrauch dieses allgemeinen Vermögens. Ästhetik ist daher ein Teilgebiet der Aisthetik. Alle Wahrnehmung ist aisthetisch, nur ein Teil unserer Wahrnehmung aber ist darüber hinaus ästhetisch."[22]

---

20 Dewey, John (1995 [1925]): Erfahrung und Natur, Frankfurt a.M., S. 40.
21 Kracauer (2005 [1960]): S. 105.
22 Seel, Martin (1997): Ästhetik und Aisthetik. Über einige Besonderheiten ästhetischer Wahrnehmung. In: Recki, Birgit / Wiesing, Lambert (Hrsg.): Bild und Reflexion. Paradigmen und Perspektiven gegenwärtiger Ästhetik, München, S. 17-38, hier S. 17.

Demnach ist ein Film nicht dann ästhetisch, wenn beispielsweise bestimmte Produktionsweisen eingehalten werden oder er von einer Jury prämiert wurde, sondern wenn Zuschauende einen besonderen sinnlichen Zugang verspüren. Damit ist *ästhetisch* eine Kategorie, die in allererster Hinsicht an den Wahrnehmenden orientiert ist: Erst wenn die wahrnehmende Person ihre Aufmerksamkeit auf den bestimmten sinnlichen Reiz richtet, wird aus dem routinierten, meist unbemerkten, aisthetischen Wahrnehmungsvollzug ein ästhetischer Prozess.[23] Oder wie es der Erziehungswissenschaftler Klaus Mollenhauer 1996 formuliert: „Meine Sinne werden mir, in ästhetischer Einstellung, über die auch sonst meine Tätigkeit ununterbrochen begleitenden oder stimulierenden Wahrnehmungsvorgänge hinaus, *thematisch*".[24] Waldenfels spricht 2002 zur Erfassung des Phänomens der Aufmerksamkeit auch von dem „Ethos der Sinne"[25] – denn es treten Akzente im routinierten Fluss der Wahrnehmungsvollzüge auf. Den Film als ästhetischen Gegenstand zu bezeichnen, hebt daher auf das Potential ab, dass ausgehend von der Person und ihrer Aufmerksamkeit auf die sinnlichen Vollzüge mit dem Film eine ästhetische Erfahrung möglich ist. Eine aisthetische Wahrnehmung findet dahingehend bei der Filmrezeption immer statt. Dabei entsteht Aufmerksamkeit dort, wo Unbekanntes, so-noch-nie-Gesehenes, -Gehörtes oder -Getastetes usw. wahrgenommen wird und in den Fokus der Auseinandersetzung rückt. Francesco Casetti beschreibt 2010 die ästhetische Filmerfahrung als einen herausgehobenen Moment:

„Im Fall des Kinos kann dies die Kraft der Bilder und der Töne sein, die Besonderheit des Raumes, in dem der Film vorgeführt wird, die unvermeidliche Ambiguität der Darstellung – das Pendeln zwischen Realität und Irrealität –, der Schwindel des Eintauchens in die erzählte Welt, die plötzliche und keineswegs unproblematische Freiheit des Auges, etc. Und es ist gerade dieser Überschuss, der unsere Begegnung mit dem bestimmt, was uns vor Augen steht, und die uns zwingt herauszutreten aus dem Für-gegeben-Halten der Alltagswahrnehmung und uns direkt mit dem auseinanderzusetzen, was wir antreffen."[26]

Casetti bezieht sich hier auf Heideggers Verständnis von Erfahrung, bei dem immer Aspekte des Zustoßens und Erleidens mitschwingen.[27] Durch Irritation und „Chock" – wie von Walter Benjamin in den 1930er Jahren beschrieben[28] – oder durch Verfrem-

---

23 Vgl. auch Dietrich, Cornelie / Krinninger, Dominik / Schubert, Volker (2013): Einführung in die Ästhetische Bildung, 2. durchgesehene Auflage, Weinheim / Basel, S. 16ff.

24 Mollenhauer, Klaus (1996): Grundfragen ästhetischer Bildung. Theoretische und empirische Befunde zur ästhetischen Erfahrung von Kindern, unter Mitarbeit von Cornelie Dietrich, Hans-Rüdiger Müller und Michael Parmentier, Weinheim/München, S. 26.

25 Waldenfels, Bernhard (2002): Aufmerksamkeitsschwellen. In: Links. Rivista di letteratura e cultura tedesca. Zeitschrift für deutsche Literatur- und Kulturwissenschaft, 2, S. 37-44, hier S. 42.

26 Casetti, Francesco (2010): Die Explosion des Kinos. Filmische Erfahrung in der post-kinematographischen Epoche. In: montage av 19/1/2010, S. 11-35, hier S. 17.

27 Vgl. Heidegger, Martin (1959): Unterwegs zur Sprache, Pfullingen.

28 Laut Walter Benjamin ist das Publikum durch den Film – wie durch andere Medien der Moderne auch – der permanenten Konfrontation mit audiovisuellen „Chocks" ausgesetzt, die zu einer Gewöhnung und Entwicklung von Bewältigungsstrategien im Umgang mit den Herausforderungen der Moderne führen. Benjamin, Walter (2013 [1989]): Das Kunstwerk im Zeitalter seiner technischen Reproduzierbarkeit (Dritte Fassung). In: Walter Benjamin. Werke und Nachlaß. Kritische Gesamt-

dung und Zuspitzung – wie von Bertolt Brecht für das Theater ab den 1920er Jahren geforderte[29] – kann der Zustand der Aufmerksamkeit erzeugt werden. Dabei betont Käte Meyer-Drawe 2015, dass dem Zustand der Aufmerksamkeit immer etwas voraus geht: „Etwas oder jemand fällt auf, stört, unterbricht, bietet einen Anblick, erhebt einen Anspruch. Man wendet sich ihm zu und richtet sein Augenmerk darauf. Es handelt sich um eine besondere Achtsamkeit, um Hin- oder Zuwendungen".[30] Aufmerksamkeit als eine Form des Bewusstseins und des Gerichtet-Seins auf etwas kann entweder selbst- oder fremdbestimmt hergestellt werden. „Letztlich geht es also in unterschiedlicher Akzentuierung um die Frage, wer auf was wie die Aufmerksamkeit richtet",[31] formuliert Jochen Kade 2011 aus erziehungswissenschaftlicher Perspektive.

Aufmerksamkeit stellt einen bestimmten Modus der Wahrnehmung her: Man ist gespannt und in Erwartung auf die sinnlichen Eindrücke. „In der Aufmerksamkeit entsteht eine gewisse Wachsamkeit, die aber im Unterschied zur Konzentration nicht auf einen Punkt gerichtet ist"[32] – so Meyer-Drawe 2015. Durch Aufmerksamkeit wandelt sich die Wahrnehmung vom Modus der Beiläufigkeit in den Modus der Achtsamkeit. Oder wie es Meyer-Drawe formuliert: „Unsere Wahrnehmungen erhalten eine gewisse Bestimmtheit, wenn auch noch keine präzise Bedeutung."[33] Was entsteht, bezeichnet Bernhard Waldenfels 2002 eine „vorreflexive Entscheidungsbereitschaft"[34], die mehr ist als eine Fixierung und weniger ist als eine klare Wahl für etwas. Aus diesem Wahrnehmungsmodus der Aufmerksamkeit kann ästhetische Erfahrung, die die Vorstellung von dem Selbst und der Welt verändert, hervorgehen. Nach Waldenfels (2016) steht Aufmerksamkeit in Verbindung mit einer „starke[n] Form der Erfahrung"[35], die sich auszeichnet durch Momente des Auffallens und Einfallens – „in

---

ausgabe. Band 16: Das Kunstwerk im Zeitalter seiner technischen Reproduzierbarkeit, hrsg. von Burkhardt Lindner, Berlin, S. 96–163. hier S. 138f; und ebenfalls Benjamin, Walter (2013 [1974]): Das Kunstwerk im Zeitalter seiner technischen Reproduzierbarkeit (Fünfte Fassung). In: Walter Benjamin. Werke und Nachlaß. Kritische Gesamtausgabe. Band 16: Das Kunstwerk im Zeitalter seiner technischen Reproduzierbarkeit, hrsg. von Burkhardt Lindner, Berlin, S. 207–256, hier S. 244ff. Die von Burkhardt Lindner als dritte Fassung editierte Version des „Kunstwerk"-Aufsatzes wird in den *Gesammelten Schriften* erst im Band 7 *Nachträge* veröffentlicht. Die von Lindner als fünfte Fassung bezeichnete Version entspricht der zweiten in den *Gesammelten Schriften*. Benjamin, Walter (1972-1989): Gesammelte Schriften. Unter Mitwirkung von Theodor W. Adorno und Gershom Scholem, hrsg. von Rolf Tiedemann und Hermann Schweppenhäuser, 7 Bde., Frankfurt a.M.

29 Brecht, Bertolt (1957 [1940]): Neue Technik der Schauspielkunst. In: Ders.: Schrift zum Theater. Über eine nicht-aristotelische Dramatik, Frankfurt a.M., S. 106-114, hier S. 106f.

30 Meyer-Drawe, Käte (2015): Aufmerken – eine phänomenologische Studie. In: Reh, Sabine / Berdelmann, Kathrin / Dinkelaker, Jörg (Hrsg.): Aufmerksamkeit. Geschichte – Theorie – Empirie, Wiesbaden, S. 117-126, hier S. 120.

31 Kade, Jochen (2011): Aufmerksamkeitskommunikation. Zu einem erziehungswissenschaftlichen Grundbegriff. In: Amos, Sigrid Karin / Meseth, Wolfgang / Proske, Matthias (Hrsg.): Öffentliche Erziehung revisited. Erziehung, Politik und Gesellschaft im Diskurs, Wiesbaden, S. 75-99, hier S. 79.

32 Meyer-Drawe (2015): S. 121.

33 Ebd. S. 120.

34 Waldenfels (2002): S. 40.

35 Waldenfels, Bernhard (2016): Geweckte und gelenkte Aufmerksamkeit. In: Müller, Jörn / Nießeler, Andreas / Rauh, Andreas (Hrsg.): Aufmerksamkeit. Neue humanwissenschaftliche Perspektiven, Bielefeld, S. 25-45, hier S. 27.

einer solchen Erfahrung verändert sich die Welt, und auch wir selbst verändern uns."[36] Kurz: „Das Auffallen und Aufmerken ist gewissermaßen der springende Punkt der Erfahrung."[37] Dabei präzisiert Waldenfels:

> „Es ist gewiss nicht so, dass unsere Erfahrung aus lauter Höhepunkten und Festtagen besteht, doch wenn wir von Erfahrung sprechen, sollten wir sie an ihren stärksten Möglichkeiten messen. Dies sind Augenblicke, wo etwas aufleuchtet, sich einprägt, sich einbrennt und auf diese Weise eine Geschichte in Gang setzt."[38]

Hier bestehen Parallelen zu einer neurobiologischen Sichtweise: Erfahrungen resultieren aus „kontrollierbare[n] Stressreaktionen"[39], wie sie in Momenten der Aufmerksamkeit entstehen. Diese Erfahrungen können das Gehirn entscheidend strukturieren: „Als ausschlaggebend für die strukturelle Verankerung von Erfahrungen im Gehirn", so Gudrun Morasch 2014, „gelten Zeitpunkt, Intensität, Häufigkeit und Mehrdimensionalität des Ereignisses".[40]

Aufmerksamkeit ist ein komplexer Zustand, der weder nur seitens der Personen noch nur seitens der Objekte angesiedelt ist. Vielmehr entsteht Aufmerksamkeit durch das (sinnliche) Affektiert-Werden durch einen herausfordernden Gegenstand und ist damit eine Verbindung zwischen dem Menschen und dem Objekt. Aufmerksamkeit – mit Meyer-Drawe gesprochen –

> „lässt sich daher nicht einfach einem subjektiven und einem objektiven, einem willkürlichen und unwillkürlichen, schließlich einem aktiven und einem passiven Part zuordnen. Was Aufmerksamkeit als Phänomen interessant macht, ist, dass sie im Rahmen dualer Ordnungen unverständlicher wird und ein Widerspiel zur Voraussetzung hat, das der produktiven Wechselwirkung von Welt, anderen und Ich, also Bildung, einen Nährboden gibt."[41]

Neben diesem Modus der Aufmerksamkeit im Sinne eines Aufmerksam-Werdens durch „Widerfahrnis"[42] – wie Waldenfels es nennt, gibt es noch die willentliche Fokussierung des Selbst, die intentionale Ausrichtung der Aufmerksamkeit, wie sie gerade in pädagogischen Institutionen eingefordert und erwartet wird. In beiden Modi wird eine Aktivierung in Gang gesetzt. Die Aufmerksamkeit – die sich bei mir einstellt oder die ich willentlich erzeuge – fordert eine Antwort ein: Eine Aktivität, die Dewey 1934 als aktive Partizipation in Prozessen ästhetischer Erfahrung erfasst hat und die mit Momenten des Ins-Verhältnis-Setzen zum Wahrzunehmenden beginnt und bis hin zu komplexen Handlungen reichen kann.[43] Für die Filmerfahrung denkt Casetti diese Verbindung aus Passivität und Aktivität ebenfalls:

---

36 Ebd.
37 Ebd.
38 Ebd.
39 Morasch (2014): S. 554.
40 Ebd.
41 Meyer-Drawe (2015): S. 123.
42 Waldenfels (2016): S.29.
43 Vgl. Dewey, John (1980 [1934]): Kunst als Erfahrung, Frankfurt a.M., S. 335f.

> „Filmerfahrung ist, so verstanden, der Moment, in dem ein Zuschauer einerseits beim Filmgenuss sich an Bildern und Tönen misst, die ihn direkt und kraftvoll ansprechen, und in dem er zugleich diese Situation und sein Handeln reflexiv zur Kenntnis nimmt und projektiv das Verhältnis antizipiert, das er auf der Grundlage des Gesehenen zu sich selbst und zur Welt entwickeln wird."[44]

Dies geschieht über eine „Aktivierung der Sinne", die vom Film ausgelöst wird und dann eine „Verarbeitung des Wahrgenommenen" in Gang setzt, die „sich sowohl auf das Wahrgenommene als auch auf die Tatsache des Wahrnehmens" bezieht.[45] Die Beobachtenden und das Beobachtete gehen durch den Film eine subtile Komplizenschaft ein: zwischen Aktivität und Passivität, zwischen entschiedenem Annehmen oder Verwehren auf der einen Seite und latenter Beschäftigung und Annäherung auf der anderen Seite.

„Aufmerksamkeit für eine Sache schließt immer die Nicht-Aufmerksamkeit für alles andere ein",[46] schreibt Jochen Kade 2011. Das Nicht-Bemerkte kann neben einem Noch-Nie-Bemerkten auch ein Schonmal-Bemerktes – das bereits Bekannte und Gewohnte – sein. Walter Benjamin denkt Anfang der 1930er Jahre die beiden Prozesse der Aufmerksamkeit und Gewohnheit in Bezug zueinander, sie bedingen sich gegenseitig und stehen in einer Wechselbeziehung:

> „Alle Aufmerksamkeit muß in Gewohnheit münden, wenn sie den Menschen nicht sprengen, alle Gewohnheit von Aufmerksamkeit verstört werden, wenn sie den Menschen nicht lähmen soll."[47]

Damit baut Walter Benjamin zufolge der Mensch Strategien auf, um neue Reize bewältigen zu können und einen zukünftigen Reiz im Moment der Erfahrung schon zu antizipieren. Nach Benjamin ist gerade die Aufmerksamkeit eine relevante Fähigkeit, die zur Konstitution des Selbst notwendig ist. Dieses Spannungsverhältnis zwischen Gewohnheit und Aufmerksamkeit respektive Ästhetik und Aisthetik hat den Wahrnehmenden als entscheidende Bezugsgröße, wie es beispielsweise auch an den Ausführungen Rainer Maria Rilkes zu Beginn des 20. Jahrhunderts greifbar wird:

> „Elektrische Bahnen rasen läutend durch meine Stube. Automobile gehen über mich hinweg. Eine Tür fällt zu. Irgendwo klirrt eine Scheibe herunter, ich höre ihre großen Scherben lachen, die kleinen Splitter kichern. Dann plötzlich dumpfer, eingeschlossener Lärm von der anderen Seite, innen im Hause. [...] Und wieder die Straße. Ein Mädchen kreischt: Ah tais-toi, je ne veux plus. Die Elektrische rennt ganz erregt heran, darüber fort, fort über alles. Jemand ruft. Leute laufen, überholen sich. Ein Hund bellt."[48]

---

44 Casetti (2010): S. 16.
45 Ebd. S. 16.
46 Kade (2011): S. 87.
47 Benjamin, Walter (1972 [1932]): Gewohnheit und Aufmerksamkeit. In: Ders.: Gesammelte Schriften, Bd IV.1, hrsg. von Tillman Rexroth, Frankfurt a.M., S. 407f.
48 Rilke, Rainer Maria (1997 [1910]): Die Aufzeichnungen des Malte Laurids Brigge, Leipzig, S. 7f. Diese Aufzeichnungen sind das Resultat seines Aufenthaltes (1903-1910) in Paris.

Rilkes detailreiche Schilderungen der sinnlichen Großstadterlebnissen müssen (zumindest zeitweise) in Gewohnheit münden, damit Alltagshandlungen möglich sind. Die (aisthetische) Wahrnehmung basiert auf Gewohnheiten und passiert beiläufig, dadurch bleiben Ressourcen frei für den Zustand der Aufmerksamkeit; so werden neue Impulse bewältigt bzw. findet eine Auseinandersetzung mit dringlichen, vordergründigen Gegenständen statt. Gewohnheit und Aufmerksamkeit stehen in einem Spannungsverhältnis zueinander, denn erst die Gewohnheit ermöglicht den Zustand der Aufmerksamkeit. Und würde die Wahrnehmung des Menschen nur bestimmt sein von Gewohnheit, würde das den Menschen „schlicht paralysieren"[49], wie es Johannes Geng 2019 mit Bezug auf Walter Benjamin schreibt.

Dieses notwenige Spannungsverhältnis zwischen Aufmerksamkeit und Gewohnheit schildert Casetti 2010 als den „Kern der filmischen Erfahrung":

> „Auf der einen Seite haben wir etwas, was die Aufmerksamkeit auf sich zieht, das uns frappiert und uns zwingt, unmittelbar Maß an den Dingen zu nehmen. Zum anderen werden wir zurückgeworfen auf das, was sich vollzieht, wenn wir diesen Gegenstand verstehen, verarbeiten und uns aneignen. Kurz: Es *überfällt* uns etwas, und zugleich *erkennen* wir es wieder – *Überschuss und Wiedererkennen*."[50]

Casetti verwendet Wiedererkennen als einen zentralen Aspekt im Umgang mit Gewohnheiten und macht deutlich, wie notwendig es ist, in Prozessen der Rezeption an bekannten Strukturen anschließen zu können, um in der Lage zu sein, das Neue, Aufmerksamkeitserregende anzunehmen. Aufmerksamkeit ist ein fragiler Zustand, der sich produktiv an der Verbindung von Vertrautem und Neuem einstellt. Kurz: „Zu viel Neues verwirrt, zu viel Vertrautes ermüdet",[51] konstatiert Roswitha Lehmann-Rommel 2015 im Anschluss an die Position Deweys. Demnach stellt sich das Interesse – also die gespannte Bereitschaft und die Wachsamkeit – erst ein, wenn Neues auf Altes trifft und es Ansatzpunkte für ein Weiterverfolgen gibt. Ist alles neu, fehlt das Motiv und die Fähigkeit das Aufsehenerregende weiterzuverfolgen. Auch in der neurobiologischen Sichtweise von Gudrun Morasch (2014) findet sich diese notwendige Balance zwischen dem Gewohnten, schon Bekannten und dem Neuen, Aufmerksamkeit Generierenden wieder, da es gerade „kurz anhaltende, kontrollierbare Stressreaktionen" sind, die zu Verankerungen der wahrgenommenen Reize im Gehirn führen:

> „Erfahrungen resultieren aus Anforderungen, die mit Hilfe der verfügbaren Verschaltungen nicht (adäquat) beantwortet werden können. Als Auslöser gilt dabei ein Gefühl von Angst im weitesten Sinn, das sich durch die Erfahrung der Bewältigbarkeit einer bestimmten psychischen Belastung jedoch tiefgreifend verändern und beispielsweise als Überraschung, Neugier, Freude oder gar Lust wahrgenommen werden kann."[52]

---

49 Geng (2019): S. 35.
50 Casetti (2010): S.17.
51 Lehmann-Rommel, Roswitha (2015): Aufmerksamkeit und Subjektbildung aus pragmatistischer Sicht. In: Reh, Sabine / Berdelmann, Kathrin / Dinkelaker, Jörg (Hrsg.): Aufmerksamkeit. Geschichte – Theorie – Empirie, Wiesbaden, S. 147-169, hier S. 165.
52 Morasch (2014): S. 553.

32 Film als pädagogisches Setting – ein Medium als Vermittlungs- und Vergegenwärtigungsinstanz

Abbildung 4: *Son of Saul* TC: 00:01:05.

Abbildung 5a: *Son of Saul* TC: 00:01:35.

Abbildung 5b: *Son of Saul* TC: 00:01:39.

Abbildung 6a: *Son of Saul* TC: 00:12:05.

Abbildung 6b: *Son of Saul* TC: 00:23:14.

Abbildung 6c: *Son of Saul* TC: 00:30:20.

Abbildung 6d: *Son of Saul* TC: 01:12:48.

Der Aufmerksamkeit wird nachgegangen, wenn das Wahrgenommene bewältigbar erscheint, wenn es also Anknüpfungspunkte zu gewohnten Strukturen gibt. Erst dann ist eine prägende Erfahrung für das Subjekt möglich.

Organisation von Aufmerksamkeit mit filmischen Mitteln

„Blicke werden gefangen und Ohren geöffnet"[53]

Mit einer leisen Soundkulisse aus Vogelgezwitscher und leichtem Windrauschen wird in die Filmhandlung eingeführt; dann erst folgt die erste Kameraeinstellung von *Son of Saul* (2015)[54]: Eine gänzlich unscharfe Landschaftsdarstellung in der Halbtotalen – vermutlich ein Waldrand im Sommer (Abbildung 4). Mehr ist nicht sichtbar bzw. es fehlen visuelle Informationen, um daraus mehr Rückschlüsse ziehen zu können – zu unscharf ist die gesamte Bildfläche. Einzig der zuvor eingeblendete kurze Text aus dem Vorspann kann zur Orientierung dienen:

> „Sonderkommando: deutsches Wort. Im Jargon der Konzentrationslager bezeichnet der Begriff eine besondere Art von Gefangenen, auch ‚Geheimnisträger' genannt. Die Mitglieder eines Sonderkommandos werden vom Rest des Lagers getrennt gehalten. Nach einigen Monaten Arbeit werden sie hingerichtet."[55]

Anders als ein klassischer establishing shot zu Beginn eines Films, der in die Szenerie der Filmhandlung einführt und damit die Zeit und den Raum der Filmhandlung für das Publikum etabliert, verwehrt diese erste Kameraeinstellung einen Einstieg, denn sie gibt nichts preis, sondern verbirgt viel eher das Gefilmte und verhindert einen direkten Zugang.

Dann ertönt eine Trillerpfeife und im Bildhintergrund kommt Bewegung auf – Personen nähern sich, laufen frontal auf die Kamera zu, bis die erste Person – Protagonist Saul Ausländer – vor der Kamera zum Stehen kommt und das Gesicht in Großaufnahme zu sehen ist (Abbildungen 5a-b). Mit dieser Kameraeinstellung folgen wir als Zuschauende von nun an dem Protagonisten durch die erste lange Sequenz von fast 7 Minuten und dann durch den Großteil des Films. Diese Armlänge Abstand zwischen Saul und der Kamera ist maßgeblich für den gesamten Film (Abbildungen 6a-d). Das Gesicht und der Oberkörper von Saul nehmen den Großteil des Bildes ein, nur an den unscharfen Rändern ist im Hintergrund das umgebende Geschehen undeutlich sichtbar. Niemals bekommen wir die Möglichkeit Abstand zu gewinnen, weil in den wenigen Momenten, wo Saul nicht mit einer Armlänge Abstand im Zentrum des Bildes ist, wir als Zuschauende seine Blickperspektive einnehmen und bei ihm und seiner unmittelbaren Situation verbleiben müssen. Keine Parallelhandlungen, in

---

53 Meyer-Drawe (2015): S. 120.
54 *Son of Saul* [Saul fia], Regie: László Nemes, Drehbuch: László Nemes und Clara Royer, Ungarn 2015.
55 *Son of Saul*, TC: 00:00:34-00:00:53.

die wir ausweichen können, keine anderen Protagonisten, aus deren Perspektive wir schauen könnten.[56]

Mit diesem Einstieg in den Film *Son of Saul* (2015) ist, mit den Worten Meyer-Drawes gesprochen, möglich, dass „Aufmerksamkeit geweckt, Spannung hergestellt, Beunruhigung ausgelöst, lebendiges Lernen auf den Weg gebracht"[57] wird. Hier kann für eine gegenwärtige Rezeption zutreffen, was Waldenfels 2016 als „Widerfahrnis" bezeichnet hat. Der Film startet so, „dass mir etwas geschieht, dass mich etwas betrifft, berührt, affiziert"[58] – zumindest ist es hier möglich, weil dieser Filmbeginn mit den etablierten Konventionen bricht und so ganz anderen Regeln folgt, als ein Publikum der gegenwärtigen Filmkulturen es gewohnt ist. Besonders die Kameraeinstellung wird hier ganz anders als üblicherweise eingesetzt. Sie verbirgt mehr, als dass sie sichtbar macht. Dabei ist die Kamerablende so gewählt, dass die Schärfentiefe im Bild zu einem kleinen Bereich geschrumpft ist. Saul und das ihn unmittelbar Umgebende sind scharf – alles andere wird undeutlich und verschwindet in Unschärfe. Der Film sperrt sich gegen einen einfachen visuellen und auditiven Zugriff. Die Nähe der Kamera lässt es nicht zu, viel mehr als den Protagonisten sehen zu können. Siegfried Kracauer beschreibt 1960 in seiner Filmtheorie die Vorteile eines derartigen Vorgehens, bei dem man mit der Filmkamera in der Lage ist „von den konventionellen Figur- und Grund-Beziehungen" der normalen Wahrnehmung abzuweichen und dadurch eine aufmerksame Rezeptionsanstrengung anzubahnen:

> „Man stelle sich einen Menschen in einem Zimmer vor: gewohnt, wie wir es sind, die menschliche Figur als ein Ganzes ins Auge zu fassen, würde es uns große Mühe kosten, statt des ganzen Menschen eine Bildeinheit wahrzunehmen, die etwa aus seiner rechten Schulter und seinem rechten Arm, Fragmente von Möbelstücken und einen Teil der Wand besteht. [...] Die Filmkamera versteht sich darauf, vertraute Gegenstände aufzulösen".[59]

Auch die Rezeptionshaltung zu *Son of Saul* kann von dem Konventionsbruch profitieren, denn ein aufmerksames Wahrnehmen könnte die Folge sein. Saul ist im Zentrum und um ihn herum nur Ausschnitthaftes und unscharfe Randzonen und ein unklares – weil unfokussiertes – Gemenge an auditiven Informationen. Man ist gezwungen den Rand des Bildausschnitts, der dann auch noch im Format 4:3 fast quadratisch und sehr gedrungen ist, nach Informationsfetzen abzusuchen, um etwas von der Filmhandlung zu erfahren, denn das Gesicht von Saul ist regungslos. Seine Mimik verrät nichts, bleibt trotz der vielen Ereignisse während des Films meist starr und teilnahmslos. Saul ist zum Greifen nah. Er ist das Zentrum der Filmhandlung und für das Publikum die Instanz, an der vorbei der Blick muss, um der Handlung folgen zu können und doch gibt sein Gesicht kaum etwas preis. Nur in Abhängigkeit von Saul erblicken wir die Umgebung und können Rückschlüsse auf die räumliche und zeitliche Situation

---

56 Nur in der Schlusssequenz des Films wechselt die Perspektive und die Kamera folgt einem anderen Darsteller. Es ist zugleich der Tod des Protagonisten, der den mehrdeutigen und offenen Schluss des Films bestimmt.
57 Meyer-Drawe (2015): S. 120.
58 Waldenfels (2016): S. 29f.
59 Kracauer (2005 [1960]): S. 103.

ziehen. Genau diese besondere Blick-Regie schafft Aufmerksamkeit und zieht in den Bann. Mit dieser Wahl des Bildausschnitts und der Kameraeinstellung werden filminduzierte Anreize der Beschäftigung mit dem Dargestellten geschaffen, wie sie eine normale Kameraführung nicht in der Vehemenz auslösen könnte. Hier wird mit den filmischen Mitteln der Kameraeinstellung die Aufmerksamkeit der Zuschauenden gebündelt und fokussiert, indem der offene Blick auf die Filmhandlungen verwehrt wird. Es stellt sich Verwunderung ein, die Interesse am Geschehen erzeugt und die zugleich auch den Wahrnehmungsprozess selbst in den Fokus rückt.

Wir halten uns als Zuschauende in der unmittelbaren Nähe von Saul auf, gehen direkt vor, neben und hinter ihm. In dieser ersten langen Einstellung – den ersten 7 Minuten des Films – folgt die Kamera dem Protagonisten. In Bewegung versetzt, gibt die Kamera teilweise verwackelt Bilder wieder und verlangt uns Konzentration ab, um den Bewegungen folgen zu können, zudem auch noch um an Saul vorbei Teile des Geschehens zu erhaschen, ohne jemals einen Überblick über die Gesamtsituation mittels einer Totalen als Kameraeinstellung zu bekommen. Diese Darstellungsweise erfordert in der Betrachtung geradezu einen engen „Dialog zwischen rezeptiver Aufmerksamkeit und aktiver Partizipation"[60], wie Lehmann-Rommel es 2015 im Anschluss an Dewey für ästhetische Erfahrung formuliert. Die hier geschaffene Rezeptionssituation schafft Anreize, um vom aistethischen in den ästhetischen Modus der visuellen und auditiven Wahrnehmung zu wechseln.

Nichts an diesem Filmanfang ist wie gewohnt, die Informationen, mit denen ein Filmanfang ansonsten verschwenderisch angereichert ist, sind hier zu suchen und an den Rändern des Filmbildes und auf der Tonebene aufzufinden. Ein Konventionsbruch wie dieser könnte im Sinne Deweys (1934), „die Schuppen entfernen, die das Auge vom Sehen abhalten, die Schleier wegreißen, die Gewohnheit und Brauch geschuldet sind"[61], um sich bewusst dem Wahrnehmungsvollzug zuzuwenden. Im Modus der ästhetischen Wahrnehmung ist nicht nur die Aufnahmebereitschaft für die Filmhandlung geschärft, sondern wird auch eine „Selbstaufmerksamkeit"[62] für die eigene Wahrnehmungstätigkeit geschaffen, wie Cornelie Dietrich diese Dimension ästhetischer Zuwendung 2009 bezeichnet: Die eigene Sinnestätigkeit wird thematisch und konfrontiert das Selbst mit den eigenen Empfindungen dazu. Dieser Film kann „zum Ort einer eigentlichen Erfahrung werden [...] – einer Seherfahrung wie auch des Sehens als Erfahrung"[63], wie Casetti es 2010 für die Filmerfahrung allgemein formuliert. Nur kommt im Falle von Son of Saul auch das Hören dazu. Die unscharfen oder nicht sichtbaren Handlungen sind durch den Ton vertreten und an einigen Stellen in einer unerträglichen Deutlichkeit hörbar. Über die Tonebene drängt sich all das auf, was im off-screen-space verbleibt und visuell nicht ausgeführt ist oder sich nur erahnen lässt. Im gesamten Film finden sich nur diegetische Töne und Geräusche: Die

---

60 Lehmann-Rommel (2015): S. 160.
61 Dewey (1980 1934]): S. 376; und vgl. Dewey, John (1988 [1938]): The Philosophy of the Arts. In: ders.: The Later Works, 1925–1953. Vol. 13: 1938–1939, hg. v. Jo Ann Boydston, Carbondale/ Edwardsville, S. 366.
62 Vgl. Dietrich, Cornelie (2009): Ästhetische Bildung zwischen Markt und Mythos. In: Westphal, Kirstin / Liebert, Wolf-Andreas (Hrsg.): Gegenwärtigkeit und Fremdheit. Wissenschaft und Künste im Dialog über Bildung, Weinheim/München, S. 39–54; vgl. hierzu auch ausführlicher Dietrich / Krinninger / Schubert (2013): S. 26ff.
63 Casetti (2010): S. 19.

auditiven Informationen gehören vollständig zu der raumzeitlichen Einheit der Erzählwelt des Films – keine musikalische Untermalung, die die Deutung der Handlungen unterstützt und das Kommende anbahnt. Zudem gibt es keine erzählende Instanz, weder eine, die zu der Filmhandlung gehört, noch eine, die von außen das Handeln kommentiert. Es finden sich nur wenige Dialoge im Film, die dann auch nur sehr ausschnitthaft und meist zusammenhangslos oder beschwerlich Informationen liefern. Über den Ton erfolgt keine ausreichende Kompensation dessen, was der Handlungsstrang offen lässt. Auch auf der Tonebene muss gesucht, vermutet und weitergedacht werden, besonders in den Szenen, wo ein Stimmengewirr aus verschiedenen Sprachen im Hintergrund herrscht. Ein Suchen, Spekulieren und Erahnen bestimmt die Rezeption – viel wird angedeutet, einiges ist drastisch hörbar und wenig davon trägt zu einer linearen, klaren, eindeutigen Erzählung bei.

Bei der ersten Kameraeinstellung folgen wir als Zuschauende Saul mit den angekommenen Gefangenen bis in den Vorraum der Gaskammer. Diese sehr lange Plansequenz führt uns an der Seite von Saul vorbei an den verschiedenen eingetroffenen Personengruppen, den Deportationszügen, Transportfahrzeugen, anderen Gefangenen, einem SS-Offizier und den Todgeweihten, die zur Gaskammer geschickt werden – alles außerhalb des Fokus in der Unschärfe des Bildes – und dazu die Geräuschkulisse auch der Geschehnisse, die nicht sichtbar sind. Dabei ist der erste Schnitt nicht sichtbar. Denn auf das absolute Verdunkeln des Raumes beim Schließen der Tür des Vorraums der Umkleidekammer folgt ohne zeitliche Brüche und Perspektivwechsel die Fortführung der Filmhandlung.[64] Erst nach 6:30 Minuten wird nach dem nur auditiv inszenierten Todeskampf in der Gaskammer ein sichtbarer Schnitt gesetzt, auf den die Montage des Filmtitels folgt, bevor es dann wieder in die Filmhandlung geht. Zuerst Ton: Kratz- und Schrubb-Geräusche. Dann: Saul kniend auf dem Boden der Gaskammern. Er reinigt den Boden für den nächsten Einsatz, um ihn herum Befehle der SS aus dem off-screen-space und Leichen am unscharfen Bildrand.

Diese lange Einstellungsdauer bis zum ersten sichtbaren Schnitt weicht so ganz von der Schnittfrequenz der meisten Filmgenres ab. Doch mit dieser langen Plansequenz kommt gerade die Dimension des Unvorstellbaren zum Tragen: Es geht vom ruhigen Rand der Handlung mitten hinein in das Zentrum dessen, was zum tiefsten Abgrund menschlicher Verbrechen gehört. Dem herausfordernden Sujet wird hier auf filmtechnischer Ebene mit einer abweichenden Verwendung aller filmischen Mittel begegnet. So unfassbar das Sujet ist, so groß scheint hier das Bedürfnis mit den Erwartungen und Gewohnheiten zu brechen. Trotz der jahrzehntelangen Thematisierung des Holocaust in den verschiedenen filmischen Formaten wird hier versucht, erneut Aufmerksamkeit für die Geschehnisse einzufordern oder mit Meyer-Drawe gesprochen einen Zustand der aktiven „Empfänglichkeit"[65] zu schaffen.

---

64 Das Schultermagazin der eingesetzten Kamera fasst höchstens 120 Meter Filmmaterial. Bei der verwendeten Framegröße und Bildrate ist so eine maximale Szenendauer von 4:28 Minuten möglich. Der Schnitt nach 3:26 Minuten bei TC: 00:04:29 ist also technologisch zwingend nötig, da die 6:30 Minuten lange Eingangsszene nicht vollständig in einem Take gedreht werden konnte. Dieser erste Schnitt ist durch das Abdunkeln des gefilmten Raumes versteckt worden. So bleibt der Eindruck einer langen Plansequenz bis zum Einblenden des Filmtitels. Zum verwendeten Kamera- und Filmmaterial vgl. https://britishcinematographer.co.uk/matyas-erdely-hsc-son-saul/ (24.05.2020)

65 Meyer-Drawe (2015): S 125.

Das Spannungsverhältnis zwischen Gewohnheit und Aufmerksamkeit lässt sich besonders gut anhand der filmischen Mittel Schnitt und Montage[66] diskutieren. Denn ein Großteil aller Filme wird über sämtliche Format- und Distributionsgrenzen hinweg in seiner „Organisation der sichtbaren Welt"[67] – so Dziga Vertovs weites Verständnis von Schnitt und Montage (1923) – meist darauf ausgelegt, die eigene Medialität (und damit auch Schnitt und Montage) in den Hintergrund treten zu lassen. Die eigene Medialität entzieht sich oftmals der Aufmerksamkeit. Gerade die Verwendung von Schnitt und Montage wird dabei meistens der Narration untergeordnet: Durch das Einhalten bestimmter Regeln entsteht ein kaum wahrnehmbarer, ein sogenannter unsichtbarer Schnitt, mit dem eine Transparenz dieses zentralen filmischen Verfahrens einhergeht, sodass die Erzählung in den Vordergrund tritt. Die Schnitte und Montagen werden in Abstimmung mit den Bewegungen, Handlungen und Interaktionen der Figuren durchgeführt und erscheinen dem Zuschauenden als nicht störend bzw. bleiben vielfach unbemerkt. Denn obwohl in den Filmen des sogenannten klassischen, dominanten Kinos[68] ständig wechselnde Kameraeinstellungen aufeinander treffen oder über-, auf- und ausgeblendet werden, liegt die Aufmerksamkeit meist auf der Narration, den Figuren und Handlungen. Die Tatsache, dass hier ein hoch artifizielles, filmisches Gebilde vorliegt, wird im regulären Wahrnehmungsvollzug nicht thematisch. Beispielsweise dient der jump cut dazu eine langandauernde kontinuierliche Bewegungsabfolge unauffällig zu kürzen und durch diese unaufdringliche Komprimierung die Illusion von Kohärenz und Kontinuität aufrecht zu erhalten.

Gerade dieser „paradoxe Spagat zwischen dem Einsatz von kodifizierten Regeln und der Wirkung einer unvermittelten Durchsicht macht diese spezifische Form vielleicht derart dominant",[69] schreiben Thomas Elsaesser und Malte Hagner über den sogenannten klassischen Filmstil in ihrer Einführung in die Filmtheorien von 2013. Das Konzept der Kontinuitätsmontage, wie sie besonders mit dem US-amerikanischen Hollywood-Kino assoziiert wird, „versteht sich selbst als rein handwerkliche Anleitung, als eine Reihe von Regeln zur möglichst unauffälligen Kompression von Raum und Zeit und zur Leitung des Zuschauers von einer Einstellung zur nächsten im Dienst

---

66 Vielfach synonym verwendet, wird über den Schnitt der technische Aspekt des Filmmaterialschnitts erfasst und mit Montage die Zusammenfügung, Organisation, Komposition von aufeinander folgenden Einstellungen und innerhalb einzelner Einstellungen reflektiert. Dabei wird seit den Anfängen der theoretischen Reflexion zu Montage in den 1920er Jahren gerade das sinnstiftende Potential diskutiert. Durch die Aneinanderreihung von Einstellungen kann ein über die jeweiligen einzelnen Einstellungen hinausreichendes Drittes entstehen. Vgl. hierzu Hagener, Malte / Kammerer, Dietmar (2016): Theoretische Aspekte der Montage, der filmischen Verfahren und Techniken. In: Groß, Bernhard / Morsch, Thomas (Hrsg.): Handbuch Filmtheorie, Wiesbaden, S. 1-17, hier S. 3-9.

67 Vertov, Dziga (2003 [1923]): Kinoki – Umsturz. In: Albersmeier, Franz-Josef (Hrsg.): Texte zur Theorie des Films, Stuttgart, S. 36-50, hier S. 45f.

68 Ende der 1910 Jahre wird in Hollywood dieser als „klassisch" bezeichnete Stil perfektioniert, der bis in die 1950 Jahre den internationalen Film bestimmt. Deshalb werden die Begriffe Hollywood und Klassik vielfach synonym verwendet. Die meisten Filme des populären Kinos folgen diesen Regeln, so unter anderem auch die Filme der nationalsozialistischen Zeit, des Sozialistischen Realismus, des italienischen Neorealismus und der zeitgenössischen TV-Movies. Vgl. Elsaesser / Hagener (2013 [2007]): S. 29f.

69 Vgl. Elsaesser / Hagener (2013 [2007]): S. 29.

der jeweils erzählten Geschichte",⁷⁰ wie es die Filmwissenschaftler Malte Hagener und Dietmar Kammerer 2016 zusammenfassen. Die filmischen Standards zum Trennen und Zusammensetzen von Aufnahmen, wie sie im Kino und im Fernsehen etabliert wurden, zeichnen sich meist dadurch aus, dass sie den Blicken und Bewegungen der Figuren folgen und der Narration untergeordnet sind, um schnittbedingte Brüche zu überspielen und den Eindruck eines ununterbrochenen Handlungsflusses zu erzeugen. Seit den 1920er Jahren beeinflussen diese Regeln die Filmproduktion und -rezeption maßgeblich: Denn selbst, wenn ein Film diesen Regeln nicht unterworfen wird, ist er Zuschauenden ausgesetzt, die diese Rezeptionserfahrung an den Film herantragen und ihn daran messen. Diese stilistische Ausprägung ist so tiefgreifend verankert, dass sie wie eine unausgesprochene Norm funktioniert. Sobald die etablierten Regeln des continuity editing nicht eingehalten werden, entstehen Irritationen und die Medialität des Films erhält Aufmerksamkeit, rückt in den Fokus und wird thematisch. Vielfach dient die Verletzung der Schnittkonventionen auch dazu, den Moment der Aufmerksamkeit für narrative, symbolische oder semantische Setzungen zu nutzen. Gerade viele avantgardistische Filme spielen mit diesen Regeln oder unterlaufen sie.⁷¹ Doch auch die Brüche und Veränderungen von Konventionen führen mit der vielfachen Wiederholung zu einer Gewöhnung und Veränderung des Erfahrungshorizonts und der Erwartungshaltung im Umgang mit Filmen und damit zu einer Herausbildung neuer technischer und ästhetischer Standards. Aufmerksamkeit unterliegt immer einer Kausalität und Zeitlichkeit und ist damit relational zu denken. Das lässt sich mit einer Formulierung von Alois Hahn zusammenzufassen: Es ändern sich beständig die Mechanismen der Aufmerksamkeitserzeugung in Reaktion auf die „Erschöpfung der Reizkapazitäten".⁷²

Soziokulturelle Horizonte von Aufmerksamkeit

Alle Handlungen basieren auf sinnlichen Wahrnehmungen: im Alltag, auf der Arbeit oder auch im Kontext institutionellen Agierens – immer sind die Sinne am situativen Vollzug beteiligt. Damit haben die Sinne eine basale Grundfunktion im sozialen Geschehen und ebenso wirkt sich das Soziale auf die sinnliche Erfahrungsweise aus. Sophia Prinz und Katharina Göbel schreiben 2015 in ihren Überlegungen zur sozialen Bedingtheit sinnlicher Erfahrungen von einem Zusammenhang zwischen der Wahrnehmung einer Person und ihrer Position im sozialen Gefüge:

---

70 Hagener / Kammerer (2016): S. 6.
71 Die Continuity-Regeln gehen über die Verwendung von Schnitt und Montage hinaus und beziehen sich auch auf die Verwendung von Sichtachsen im Raum (bspw. 180°-Regel zur Seiten- und Richtungskonstanz); die Einführung von Orten und Figuren der Handlung durch establishing shot oder master; die Verwendung von eyeline match und point-of-view-shot – also die Abfolge von Aufnahmen, die uns die Figur und das, was sie betrachtet, zeigt; Veränderung der Beziehung zwischen Figur und Ding wird mit einer Veränderung der Einstellungsgröße, die über eine Bewegung motiviert ist, thematisiert. Vgl. Elsaesser / Hagener (2013 [2007]): S. 114f.
72 Hahn, Alois (2001): Aufmerksamkeit. In: Assmann, Aleida /Assmann, Jan (Hrsg.): Aufmerksamkeiten, Reihe: Archäologie der literarischen Kommunikation 7, München, S. 25-56, hier S. 39.

„Das Wahrnehmen [...] lässt sich eben nicht auf einen rein physischen oder neuronalen Prozess reduzieren, sondern wird immer auch durch Praktiken und kulturelle Wahrnehmung geformt. Dabei ist davon auszugehen, dass die Ausdifferenzierung der modernen Gesellschaft in professionelle Felder, Systeme, Klassen und Lebensstilmilieus mit einer Pluralisierung sinnlicher Ordnungen korrespondiert. Die Angehörigen einer sozialen Gruppe teilen also nicht nur dieselbe strukturelle Position innerhalb der Gesellschaft; in ihren Praktiken und Interaktionen bilden sie zudem kollektive Wahrnehmungsschemata aus, die sie für bestimmte Details und Zusammenhänge sensibilisieren, während ihnen andere potentiell ebenso wahrnehmbare Aspekte entgehen. Die ‚Sinnlichkeit des Sozialen' lässt sich somit als das kollektiv geteilte Repertoire praktisch erworbener Fertigkeiten des Wahrnehmens verstehen."[73]

Mit ihrer sozialwissenschaftlichen Position weisen die beiden Forscherinnen Parallelen zum Wahrnehmungsbegriff von Walter Benjamin auf. Er sprach schon zu Beginn des 20. Jahrhunderts von der „Organisation der Wahrnehmung"[74], um das Verhältnis von Wahrnehmung und Kultur als in Abhängigkeit voneinander und in ständiger Veränderung befindlich zu erfassen. Demnach bilden sich die Sinne in einem steten Austausch mit der Umgebung aus und unterliegen vor allem keinem biologisch determinierten Mechanismus. Die Sinne sind zwar als ein persönliches Vermögen angelegt, ihr Gebrauch geschieht aber in Abhängigkeit von soziokulturellen Prozessen. Dabei wandeln sich die Sinne des Menschen unter dem Einfluss der materiellen Welt und der gesellschaftlichen Strukturen. Denn jede gesellschaftliche und technische Entwicklung steht auch in einem Wechselverhältnis zu den sinnlichen Gefügen der Wahrnehmung. Johannes Geng bezeichnet 2019 die Sinne als an der Schnittstelle zwischen Natur und Kultur befindlich und konstatiert im Anschluss an den Wahrnehmungsbegriff der Kritischen Theorie, „dass die sozialen Lebensbedingungen des Menschen ihren Niederschlag in den Strukturen der Wahrnehmung, beispielsweise in Form von Gewohnheiten, Erwartungen, Interessen und Einstellungen, finden."[75] Daraus schlussfolgert er – mit Bezug auf Walter Benjamin – die historische Wandelbarkeit der Wahrnehmung: Die Wahrnehmungsweisen, -praktiken und sinnlichen Sensibilitäten sind soziokulturell bestimmt und unterliegen auch dem Wandel der intersubjektiven respektive kollektiv relevanten Entwicklungen, Interessen und Vorstellungen. Mit der Änderung der Lebensweise verändert sich auch der sinnliche Zugang. Damit ist Wahrnehmung nicht nur soziokulturell, sondern auch historisch bedingt.

Die Entwicklungen medialer Technologien, wie beispielsweise die des Films, unterliegen ebenfalls sozialen und kulturellen Erwartungen, Veränderungen und Praktiken; damit ist der Film – wie jedes andere Medium auch – soziokulturell beeinflusst und wirksam. Für unsere Gegenwart ist es gerade die Flexibilität des Smartphones, die der Filmrezeption und der eigenen filmenden Handlung entscheidende Möglichkeiten zur Verfügung stellt. Der Film hat seinen angestammten Rezeptionsort – das Kino – endgültig hinter sich gelassen, ist nun auf den vielfältigsten Geräten, von

---

73 Prinz, Sophia / Göbel, Katharina (2015): Die Sinnlichkeit des Sozialen. Eine Einleitung. In: Prinz, Sophia / Göbel, Katharina (Hrsg.): Die Sinnlichkeit des Sozialen. Wahrnehmung und materielle Kultur, Bielefeld, S. 9-49, hier S. 9.
74 Benjamin (2013 [1989]): S. 101.
75 Geng (2019): S. 294.

überall und zu jeder Zeit verfügbar. Ob lang oder kurz, Filme werden versendet, geteilt und auf den verschiedenen Plattformen hochgeladen. Auch das Filmen selbst wurde dank der Low-Budget-Technik zu einer Handlung für viele. Diese Veränderungen hinsichtlich Verbreitung, Rezeption und eigenem filmenden Verhalten wirken sich auch auf (zukünftige) Filmformate und -angebote aus.

Filme sind eingebunden in das Wechselspiel zwischen interpersonellen Wahrnehmungsvollzügen und soziokulturellen Rahmungen: Mit Bezug zur sinnlichen Wahrnehmung auf der einen Seite und der Orientierung an den gesellschaftlichen Bedingungen auf der anderen Seite ist der Film zugleich Einflussgröße und Resultat der sinnlichen Auseinandersetzungsprozesse. Also müssen mediale Techniken und ihre Einsatzweisen mit Blick auf ihre soziale Eingebundenheit diskutiert werden. Denn die „technischen Gerätschaften, die bei der Filmproduktion zum Einsatz kommen, sind vielmehr nicht von ihren Gebrauchsweisen zu trennen, die wiederum sozial eingebunden sind und damit ein soziales Faktum darstellen",[76] wie Johannes Geng 2019 herausstellt.

Schon Walter Benjamin folgert mit Blick auf die technischen Entwicklungen seiner Zeit, dass es einen „Zusammenhang von Medientechnologie und der historischen Wandelbarkeit von Wahrnehmung"[77] gibt:

„Innerhalb großer geschichtlicher Zeiträume verändert sich mit der gesamten Daseinsweise der menschlichen Kollektiva auch die Art und Weise ihrer Sinneswahrnehmung. Die Art und Weise, in der die menschliche Sinneswahrnehmung sich organisiert – das Medium, in dem sie erfolgt – ist nicht nur natürlich, sondern auch geschichtlich bedingt."[78]

Walter Benjamin diskutiert die medialen Entwicklungen zu Beginn des 20. Jahrhunderts als in Industrialisierungsprozesse involviert. Die Herausbildung neuer medialer Formate ist Ergebnis und Wirkungsfaktor zugleich und dient ihm als Reflexionsfolie für die Beschreibung und Analyse der Umbruchsituation seiner Zeit.[79]

Gegenpositionen zu diesen Auffassungen finden sich bei Vertreter*innen neoformalistisch-kognitiver Ansätze, die theoretisch, methodisch und methodologisch an die neoformalistische Filmanalyse von David Bordwell und Kirsten Thompson (seit Ende der 1970er Jahre) anknüpfen.[80] Die kognitivistisch ausgerichteten Annahmen

---

76   Ebd. S. 6.
77   Benjamin (2013 [1989]): S. 101.
78   Ebd.
79   Für eine Analyse des Kunstwerk-Aufsatzes von Walter Benjamin, dessen Entstehungskontext und Rezeptionsgeschichte vgl. Lindner, Burkhard (2011): „Das Kunstwerk im Zeitalter seiner technischen Reproduzierbarkeit". In: Ders. (Hrsg.): Benjamin Handbuch. Leben – Werk – Wirkung. Sonderausgabe, unter Mitarbeit von Thomas Küpper und Timo Skrandies, Stuttgart / Weimar, S. 229-251.
80   Trotz der anhaltenden Kritik an diesem Ansatz bleibt er durch die publizistische Dauerpräsenz des Einführungsbandes ein Referenzrahmen für Forschung und Lehre: Bordwell, David / Thompson, Kristin (2019 [1979]): Film art. An introduction, 11. Aufl., Boston. Vgl. ebenfalls zum Ansatz: Thompson, Kristin (1995 [1988]): Neoformalistische Filmanalyse. In: Montage AV 1995/4/1, S. 23–62. Vgl. als zusammenfassende und kritische Reflexionen des Ansatzes: Kirsten, Guido (2016): Neoformalismus und Kognitive Filmtheorie. In: Groß, Bernhard / Morsch, Thomas (Hrsg.): Handbuch Film-

über die Zuschauenden implizieren ein biologistisch-funktionalistisches Verständnis von Wahrnehmung. Noël Caroll widerspricht 1998 konkret Benjamins Thesen, wonach die Veränderung der Wahrnehmung durch die Medien maßgeblich vorangetrieben wird. Denn Caroll sieht die Sinnesorgane nur als Produkte der biologischen Evolution an und streitet auch ihre Veränderlichkeit über lange Zeiträume hinweg ab.[81] Die neoformalistische Filmanalyse basiert auf einem Naturdeterminismus der Sinne und schließt sowohl die soziale Bedingtheit als auch die daraus resultierende historische Bedingtheit von (Film-)Wahrnehmung aus. Laut Bordwell (1996) ist Wahrnehmung ahistorisch, weil die Funktionsweise der Sinne in ihrer biologischen Veranlagung – einem vorprogrammierten Schema gleich – unveränderlich ist und demzufolge die Wahrnehmung bei allen Menschen unabhängig von ihrem Kontext identisch ist.[82] Diesen Überlegungen von Caroll und Bordwell liegt ein funktionalistisches Verständnis von Wahrnehmung zu Grunde: Die Sinne sind nur zur reinen Informationsübermittlung in den Rezeptionsprozess involviert. Laut Bordwell konnten sich auch nur diejenigen Filmkonventionen herausbilden, die den anthropologischen (unveränderlichen) Prozessen der visuellen Wahrnehmung am nächsten liegen. Nicht der Mensch passt sich der Technik an, sondern es hat sich eine passende Technik herauskristallisiert – betont er auch 2008: „We did not evolve in order to be able to watch, but the inventors of cinema were able to exploit a feature of design of the human optical system to create a pictorial display that is immediately accessible to all sighted humans."[83] Damit geht er davon aus, dass sich kulturübergreifende Konventionen der Filmwahrnehmung herausgebildet haben und der soziokulturelle Kontext in seiner historischen Veränderlichkeit keine entscheidende Rolle spielt – so Bordwell 1997: „Culture or social context will not be the source of every plausible explanation for a stylistic choice."[84] Demnach besteht für Bordwell keine soziokulturelle Verbindung zwischen der Filmwahrnehmung und den sie umgebenden Kontexten und deshalb ist eine kultur- und sozialgeschichtliche Erklärung filmischer Wahrnehmung für Bordwell ausgeschlossen. Letztlich versteht Bordwell den Film primär als narratives Medium und die sinnliche und emotionale Dimension der Filmauseinandersetzung rückt für ihn in den Hintergrund. Mit diesen Annahmen werden wesentliche Prozesse der Filmbegegnung nicht berücksichtigt, die für eine soziokulturelle und historische Perspektive, wie sie hier diskutiert wird, zentral sind.

Diese konträren Annahmen – die der Kritischen Theorie auf der einen Seite und des Neoformalismus auf der anderen Seite – haben auch eine sehr gegensätzliche Vorstellung davon, ob und wie die über den Film erworbene Wahrnehmung Auswirkungen auf die außerfilmische Wahrnehmung und Lebensführung hat. Nach Walter Benjamin wirkt sich die vom Film beeinflusste moderne Wahrnehmung auch auf andere Lebensbereiche aus und trainiert für ein Überleben in der Moderne.[85] Im Gegensatz

---

theorie, Wiesbaden, S. 1-18; Heller, Franziska (2020): Neoformalismus / Kognitivismus. In: Hagener, Malte / Pantenburg, Volker (Hrsg.): Handbuch Filmanalyse, Wiesbaden, S. 329-349.

81 Vgl. Caroll, Noël (1998): A Philosophy of Mass Art, Oxford, S. 130f.
82 Vgl. Bordwell, David (1996): La Nouvelle Mission de Feuillade; or What Was Mise-en-Scène? In: Velvet Light Trap: A Critical Journal of Film & Television, 37, H. 3, S. 10-29, hier S. 23.
83 Bordwell, David (2008): Poetics of Cinema, New York, S. 63.
84 Bordwell, David (1997): On the History of Film Style, Cambridge, S. 157.
85 Benjamin (2013 [1989]): S. 101.

dazu wertet Caroll die im Film erworbene Wahrnehmungsexpertise als irrelevant für die außerfilmische Welt. Für ihn sind zwei Dinge vorstellbar: 1. die Filmsequenzen ermutigen vielleicht das Tempo der Moderne zu akzeptieren; 2. vielleicht stellt sich eine Reflexion der eigenen Wahrnehmung ein, die über die Kinorezeption hinaus wirkt.[86] Dabei lässt sich bei Benjamin keine Textpassage finden, die davon zeugt, dass er der Meinung ist, die biologisch organische Konstitution des Menschen verändere sich durch die (Film-)Wahrnehmung. Vielmehr geht er davon aus, dass sich die Sinne angesichts der filmischen Darstellungsweise und den daraus resultierenden Erwartungshaltungen, Gewohnheiten und Interessen des modernen Menschen neu organisieren müssen. Damit geht seine Vorstellung von den Sinnen über ein funktionalistisches Verständnis hinaus und er verortet im Prozess der Wahrnehmung vorbewusste Momente des Erkenntnisgewinns.[87]

Zusammenfassend lässt sich sagen, dass hier im Folgenden die Position vertreten wird, die soziokulturelle Bedingtheit des Films wirkt sich auf drei Ebenen aus: 1. Filme, ihre Technologien und die damit einhergehende Wahrnehmung stehen in einem Wechselverhältnis zu gesellschaftlichen Entwicklungen; 2. mit Filmen wird über die eingeforderte Wahrnehmungsweise Einfluss auf die innerfilmischen und außerfilmischen Auseinandersetzungsprozesse ausgeübt; und 3. resultiert daraus, dass Filme, ihre Wahrnehmung und Reflexion einem historischen Wandel unterliegen. Dabei muss der Prozess der Wahrnehmung zirkulär gedacht werden. Denn mit medialen Formaten wie dem Film wird sich an den bestehenden Wahrnehmungsgewohnheiten orientiert, sie werden aufgegriffen und modifiziert, um dann im Verlauf zur Grundlage weiterer medialer Formate und zukünftiger Entwicklungen zu werden.[88]

Institutionalisierung von Aufmerksamkeit durch das Kino

> „Infolgedessen findet sich in jedem vollendeten Objekt etwas Unvorhersehbares, Spontanes, Unerfaßliches und Unsagbares. Standardisierung, Formeln, Generalisierungen, Prinzipien und Universalien haben ihren Sinn, aber der Sinn besteht darin, ein Mittel für bessere Annäherungen an das zu sein, was unwiederholbar ist".[89]

Die Fahrt endet für Saul Ausländer und die Mitgefangenen in *Son of Saul* an einem Fluss. Der blaue Himmel und die ruhige Flusslandschaft können nicht darüber hinweg täuschen, dass hier eine Gruppe Männer unter Aufsicht Zwangsarbeit leisten muss. Entlang des Ufers positioniert, schaufeln sie bergeweise graues Substrat in den Fluss (Abbildungen 7a,b). Was genau sie da tun und welchen Zweck diese Arbeit hat, wird nicht ausgesprochen, zumal Sauls Suche nach einem Rabbi unter den arbeitenden Gefangenen und die wenigen Dialoge diese Tätigkeit nicht erklären. Wieso wird diese

---

86   Vgl. Caroll (1998): S. 137.
87   Vgl. hierzu auch die komparative Darstellung beider Positionen durch Geng (2019): S. 53ff.
88   Vgl. Geng (2019): S. 55.
89   Dewey (1995 [1925]): S. 123.

Abbildung 7a: *Son of Saul* TC: 00:32:14.   Abbildung 7b: *Son of Saul* TC: 00:34:24.

Szene am Fluss gezeigt? Wie passt sie zu dem unvorstellbaren Ausmaß der zuvor thematisierten Verbrechen?

Nur unter Rückgriff auf Vorwissen zu den historischen Geschehnissen im Konzentrationslager Auschwitz oder als deutende Schlussfolgerung aus dem zuvor Gezeigten wird im Verlauf klar, dass hier Asche der getöteten und verbrannten Opfer zum Verschwinden gebracht werden soll.[90] Als letzten Akt der industriell organisierten und durchgeführten Menschheitsverbrechen galt es das zu beseitigen, was aus Sicht des nationalsozialistischen Regimes keiner weiteren Verwertung dienlich war.[91] Der Mord so Vieler soll hier im letzten Akt der Vernichtung nicht mehr nachweisbar sein. Wird man sich dieser Zusammenhänge im Verlauf der Szene bewusst, treten die gigantischen Dimensionen des Genozids hervor und erhalten eine beunruhigende Aufmerksamkeit. Weil die Existenz dieser Ascheberge aus keinen unmittelbaren Strukturen der Narration hervorgeht, weder angesprochen noch erklärt wird, sind die

---

90   Zur historischen Tatsache der Aschebeseitigung in den nahegelegenen Fluss Sola vgl. unter anderem den Augenzeugenbericht von Shlomo Dragon, der einer der wenigen Überlebenden des Sonderkommandos des Konzentrationslagern Auschwitz ist: „Wir holten die Asche aus den Gruben, aber erst 48 Stunden nach der Verbrennung. In der Asche fanden sich noch Knochenreste. Wir fanden Schädelknochen, Kniegelenke und lange Knochen. Mit dem Spaten schaufelten wir die Asche an den Rand der Grube. Dann kamen Lastwagen, auf die die Asche geschafft und zum nahegelegenen Fluß Sola gefahren wurde. Wir wurden auch dabei eingesetzt. Alles geschah natürlich unter Bewachung durch SS-Männer. Der Raum zwischen den Lastwagen und dem Fluß wurde mit Stoffbahnen überdeckt, so daß nichts von der Asche auf den Boden fiel. SS-Männer wollten, daß man die Asche so in den Fluß warf, daß sie mit der Strömung davongetragen wurde und sich nicht am Boden absetzte. Wir schüttelten die Stoffbahnen über dem Wasser aus und fegten den Platz sorgfältig." Zitiert nach: Greif, Gideon (1995): Wir weinten tränenlos… Augenzeugenberichte der jüdischen „Sonderkommandos" in Auschwitz, Köln / Weimar / Wien, S. 69f.

91   Gideon Hausner hebt 1961 als Generalstaatsanwalt Israels in seiner Eröffnungsrede zum Eichmann-Prozess diesen entwürdigenden Umgang mit den Opfern hervor und sah sich in der Pflicht gerade ihnen eine Stimme zu geben: „Wenn ich in diesem Gerichtssaal vor euch stehe, Richter Israels, um Adolf Eichmann anzuklagen, dann stehe ich nicht allein. Zusammen mit mir stehen in diesem Moment sechs Millionen Ankläger. Aber sie können ihre Finger nicht erheben, auf den Glaskasten zeigen und rufen: Wir klagen den Mann an, der dort sitzt. Denn ihre Asche wurde aufgehäuft auf den Bergen von Auschwitz und den Feldern von Treblinka, oder sie wurde in die Flüsse von Polen geworfen und ihre Gräber haben sich über die gesamte Länge und Breite Europas zerstreut. Ihr Blut schreit zum Himmel, aber ihre Stimmen können nicht gehört werden." (Übersetzung aus dem Englischen E.N.) Siehe Eichmann trial – Session No. 6, 7, TC: 00:20:18-00:21:34, seit 2011 von Yad Vashem und dem Israelischen Staatsarchiv bei youtube bereitgestellt https://www.youtube.com/watch?v=2274T9jfVAc (24.04.2020).

Ascheberge dieser Szene so abstrakt in ihrer Bedeutung und in ihrem Entstehen und zugleich in ihrer Materialität so konkret: Eine graue Masse, die sich staubend in der Luft verteilt, die ganze Szenerie in einen Nebel hüllt und als Geräusch dauerpräsent ist. Meist lauter als alle anderen Geräusche und Dialoge bestimmt es die Filmhandlung. Ein spezifisches Kratz-Geräusch, das davon zeugt, dass hier eine körnige Substanz von den Gefangenen geschaufelt wird, liegt über der gesamten Szene. Eine Szene, die umso eindringlicher erscheinen kann, weil an dieser Stelle keine der bekannten visuellen Ikonen aufgegriffen wurde, die sich seit der filmischen Thematisierung des Holocaust herausgebildet haben und im Umlauf sind.[92] Stattdessen wird hier ein seltenes Bildmotiv eingeführt und unkommentiert gezeigt – so wie es dem Modus des gesamten Films entspricht.

Son of Saul als einen *guten* Film zu titulieren, erscheint unangemessen und löst Unbehagen aus: Das verdeutlicht, wie durch eine solche Bezeichnung die Filmhandlung, der historische Kontext und die damit einhergehende mögliche Filmerfahrung nicht zutreffend erfasst werden und in welch großer Spannweite Filme zu denken sind. Filme können Entsetzen über thematisierte Geschehnisse auslösen, Zusammenhänge zwischen Ereignissen evozieren, Interesse für Themen wecken, zu Handlungen animieren oder einfach nur die Langeweile vertreiben und unterhalten. Die verschiedenen Filme und das erzeugte Empfinden sind so vielfältig: Sie können amüsieren, informieren, anregen, langweilen, aber auch beunruhigen und erschüttern und alles andere als ein angenehmes, zufriedenstellendes Gefühl hinterlassen. Neben dem Popkornkino mit seinem spannungsreichen, kurzweiligen und genussreichen Filmerleben gibt es noch viele weitere Rezeptionsmodi. Das Medium des Films und mit ihm sein lange angestammter Ort, das Kino, können nicht allein mit Unterhaltung gleichgesetzt werden. Es würde sowohl filmhistorische Entwicklungen als auch filmische Möglichkeitsräume für Erfahrungen – wie sie sich entlang der Institution des Kinos herausgebildet haben – missachten, wenn einzig auf Unterhaltung und kurzweiligen Zeitvertreib durch den Film abgehoben werden würde. Die Organisation von Aufmerksamkeit, wie sie sich über das Kino institutionalisiert hat, bewegte sich von Anfang an zwischen verschiedenen Polen und wird seitdem von verschiedenen Diskursen aufgegriffen. Dabei haben sich die Filmerfahrung und die Erwartungshaltung an die Filmrezeption zusammen mit der Institution des Kinos herausgebildet und gewandelt. Den verschiedenen Kontexten der Filmerfahrung entlang der Geschichte des Kinos nachgehend, wird im Folgenden offen gelegt, unter welchen Vorzeichen Aufmerksamkeit – als eine wichtige Dimension des Films als pädagogisches Setting – aus der Institution des Kinos hervorging und wie verschiedene Diskurse Filmerfahrung verhandelten.

---

92   Als „ikonische Superzeichen des Holocaust" führt Waltraud Wende zahlreiche visuelle Topoi auf, die filmkulturell relevant sind: Judenstern, SS-Uniformen, Holzbaracken, KZ-Türme, Stacheldraht, schweigende Menschenketten, rauchende Schornsteine, Materialberge von Koffern, Schuhen, Kleidern, Brillen, Haaren usw. Das Wissen um diese ikonischen Chiffren des Holocaust ist durch die anhaltende bildliche und filmische Präsenz soweit im kollektiven Gedächtnis verankert, dass eine Kenntnis dieser Ikonen auch von nachkommenden Generationen erwartet wird. Wende, Waltraud (2007): Medienbilder und Geschichte. Zur Medialisierung des Holocaust. In: Dies. (Hrsg.): Der Holocaust im Film. Mediale Inszenierung und kulturelles Gedächtnis, Heidelberg, S. 9-28, hier S. 18.

Mit dem Aufkommen des Mediums Film Ende des 19. Jahrhunderts und seiner Etablierung in den deutschen Großstädten seit 1905 wird Zerstreuung als ein Modus der Verfasstheit virulent.[93] Zerstreuung als ein entspannter Gemütszustand zwischen Aufmerksamkeit und Gewohnheit diente schon zu dieser Zeit zur Beschreibung der Auswirkungen großstädtischer Strukturen auf die Lebensweise. So konstatiert Emilie Altenloh bereits 1914, dass das Erreichen des Zustands der Zerstreuung die Hauptmotivation eines Kinobesuchs darstellt: Kino und Publikum seien „typische Produkte" ihrer Zeit, „die sich durch ein fortwährendes Beschäftigtsein und durch eine nervöse Unruhe" auszeichnen. Gerade die moderne Lebensweise spiegelt sich nach Altenloh im Kinobesuch wieder:

> „Der tagsüber angespannte Mensch befreit sich von dieser Hast selbst dann nicht, wenn er sich erholen will. Im Vorbeigehen sucht er im Kino für kurze Zeit Zerstreuung und Ablenkung und denkt dabei schon halb an das, womit er die nächsten Stunden ausfülle."[94]

Altenloh zufolge ist es die Großstadt, die einen Menschen formt, der nach Zerstreuung sucht und sie im Kino findet. Es ist diese „Steigerung des Nervenlebens"[95], wie es Georg Simmel bereits 1903 diagnostizierte, die die Großstadt als Resonanzort der Reize in zeitgenössischen Reflexionen auszeichnet. Urbane Strukturen, die zu einer Verkehrs- und Menschendichte führten, werden ebenso als eine sinnliche Herausforderung diskutiert, wie das vermehrte Aufkommen der visuellen, akustischen und taktilen Reize der Arbeits-, Freizeit- und Konsumstätten. Unter den Vorzeichen der Mechanisierung, Beschleunigung und Ökonomisierung bildete sich der Film zu Beginn des 20. Jahrhunderts heraus und prägte damit die Erwartungshaltung an die Filmvorführung. Der Kommentar des französischen Filmkritikers Léon Moussinac von 1925 fasst den Prozess der Entstehung des Mediums Film in Reaktion auf das Leben in den urbanen Zentren der Moderne zusammen:

> „Im großen Aufruhr der Moderne kommt eine Kunst zur Welt, entwickelt sich, entdeckt eins ums andere die ihr eigenen Gesetze und bewegt sich langsam auf ihre Vervollkommnung zu, eine Kunst, die zugleich der Ausdruck, gewagt, machtvoll, originell, das Ideals der neuen Zeiten sein wird".[96]

Beeinflusst von den Ereignissen und Idealen dieser Zeit wird der Film zu einem für die breite Bevölkerung zugänglichen Medium. Damit wird der Film zum Hort von Konfrontation und Aneignung der Embleme seiner Zeit.[97] Oder wie es Francesco Casetti 2010 in seiner Reflexion der historischen Entwicklung des Kinos formuliert: „Mit

---

93 Vgl. Garncarz, Joseph (2010): Maßlose Unterhaltung. Zur Etablierung des Films in Deutschland 1896-1914, Frnkfurt a.M./Basel.

94 Altenloh, Emilie (1914): Zur Soziologie des Kinos. Die Kino-Unternehmung und die sozialen Schichten ihrer Besucher, Jena, S. 56.

95 Simmel, Georg (1984 [1903]): Die Großstädte und das Geistesleben. In: Simmel, Georg: Das Individuum und die Freiheit. Essais, Berlin, S. 192-204.

96 Moussinac, Léon nach Casetti (2010): S. 20.

97 Vgl. Benjamin (2013 [1989]): S. 101.

jedem Film gewinnt der Zuschauer eine genauere Vorstellung von den Bedingungen, unter denen er in der Moderne lebt."[98]

Die Erwartungshaltung der Zuschauenden an das Kino bildete sich besonders über das Vorgängermedium Panorama und seine zahlreichen Abkömmlinge als ein Ort des gleitenden Blicks heraus. Norman Bryson präzisiert diese Rezeptionshaltung 1983 mit der Unterscheidung zwischen der Blicktechnik des „glance" als gleitenden, involvierten Blick und der Blicktechnik des „gaze" als fixierenden, kontemplativen und distanzierten Blick.[99] Demnach verlangt der Film einen schweifenden Blick, der sich mitbewegt und die Aufmerksamkeitszentren immer wieder neu finden muss. Somit ist Zerstreuung, verstanden als verteilte Aufmerksamkeit, als Rezeptionsmodus im Medium angelegt. Mit dieser Begriffsdimension von *Zerstreuung* wird auf deskriptive Weise der Prozess der Rezeption berücksichtigt: Im Kino geschieht eine sinnliche Konfrontation mit Bewegung, der Blick muss wandern und bleibt während der Projektion räumlich mobil. Dabei hat gerade die Darstellung der Großstadt hier einiges zu bieten. Die historisch gewachsene Rezeptionserwartung an Zerstreuung im Kino findet in der Darbietung urbanen Treibens eine Entsprechung: Aus ungewohnten Perspektiven, mit Einsichten in verborgene Bereiche des Großstadtlebens und anhand einer Vielfalt an Bewegungsmodi wird die Stadt bei unterschiedlichen Lichtverhältnissen der Tages- und Nachtzeiten gezeigt. Die Großstadt wird mit all ihren Facetten zum Schauplatz der Filme des frühen Kinos. Das Urbane bietet viel Potential, um Filme zur Zerstreuung des Publikums zu produzieren. Denn das Kino zu Beginn des 20. Jahrhunderts ist kein Ort der Kontemplation und der ruhigen Wahrnehmung. Löffler (2014) zufolge entspricht die „ästhetische Kontingenz, die besonders die gefilmten Straßenszenen verbreiten, [...] dabei der kaleidoskopischen Weltsicht des modernen Publikums."[100] Das Nebeneinander und die Gleichzeitigkeit von Ereignissen der gefilmten Stadtszenen erfordert vom Publikum eine verteilte Aufmerksamkeit, um den vielfältigen Reizen folgen und sie dechiffrieren zu können. Es gibt viel zu entdecken und das zudem noch in den Dimension Raum und Zeit zugleich. Mit den Aufnahmen von der Großstadt werden die Sehgewohnheiten des gleitenden Sehens aufgegriffen und durch die Faszination für das urbane Treiben vertieft. Anders gesagt: Das Publikum erwartet Zerstreuung und bekommt sie über die Darstellung der Großstadt geboten.

Ein weiteres mediales Erbe, das der Films antritt, ist nach Thomas Elsaesser die Blicktechnik des stereoskopischen Sehens. Der Stereoskopie[101] gleich, weisen einige Film eine beachtliche Detailfülle und räumliche Tiefe auf, die die Zuschauenden dazu zwingt „zwei oder sogar drei Darstellungsebenen gleichzeitig wahrzunehmen"[102]; die Zerstreuung der Aufmerksamkeit im Sinne eines Modus der filmischen Wahrnehmung wird auch hier eingefordert.

---

98 Casetti (2010): S. 20.
99 Vgl. Bryson, Norman (2001 [1983]): Das Sehen und die Malerei. Die Logik des Blicks, München.
100 Löffler (2014): S. 224.
101 Zur Stereoskopie vgl. Crary, Jonathan (1996): Techniken des Betrachtens. Sehen und Moderne im 19. Jahrhundert, Dresden / Basel, S. 133ff.
102 Elsaesser, Thomas (2001): Realität zeigen: Der frühe Film im Zeichen Lumières. In: von Keitz, Ursula / Hoffmann, Kay (Hrsg.): Die Einübung des dokumentarischen Blicks. ‚Fiction Film' und ‚Non Fiction Film' zwischen Wahrheitsanspruch und expressiver Sachlichkeit 1895-1945, Marburg, S. 27-50, hier S. 44.

Zeitgleich mit der Entstehung und Etablierung des Mediums Film entsteht in den Großstädten eine Vergnügungsindustrie, die besonders aus der Trennung von Arbeit und Freizeit Kapital schlägt. Damit schwingt im Diskurs um Zerstreuung auch die Bedeutungsebene der Unterhaltung, der Ablenkung und des Zeitvertreibs durch das filmische Vergnügen mit. Das Kino als Stätte der medialen Unterhaltung lädt sowohl zum Verweilen ein und ist zugleich wie der Bahnhof ein urbaner Ort des Durchgangs, was sich dann auch im symbolischen Wert dieses Ortes für die Gemeinschaft niederschlägt.[103] Als ein technisch aufgerüsteter Raum wird das Kino zu einer Gegenwelt des Alltags, wie es Casetti 2010 beschreibt:

> „Er ist kein Rückzugsort wie die eigene Wohnung oder das eigene Haus und auch kein offenes Universum wie die Großstadt. Er ist etwas dazwischen, das den Leuten die Gelegenheit bietet, zusammenzufinden und ein Erlebnis zu teilen."[104]

Die ersten Filmvorführungen auf den Jahrmärkten und Rummelplätzen glichen einem „Kino der Attraktionen" und des Spektakels, wie Tom Gunning 1990 überzeugend darlegt.[105] Ab 1910 transformiert sich diese Filmerfahrung, bzw. es kommt eine weitere Erwartungshaltung hinzu. Es geht Casetti zufolge seitdem verstärkt darum, „eine ‚gute' Erfahrung zu machen, die im Einklang mit Normen des guten Geschmacks, der Moral und der Hygiene steht."[106] Diese Bestrebungen wirken sich auf die filmischen Darstellungsformen, das Verhalten des Publikums und die Etablierung des architektonischen Vorführ- und Veranstaltungsortes Kino aus. In einem abgedunkelten Raum wurde über die Leinwand für ein Publikum, das sich hierfür nach den Regeln des Kinos einfand, ein Film abgespielt. Ein geteiltes Erleben an einem öffentlichen Ort, der für den Moment der Vorführung eine Sphäre der Intimität herstellte.[107]

Es bildete sich in dieser Zeit ein Verhältnis zwischen Film und Publikum heraus, das auf der Bezugnahme zur Welt gründete: Denn auch wenn sich das Publikum weiterhin von den Filmbildern und Tönen überraschen, berühren und unterhalten ließ, wie es im frühen „Kino der Attraktionen" der Fall war, richtete es seinen Blick immer

---

103 Vgl. Löffler (2014): S. 223.
104 Casetti (2010): S. 22.
105 Vgl. Gunning, Tom (1990): Cinema of Attractions: Early Film, Its Spectator, and the Avant-Garde. In: Elsaesser, Thomas (Hrsg.): Early Cinema: Space, Frame, Narrative, unter Mitarbeit von Adam Barker, London, S. 56–62. [Dt. als: Das Kino der Attraktionen. Der frühe Film, seine Zuschauer und die Avantgarde. In: Meteor, 4, 1996, S. 25-34.]
106 Casetti (2010): S. 20f.
107 Diese moderne Form der Öffentlichkeit lässt sich auch mit dem Konzept der Heterotopien im Sinne Foucault fassen. Heterotopien beschreibt Foucault 1967 als „wirkliche Orte, wirksame Orte, die in die Einrichtung der Gesellschaft hineingezeichnet sind, sozusagen Gegenplatzierungen oder Widerlager, tatsächlich realisierte Utopien, in denen die wirklichen Plätze innerhalb der Kultur gleichzeitig repräsentiert, bestritten und gewendet sind, gewissermaßen Orte außerhalb aller Orte, wiewohl sie tatsächlich geortet werden können." Foucault, Michel (1993 [1967]): Andere Räume. In: Barck, Karlheinz (Hrsg.): Aisthesis: Wahrnehmung heute oder Perspektiven einer anderen Ästhetik, 5. durchgesehene Aufl., Leipzig, S. 34-46, hier S. 39.

mehr auf das, was die Bilder repräsentierten, auf die filmisch dargestellte Realität.[108] Siegfried Kracauer bezeichnet in seiner Filmtheorie 1960 diese Nähe zur konkreten Gegenständlichkeit der Realität als eine „[m]aterielle Evidenz", die besonders den Film (und auch die Fotografie) auszeichnet:

> „Der Film macht sichtbar, was wir zuvor nicht gesehen haben oder vielleicht nicht einmal sehen konnten. Er hilft uns in wirksamer Weise, die materielle Welt mit ihren psycho-physischen Entsprechungen zu entdecken. Wir erwecken diese Welt buchstäblich aus ihrem Schlummer, ihrer potentiellen Nichtexistenz, indem wir sie mittels der Kamera zu erfahren suchen".[109]

Dabei hebt Kracauer darauf ab, dass es seit den Anfängen des Films auch das Bedürfnis gab, „Phänomene, die das Bewusstsein überwältigen"[110] zu zeigen. Er führt unterschiedliche Beispiele aus der Geschichte des Films an – von den Anfängen bis in seine Gegenwart. Mit Verweis auf den Kurzfilm *The Execution of Mary, Queen of Scots* von 1895[111] schlussfolgert er: „Der Weg des Films ist besät mit Bildstreifen, die in Katastrophen und alpdruckhaften Vorgängen schwelgen."[112] Die Filme der Gegenwart und Vergangenheit allein auf einen möglichen Unterhaltungswert – im Sinne eines erfreulichen Amüsements – zu reduzieren, übersieht die zum Teil auch gegensätzlichen Tendenzen und das Spannungsverhältnis, in dem sich die Erwartungshaltungen an einen Kinobesuch bewegen konnten und können. Das Kino war schon in der ersten Hälfte des 20. Jahrhunderts sowohl ein Ort der vergnügten Unterhaltung als auch ein Ort der Beunruhigung, Erschütterung und der Konfrontation.[113]

Mit Blick auf die Geschichte des Unterhaltungsdiskurses ist die sozialwissenschaftliche Forschung von Emilie Altenloh über das Kino aufschlussreich. Sie sieht 1914 einen Zusammenhang zwischen der zunehmenden Rationalisierung und Arbeitsteilung moderner Industriegesellschaften und dem Bedürfnis nach Zerstreuung durch den Film – also nach einem „Bedürfnis nach viel Vergnügen, nach Stoffen, die der Persönlichkeit Nahrung geben"[114]. Demnach musste sich bei den veränderten Arbeitsbedingungen eine Unterhaltungsindustrie herausbilden:

---

108 Mit ihrem medientheoretischen Ansatz diskutieren Bolter und Grusin den Unterschied zwischen ‚looking at' und ‚looking through'. Vgl. Bolter, Jay David / Grusin, Richard (1999): Remediation: Understanding New Media, Cambridge / London.
109 Kracauer (2008 [1960]): S. 461.
110 Ebd. S. 108.
111 *The Execution of Mary, Queen of Scots*, Regie: Alfred Clark, Produktion: Thomas Edison, USA 1895.
112 Ebenfalls Erwähnung finden in diesem Zusammenhang die Filme: *Arsenal* (Alexander Dovženko 1928/29), *Westfront 1918* (Georg Wilhelm. Pabst 1930), *Thunder over Mexiko* (Sergej M. Eisenstein 1933), *Rom, offene Stadt* (Roberto Rossellini 1945/46), *San Francisco* (Woodbridge Strong Van Dyke 1936), *Die letzte Etappe* (Wanda Jakubowska 1948), *Los Olvidados* (Luis Buñuel 1950); Kracauer (2005 [1960]): S. 109.
113 Vgl. zur Film- und Kinogeschichte auch Elsaesser, Thomas (2002): Filmgeschichte und frühes Kino. Archäologie eines Medienwandels, München.
114 Altenloh (1914): S. 82.

„Mit den neuen Anforderungen, die ein Jahrhundert der Arbeit und der Mechanisierung an die Menschen stellte, mit der intensiveren Anspannung und Ausnützung der Kräfte, die für den einzelnen der Kampf ums Dasein mit sich brachte, mußte auch die Kehrseite des Alltags, das Ausruhen in etwas Zwecklosem, in einer auf kein Ziel gerichteten Beschäftigung ein größeres Gegengewicht bieten."[115]

Das große Interesse am Kino als Ort der populären Unterhaltung resultierte Altenloh zufolge aus dem verbreiteten Bedürfnis nach Zerstreuung in der Freizeit. Dabei ermöglicht das Kino als Stätte des Vergnügens, im Rezeptionsmodus der Zerstreuung verschiedenen Gedanken nachgehen zu können. Dies ist laut Altenloh im Kino gerade deshalb möglich, weil der Film überwiegend über die Sinne zugänglich ist und damit anders als das Theater oder die Oper keine hohe Konzentrationsleistung voraussetzt, so „daß selbst erschlaffte Nerven aufgepeitscht werden, und die schnelle Folge der Ereignisse, das Durcheinander von verschiedenartigsten Dingen"[116] unterhaltsam ist. Wie jede andere filmtheoretische Reflexion kommt auch Altenloh nicht umhin eine Vorstellung vom Verhältnis zwischen den Zuschauenden und dem Film zu konzipieren.[117] Ihren Vorstellungen von der filmischen Wahrnehmung zufolge sind die Zuschauenden ohne eine eigene kognitive Aktivität dem Film ausgesetzt: Passiv konsumierend und ohne eigenen Antrieb denkt sie das Publikum. An der historischen Position Altenlohs zeigt sich, wie sich schon in der Zeit der Etablierung des Films, als breit zugänglichem Medium, Annahmen über die Rezeption verfestigten und eindimensional gedacht wurden. Doch es gab nie den *einen* Film und die *eine* Rezeptionshaltung im Kino.

Anders als Altenloh diskutiert Siegfried Kracauer – selbst Zeitgenosse des Emporkommens der Kinos in Europa und ab 1941 in den USA – 1960 die verschiedenen Qualitäten und Ambivalenzen, zwischen denen sich Filmbilder bewegen können: „Bestätigende Bilder"[118] konfrontieren das Publikum anders mit der materiellen Realität als „Entlarvungen"[119]:

„Natürlich sind bestätigende Bilder von geringerem Interesse als solche, die unsere Vorstellungen von der physischen Welt in Frage stellen. Nur dann können Filme die Realität, wie die Kamera sie einfängt, mit den falschen Vorstellungen, die wir uns über sie machen, konfrontieren, wenn die ganze Beweislast den Bildern und allein ihnen zufällt."[120]

Ihm zufolge können Filmaufnahmen „enthüllende" Funktion haben, besonders dann, wenn ihr Auftreten im Widerspruch zu den eigenen Vorstellungen steht. Oder Film-

---

115 Ebd. S. 95.
116 Ebd. S. 56.
117 Wie Elsaesser und Hagener betonen, kann sich eine filmtheoretische Reflexion einer expliziten oder impliziten Positionierung hinsichtlich des Verhältnisses zwischen Zuschauenden und Film respektive den daraus abgeleiteten Wahrnehmungsprozess nicht entziehen. Vgl. Elsaesser/Hagener (2013 [2007]): S. 10ff.
118 Kracauer (2005 [1960]): S. 469.
119 Ebd. S. 470.
120 Ebd. S. 470.

bilder haben „schmückende Funktion", wenn die Filmaufnahmen dazu dienen, „den Konformismus zu ermutigen".[121]

Weil im Kino ab 1910 Themen und Darstellungsweisen beginnen zu Konventionen zu amalgamieren und dadurch die Suche nach der Filmform meist hinter die Erzählung und das Verhältnis zur Realität trat, wurde aus dem einstigen Erleben von Attraktion, Schock und Bedrohung durch den Film – wie es Walter Benjamin noch im Kunstwerk-Aufsatz (1935-39) beschreibt – vielfach „die Position eines privilegierten Beobachters" im Kinosessel, wie Casetti es 2010 für diese Entwicklungsphase des Films formuliert:

> „Bilder, in denen man die Welt wiedererkennt, eine Umgebung, die man als Bleibe und eine Situation, die man als Ritus wahrnimmt: Aus diesen drei Elementen besteht die ‚klassische' Erfahrung des Films. Es handelt sich mithin um eine gerichtete, situierte und zeremonielle Erfahrung."[122]

Damit etablierte sich das Beiwohnen als ein wichtiger Modus möglicher Filmerfahrungen. Die Welt im Kino ist zur Darbietung geworden, diese „to-be-looked-at-ness", von der Laura Mulvey 1989 spricht, schaffte meist eine Zuschauendenposition des Beiwohnens.[123] Im klar geregelten Möglichkeitsraum Kino gingen die Beobachtenden und das Beobachtete bei der Filmrezeption eine subtile Komplizenschaft ein.

> „Der Zuschauer wohnt der filmischen Darbietung bei, der er physisch gesehen äußerlich bleibt, an der er aber voll und ganz teilnimmt. Er folgt der Geschichte, die auf der Leinwand erzählt wird, und erfasst alle ihre Fäden vom bestmöglichen Standpunkt aus; er bringt sein eigenes Sehbedürfnis ins Spiel, und zur gleichen Zeit lässt er sich die Rhythmen seines eigenen Sehens vom Film diktieren."[124]

Doch diese sichere distanzierte Position des Kinopublikums, wie Casetti sie beschreibt, schwand in der zweiten Hälfte des 20. Jahrhunderts vermehrt und Zuschauende und Filmschaffende wurden immer mehr zu einer Verstehensgemeinschaft, die eine Teilnahme an Dialogen ermöglichte und aufdrängte. Der Film bot die Möglichkeit des Austauschs und der Suchbewegung zur Orientierung in der Gemeinschaft.

Seit den 1980er Jahren steht das Kino in verstärkter Konkurrenz mit der Filmbetrachtung zuhause: Die Zuschauenden sind mittels VHS und DVD in der Lage sich ihr Programm selbst zusammen zu stellen. Damit wurde eine Entwicklung fortgesetzt, die sich seit Beginn der Etablierung des Fernsehers in den 1960er Jahren abzeichnete und die bis in unsere Gegenwart die Filmerfahrung bestimmt. Aus dieser technischen Entwicklung folgt laut Casetti die Tendenz zu

> „einer immer stärker personalisierten Erfahrung: Der Zuschauer stellt seine eigenen Bedürfnisse in den Vordergrund und bezieht sich in seinem Filmsehen gänzlich

---

121 Ebd. S. 469f.
122 Casetti (2010): S. 22.
123 Mulvey, Laura (1989): Visual and Other Pleasures, Bloomington.
124 Casetti (2010): S. 22.

auf den Rahmen seines eigenen Lebens. Damit gewinnt seine Rolle als Zuschauer an Bedeutsamkeit."[125]

Die Filmerfahrung findet unter den Vorzeichen des Eingreifens seitens der Zuschauenden statt: Wann, wo und unter welchen Vorzeichen ein Film angesehen wird, bestimmen die Zuschauenden immer mehr selbst, sodass sich das Kino als Rezeptionsort zu einer fluiden Bedeutungsinstanz wandelt. Für Casetti gilt deshalb: „Modellierte einst das Kino den Zuschauer, so modelliert jetzt der Zuschauer das Kino."[126] Casettis Sinnbild der „Explosion des Kinos"[127] beschreibt damit nicht das Ende des Kinos, sondern eine technische und gesellschaftliche Entwicklung, die zu einer Eruption führte, bei der das Kino seinen angestammten konkreten Ort verlor und sich überall wiederfindet. Das Kino ist nicht mehr länger der Ort der Filmerfahrung, diese ist nun allgegenwärtig zu finden oder wie es Casetti beschreibt: „*Nicht-mehr-Kino und Noch-Kino*. Oder vielmehr: Noch-Kino, gerade weil Nicht-Mehr-Kino."[128]

Das Kino und seine in der historischen Entwicklung aufgekommenen Aufmerksamkeits-Diskurse sind immer noch präsent und wirken sich auf die Erwartungshaltung in der Begegnung mit Filmen aus. Besonders greifbar wird dies an den Debatten, die umso heftiger geführt werden, wenn mit den Worten des Filmemachers[129] Claude Lanzmann der „Flammenkreis", der den Holocaust umgibt, durch den Film durchbrochen wird. Er selbst ging 1994 in einem Zeitungsartikel in Reaktion auf das Erscheinen von Steven Spielbergs Film *Schindlers Liste* (1993)[130] sogar soweit, ein absolutes Bilderverbot für den Holocaust auszusprechen.[131] Das Unfassbare dieser Verbrechen sollte seine Entsprechung in der Undarstellbarkeit haben. Nach Lanzmann sollte sich ein Publikum allein über eine beunruhigende Imagination den historischen Ereignissen nähern, weil jedes konkrete Abbild oder jeder Versuch einer mimetischen Näherung – besonders in Form eines Erzählkinos – die Ausmaße der Verbrechen nicht fassen könnte.[132]

---

125 Ebd. S. 24.
126 Ebd. S. 27.
127 Ebd. S. 28.
128 Ebd. S. 28.
129 Claude Lanzmanns eigener Film *Shoah* (Produktionszeit 1974-1985) zeigt neben Interview-Sequenzen mit Überlebenden, Zeugen und Tätern Schauplätze der Deportation, Orte der Judenvernichtung und Massengräber nur aus der Gegenwart der Filmproduktion. Es wurde bewusst auf historische Archivaufnahmen oder mimetisch-nachgestellte Szenen verzichtet. Es gibt keine fiktiven oder reinszenierten Elemente. Nur über die Erzählungen aus der Gegenwart der Entstehungszeit des Films wird sich den Ereignissen genähert. Das Unfassbare bleibt als visuelle Lücke und beunruhigt als Imagination bei der Rezeption. *Shoah*, Regie: Claude Lanzmann, Frankreich 1985.
130 *Schindlers Liste* [Schindler's List], Regie: Steven Spielberg, Drehbuch: Steven Zaillian, USA 1993.
131 Lanzmann, Claude (1994): Einspruch gegen Schindlers Liste. In: FAZ, 5. März 1994, aus dem Französischen übersetzt von Grete Osterwald (zuerst erschienen in: Le Monde, 3. März.1994).
132 Auf den Seiten 208f wird die Kontroverse um ein Bilderverbot für den Holocaust weiter ausgeführt und mit gegenwärtigen Positionen von Georges Didi-Huberman, Aleida Assmann und Juliane Brauer in Bezug gesetzt.

Doch mit Blick auf die (nationale und internationale) Filmgeschichte zeigt sich, dass diesem Wunsch Lanzmanns bis heute nicht entsprochen wurde.[133] Seit den ersten vereinzelten Filmen zum Holocaust Ende der 1940er Jahre wird fortwährend um eine filmische Thematisierung gerungen. In jeder Zeit werden durch die Filmproduktion andere Fragen und Interessen an die historischen Ereignisse herangetragen. Dabei zeigt sich, dass Filme, wie beispielsweise *Holocaust – Die Geschichte der Familie Weiss* (1979 in Deutschland)[134] oder *Schindlers Liste*, die bei ihrer Erstausstrahlung noch Kontroversen hervorgerufen haben, heute aufgrund ihrer Darstellungsweise und Themenwahl kaum Widerstände solchen Ausmaßes verursachen. Die mit diesen Filmen geführte Debatte, ob melodramatische Spielfilme einer fortschreitenden Trivialisierung Vorschub leisten und die Darstellung des Holocaust bestimmte Grenzen nicht überschreiten darf, hat sich geändert und verläuft heute anders als Ende der 70er und Mitte der 90er Jahre.[135] Das Interesse an den jeweiligen Filme ist ebenso wie eine Zustimmung und Ablehnung überaus zeit- und kontextabhängig. Mit der Frage, ob der Genozid an sechs Millionen Juden als fiktionale Narration mit den Mitteln der filmischen Aufmerksamkeitslenkung Interesse wecken darf, wird auch immer wieder der Film als Medium – und das Kino als sein einstiger Ort und semantischer Kontext – und die daraus hervorgehenden, möglichen Filmerfahrungen diskutiert. In welcher Art geschieht eine Aufmerksamkeitslenkung im Film und durch die Institution Kino? Und wie darf der Modus der Filmerfahrung sein? Es gab und gibt ein Befremden darüber, den Film mit seiner Geschichte als populäres Unterhaltungsmedium als eine darstellende Instanz für den Holocaust zu sehen. Hier schwingen Teile der historischen Aufmerksamkeits-Diskurse, die mit der Etablierung des Kinos aufkamen, (vielfach implizit) noch mit. Dabei besteht die Gefahr, den Film allein auf einen Aspekt hin zu reduzieren und das vielfältige Potential zu verkennen.

Bereits Siegfried Kracauer, der sich mit seiner Frau vor dem Holocaust ins US-amerikanische Exil retten konnte und dessen Mutter 1942 ins Konzentrationslager Theresienstadt deportiert wurde und dort starb, thematisiert die Bedeutung filmischer Näherungen an den Holocaust indirekt und dennoch eindeutig in seiner Filmtheorie 1960.[136] Kracauer orientiert sich dabei an der mythologischen Geschichte der

---

133 Die Publikationsliste zur Thematisierung des Holocaust im Film ist lang und gibt in ihrer Fülle auch wieder, wie vielfältig die Darstellungs- und Reflexionsweisen sind. Vgl. u.a. Corell, Catrin (2009): Der Holocaust als Herausforderung für den Film. Formen des filmischen Umgangs mit der Shoah seit 1945. Eine Wirkungstypologie, Bielefeld; Ebbrecht, Tobias (2011): Geschichtsbilder im medialen Gedächtnis. Filmische Narrationen des Holocaust, Bielefeld; Deutsches Filminstitut (2001) (Hrsg.): Cinematographie des Holocaust. Die Vergangenheit in der Gegenwart. Konfrontationen mit den Folgen des Holocaust im deutschen Nachkriegsfilm, München.

134 *Holocaust – Die Geschichte der Familie Weiss* [Holocaust], Regie: Marvin J. Chomsky, Drehbuch: Gerald Green, USA 1978.

135 Vgl. Wende (2007): 18ff.

136 Adorno, der sich für die deutsche Ausgabe der Filmtheorie Kracauers eingesetzt hatte, kommentierte 1965 diese Passagen in einem Brief an ihn. Er plädiert dafür, den Abschnitt, in dem diese Ausführungen vorkamen – es ist der Epilog des Buches –, zu streichen. Dabei argumentiert Adorno folgendermaßen: „Mir will es vorkommen, daß der Komplex, für den Auschwitz einsteht, im Bild schlechterdings nicht mehr zu bewältigen ist". Adorno an Kracauer 5. Februar 1965 nach Mülder-Bach, Inka (2005): Nachbemerkungen und editorische Notiz. In: Kracauer, Siegfried: Werke. Bd. 3, hg. von Mülder-Bach, Inka / Belke, Ingrid, Frankfurt a.M., S. 865.

Medusa: Perseus konnte das Haupt der Medusa nur dadurch köpfen, dass er sie über das Spiegelbild seines blanken Schildes erblickt, das er von Athene erhielt, weil auch er sonst beim Anblick des grauenhaften Hauptes versteinert worden wäre. Von diesem Mythos leitet Kracauer die Moral ab,

> „daß wir wirkliche Greuel nicht sehen und auch nicht sehen können, weil die Angst, die sie erregen, uns lähmt und blind macht; und daß wir nur dann erfahren werden, wie sie aussehen, wenn wir Bilder von ihnen betrachten, die ihre wahre Erscheinung reproduzieren."[137]

Er plädiert dezidiert dafür, nicht nur die Darstellung dieser Schrecken zuzulassen, sondern den notwendigen Tabubruch einzugehen, weil in der medialen Thematisierung eine Konfrontation eingegangen wird, die ansonsten in der Wirklichkeit gescheut wird. Damit nimmt Kracauer für seine Zeit eine singuläre Position ein, weil die Darstellung des Holocaust von den meisten Intellektuellen abgelehnt wurde.[138] Auch wenn er so nur Teile des damaligen Repräsentationstabus argumentativ erfassen konnte, wird hier eine wichtige Haltung virulent. Kracauer beschreibt die besondere Beschaffenheit dieser visuellen Manifestationen und das darin liegende Potential:

> „Diese Bilder sind nicht von der Art jener, in denen künstlerische Fantasie unsichtbares Grauen zu gestalten sucht, sondern haben den Charakter von Spiegelbildern. Unter allen existierenden Medien ist es allein das Kino, das in gewissem Sinne der Natur den Spiegel vorhält und damit die ‚Reflexion' von Ereignissen ermöglicht, die uns versteinern würden, träfen wir sie im wirklichen Leben. Die Filmleinwand ist Athenes blanker Schild."[139]

Für Kracauer dienen die filmischen Repräsentationen von Leid und Schrecken einem Zweck; „sie sollen den Zuschauer dazu befähigen – mehr noch: dazu antreiben –, das Grauen zu köpfen, das sie spiegeln"[140] – ganz im Sinne einer Katharsis. Filme mit Schreckensbildern „schwelgen in Grausamkeiten aus eben diesem Grund."[141] Kracauer plädiert dafür; „erlösen wir das Grauenhafte aus seiner Unsichtbarkeit hinter den Schleiern von Panik und Fantasie."[142] Es gilt diese Bilder, die dafür stehen, was Auschwitz als konkreter Ort historischer Ereignisse ist und darüber hinaus als Metapher für die größten Menschenverbrechen des 20. Jahrhunderts verstanden wird, „um ihrer selbst willen"[143] in die Erinnerungskulturen zu holen.

Auch *Son of Saul* ermöglicht – mit Kracauer gesprochen – „das wahre Angesicht von Dingen einzuprägen, die zu furchtbar sind, als daß sie in der Realität wirklich gesehen

---

137 Kracauer (2005 [1960]): S. 467f.
138 Vgl. hierzu Didi-Hubermans Ausführungen und Kontextualisierungen des Ansatzes von Kracauer: Didi-Huberman, Georges (2007 [2003]): Bilder trotz allem, München, S. 241-256.
139 Kracauer (2005 [1960]): S. 468.
140 Ebd.
141 Ebd.
142 Ebd. S. 469.
143 Ebd.

werden könnten."[144] Sich den beunruhigenden Bildern und Tönen von *Son of Saul* auszusetzen, verlangt viel von den Zuschauenden ab und bewegt sich nah an der Grenze des Erträglichen. Die Begegnung mit diesem Film ist das Gegenteil eines cineastischen Vergnügens, es ermöglicht nicht die Zerstreuung im Sinne einer freizeitlichen Ablenkung. Doch dieser Film kann die Aufmerksamkeit auf Aspekte lenken, die sich in das Gedächtnis der Einzelnen und in die Filmkultur einschreiben können.

Gerade die „[m]aterielle Evidenz" eines solchen Films auf Bild- und Tonebene – im Sinne einer Nähe an die konkrete Gegenständlichkeit der Realität – stellt uns als Zuschauende laut Kracauer vor Herausforderungen:

> „Indem das Kino die Welt erschließt, in der wir leben, fördert es Phänomene zutage, deren Erscheinen im Zeugenstand folgenschwer ist. Es bringt uns Auge in Auge mit Dingen, die wir fürchten. Und es nötigt uns oft, die realen Ereignisse, die es zeigt, mit den Ideen zu konfrontieren, die wir uns von ihnen gemacht haben."[145]

In *Son of Saul* wird kaum etwas von Figuren der Filmhandlung erklärt, vielmehr liegt die Aufmerksamkeit auf der konkreten Beschaffenheit und Materialität, die dadurch zum zentralen Bedeutungsträger wird: die Körper, die Gestik und Mimik, die Kleidung der Gefangenen – vor allem von Saul, die Asche der getöteten Opfer, ein Durcheinander an unübersetzter Sprachenvielfalt, der Rauch, das Feuer, die Geräuschkulisse, insbesonder der akustisch inszenierte Todeskampf der Opfer. Dazu kommt die spezifische Materialität des analogen Filmmaterials, das durch die Körnung, die Farbgebung, das Format 4:3 und die Rahmung des Bildausschnitts (der durch die abgerundeten Ecken hervortritt) thematisiert wird.

Mit Kracauers Worten lässt sich über *Son of Saul* für die Darstellung der „Phänomene, die das Bewußtsein überwältigen", sagen, dass dieser Film die thematisierten Ereignisse und Handlungen

> „nicht einfach nur nachahmt oder weiterführt, sondern ihnen etwas Neues und ungemein Wichtiges hinzufügt: es ist ihm um die Sichtbarmachung dessen zu tun, was sonst in innerer Erregung untergehen würde. Natürlich werden solche Enthüllungen der filmischen Einstellung um so mehr gerecht, wenn sie sich auf authentische Katastrophen und Greuel beziehen."[146]

Kracauer sieht im Film das Potential, das Vertrautes entfremdet werden kann, sodass ein erneuter Zugang zu Bekanntem gewährt wird – auch und gerade dann wenn Leid darzustellen ist. Ein Film wie *Son of Saul* kann den bekannten Bildern und Tönen neue entgegensetzen und so das dringliche Thema des Holocaust filmisch lebendig halten.

---

144 Ebd.
145 Ebd. S. 467.
146 Ebd. S. 110.

Filmkultur – Prozesse medialer Bezugnahme und kultureller Zirkulation

„Dominierend ist dabei die Deutung des Menschen als Maschine geblieben. Zunächst wurde er im Sinne behavioristischer Forschungen vor allem als Körpermaschine untersucht, als so genannte Trivialmaschine. Seit den achtziger Jahren des zwanzigsten Jahrhunderts widmet man sich ihm intensiv als neuronale Maschine. Bestritten werden soll auch in unserem Kontext nicht, dass neuronale Mechanismen mitbestimmen, was Denken, Wahrnehmen, Fühlen, Erinnern und Lernen bedeuten. Bezweifelt werden soll, dass dies alles ist, was zu diesen Erfahrungen zu sagen ist."[1]

Die pädagogische Relevanz von Medien auf „eine vordergründige Kompetenzorientierung" im Sinne einer „Befähigung zum Umgang mit Medientechniken"[2] zu reduzieren, greift für Kerstin Jergus (2019) zu kurz. Zehn Jahre zuvor konstatierte Manuel Zahn 2009 Ähnliches in seiner Reflexion des Bildungsbegriffs im Zusammenhang mit dem Medium Film. Er arbeitete zwei dominante Richtungen des pädagogischen Diskurses heraus und folgerte, dass beide Perspektiven – zum einen aus dem „administrativ-bildungspolitischen" und zum anderen aus dem „pädagogisch-praxistheoretischen Kontext" – Filmbildung als didaktisch plan- und herstellbar sehen.[3] Es überwiegt Zahn zufolge meist die Auffassung, dass Bildung durch den Film mit dem Erwerb eines eindeutigen Wissensbestands und einer Kompetenzfähigkeit im Umgang mit dem Film gleichzusetzen ist:

„Beide Thematisierungsformen von Bildung verstehen die Nutzung und Reflexion von Film in erster Linie als Reservoir eines Verfügungs- und Faktenwissens und möchten daher den Film als handhabbares Bildungsvermittlungsinstrument einsetzen. Derart wird Bildung konzipiert als Figuration des medienkompetenten Reflexionssubjekts,

---

1   Meyer-Drawe, Käte (2008): Diskurse des Lernens, München, S. 91.
2   Jergus (2019): S. 270.
3   Zahn, Manuel (2012): Ästhetische Film-Bildung. Studien zur Materialität und Medialität filmischer Bildungsprozesse, Bielefeld, S. 13ff.

das sich aller in unserer Gesellschaft zur Verfügung stehender Medien souverän bedient. In dieser Perspektive wird das Subjekt als ein den Medien vorgängiges Sinnenzentrum angesprochen, das es als Ich-Instanz vor den bzw. ohne die Medien gäbe. Ein Ich, das Medien nur gebrauche, um sich ausdrücken zu können."⁴

Es kommt einer Verkürzung der pädagogischen Relevanz von Filmen gleich, wenn sie nur auf den medienkompetenten Umgang hin gedacht werden. Zahn problematisiert dieses instrumentelle Verständnis vom Film, weil es den Film nur als etwas Fassbares beschreibt und ihn als ein Medium unter vielen versteht. Diese verallgemeinernde Rede vom Film verstärkt auch die Auffassung einer „Vergegenständlichung und Sekundarisierung der Medien, denen sich die Subjekte als Mittel oder technische Werkzeuge für ihre Sinnintentionen bedienen zu können glauben."⁵ Den Grund für diese Ausrichtung verortet Jergus in den pädagogischen „Optimierungs- und Vervollkommnungsambitionen"⁶, die ihren Höhepunkt – historisch herleitbar – besonders im Begriff der Bildung finden. Demnach zielt alles darauf ab, das Medium zu beherrschen, es zu gebrauchen und darüber verfügen zu können. Jergus bringt dies folgendermaßen auf den Punkt:

> „In den Vordergrund wird die Befähigung zum Umgang mit Medien gestellt und also die Vorstellung der instrumentellen Beherrschung medientechnischer Arrangements privilegiert. Aus einer solchen kompetenzorientierten Sichtweise werden Medien zu Dingen und Gegenständen, die es anzuwenden und als Instrumente zu bedienen gilt."⁷

Diese einseitige Bezugnahme auf das Medium respektive den Film gründet auf einer Vorstellung von selbstbestimmten Medienutzenden: Die Personen gestalten ihren Zugang zum Film aktiv und selbstbestimmt, autonom und souverän – eine problematische Menschenbildannahme, die den Menschen in einer losgelösten Distanz zur Medialität konzipiert. Damit „verdeckt die dichotome Gegenüberstellung von Mensch und Medien", mit Jergus gesprochen, „die mediale Seite der Subjektwerdung, indem Medien als verdinglichter Gegenstand der Aneignung und Verfügung stilisiert werden."⁸ Diese immer noch verbreitete Vorstellung vom Individuum als autonomem Subjekt führt Iris Clemens 2017 in ihrem kulturraumübergreifenden komparativen Zugang auf die christlich-jüdischen Wurzeln eines antiquierten Menschenbildes zurück: „Die Idee des unabhängigen, singulären Menschen als Träger von situationsunabhängigen fixen Charakteristika und Leistungspotentialen kann als modernes Konzept der christlichen Seele gesehen werden."⁹ Als „Teil eines großen Kanons

---

4   Zahn, Manuel (2009): Film-Bildung. In: Meyer, Torsten / Sabisch, Andrea (Hrsg.): Kunst Pädagogik Forschung. Aktuelle Zugänge und Perspektiven, Bielefeld, S. 225-231, hier S. 227.
5   Ebd. S. 226.
6   Jergus (2019): S. 256.
7   Ebd. S. 256.
8   Ebd. S. 270.
9   Clemens, Iris (2017): Schweigendes Wissen in kulturtheoretischer und epistemologischer Perspektive. In: Budde, Jürgen / Hietzge, Maud / Kraus, Anja / Wulf, Christoph (Hrsg.): Handbuch Schweigendes Wissen, Weinheim, S. 45-56, hier S. 55.

schweigenden Wissens"[10] der Wissenschaften fließt es selbstverständlich auch in die Konstruktion von Forschungssettings[11] ein und führt zu problematischen Forschungsabsichten.

Bezugnehmend auf den Film wird die Schieflage dieser Menschenbildannahme im Sinne eines autonomen und souveränen Publikums innerhalb filmtheoretischer Diskurse ebenfalls deutlich, sodass Lowry Anfang der 1990er Jahre in der Reflexion der vorherrschenden zwei Theorierichtungen dies mit seinem Ansatz zu relativieren versuchte. Er stellte sich die Frage,

> „ob das Subjekt tendenziell ein relativ neutrales, zweckgerichtetes, rationales Wesen ist, das Schemata und Vorwissen benutzt, um Informationen zu verarbeiten und einen Text zu verstehen, oder ob das Subjekt nicht viel enger in den kulturellen und sozialen Systemen von Signifikation verstrickt und auch durch sie definiert ist."[12]

Lowrys Plädoyer für eine größere Kontextualisierung des Films in historische, kulturelle und gesellschaftliche Zusammenhänge geht einher mit der Forderung „weder die mechanische Determination des einzelnen noch die Vorstellung eines souveränen, abgeschlossenen Subjekts"[13] anzunehmen. Diese Konzeption weist eine Nähe zu der Menschenbildannahme der soziologischen Position von Thomas Alkemeyer und Christina Brünner (2017) auf, die beide die Person als im Werden begreifen; denn der Mensch wird von zeitlichen, materiellen und sprachlich-symbolischen Strukturen mitbestimmt und konstituiert sich über die Erfahrung mit seiner Umwelt.[14] Der Mensch ist aktiv und passiv zugleich, weil er Entscheidungen trifft und handelt, aber durch die enge Verwicklung mit seiner materiellen, ideellen, soziokulturellen – und medialen – Umwelt nicht autark agieren kann. Zahn begründet 2009 dieses wechselseitig konstitutive Verhältnis zwischen Mensch und Umfeld mit der unausweichlichen Bezugnahme auf das Umfeld in jeder Denk-, Sprech- und Handlungsweise: „Subjektivität kann nur artikuliert in Erscheinung treten und thematisch werden. Solche Artikulation ist immer schon auf den medialen, symbolisch-imaginären Kosmos einer Kultur bezogen."[15] Der Mensch bildet sich in einem komplexen, mediatisierten Spannungsverhältnis zum Anderen aus. Die fortwährende Konstitution des Selbst findet unter fortwährender medialer Bezugnahme statt. Jedes Denken geschieht schon unter medialen Vorzeichen und aus einer medialen Erfahrung heraus: Mediatisierte Sinngehalte bilden die Grundlage für Auseinandersetzungsprozesse und es entstehen Akte

---

10   Ebd. S. 55.
11   Unter anderem ist es die Grundlage von Schulleistungstests, die trotz der veränderten Arbeits- und Lebenswelt hin zu projektförmigen Team- und Kooperationsprozessen, an Testverfahren festhalten, die das vereinzelte Individuum ohne seine gemeinschaftliche Einbindung zu erfassen versuchen. Und das, obwohl die Forschenden für sich selbst kooperative Arbeitsweisen legitimieren. Vgl. Clemens (2017): S. 55.
12   Lowry, Stephen (1992): Film – Wahrnehmung – Subjekt. Theorien des Filmzuschauers. In: montage/av, 1/1, S. 113-128, hier S. 116.
13   Ebd. S. 123.
14   Vgl. Alkemeyer, Thomas / Brümmer, Christina (2017): Subjektivierung und Techniken des Selbst. In: Budde / Hietzge / Kraus / Wulf (Hrsg.): S. 700-711, hier S. 700.
15   Zahn (2009): S. 227.

der Anschlusskommunikation, die aus Medieninhalten hervorgehen bzw. die von Medieninhalten provoziert werden.[16] Doch das geschieht nicht nur in einer aktiven Zugriffsweise des Selbst, sondern trifft, affektiert, erobert, beherrscht die Person auch in einer vorreflexiven, prädisponierten und inkorporierten Weise. Diese Auffassung steht in einem Widerspruch zu der Annahme eines rein autonomen, selbstreferenziellen Vernunftsubjekts. Für den Film fordert Lowry 1992 eine dialektische Betrachtung der Beziehung von Menschen und filmischen Diskursen:

> „Die Wirkung eines Films kann man als ein Angebot an Bedeutungen, Zeichen, Gefühlsanregungen und Identifikationsmöglichkeiten begreifen, aus dem die Zuschauer und Zuschauerinnen ihr Filmerlebnis zusammensetzen und die sie zur Deutung ihrer Lebenswelt nutzen."[17]

Daher plädiert Lowry für einen analytischen Zugriff auf den Film, der es ermöglicht, „daß man nicht gleich wieder beim selbstherrlichen *ego cogitans* landet, sondern eine dialektische Beziehung zwischen Subjekten und deren Bestimmung durch den Diskurs vorstellen kann."[18]

Nicht nur der Umgang mit *tools* und das Beherrschen von *skills* schreitet innerhalb der eigenen Medienbiographie fort, entwickelt, verändert sich, sondern die medialen Begegnungen präformieren anschließende Ausdrucksformen, soziale Bezugnahmen, individuelle und intersubjektive und kollektive Erinnerungen, Selbst- und Weltverhältnisse. Dieser wechselseitigen Durchdringung zwischen Menschen und ihren medialen Umwelten geht die Medienanthropologie seit den 1990er Jahren nach.[19] In diesem Kontext stellte sich 2018 Christoph Wulf die Frage: „Inwieweit sind Medien Grundlage unserer kulturellen und sozialen Weltverhältnisse und unseres Selbstverständnisses"?[20] Er vertritt ebenfalls die Position eines „Apriori-Charakter[s] der Medien" und macht deutlich, „dass ohne Medien die menschliche Welt- und Selbsterzeugung nicht möglich sei, der Gebrauch von Medien also eine conditio humana sei."[21] Medien werden nach dieser Perspektive zur Bedingung des Mensch-Seins überhaupt – und der Mensch zu einem „homo medialis".[22] Dabei ist diese wechselseitige Durchdringung zwischen Menschen und ihren medialen Umwelten aber nicht zeit- und kontextlos, sondern prozessual und im Werden begriffen und unterliegt einem steten Wandel.

---

16 Vgl. Hepp, Andreas (2014): Mediatisierung / Medialisierung. In: Schröter, Jens (Hrsg.): Handbuch Medienwissenschaft, unter Mitarbeit von Simon Ruschmeyer und Elisabeth Walke, Stuttgart / Weimar, S. 190-196.
17 Lowry (1992): S. 123.
18 Ebd. S. 123.
19 Vgl. Glaubitz, Nicola / Käuser, Andreas / Ritzer, Ivo / Schröter, Jens / Stiglegger, Marcus (2014): Medienanthropologie. In: Schröter, Jens (Hrsg.): Handbuch Medienwissenschaft, Stuttgart, S. 383-392.
20 Wulf, Christoph (2018): Medienanthropologie. Historische und kulturanthropologische Perspektiven. In: Vierteljahrsschrift für wissenschaftliche Pädagogik 94, S. 40-50, hier S. 40.
21 Ebd. S. 42.
22 Vgl. Glaubitz / Käuser / Ritzer / Schröter / Stiglegger (2014): S. 385. Vgl. auch Pirner, Manfred / Rath, Matthias (2003) (Hrsg.): Homo medialis. Perspektiven und Probleme einer Anthropologie der Medien, München.

Marshall McLuhan nahm einige dieser Dimensionierungen der aktuellen Medienanthropologie bereits Ende der 1960er Jahre vorweg: Mit jedem neuen Medium verändert sich nicht nur das bestehende Medienensemble, sondern auch die Wahrnehmung des Menschen, seine Begegnung mit der Welt und seine Denkweise. Mit seiner Formulierung – „jedes Medium hat die Macht, seine Postulate dem Ahnungslosen aufzuzwingen."[23] – rückte er die mediale Auferlegung von Strukturen der Wahrnehmung, Intersubjektivität und Kultur in den Vordergrund. Nach McLuhan gibt das jeweilige Medium vor, wie es zu gebrauchen und rezipieren ist und schafft damit seine eigene Praxis. In der Reflexion der Position McLuhans fasst Dieter Mersch 2006 zusammen, was das Verhältnis zwischen Menschen und Medien auszeichnet:

> Es „machen Medien und ihre Formate den Menschen im Ganzen aus und bilden jene dominanten Regime, aus denen die Ordnung des Denkens, die zwischenmenschliche Kommunikation, politisches Handeln und kulturelle Selbstverständnisse hervorgehen. Entsprechend können Kultur und Medien nicht getrennt werden, vielmehr bilden sie ‚Mediosphären'. [...] Entziffert man also das Grundmedium einer jeweiligen Epoche, kann die Basis von Kultur und Gesellschaft sowohl verstanden als auch beherrscht und kontrolliert werden. Medialität als Konstituens der menschlichen Welt zu verstehen bedeutet den Schlüssel ihrer Bemächtigung zu besitzen."[24]

Mit seiner Aussage – „the medium is the message"[25] – verschob McLuhan den Akzent von den Inhalten auf die bestimmende Instanz des Mediums; von dem, *Was* medial übermittelt wird, auf das *Wie*. Das Medium ist weder neutral noch statisch; immer schreibt sich in die Botschaft auch etwas von dem jeweiligen Medium mit ein. Das Medium formt mit, lässt Bestimmtes zu und gibt Manches vor.

Dieser Auffassung von Medien als beteiligte Zwischeninstanzen zwischen Mensch und Welt folgen auch Lorenz Engell und Bernhard Siegert (2013) in ihrer medienanthropologischen Bestimmung von der Involviertheit der Medien:

> „Menschen werden gemacht, durch Messungen und Beobachtungen, durch Darstellungen und Durchleuchtungen, durch Klassifizierung und Regulierung, durch Vermittlung an die Welt, an andere Menschen, an sich selbst, an das, was nicht Mensch sein soll, an Ahnen und Götter, an Tiere, Kunstwerke und andere Dinge. Medien sind dabei die Werkzeuge solcher Verfestigungen."[26]

Auch wenn Engell und Siegert hier die Wirkung von Medien mit der Metapher „Werkzeuge" zu erfassen versuchen, impliziert diese Verwendung nicht die Auffassung eines autonomen Subjekts, das durchweg souverän über die medialen Eingriffe in das Selbst und die Welt verfügt. Viel eher beschreibt ihre Aussage die fast grenzenlose Involviertheit der Medien in die Sphären des Mensch-Seins. Grundlegend sind Medien an den Prozessen der fortwährenden Selbst- und Weltdurchdringung beteiligt, denn

---

23   McLuhan, Marshall (1970 [1964]): Die magischen Kanäle, Frankfurt a.M., S. 24.
24   Mersch, Dieter (2006): Medientheorie zur Einführung, Hamburg, S. 115.
25   McLuhan, Marshall (1967): The Medium is the Massage: An Inventory of Effects, London.
26   Engell, Lorenz / Siegert, Bernhard (2013): Editorial. In: Zeitschrift für Medien- und Kulturforschung, Schwerpunkt Medienanthropologie, S. 5-10, hier S. 6.

sie bestimmen die Zugangsweisen zu sich, zu Anderen und zur Welt und strukturieren diese vor.

Lorenz Engell stellte 2015 die Frage, ob die diversen medialen Ordnungen auch zu diversen Fassungen und Verfertigungen des Menschen führen. Welches Mensch-Sein folgt auf den Film? In der Auslegung einer „kinematographischen Anthropologie" kann der Film Engell zufolge von seiner „spezifischen Anthropomedialität"[27] her gedacht werden, um „innere Relationierungsprozesse"[28] zwischen Mensch und Film herausarbeiten zu können. Es gilt mit Engell die „Verfestigung des kinematografischen Menschen" ausgehend von der „These der wechselseitigen Hervorbringung von Mensch und Filmmedium"[29] nachzuvollziehen.

Demnach kann das Subjekt nur unter Berücksichtigung seines (medial geformten) Umfelds erklärt werden. Weil immer wieder die Medialität von Welt den Prozessen des Selbst vorausgeht, kann von keinem autonomen Subjekt mit souveränem Medienumgang ausgegangen werden. Mit Blick auf pädagogische Theorie und Praxis lässt sich auf dieser Menschenbildannahme basierend mit Kerstin Jergus formulieren, „dass Pädagogisches und Medialität auf eine grundsätzlichere Weise miteinander verbunden sind, als es die Rufe nach der Befähigung zu kompetenten Umgangsweisen mit Medien [...] nahelegen".[30]

Der Film als konjunktiver Erfahrungsraum

Filme können schon allein aufgrund ihrer medialen Zugänglichkeit und Verfasstheit als Erfahrungsräume verstanden werden, die nicht nur dem Einzelsubjekt zur Verfügung stehen. Zeitlich und räumlich synchron oder versetzt – beispielsweise im Kino, zuhause oder unterwegs – bieten Filme ihrer Zuschauendenschaft mediale Möglichkeitsräume an gemeinsam geteilten Filmerfahrungen an. Es sind Erfahrungen, die aus der Verbindung von inhaltlich Dargestelltem und formal, materiell Umgesetztem hervorgehen – also das Was und Wie im Medium des Films. Dabei greifen auf den Film als Erfahrungsraum sowohl die Filmschaffenden als auch die Filmrezipierenden zurück. Beide Instanzen – die der Produktion und Rezeption – teilen sich den Erfahrungsraum Film und darüber hinaus auch verschiedene Bereiche außerfilmischer Erfahrungsräume.

Um das Gemeinsame, sozial Verbindende beispielsweise einer Generation[31] zu erfassen, verwendete Karl Mannheim – wenn auch nicht bezogen auf den Film als Medium – seit den 1920er Jahren den Begriff des konjunktiven Erfahrungsraums: „Die Kollektivvorstellungen sind also der Niederschlag der perspektivischen, jedoch stereo-

---

27 Engell, Lorenz (2015): Der Film zwischen Ontografie und Anthropogenese. In: Voss, Christiane / Engell, Lorenz (Hrsg.): Mediale Anthropologie, Paderborn, S. 63-82, hier S. 63.
28 Ebd. S. 64.
29 Ebd. S. 64.
30 Jergus (2019): S. 270.
31 Vgl. Mannheim, Karl (1928): Das Problem der Generationen. In: Kölner Vierteljahreshefte für Soziologie, Nr. 7, S. 157-185, S. 309-330. Auch digital erhältlich als eines von 1000 Schlüsseldokumenten zur Deutschen Geschichte im 20. Jahrhundert https://www.1000dokumente.de/index.html?c=dokument_de&dokument=0100_gen&object=pdf&st=&l=de (03.02.2019)

typisierten, d.h. auf einen bestimmten Erfahrungsraum bezogenen konjunktiven Erfahrungen".[32] Mannheim diskutierte dies unter anderem im Hinblick auf die sprachliche Sphäre: Konkrete Begriffe wie beispielsweise *Familie* verbinden Teilnehmende eines Erfahrungsraums mit bestimmten Phänomenen, Ereignissen und Bedeutungsaspekten, sodass ein geteiltes, vielfach auch implizites und atheoretisches Wissen wirksam wird. Sein Augenmerk lag auf dem Gemeinsamen und Verbindenden von Erfahrungen, das er als zentral für Vergemeinschaftungsprozesse auffasste. Gerade über die geteilten Erfahrungsräume findet eine gruppenspezifische Bedeutungsgenese statt: Mannheim verstand den Menschen mit seinen Denk-, Wahrnehmungs- und Handlungsprozessen als an seinen soziokulturell und historisch bedingten Standpunkt gebunden. Konjunktive Erfahrungsräume zeichnen sich dadurch aus, dass die dazugehörigen Personen wesentliche Aspekte einer Anschauung teilen, die durch gemeinsame Erfahrungs- und Wissensstrukturen entstanden sind. Dieser konjunktive Erfahrungsraum wurde von Mannheim nicht als einheitlich, statisch und widerspruchsfrei gedacht. In der Überführung dieses Ansatzes auf die Filmrezeption präzisierte Alexander Geimer 2010 den konjunktiven Erfahrungsraum im Sinne Mannheims:

> „Typischerweise können geschlechts-, milieu-, generationsbezogene bzw. zeitgeschichtliche Erfahrungsräume und entsprechende konjunktive Wissensbestände unterschieden werden. […] Zudem können konjunktive Erfahrungsräume bestehen, in denen sich nicht nur gemeinsame Orientierungen ausbilden, sondern auch Praktiken des Umgangs mit widersprüchlichen Orientierungen, die wiederum aus anderen Erfahrungsräumen stammen"[33]

Dabei gehört der einzelne Mensch mehreren Erfahrungsräumen an, weil er verschiedene Gruppenzugehörigkeiten in sich vereint. Zudem sind die konjunktiven Erfahrungsräume dadurch gekennzeichnet, dass sie als implizite Orientierungsrahmen verstanden werden können, die vorbegriffliche und vorreflexive Zugänge bieten. „Es sind jene stillschweigenden, atheoretischen und impliziten Tiefenstrukturen des Wissens", die Geimer in der Reflexion des Ansatzes von Mannheim konjunktiven Erfahrungsräumen zuschreibt. Die über das implizite Erfahrungswissen erzeugten Vorstellungen reichern sich in der Sprache, den Bildern und Metaphern an und werden damit für Kollektive relevant. Die konjunktiven Verstehensprozesse sind den Menschen selbst selten reflexiv-kognitiv zugänglich und dennoch überaus wirkmächtig. Denn wie Karl Mannheim 1929 schreibt, ist „die Art, wie einer eine Sache sieht, was er an ihr erfaßt und wie er sich einen Sachverhalt im Denken konstruiert"[34] genau von diesem konjunktiven Verstehen – resultierend aus der Involviertheit in die spezifischen Erfahrungsräume – geprägt. Von Mannheim ausgehend lässt sich sagen, dass Menschen sowohl in die verschiedenen konjunktiven Erfahrungsräume sozialisiert werden als auch, dass sie diese selbst mitkonstituieren. Auf den Film übertragen hieße dies: Die

---

32 Mannheim, Karl (1980a [1924]): Eine soziologische Theorie der Kultur und ihrer Erkennbarkeit (Konjunktives und kommunikatives Denken). In: Kettler, David / Meja, Volker / Stehr, Nico (Hrsg.): Karl Mannheim. Strukturen des Denkens, Frankfurt a.M., S. 155-322, hier S. 231.

33 Geimer, Alexander (2010): Filmrezeption und Filmaneignung. Eine qualitativ-rekonstruktive Studie über Praktiken der Rezeption bei Jugendlichen, Wiesbaden, S. 116.

34 Mannheim, Karl (1985[1929]): Ideologie und Utopie, Frankfurt a.M., S. 234.

Erfahrungen Einzelner oder spezifischer Gruppen können durch die filmische Thematisierung in einen konjunktiven filmischen Erfahrungsraum der Zuschauendenschaft überführt werden. Filme können sowohl Aushandlungsorte für konjunktive Erfahrungen sein als auch selbst Ausgangspunkt einer gemeinschaftsstiftenden filmischen Erfahrung werden. Besonders für die Näherung an und Deutung von Filmen sind konjunktive Erfahrungsräume grundlegend – wie das folgende Beispiel aus der Nachkriegszeit (der Bundesrepublik Deutschland) zeigt.

Mit einer Skizzierung der geographischen Landmarken der Sowjetunion auf einer mit Raureif überzogenen Wand beginnt der Fernseh-Mehrteiler So weit die Füße tragen[35], der 1959 ausgestrahlt wurde: Die Dimensionen der Sowjetunion mit dem Ural, Moskau und der Wolga bis hin zum östlichsten Punkt Sibiriens werden mit der „Kleinigkeit Europa"[36] und Deutschland ins Verhältnis gesetzt. Einiges davon „haben wir hinter uns"[37], als der Film beginnt, doch ein großer Teil der Strecke liegt noch vor den Kriegsgefangenen. Es ist der 24. Dezember 1945 – Heilig Abend, wie die Gruppe kommentiert – und sie sind bereits seit zwei Monaten unterwegs, da schildert eine Erzählerstimme, dass seit der Abfahrt in Tomsk bereits 36 Männer an Typhus starben und mittlerweile nur noch 53 Gefangene in diesem Zugwaggon übrig geblieben sind. Es geht weiter auf Pferdeschlitten und danach zu Fuß durch hohen Schnee. Ihr beschwerlicher Weg endet schließlich erst Monate später „im ersten Schneetreiben eines neuen Winters"[38] am Ostkap, wo sie in einem Bergstollen hausen und Blei fördern werden: „In Blei leben, arbeiten, essen, schlafen"[39] – kommentiert ein Gefangener die ausweglose Situation, in der sie sich befinden.

Mit diesem Filmprojekt wurde drei Jahre nach Ankunft der letzten sogenannten Spätheimkehrer ein Thema aufgegriffen, das in der westdeutschen Öffentlichkeit der Nachkriegszeit sehr präsent war: Es wurden vielerorts Heimkehrerdenkmäler aufgestellt, regelmäßig Demonstrationen in Erinnerung an die noch vermissten Kriegsgefangenen abgehalten und 1953 wurde dieser Personengruppe in der Bundesrepublik Deutschland sogar mittels einer Briefmarke gedacht. Dieses öffentliche Interesse hielt sich besonders bis 1955/56, als die letzten noch lebenden Kriegsgefangenen aus der Sowjetunion zurückkamen.[40] Zu dieser Zeit erschien auch der Roman So weit die Füße tragen von Josef Martin Bauer[41] und wurde zu einem viel ge-

---

35 *So weit die Füße tragen*, Regie und Drehbuch: Fritz Umgelter, Deutschland 1959.
36 *So weit die Füße tragen*, TC: 00:01:00.
37 *So weit die Füße tragen*, TC: 00:01:46.
38 *So weit die Füße tragen*, TC: 00:27:00.
39 *So weit die Füße tragen*, TC: 00:33:31.
40 Vgl. Schütz, Erhard (2010): „Spätheimkehrer". Mediale Reflexe zum Mythos von Adenauers Moskau-Reise. In: Agazzi, Elena / Schütz, Erhard (Hrsg.): Heimkehr: Eine zentrale Kategorie der Nachkriegszeit. Geschichte, Literatur und Medien, Berlin, S. 95-115.
41 Bauer, Josef Martin (1955): So weit die Füße tragen, München. Der als Tatsachenbericht deklarierte Roman wurde von Arthur Dittmann in Zusammenarbeit mit dem Institut für Zeitgeschichte (IfZ) in München als rein fiktive Erzählung aufgedeckt. Verschiedene Ungereimtheiten in der zeitlichen Verortung der Beschreibungen von Topographien und Personen lassen darauf schließen, dass die Flucht in der Form nicht stattgefunden haben kann. Fischer, Stefan (2010): Falsche Nachkriegserinnerung. Der Schnee von gestern, Süddeutsche Zeitung vom 23. März 2010 https://www.sueddeutsche.de/kultur/falsche-nachkriegserinnerungen-der-schnee-von-gestern-1.12263 (03.02.2019).

lesen Buch.[42] Eine Erzählung über den Wehrmachtssoldaten Clemens Forell, der zu 25 Jahren Zwangsarbeit in Sibirien verurteilt wurde, dort fliehen konnte und nach einer dreijährigen Odyssee in München ankam. Aufgrund des regen Interesses folgte bereits 1956 ein gleichnamiges Radiohörspiel vom WDR, das den Roman als Vorlage hatte und in acht Teilen produziert und gesendet wurde, sodass der 1959 ausgestrahlte gleichnamige Fernsehmehrteiler eine Handlung wiedergab, die in Teilen schon für viele Zuschauende bekannt war und bereits Zustimmung erhalten hatte.[43]

In der fünften Konferenz von Moskau (März bis April 1947) wurde unter den Außenministern der Siegermächte USA, UDSSR, Großbritannien und Frankreich zwar vereinbart, dass die noch nicht frei gelassenen Kriegsgefangenen bis Ende 1948 in ihre Länder zurückkehren sollten, aber die Realität sah anders aus. Besonders in der Sowjetunion wurden noch Hunderttausende vermutet, die zu Reparationsleistungen verpflichtet wurden oder als verurteilte Kriegsverbrecher langjährige Haftstrafen abzuleisten hatten.[44] Anhand der 1949 gehaltenen Silvester-Ansprache von Theodor Heuss wird deutlich, wie wichtig diese Rückkehr der noch inhaftierten Kriegsgefangenen war und wie sehr die Wiedereingliederung der ehemaligen Kriegsgefangenen die westdeutsche Nachkriegsgesellschaft vor Herausforderungen stellte:

„Unser forderndes Wort richtet sich an alle Staaten, die noch Deutsche zurückhalten – es handelt sich nicht bloss um die Sowjetunion – das grausame Spiel genug sein zu lassen. Unser forderndes Wort richtet sich auch an die Heimat, ihre Behörden, ihre Bürger, ihre Arbeitsämter, Arbeitgeber, gerade den späten Heimkehrern eine sonderliche Stütze zu geben, damit ihre Hoffnung auf das neue und freie Leben nicht in Enttäuschung zerrieben werde."[45]

Seit 1946 bis zur großen sogenannten *Heimkehr der Zehntausend* (7. Oktober 1955 bis 16. Januar 1956), die diplomatisch von Konrad Adenauer erwirkt wurde, kamen insgesamt knapp 2 Millionen Kriegsgefangene allein aus der Sowjetunion zurück – es gab keine Stadt, keine Familie oder Institution, die von dieser Entwicklung unberührt blieb. Das

---

42 Der Roman im Kontext der Literatur dieser Zeit: Adam, Christian (2016): Der Traum vom Jahre Null. Autoren, Bestseller, Leser: Die Neuordnung der Bücherwelt in Ost und West nach 1945, Berlin. Zur kritischen Analyse des Romans: Feuchert, Sascha (2001): Flucht in den Gegendiskurs: Einige Bemerkungen zu Josef Martin Bauers ‚Soweit die Füße tragen' – einem Bestseller des Wirtschaftswunders. In: Ders. (Hrsg.): Flucht und Vertreibung in der deutschen Literatur, Frankfurt a.M., S. 169-181.

43 Vgl. zu Filmen über die Kriegsgefangenschaft in der Sowjetunion in der Nachkriegszeit der Bundesrepublik Deutschland: Jahn, Peter (2012): Moralische Sieger. Westdeutsche Spielfilme zum Thema deutscher Kriegsgefangener in der Sowjetunion. In: Scherstjanoi, Elke (Hrsg.): Russlandheimkehrer. Die sowjetische Kriegsgefangenschaft im Gedächtnis der Deutschen, München, S. 148-164.

44 Vgl. Böhme, Kurt W. / Maschke, Erich (1962-1974) (Hrsg.): Zur Geschichte der Deutschen Kriegsgefangenen des Zweiten Weltkrieges, Wissenschaftliche Kommission für deutsche Kriegsgefangenengeschichte, 15 Bände, Bielefeld; Hilger, Andreas / Schmidt, Ute / Schmeitzner, Mike (2001) (Hrsg.): Sowjetische Militärtribunale (= Schriften des Hannah-Arendt-Institut für Totalitarismusforschung, Band 17), Band 1: Die Verurteilung deutscher Kriegsgefangener 1941-1953, Köln / Weimar / Wien.

45 Theodor Heuss: Silvester-Ansprache 31.12.1949, erste Seite mit Ergänzungen und Korrekturen, digital zur Verfügung gestellt vom Bundesarchiv https://www.bundesarchiv.de/DE/Content/Virtuelle-Ausstellungen/Silvesteransprache-Des-Bundespraesidenten-1949/silvesteransprache-des-bundespraesidenten-1949.html (28.01.2019).

Alltagsleben war zu dieser Zeit gekennzeichnet von der Ankunft der Kriegsgefangenen, ihren Erlebnissen und den drängenden Fragen nach den weiterhin Vermissten oder Totgeglaubten. Neben dem Krieg prägten auch die Kriegsfolgen – wie die Kriegsgefangenschaft und Heimkehr – die damit in Berührung kommenden Generationen.

Den Ersten und Zweiten Weltkrieg und die Kriegsfolgen diskutiert Reinhart Koselleck vermehrt seit den 1980er Jahren als bewusstseinsprägend und den Erfahrungsraum bestimmend.[46] Unter anderem weist er 1999 ausgehend von seinen eigenen Erfahrungen als Kriegsgefangener darauf hin, dass „Primärerfahrungen" nicht übertragbar sind. Jede „Sekundärerfahrung", die dann im Anschluss an das Geschehen erinnern soll, steht unweigerlich in einer Diskontinuität zur Primärerfahrung.[47] Auch die Kriegsgefangenschaft kann nur in symbolischer Form als Sekundärerfahrung mediatisiert weitergegeben werden und unterliegt damit einer „Diskontinuität" zum eigentlichen Ereignis – wie sich mit Bezug auf Koselleck erklären lässt. Die Darstellung der Erlebnisse der Gefangenen in *So weit die Füße tragen* gründet auf dieser Diskontinuität zu den Primärerfahrungen Einzelner in den verschiedenen Situationen der Kriegsgefangenschaft:

„Die bewußtseinsprägende Wirkung der Kriege liegt also zunächst in den konkreten Ereignissen, die jeden Menschen getroffen oder die diese mit hervorgerufen haben. Nur durch Ereignisse und ihre Erlebnisse kommt jene Primärerfahrung zustande, die allein auf den Krieg zurückzufuhren ist."[48]

Bei der „Bewußtseinsprägung in den beiden Weltkriegen und durch die Weltkriege"[49] ist es allerdings für Koselleck weitaus schwieriger „nach dem sozialen, nach dem gemeinsamen, nach dem gesellschaftlichen Bewußtsein"[50] zu fragen. Das für alle Gemeinsame dieses Bewusstseins kann es nicht geben, weil unterschiedliche Erfahrungen gemacht worden sind – sowohl im Krieg als auch durch die Kriegsfolgen: Die unmittelbaren Erfahrungen, die aus Kriegsereignissen hervorgegangen sind, „können potentiell so zahlreich sein, wie die Menschen, die sie durchstanden haben."[51] Gerade „für die Zeit um 1945" stellt Koselleck die unterschiedlichen Erfahrungs- und Wissenshorizonte heraus:

„Jeder wußte etwas von etwas, aber niemand wußte alles. Und die Folge ist, daß die damalige Erfahrungsstruktur der Generation, die um 1945 lebte, ganz segmentäre Erinnerungsweisen voraussetzte, die fragmentierte oder prismatisch gebrochene Räume herstellten, in denen sich völlig verschiedene Erfahrungen so oder so bündelten oder brachen"[52].

---

46   Vgl. Koselleck, Reinhart (2015 [1984/1992]: Erinnerungsschleusen und Erfahrungsschichten. Der Einfluß der beiden Weltkriege auf das soziale Bewußtsein. In: Ders: Zeitschichten. Studien zur Historik. Mit einem Beitrag von Hans-Georg Gadamer, Frankfurt a.M., S. 265-284.
47   Koselleck, Reinhart (1999): Die Diskontinuität der Erinnerung. In: Deutsche Zeitschrift für Philosophie 47 /2, S. 213-222, hier S. 214.
48   Koselleck (2015 [1984/1992]: S. 271.
49   Ebd. S. 265.
50   Ebd. S. 265.
51   Ebd. S. 266.
52   Koselleck (1999): S. 214.

Dabei spricht er zwar von einer „Generationseinheit", deren Erfahrungen im gleichen Zeitraum liegen, was laut Koselleck aber nicht dazu führt, dass eine „Kollektiverfahrung" entsteht.

> „Die beiden Weltkriege brachten nun Erfahrungseinbrüche, Erfahrungsschübe für die davon betroffenen oder in ihnen agierenden Menschen in einem Ausmaß, das zuvor undenkbar, unvorstellbar war. Deshalb kann kein Zweifel darüber bestehen, daß das Bewußtsein aller Zeitgenossen der Weltkriege von diesen geprägt worden ist."[53]

Er arbeitet „synchrone Faktoren, die im Krieg selbst wirksam geworden sind" heraus und grenzt sie ab von den „diachronen Faktoren, die die Kriegsfolgen hervorgebracht haben", um die Vielschichtigkeit der Bewusstseinsprägung durch den Krieg und seine Folgen hervorzuheben.[54] Es waren „zahlreiche sozialisierende Bedingungen"[55], die den Wahrnehmungshorizont prägten und zudem mit darüber bestimmten, welche Konfrontation mit Ereignissen überhaupt stattfinden konnten: Generation, Gender und Familie, Zugehörigkeit zu bestimmten Klassen, politischen Organisationen und zu Sprach- und Wertegemeinschaften.[56]

Mit *So weit die Füße tragen* lässt sich exemplarisch einem zentralen Aspekt des Wahrnehmungshorizonts der Entstehungszeit nachgehen. Durch diesen Film wird unweigerlich eine Deutung der Ereignisse der Kriegsgefangenschaft vorgenommen. Schon der Anfang der Filmreihe – menschenunwürdige Deportation, Hunger und kräftezehrende Endlosmärsche – zeigt die Gefangenen als Opfer.[57] Es wird vermieden sie über ihre Taten und Involviertheit in Kriegshandlungen und -verbrechen darzustellen. Vielmehr entsteht durch die Schilderung des jungen Gefangenen Alfons Matern der Eindruck, es handele sich um Bagatelldelikte, wie Diebstahl in Hungersnot, die hier mit 25 Jahren Haft und Zwangsarbeit bestraft worden sind.[58] Eine allgemeine Erklärung für die Wahl der Opferperspektive und die Nicht-Thematisierung der eigenen Täterschaft lässt sich mit Reinhart Koselleck (1999) von der Situation der Nachkriegszeit ableiten. Zu dieser Zeit waren die Erfahrungen mit dem Krieg und seinen Folgen weiterhin sehr präsenten:

> „Man muß sich den Wahrnehmungshorizont der Beteiligten, der Generationsmitglieder, die 1945 gelebt haben, gleich welchen Alters, in Erinnerung rufen, und dann weiß man, daß eine halbe Million Bombentoter in jeder Familie Opfer gefordert hat, also

---

53 Koselleck (2015 [1984/1992]): S. 265.
54 Ebd. S. 266.
55 Ebd. S. 267.
56 Vgl. Ebd. S. 265-284.
57 Peter Jahn stellt heraus, dass der Protagonist von *So weit die Füße tragen* durch seinen gelungenen Fluchtversuch die eigene Opferrolle heroisch wendet und dadurch attraktiv für zeitgenössische Zuschauende wird: „Die in der westdeutschen Öffentlichkeit viel beschworene Ohnmachtserfahrung der Männer im Kriegsgefangenenlager in russischer Einöde [...] überwindet – stellvertretend für die Millionen Kriegsgefangenen, die sich die Freiheit vom Feind schenken lassen mussten – der Held, der aus der Tiefe des Bleiwerks heraufsteigt und mit heroischer Leidensbereitschaft sich selbst befreit." Jahn (2012): S. 162.
58 *So weit die Füße tragen*, TC: 00:21:20-00:24:57.

Tote in den eigenen Familien zurückgelassen hat, daß ungefähr 12 Millionen Flüchtlinge hereinströmten, Flüchtlinge, von denen 2 Millionen verschwunden waren, das heißt, die Flüchtlinge, die hier ankamen, hatten statistisch gesehen, eine Verlustrate von 20% mitgebracht. Und dann: Ungefähr 2 Millionen Frauen des östlichen Deutschland sind vergewaltigt worden [...] – eine große Zahl schweigender Zeitzeugen, soweit sie nicht umgebracht worden sind. Hinzu kommen 4 bis 5 Millionen tote Soldaten, die in jeder Familie eine Lücke hinterließen, zwei, drei, vier, fünf Lücken, bis zum Verschwinden ganzer Familien. Das muß man wissen, um die Mentalität derer zu rekonstruieren, die die Verbrechen in ihrer Zeit erfahren oder von ihnen gehört haben, sie ausgetragen, mitgemacht oder vollzogen haben."[59]

Auf das Empfinden, das eigene Leben als Teil „einer Serie von Verlusten und Opfern"[60] zu sehen, folgt die Favorisierung einer Opferperspektive[61] für die eigene Geschichte – sowohl der an Kriegshandlungen Beteiligten als auch der in Deutschland Zurückgebliebenen.[62] Dabei reichte das Interesse, die Wehrmacht als unbelastet im Zusammenhang mit den Kriegsverbrechen zu sehen, bis in die Zeit der ersten Wehrmachtsausstellung ab 1995.[63]

---

59 Koselleck (1999): S. 216f.

60 Ebd. S. 217.

61 Vgl. zur Opferperspektive die noch folgenden Ausführungen im Abschnitt *Verwandtschaftsverhältnisse filmischer Darstellungen* S. 82-92.

62 Vgl. zur Haltung der Bevölkerungsgruppen zu Wehrmachtssoldaten und Kriegsgefangen in der Nachkriegszeit: Wrochem, Oliver von (2009): Kriegsdeutungen und gesellschaftliche Transformation. Wehrmachtsikonen, Sinnstiftung und soldatische Identitäten in Westdeutschland. In: von Lingen, Kerstin (Hrsg.): Kriegserfahrung und nationale Identität in Europa nach 1945. Erinnerung, Säuberungsprozesse und nationales Gedächtnis, Paderborn / München / Wien / Zürich, S. 189-205.

63 Die Ausstellung *Vernichtungskrieg. Verbrechen der Wehrmacht 1941 bis 1944*, die im allgemeinen Sprachgebrauch auch als erste Wehrmachtsausstellung bezeichnet wird, war eine Wanderausstellung, die von 1995-99 in 34 Städten in Deutschland und Österreich gezeigt wurde. Das Thema der Ausstellung, die in Reaktion auf den 50. Jahrestag des Endes des Zweiten Weltkrieges geplant wurde, stellte zu dieser Zeit nach Ansicht der Initiator*innen ein gesellschaftliches Tabu im Hinblick auf die historische Darstellung des Nationalsozialismus dar. Dementsprechend groß war von Anfang an die öffentliche Kritik, die gegen die Ausstellung hervorgebracht wurde. Diese Kritik zog sich, mit unterschiedlichen Argumenten und Ausprägungen durch alle Generationen (Kriegsgeneration, Nachkriegsgeneration und Enkelgeneration). Vgl. Seidenschnur, Tim (2010): Streit um die Wehrmacht. Die Debatten um die Wehrmachtsausstellungen im Wandel der Generationen, Marburg. Nach dem Aufdecken von großen Mängeln bezüglich der wissenschaftlichen Arbeitsweise der Ausstellungsmachenden, wurde von 2001 bis 2004 in insgesamt 11 Städten in Deutschland, Luxemburg und Österreich die völlig neu konzipierte Nachfolgeausstellung *Verbrechen der Wehrmacht. Dimensionen des Vernichtungskrieges 1941–1944* gezeigt. Auch diese Ausstellung wurde starker Kritik ausgesetzt, allerdings gab es diesmal keinerlei haltbare Vorwürfe hinsichtlich wissenschaftlich unkorrekten Arbeitens der Ausstellungsmachenden. Vgl. Musial, Bogdan (2011): Der Bildersturm. Aufstieg und Fall der ersten Wehrmachtsausstellung. In: https://www.bpb.de/geschichte/zeitgeschichte/deutschlandarchiv/53181/die-erste-wehrmachtsausstellung (30.04.2020). Spätestens seit der Jahrtausendwende wird sich verstärkt mit dem Forschungskomplex Wehrmachtverbrechen befasst. Die Vorstellung von einer „sauberen Wehrmacht" hält unter Hinzuziehung der Forschung keiner Belastung mehr stand. Vgl. beispielsweise Römer, Felix (2008): Der Kommissarbefehl. Wehrmacht und NS-Verbrechen an der Ostfront 1941/42, Paderborn.

Das Filmbeispiel *So weit die Füße tragen* zeigt, wie über Filme eine Beschäftigung mit gesellschaftlich relevanten Primärerfahrungen stattfindet. Diese werden dann durch den Film zu Sekundärerfahrungen und reichern auf diese Weise Erfahrungs- und Wissensstrukturen in einer Gemeinschaft an, die einen Möglichkeitsraum für die Auseinandersetzung diverser Personengruppen bieten und zudem unablässig im Wandel sind. Der Film wird damit nicht nur zum Resonanzort für gemeinschaftsrelevante Erfahrungen, sondern erhält durch die Transformation der historischen Ereignisse in die Filmform auch die Qualität eines filmischen Erfahrungsraums.

Wie eng außerfilmische und filmische Beschäftigung auf einander bezogen sind, lässt sich auch mit der Perspektive von Arnd-Michael Nohl diskutieren. Er bezieht sich 2014 auf die historische Position Mannheims, denkt dessen stark anthropozentrische Fokussierung weiter und entwickelt dabei die Idee der „konstitutiven Verwicklung"[64] zwischen dem Menschen und seiner (materiellen) Umwelt. Er führt hierzu in Anlehnung an den Ansatz der trans-action von Dewey und Bentley den Begriff der „konjunktiven Transaktionsräume" ein:

> „Derartige soziodingliche Kollektive, in denen Menschen und Dinge aufeinander (ab) gestimmt werden, nenne ich ‚konjunktive Transaktionsräume'. […] In konjunktiven Transaktionsräumen verbinden sich also Menschen mit Dingen in Praktiken in ihrer je spezifischen Weise."[65]

Damit wird der Fokus auf die zwischen Menschen und anderen Entitäten entstehende Verwicklung in „transaktionale Praktiken" gelegt und die Abkehr von der Vorstellung einer reinen Betroffenheit, eines Betroffenseins durch die materielle Kultur[66] impliziert.

Auf den Film übertragen hieße dies, dass Subjekte und Filme in einem transaktionalen Passungsverhältnis stehen: Durch die „kollektiv situierten Transaktionen"[67] filmischer Wissensbestände zwischen Rezipierenden, Filmschaffenden und Film sind sie derart mit einander vereint, dass ein Abhängigkeitsverhältnis entsteht. Film, Zuschauende und Filmschaffende stehen in einer wechselseitigen überindividuellen Verbindung zueinander. Denn die Produktion und Rezeption von Filmen erfolgt (größtenteils) unter Rückgriff bzw. symbolischem Verweis auf strukturidentische Erfahrungen und Praktiken – filmischer und außerfilmischer Art – und schafft damit Orientierung.

---

64 Nohl, Arnd-Michael (2014): Bildung und konjunktive Transaktionsräume. In: von Rosenberg, Florian / Geimer, Alexander (Hrsg.): Bildung unter Bedingungen kultureller Pluralität, Wiesbaden, S. 27-40, hier S. 34.
65 Ebd. S. 34.
66 Vgl. Ebd. S. 38.
67 Ebd. S. 33f.

Habitualisierungen – Zuschauende in Begegnung mit Filmen

Begegnungen mit Filmen geschehen nicht voraussetzungsfrei: Zuschauende haben einen allgemeinen (sozialen, historischen, biographischen, medialen etc.) und filmbezogenen Erfahrungs- und Interpretationshorizont, vor dem die Auseinandersetzung mit Filmen stattfindet. Unter Rückgriff auf die Habitustheorie von Pierre Bourdieu, die er seit den 1970er Jahren sukzessive entwickelt und weiter ergänzt hat, wird es möglich die Filmrezeption als einen überindividuellen Zugang im Sinne einer sozialen Praxis zu diskutieren.

Der Habitus als System von verschiedenen Dispositionen strukturiert den Menschen in seinen Ansichten, Annahmen, Ausdrucksweisen und Tätigkeiten, d.h. im lebenslangen Prozess der Sozialisation bildet sich fortlaufend ein Regelsystem aus, das subjektkonstituierend wirkt. Diese Strukturen sind dadurch gekennzeichnet, dass sie größtenteils vorbewusst, implizit und vorreflexiv das Subjekt bestimmen und zudem auch noch dynamischen Veränderungen unterliegen. Das Habituskonzept von Bourdieu reflektierend, fassen Cornelia Bohn und Alois Hahn 1999 „diese im Körperlichen situierten Automatismen"[68] zusammen: „Im Habitus manifestieren sich vorreflexive Orientierungen, wie sie paradigmatisch der Geschmack, Stil, Neigung, Vorlieben, Grundüberzeugungen darstellen, die sich allenfalls ex *post* in rationale Begründungen übersetzen lassen."[69] Neben diesen den Menschen formenden Eigenschaften wirkt sich der Habitus auch strukturierend in der Auseinandersetzung mit der Wirklichkeit aus. Der Habitus ermöglicht es dem Menschen die Umwelt wahrzunehmen, Stellung zu beziehen, eigene Handlungen auszuführen und Urteile zu fällen. Denn nur durch das verinnerlichte Regelwerk des Habitus ist es dem Menschen möglich situativ zu agieren, Probleme zu erkennen und Lösungen anzugehen. Damit zeichnet den Habitus eine doppelte Bezugnahme aus: Er ist strukturiert und strukturierend zugleich – d.h. strukturiert durch die Inkorporation von Denk-, Wahrnehmungs-, Bewertungs- und Handlungsweisen und strukturierend in der Konfrontationsbewältigung mit der Welt.[70]

Das Habituskonzept von Pierre Bourdieu auf die Filmrezeption übertragen, hieße, dass die Zuschauenden durch ihre Einbindung in ihr Umfeld mit einem sozial bedingten Horizont an Annahmen und Interpretationsweisen dem Film begegnen: Neben den filmischen und medialen Erfahrungen wirken sich auch die Begegnungen mit aisthetisch bzw. ästhetisch wirksamen Entitäten und Artefakten ebenso auf den Habitus aus wie die kognitiven und moralischen Wissensbestände und Annahmen. Dabei ist der Habitus nicht beschränkt auf die mentalen, bewussten und vernunftgesteuerten Verkörperungen der Sozialität des Menschen, sondern der Habitus setzt sich aus allen Aspekten menschlicher Existenz zusammen: emotionalen und vorbewussten ebenso wie reflexiven und artikulierbaren. Alle Aspekte zusammen zeichnen den Habitus aus und durch sie erzeugen und aktualisieren die Wahrnehmenden die Praxis der Filmrezeption.

---

68 Bohn, Cornelia / Hahn, Alois (2003 [1999]): Pierre Bourdieu (1930-2002). In: Kaesler, Dirk (Hrsg.): Klassiker der Soziologie. Band II. Von Talcott Parsons bis Pierre Bourdieu, München, 4. Aufl., S. 252- 271, hier S. 259.

69 Ebd. S. 259.

70 Vgl. Bourdieu, Pierre (1987 [1980]): Sozialer Sinn. Kritik der theoretischen Vernunft, Frankfurt a.M., S. 98f.

Diesem Konzept liegt dabei die Vorstellung eines Menschen zugrunde – Bourdieu spricht vom Akteur –, bei dem der Habitus als „Quasi-Natur"[71] untrennbar und grundlegend mit der Person verbunden ist, diese formt und auszeichnet.[72] Der Habitus ist so eng mit dem Selbst verbunden, dass er nach Bourdieu zur „zweite[n] Natur"[73] wird: Der Habitus lässt sich nicht so einfach ablegen bzw. komplett von Bewusstsein durchdringen und steuern. Wie Sedimente lagern sich im sozialen Interaktionsgeschehen Erfahrungen mit beispielsweise anderen Filmen, medialen Formaten, bestimmten Materialitäten, kulturellen Codes, narrativen Elementen, historischen Ereignissen und Verhältnissen (usw.) ab und diese präfigurieren als Habitus den Zugang zu Filmen. Jeder neuen Filmerfahrung geht die bisherige Habitualisierung des Subjekts voraus. Das schafft Orientierung und ermöglicht zudem unter den Vorzeichen des Habitus eine geregelte Improvisation bei der Begegnung mit Neuem. Der Habitus als „gesellschaftlicher Orientierungssinn"[74] ermöglicht das Verhalten in der Situation, ohne ständig eine rationale Reflexion anzustoßen, weil der Habitus überindividuell funktioniert und immer auch vorreflexiv vorliegt.

Mit dem 1947 erschienen Film In jenen Tagen[75] lässt sich die strukturierende Funktion des Habitus verdeutlichen. In diesem Episoden-Film wird entlang von sieben Einzelgeschichten ausschnitthaft der jüngsten Vergangenheit von 1933 bis 1945 nachgegangen.[76] Der Film beginnt mit einem langen Schwenk über eine zerbombte Stadt im Winter: Häuserzeilen sind bis zur Unkenntlichkeit zerstört. In dieser lebensfeindlichen Umgebung herrscht Leere, nur drei Personen – mit zusammengeklaubtem Brennholz und kriegsversehrt – sind auszumachen (Abbildungen 9a-c). Die Kamera kommt auf einem Hinterhof zum Stehen: Karl und Willi sind dabei, ein Autowrack in seine brauchbaren Einzelteile zu zerlegen (Abbildung 8). Doch Karl ist mit den Gedanken ganz woanders:

Abbildung 8: *In jenen Tagen* TC: 00:02:08.

---

71 Bourdieu, Pierre (1976): Entwurf einer Theorie der Praxis auf der ethnologischen Grundlage der kabylischen Gesellschaft, Frankfurt a.M., S. 171.

72 Hierzu schreibt der Soziologe Frank Hillebrand 2013 aus einer praxistheoretischen Perspektive: „Dieser Sozialisationsprozess [...] muss als Inkorporierung eines Systems von Dispositionen des Denkens, Fühlens, Wahrnehmens, Bewertens und Handelns verstanden werden. Diese Dispositionen, die sich zu einem komplexen Habitus formen, werden im Vollzug der Praxis von den sozialen Akteuren inkorporiert und sind mit den emotionalen, kognitiven und mentalen Strukturen der sozialen Akteure unentwirrbar verflochten." Hillebrand, Frank (2013): Praxistheorie. In: Kneer, G / Schroer, M (Hrsg): Handbuch Soziologische Theorien, Wiesbaden, S. 369-394, hier S. 378.

73 Ebd. S. 171.

74 Bourdieu, Pierre (1992 [1984]): Homo academicus, Frankfurt a.M., S. 728.

75 *In jenen Tagen*, Regie: Helmut Käutner, Drehbuch: Helmut Käutner und Ernst Schnabel, Deutschland 1947.

76 Vgl. auch Reichel, Peter (2007 [2004]): Erfundene Erinnerung. Weltkrieg und Judenmord in Film und Theater, Frankfurt a.M., S. 174ff.

70 Film als pädagogisches Setting – ein Medium als Vermittlungs- und Vergegenwärtigungsinstanz

Abbildung 9a: *In jenen Tagen* TC: 00:01:38.

Abbildung 9b: *In jenen Tagen* TC: 00:01:40.

Abbildung 9c: *In jenen Tagen* TC: 00:01:46.

Willi: „Na, denkste wieder Karl? ...He?"
Karl: „Kann gar nicht anders als..."
Willi: „Ach so, na ich kann. Gib mir lieber 'ne Kippe."
Karl: „Haben?"
Willi: „Ach du hast doch noch."
Karl: „Denkste? Sauleben!"
Willi: „Achso, die alte Platte, was? Nichts zu rauchen, nichts zu trinken, nichts zu essen, keine Kohlen, kein richtiger Beruf, keine Wohnung, kein Geld, keine Nachricht von Susanne, keine Zukunft, keine Illusionen, keine, keine, keine..."
Karl: „Keine Menschen."
Willi: „Was?"
Karl: „Es gibt keine Menschen mehr."
[...]

Karl: „Keine Willy, genauso wie es keine gegeben hat in all den verfluchten Jahren. Deshalb sind wir so heruntergekommen."
Willi: „Deshalb kommen wir jetzt nicht mehr hoch meinste? […]"
Karl: „Alles was wir machen und tun, um Ordnung zu schaffen um uns herum, …vor allen Dingen in uns, ist sinnlos. Es gibt keine Menschen mehr."
Willi: „Sach mal Karl, was verstehst du eigentlich unter Menschen, wenn du immer sagst, es gibt keine mehr? Du bist doch gebildet, nich? Was is'n Mensch?"[77]

Mit Blick über die Ruinenlandschaft Hamburgs spricht Karl aus, was viele deutsche Zuschauende dieser Zeit nachvollziehen können. Auch wenn die zuschauenden Personen(-gruppen) unterschiedlich in die vergangenen Ereignisse konkret involviert waren, ermöglicht ihnen der jeweilige Habitus, einen Zugang zu diesem abstrakten Dialog vor dem Hintergrund der kriegszerstörten Stadt zu finden. Viele Zuschauenden in den verschiedenen Besatzungszonen lebten 1947 selbst noch inmitten einer Trümmerlandschaft. Auch die Folgen des Krieges bestimmten für den überwiegenden Teil der Bevölkerung weiterhin die Lebenssituation. Keine Familie, in der nicht Angehörige vermisst, gefallen, getötet, verletzt oder traumatisiert wurden. Durch die flächendeckende Zerstörung vieler Städte und Regionen war der Wohnraum ebenso knapp wie die Lebensmittel, was gerade im besonders kalten Winter 1946/47 tödliche Folgen hatte.[78] Karls bedächtig geäußerte Kommentare sind dabei aber so offen, dass keine konkrete Täterschaft und Opferschaft direkt angesprochen wird.[79] Wer genau gemeint ist und welche Taten hier thematisiert werden, bleibt an dieser Stelle vage. Er stellt allgemein die Frage nach Humanität unter den Vorzeichen der Vergangenheit, die er bis in die Gegenwart hineinreichend sieht. Die gewählten Formulierungen sind so abstrakt und deutbar, dass hier aber auch der nationalsozialistische Gesellschaftszustand mit seinen moralischen Abgründen und Verbrechen mitschwingt. Gerade aus einer aktuellen Sichtweise kann diese Deutung vorherrschen, denn das Mensch-Sein wurde tiefgreifend durch die Haltungen und Handlungen unterm Hakenkreuz erschüttert, und die historischen Ereignisse prägen moralische Fragen weit über das 20. Jahrhundert hinaus bis in unsere Gegenwart. Der Habitus von in Deutschland sozialisierten Zuschauenden zu Beginn des 21. Jahrhunderts legt vielleicht nahe bei der nachdenklich geäußerten Aussage „Es gibt keine Menschen mehr"[80] an einen Gedenkstättenbesuch zu denken oder an die verschiedenen Zeitzeugenberichte, wie sie gerade an bestimmten Jahrestagen öffentlich zirkulieren, zu erinnern oder die vielen

---

77   In jenen Tagen, TC: 00:02:08 - 00:03:40.
78   Zur Situation in Deutschland (und Europa) in der Nachkriegszeit: Kleßmann, Christoph / Wagner, Georg (1993) (Hrsg.): Das gespaltene Land. Leben in Deutschland 1945-1990. Texte und Dokumente zur Sozialgeschichte, München; Sauzay, Brigitte / Arnold, Heinz Ludwig / Thadden, Rudolf von (1995) (Hrsg.): Vom Vergessen vom Gedenken. Erinnerungen und Erwartungen in Europa zum Mai 1945, Göttingen; Schildt, Axel / Siegfried, Detlef (2009): Deutsche Kulturgeschichte. Die Bundesrepublik – 1945 bis zur Gegenwart. München, S. 21-42.
79   Zum Opferdiskurs vor und nach 1945 vgl. Sabrow, Martin (2012): Held oder Opfer. Zum Subjektwandel deutscher Vergangenheitsverständigung im 20. Jahrhundert. In: Fröhlich, Margrit / Jureit, Ulrike / Schneider, Christian (Hrsg.): Das Unbehagen an der Erinnerung – Wandlungsprozesse im Gedenken an den Holocaust, Frankfurt a.M., S. 37-54. Zu Opferdarstellungen siehe auch S. 82-92 in dieser Publikation.
80   In jenen Tagen, TC: 00:02:45.

Abbildung 10a: *In jenen Tagen* TC: 00:20:00.

Abbildung 10b: *In jenen Tagen* TC: 00:20:27.

Abbildung 10c: *In jenen Tagen* TC: 00:35:02.

Abbildung 10d: *In jenen Tagen* TC: 00:49:33.

Abbildung 10e: *In jenen Tagen* TC: 00:59:49.

Abbildung 10f: *In jenen Tagen* TC: 01:25:35.

Fotografien von Leichenbergen zu assoziieren – je nachdem, in welchem konkreten sozialen und zeitlichen Kontext die einzelne Person aufgewachsen ist und welche eigenen Begegnungen mit Geschichte bereits stattgefunden haben. Doch sicher folgt aus dem Habitus einer Person, die beispielsweise aus dem umkämpften Homs 2015 nach Europa fliehen musste, eine andere Konnotation dieses Dialogs inmitten dieses filmischen Trümmersettings.[81]

---

81 So beschreibt beispielsweise die Autorin Widad Nabi in einem Text, der 2018 im Kontext des Projektes „Weiter Schreiben – ein Portal für Literatur und Musik aus Krisengebieten" entstand und auch auf Zeit online erschien, wie sie von Krieg, Flucht und Exil gezeichnet in Deutschland immer wieder hadert: „Die Füße waren mir schwer wie Blei, ich konnte kaum laufen in der Welt, die erbarmungsloser war als angenommen. Trümmer, Geister der Vergangenheit, Widrigkeiten der Gegenwart, ein Neuanfang ohne Familie, Freunde, Heimat. So viel Zerstörung, Kummer, Brutalität." Schließlich findet

Die Filmwahrnehmung vollzieht sich nicht als vorvergesellschaftlicher Prozess, sondern basiert auf praktischen Begegnungen mit der Welt und sozialen Interaktionen, wobei der Habitus zur Scharnierstelle zwischen dem Film als Teil der Wirklichkeit und den Rezipierenden wird: Mit seinen strukturierten und strukturierenden Eigenschaften funktioniert der Habitus sowohl als zugangsermöglichend als auch interpretationsleitend in der Konfrontation mit Filmen. Mit dem Habitus verfügt das Subjekt über Strukturen, die dann dafür sorgen, dass die Begegnung mit der Wirklichkeit in Strukturen mündet und damit für das Subjekt zugänglich wird und Orientierung schafft.[82] Es entsteht eine Zirkularität in dem wechselseitigen Verhältnis zwischen Filmen und Zuschauenden: Neben der Fähigkeit zur Rezeption durch den Habitus wird der Habitus auch über Filmrezeption dynamisch und fortwährend weitergeneriert. Jeder weitere Film verfestigt bestimmte Aspekte, erzeugt Veränderungen oder führt zum Widerruf. Diese Prozesse sind nicht direkt beobachtbar und nur in Teilen rekonstruierbar. Denn gewisse Anteile der Habitusgenese können implizit und vorbewusst ablaufen, werden vielfach nicht artikuliert und sind nur teilweise äußerlich wahrnehmbar.[83]

Vergleichbar mit den sichtbaren Veränderungen, die das Auto als dinglicher Protagonist des Films *In jenen Tagen* aufweist, wirkt sich auch die fortwährende Habitusgenese auf die Person aus. Über das Auto sind alle Episoden des Films miteinander verknüpft und mit jedem Wechsel der Besitzenden verändert es sich. Die erkennbaren Modifikationen des Fahrzeugs über zwölf Jahre hinweg – wie das eingravierte Datum, der versteckte Haarschmuck, die angeheftete Hutklammer, der montierte Bilderrahmen, das Einschussloch im Fenster, das Stroh im Innenraum und die Veränderungen an Lack und Karosserie – sind nur vage Anhaltspunkte für die Kontexte der Nutzung (Abbildungen 10a-f). So wie sich das Auto mit jeder Episode durch den Gebrauch wandelt, modifiziert sich auch der Habitus einer Person fortwährend und ist dabei doch nur partiell sichtbar. Fest eingebunden in die Handlungen und Kontexte derer, die das Fahrzeug besitzen, fahren und mitnutzen, wird es geradezu als ein „sozialisierte[r] Körper"[84] im Sinne Bourdieus in diesem Film dargestellt. Jede der sieben Episoden hat sich in das Auto eingeschrieben und zeugt von unterschiedlichen Nutzungskontexten

---

sie immer wieder Halt in den Texten der Schriftstellerinnen und Schriftsteller der Gruppe 47, die sie besonders dafür schätzt, dass sie „die Trümmer des Vergangenen hinter sich ließen, vehement für Freiheit, Demokratie und Gerechtigkeit eintraten." Dieser Bezug zur deutschen Nachkriegsliteratur ist ihr ein „kleiner Hoffnungsschimmer in der Dunkelheit des Exils" und zeigt wie unter den Vorzeichen eines anderen Erfahrungshorizonts ein Umgang mit den „Trümmern der Vergangenheit" erfolgt. Nabi, Widad (2018): Ich habe Flügel, endlich. In: Die Zeit, 10. Sept. 2018 https://www.zeit.de/kultur/2018-09/kriegstrauma-syrien-gruppe-47-flucht-schreiben-heilung-ingeborg-bachmann und auch https://weiterschreiben.jetzt/texte/widad-nabi-ich-habe-fluegel-endlich/ (28.04.2020).

82 Bourdieu selbst versteht „die Habitusformen als Systeme dauerhafter und übertragbarer Dispositionen, als strukturierte Strukturen, die wie geschaffen sind, als strukturierende Strukturen zu fungieren, d.h. als Erzeugungs- und Ordnungsgrundlagen für Praktiken und Vorstellungen". Bourdieu (1987 [1980]): S.98f.

83 Vgl. Audehm, Kathrin (2017): Habitus. In: Budde, Jürgen / Hietzge, Maud / Kraus, Anja / Wulf, Christoph (Hrsg.): Handbuch Schweigendes Wissen, Weinheim, S. 167-178.

84 Bourdieu, Pierre (2005 [1998]): Die Männliche Herrschaft, Frankfurt a.M., S. 18; und Bourdieu, Pierre (1997 [1985]): Zur Genese der Begriffe Habitus und Feld. In: Ders.: Der Tote packt den Lebenden. Schriften zu Politik und Kultur 2, Hamburg, S. 55-73, hier S. 64.

und den Lebenssituationen der einzelnen Personen. Da ist beispielsweise das eingravierte Datum vom 30. Januar 1933, das im Film den Impuls gibt, die Geschichte einer Frau zu erzählen, die sich in der Nacht der Ernennung Hitlers zum Reichskanzler zwischen zwei Männern für denjenigen entscheidet, der aus politischen Gründen am folgenden Tag ins Exil gehen muss. Die sichtbare Spur an der Windschutzscheibe, die Karl und Willi bei der Demontage entdecken, ist nur ein Anhaltspunkt für eine komplexe Geschichte, die das Auto – nur für die Zuschauenden hörbar – selbst erzählen muss:

> „Lassen Sie mich sachlich, vorurteilsfrei, oder herzlos berichten, wie es einem toten Gegenstand zukommt. Mein Leben liegt hinter mir. Ich habe sozusagen meine Augen für immer geschlossen. Als ich jung war. Ja, als ich jung war, glaubte ich mein Leben würde tausend Jahre".[85]

Über die gesamte ‚Lebensspanne' dieses Wagens schreibt sich das umgebende Geschehen in das Fahrzeug ein, führt zu Veränderungen und Umnutzungen und trägt dazu bei, dass am Ende des Films der Wagen – als allwissendes und erzählendes Objekt inszeniert – auch Haltung zu dem Vergangenen beziehen kann:

> „[...] ich habe nicht viel von jenen Tagen gesehen, keine großen Ereignisse, keine Helden, nur ein paar Schicksale und auch davon nur Ausschnitte. Aber ich habe ein paar Menschen gesehen. Nach denen fragten Sie doch Herr Willi – nicht? Die Zeit war stärker als sie. Aber ihre Menschlichkeit war stärker als die Zeit. Es hat sie gegeben diese Menschen und es wird sie immer geben zu allen Zeiten."[86]

In Anlehnung an die verschiedenen Erfahrungshorizonte der Entstehungszeit 1946 bis 47 wird dieses Automobil zum symbolischen Gegenstand für das Speichern und den Ausdruck der habitualisierten Denk-, Wahrnehmungs-, Bewertungs- und Handlungsdispositionen der sozial Agierenden. Der Wagen wird dabei durch den zunehmenden Verschleiß zum Sinnbild für den materiellen Mangel und die Zerstörung der letzten Kriegsjahre und steht damit im Kontrast zu den moralischen Entscheidungen der Filmfiguren, die von Solidarität bestimmt sind. In der Funktion eines narrativen Bindeglieds eingesetzt, werden über das Fahrzeug Zusammenhänge zwischen den verschiedenen tragischen Kontexten geschaffen, in denen Personen während der nationalsozialistischen Herrschaft in Gefahr waren und ihr Leben verloren. Es wird eine moralische Klammer hergestellt, durch die alle Geschichten zueinander in Beziehung gesetzt werden und somit folgt auf Karls Frage nach dem Mensch-Sein aus der Anfangssequenz eine Antwort.

Bourdieu selbst versteht die sozialen Akteur*innen als durch den sozial und historisch spezifischen Kontext formbar, „wobei die Singularität des ‚Ich' sich in den gesellschaftlichen Beziehungen und durch sie herausbildet."[87] Dabei zielt dieses Konzept auf die Befreiung vom Intentionalismus und zugleich Determinismus in der Annahme

---

85 Mit der Phrase „tausend Jahre" werden hier auch die Herrschaftsabsichten des nationalsozialistischen Regimes angedeutet. *In jenen Tagen*, TC: 00:04:42 - 00:05:08.
86 *In jenen Tagen*, TC: 01:36:20 - TC 01:36:50.
87 Bourdieu, Pierre (2001 [1997]): Meditationen. Zur Kritik der scholastischen Vernunft, Frankfurt a.M., S. 172.

einer sozialisierten Person: Wenn die Akteur*innen als „sozialisierte Körper"[88] aufgefasst werden, entfällt die Vorstellung eines autonomen Subjekts, das in der Sinnstiftung unabhängig und nur geleitet von bewussten und reflexiven Entscheidungen ist. Denn soziale Akteur*innen vollziehen die Praxis nicht voraussetzungsfrei, sondern sie tragen „ihre Geschichte und Gesellschaft im wahrsten Sinne des Wortes stets mit sich"[89] herum, wie Gerhard Fröhlich 1994 mit Blick auf den Ansatz Bourdieus betont. Im Vollzug der Filmrezeption wirkt der historische, soziale und materielle Kontext der Zuschauenden wesentlich an der Sinnstiftung mit. Zudem gilt es mit Frank Hillebrand beim Habitusansatz zu „berücksichtigen, wie die Dispositionen sozialer Akteure, die sie in die Praxis [der Filmrezeption] verwickeln, durch die Praxis selbst hervorgebracht und geformt werden."[90] Hier wird deutlich, dass sich mit Bourdieus Habitusansatz auch die aktive Seite der Filmrezeption betonen lässt. Die Praxis der Filmkultur gründet auf den fortwährenden Aktualisierungen und Erzeugungen der habitualisierten Dispositionen der Zuschauenden. Der Film als praktisches Feld (beispielsweise als Teil einer Erinnerungskultur) wird erst durch die beteiligen sozialen Akteur*innen (Filmschaffende, filmvermarktende Instanzen und Zuschauende) geschaffen und unterliegt den komplexen emotionalen, kognitiven und mentalen Strukturen, die untrennbar mit dem Habitus verwoben sind. Bourdieu entwirft damit eine sehr differenzierte Vorstellung vom Subjekt als sozial agierender Person, die zwischen inkorporierten Mustern des Denkens, Wahrnehmens, Handelns, Bewertens und der aktiven, schöpferischen Einbindung in die umgebende Umwelt angesiedelt ist, wie er selbst 1997 beschreibt:

> „Genau dies ist die Funktion des Begriffs Habitus: Es gibt dem Akteur eine generierende und einigende, konstruierende und einteilende Macht zurück und erinnert zugleich daran, dass diese sozial geschaffene Fähigkeit, die soziale Wirklichkeit zu schaffen, nicht die eines transzendentalen Subjekts ist, sondern die eines sozial geschaffenen Körpers, der sozial geschaffene und im Verlauf einer räumlich und zeitlich situierten Erfahrung erworbene Gestaltungsprinzipien in der Praxis umsetzt."[91]

Als soziale Akteur*innen der Filmrezeption sind die Zuschauenden sowohl Produkte als auch Produzierende der Praxis – sowohl Hervorbringungen der Praxis als auch deren Schöpfer*innen. Die Einbindung der Filmwahrnehmenden in den Film berücksichtigend, spricht Johannes Geng 2019 in diesem Zusammenhang von einer stattfindenden Habitualisierung der Zuschauenden entlang der technoästhetischen Standards, die mit Filmen in Wechselwirkung mit der Sozietät ausgebildet werden.[92] Mit Filmen wird anhand ihrer materiellen Beschaffenheit, den dargestellten Diskursen, den verwendeten filmischen Mitteln und den (re-)inszenierten kulturellen Codes an der fortwährenden Ausformung der Wahrnehmungs- und Denkmuster teilgenommen, die damit auch zur Folie für Interpretationen filmischer und außerfilmischer Ereignisse werden.

---

88 Bourdieu (2005 [1998]): S. 18 und Bourdieu (1997 [1985]): S. 64.
89 Fröhlich, Gerhard (1994): Kapital, Habitus, Feld, Symbol. Grundbegriffe der Kulturtheorie bei Pierre Bourdieu. In: Mörth, Ingo / Fröhlich, Gerhard (Hrsg.): Das symbolische Kapital der Lebensstile. Zur Kultursoziologie der Moderne nach Pierre Bourdieu, Frankfurt a.M./ New York, S. 31-53, hier S. 34.
90 Hillebrand (2013): S. 377.
91 Bourdieu (2001 [1997]): S. 175.
92 Vgl. Geng (2019): S. 89ff, 102ff.

Das Vor- und Nachleben des Films

Der komparative Ansatz von Aby Warburg ermöglicht es, das wechselseitige Verhältnis zwischen Mensch und Film zu beleuchten. Mit Blick auf die wiederkehrenden Verwendungen kultureller Codes steht die Objektebene im Fokus, wovon dann Rückschlüsse auf die Zuschauenden gezogen werden können. Der Forschungsansatz Warburgs birgt das Potential, sowohl den Verwicklungen von Filmen in kulturelle (Bild-)Traditionen als auch den medienübergreifenden Herausbildungen und Veränderungen von Darstellungsweisen und Motiven nachgehen zu können. Somit bietet dieser theoretische Referenzrahmen die Möglichkeit, Filme mit Blick auf interikonische und intertextuelle Bezüge zu diskutieren.

Aby Warburgs Forschung zu Beginn des 20. Jahrhunderts ist geprägt von dem Interesse, die Kultur in ihrer fortdauernden Reproduktionsleistung zu erfassen und anhand von Bildmotiven das über lange Zeiträume hinweg nachvollziehbare, mäandernde Nachleben kultureller Codes zu belegen. Im Mnemosyne-Atlas verbindet Aby Warburg seine verschiedenen Ansätze[93], sodass der Bilderatlas erklärtermaßen als die Summe seiner wissenschaftlichen Bestrebungen rezipiert wird.[94]

Dem Nachleben von Bildern geht er exemplarisch in zwei Themenfeldern nach: dem Nachleben der Antike in der Renaissance und dem Nachleben antiker Sternsymbolik.[95] „Die Mobilität von Bildern, der Austausch bildlicher Erfahrungen und Informationen über die Zeiten und Räume hinweg bildet ein Grundmotiv Warburgscher Forschungen",[96] wie Martin Warnke 1980 zusammenfasst. Entlang bestimmter Motive[97] deckt Warburg ein verzweigtes Netz an Intertexten auf: Ein komplexes Be-

---

93 Warburg beschäftigte sich mit vielfältigen Inhalten, veröffentlichte aber nur einen Teil seiner Überlegungen in einer überschaubaren Anzahl an Publikationen. Meistens sind es Aufsätze, die aus Vorträgen hervorgegangen sind. Dabei liegt keine Publikation oder unveröffentlichte Schrift vor, aus der seine theoretischen oder methodologischen Ansichten deutlich hervorgehen. Seine wissenschaftliche Position muss vielfach induktiv aus den über sein gesamtes Werk verteilten Ideen abgeleitet werden. Seine Notizen, Briefe, Tagebucheinträge und Manuskriptfragmente, die Aufschluss geben können, sind nur teilweise veröffentlicht. Vgl. Huisstede, Peter van (1995): Der Mnemosyne-Atlas. Ein Laboratorium der Bildergeschichte. In: Galitz, Robert / Reimers, Brita (Hrsg.): Aby M. Warburg. „Ekstatische Nymphe ... trauernder Flußgott". Portrait eines Gelehrten, Hamburg, S. 130-171, hier S. 131ff.

94 Warnke, Martin (2000): Editorische Vorbemerkungen. In: Warburg, Aby: Der Bildatlas „Mnemosyne". Gesammelte Schriften Bd. II, 1, hg. von Martin Warnke, unter Mitarbeit von Claudia Brink, Berlin, S. VII-X, S. IX.

95 Er war geleitet von der These, dass sich mit der Transformation bestimmter Symbole in neue Zusammenhänge die unterschiedlichen reflexiven Reifegrade und Wissenshorizonte der jeweiligen Zeit nachweisen lassen. Heute wirken diese Annahmen befremdlich, spiegeln sie doch die Erwartung einer Höherentwicklung des Menschen wieder. Trotz dieser Grundannahmen und der in Teilen widerlegten Sachforschung Warburgs ist sein Disziplingrenzen überspannendes Vorgehen für aktuelle Forschung und ihre Vermittlung anregend und wegweisend.

96 Warnke, Martin (1980a): Schlangenbilder und Bilderfahrzeuge. In: Hofmann, Werner / Syamken, Georg / Warnke, Martin (Hrsg.): Die Menschenrechte des Auges. Über Aby Warburg, Frankfurt a.M., S. 75-83, hier S. 75.

97 Besonders die Gestalt der Ninfa – eine Frauengestalt mit bewegtem Haar und Gewand der italienischen Renaissance – interessiert Warburg. Vgl. u.a. Warburg, Aby (2010 [1893-1906]): Sandro Botticellis „Geburt der Venus" und „Frühling". In: Ders.: Werke in einem Band. Auf der Grundlage der Manuskripte und Handexemplare, hg. und kommentiert von Martin Treml, Sigrid Weigel, Perdita

ziehungsgeflecht erstreckt sich über Texte und Bilder hinweg und überwindet dabei zeitliche und räumliche Distanzen. Zur Erschließung einer visuellen Form zieht er diverse Quellen hinzu, um das Verwandtschaftsverhältnis auch über mediale Grenzen hinweg aufzudecken. Bestimmte von der Antike geprägte Ausdrucksformen tauchen immer wieder auf und dienen als Vorlage. Warburgs beständige Suche nach bestimmten Ausdrucksformen zeichnet sein Forschungsinteresse und den Grund für die Zusammenstellungen der Atlas-Tafeln aus: „[...] und in den vergrübelten Tagen, die nun folgten, sah ich sie fortwährend; fortwährend anders und an andern Stellen, und erinnerte mich auch fortwährend anderer Lebensumstände, worin ich sie schon gesehen hatte."[98] Die Migration und Variation, das Verschwinden und das Wiederaufleben bestimmter Motive und visueller Ausdrucksformen regt Warburg dazu an, die Denkfigur der Pathosformel[99] zu entwickeln: Bei eindrucksvollen Darstellungen wird auf Pathosformeln zurückgegriffen, um die innere Bewegung, die Gefühlslage, die emotionale Energie in eine Ausdrucksgebärde mit ausgeprägtem Wirkungsvermögen zu überführen. Die Leidenschaft, das Pathos ist zu einer Formel verschmolzen, die in verschiedenen Situationen immer wieder Anwendung findet, unabhängig davon, welche moralische Implikation damit einhergeht – ob gut oder böse, mit der Verwendung der Pathosformel wird die jeweilige Stimmung ausdrucksstark. Demnach birgt die Erscheinung einer rasenden Mänade eine Energie, die auch das Auftreten eines Engels überzeugend erscheinen lässt. Die Wandlungsfähigkeit und Verbreitung der von Didi-Huberman 2005 mit „Intensitätsformel"[100] umschriebenen Ausdruckskraft des Pathos, kann verschiedene Rollen einnehmen und so in diversen Bildern weiterleben. Um eine Beweisführung der vielfältigen Darstellungsweisen und verschlungenen Pfade von Motiven und Pathosformeln ausfindig und nachvollziehbar zu machen, legte Warburg mit dem Atlas eine riesige Bildersammlung von zuletzt 25 000 Photographien[101] an. Zum ersten Mal wird anschaulich, in welcher Vervielfältigungsweise bestimmte Motive und visuelle Ausdrucksformen sich synchron und diachron vermehren und in vielerlei Bereiche verzweigen können: von der Skulptur zum Abguss, von der Zeichnung zum Stich, vom Relief zum Gemälde, auf Wappen und in Form von Spielkarten.[102] Mit dem Atlas[103] fand Warburg eine Form, dieses umfassende Beziehungsgeflecht zwi-

---

Ladwig, unter Mitarbeit von Susanne Hetzer, Herbert Kopp-Oberstebrink und Christina Oberstebrink, Berlin, S. 39-123, hier S. 39ff.

98 Warburg (2010 [1900]): Ninfa Florentina. In: Ders.: Werke in einem Band, S. 198-210, hier S. 201f.

99 Zum ersten Mal verwendet Warburg diesen Begriff 1905 in einem zu Lebzeiten unveröffentlichten Vortrag: vgl. Warburg (2010 [1905]): Dürer und die italienische Antike. In: Ders.: Werke in einem Band, S. 176-183.

100 Didi-Huberman, Georges (2005): Bewegende Bewegung. Die Schleier der *Ninfa* nach Aby Warburg. In: Enders, Johannes / Wittmann, Barbara /Wolf, Gerhard: Ikonologie des Zwischenraums. Der Schleier als Medium und Metapher, München, S. 331-360, hier S. 343.

101 Vgl. Didi-Huberman, Georges (2010 [2002]): Die Mnemosyne-Montage: Tafeln, Raketen, Details, Intervalle. In: Ders.: Das Nachleben der Bilder. Kunstgeschichte und Phantomzeit nach Aby Warburg, Frankfurt a.M., S. 499-559, hier S. 499.

102 Vgl. Didi-Huberman (2005): S. 347f.

103 Der Atlas in seiner materiellen Form bestand aus 170 x 140cm großen Holzrahmen, die mit schwarzem Stoff bespannt waren und die Möglichkeit boten, die reproduzierten Abbildungen in den verschiedensten Formationen mit Klammern anzubringen und immer wieder umzusortieren und zueinander in Beziehung zu setzen. Die einzelnen Atlastafeln konnten auseinander gebaut werden

schen Bildern zur Anschauung zu bringen. Dem umfassenden Beziehungsgeflecht von Bildern nachgehend, montierte er, nach Themen geordnet, Schwarz-Weiß-Reproduktionen diverser Zeugnisse, die in seiner Zeit der Kunst, dem Kunsthandwerk und der Gebrauchskultur zugeordnet wurden, neben Abbildungen von Alltagsgegenständen und Zeitungsausschnitten. Der Bildatlas war als dynamisches „Erkenntnisinstrument"[104] und Vermittlungsmedium angelegt und diente zur Erschließung und Darstellung visueller Argumente, ihrer Übergänge und Zusammenhänge. Die beständige Umsortierung des Bildmaterials zeugt laut Warnke davon, „daß Warburg das einzelne Bild nicht kontextuell festgebunden sah, sondern ihm in jeder neuen Konstellation auch eine neue Aussage zutraute."[105] Bei diesem Vorgehen wird der Zwischenraum der Bilder mit Bedeutung aufgeladen; es stellt sich die Frage, was ist das verbindende Element, die Gemeinsamkeit? Präsentiert wird das Einzelbild in seiner Einbindung in ein Netz aus (wechselnden) sinnstiftenden Verwandtschaftsverhältnissen (Abbildung 11).

Das als Synthese seiner Forschung gedachte Projekt des Mnemosyne-Atlas[106] blieb aufgrund des überraschenden Tods Warburgs 1929 unvollendet. Die von ihm angedachte Zusammenführung seiner theoretischen und methodologischen Erkenntnisse blieb unausgeführt und das Vorhaben – „die Entwicklung einer neuen Theorie der Funktion des menschlichen Bildergedächtnisses"[107] – nicht schriftlich erfasst. Der Atlas liegt uns heute nur als fragmentarisches Ideengerüst vor, das so nicht veröffentlicht worden wäre; geplant war ein Bildband mit zwei begleitenden Textbänden.[108]

Mit dem Bilderatlas thematisiert Warburg die Kraft der Erinnerungen, die konstitutiv für die Kultur ist, weil sich so Werte, Vorstellungen und Eigenschaften einer Gemeinschaft stetig reproduzieren bzw. immer wieder zur Disposition stehen. Die in mancherlei Hinsicht disparaten visuellen Elemente, erscheinen hier als Teil eines Ganzen: einer Erinnerungsspur über die Jahrhunderte. Zeit seines Lebens begab er

---

und damit war es möglich, die Atlas-Tafeln zu Vorträgen mitzunehmen und diese dort performativ zu präsentieren. Vgl. Huisstede (1995): S. 150f; vgl. auch Hofmann, Werner (1995): Der Mnemosyne-Atlas. Zu Warburgs Konstellationen. In: Galitz / Reimers (Hrsg.): S. 172-183, hier S. 174.

104 Huisstede (1995): S. 150 und Welzel, Barbara (2004): Aby Warburg: Mnemosyne-Atlas. In: Kunst und Unterricht, Heft 285/286, S. 35-37, hier S. 35.

105 Warnke (2000): S. VIII.

106 Anders als das Ende ist der genaue Anfang des Mnemosyne-Atlas nicht bekannt. Aus einem Brief an seinen Mitarbeiter Fritz Saxl geht hervor, dass der Atlas bereits 1926 zumindest als Konzept bestand. Vgl. Warburg, Aby (2001 [1926]): Tagebuch der Kulturwissenschaftlichen Bibliothek Warburg. Gesammelte Schriften Bd. VII, 7, hg. von Karen Michels, Charlotte Schoell-Glass, Berlin, S. 19.

107 Aby Warburg in einem Brief an Karl Vossler am 12.10.1929. Warburg zitiert nach Naber, Claudia (1995): „Heuernte bei Gewitter". Aby Warburg 1924-1929. In: Galitz / Reimers (Hrsg.): S. 104-129, S. 125.

108 Vgl. Warburg, Aby (2010 [1927-1929]): Mnemosyne I. Aufzeichnungen. In: Ders.: Werke in einem Band, S. 640-646, hier S. 644. Warburg kontextualisierte seine Bildertableaus immer mit ausführlichen Textbeiträgen bzw. mündlichen Vorträgen. Der Bilderatlas war nie als lediglich visuell argumentierende Darstellungsform gedacht, deshalb dürfen die Atlastafeln nicht – einem Kunstwerk gleich – rein ästhetisch rezipiert werden. Von der elementaren Verbindung zwischen den Bildern und den Textbeiträgen zeugt die von Warburg konzipierte und postum 1930 eröffnete Ausstellung „Bildersammlung zur Geschichte von Sternglaube und Sternkunde" im Hamburger Planetarium. Vgl. Kat. Ausst. Aby Warburg. Bildersammlung zur Geschichte von Sternglaube und Sternkunde im Hamburger Planetarium, Hamburg 1993, hg. von Fleckner, Uwe /Galitz, Robert / Naber, Claudia / Nöldeke, Herwart, Hamburg.

Filmkultur – Prozesse medialer Bezugnahme und kultureller Zirkulation 79

Abbildung 11: Warburg, Aby (1929): *Mnemosyne Atlas*. Tafel 42. © The Warburg Institute London

sich entlang der Wanderwege bestimmter Ausdrucksweisen und ihrer visuellen Ausprägungen und vertiefte so seine Theorie zum sozialen Gedächtnis. Er entdeckte Ausdrucksformen, die „dem Gedächtnis [...] in solcher Intensität eingehämmert [wurden], dass diese Engramme leidenschaftlicher Erfahrung als gedächtnisbewahrtes Erbgut überleben und vorbildlich den Umriss bestimmen, den die Künstlerhand schafft".[109]

---

109 Warburg, Aby (2010 [1929]): Mnemosyne Einleitung. In: Ders.: Werke in einem Band, S. 629-639, hier S. 631. Zu einer kritischen Reflexion der Gedächtnis-Metapher bei Warburg: vgl. Gombrich, Ernst H. (1995): Aby Warburg und der Evolutionismus des 19. Jahrhunderts. In: Galitz / Reimers (Hrsg.): S. 52-

Mit dieser Vorstellung, dass sich bestimmte Darstellungsformen über lange Zeiträume hinweg verschiedene „Vehikel"[110] für ihre Wanderbewegungen suchen, geht für Aby Warburg die Auffassung einer wie auch immer gearteten Energie einher, die sich immer wieder entlädt und dabei in eine Form kulturell überführt wird. Der amerikanische Literaturwissenschaftler Stephen Greenblatt diskutiert rund 50 Jahre nach Warburg mit dem Forschungsansatz des New Historicism einen vergleichbaren Gedanken. Die Artefakte einer Gesellschaft sind mit sozialer Energie aufgeladen; einem Resonanzkörper gleich, nehmen sie die umgebenden Einflüsse auf und geben sie in modifizierter Form weiter.[111] Jedoch: „We identify *energia* only indirectly, by its effect."[112] Also plädiert auch er für das Sammeln, um indirekt Rückschlüsse ziehen zu können. Dabei zielt seine Zusammenstellung des Angesammelten primär auf die Rekontextualisierung der soziokulturellen Rahmung. Um der „circulation of social energy"[113] nahe zu kommen, fordert Greenblatt eine synchrone Betrachtung der Forschungsgegenstände über die medialen-, gattungs-, genre- und stilspezifischen Grenzen hinaus. Das kulturelle Gewebe ist durchzogen von miteinander verschlungenen, sich überquerenden und verdichteten Fäden an Diskursen und Praxen. Nur über die Kontextualisierung in größere Zusammenhänge wird es möglich, die in Artefakten symbolisch thematisierten sozialen Handlungen, in einem System öffentlicher Bedeutungskontexte zu

---

73, S. 70f; sowie als Gegenpart zu Gombrichs Position vgl. Warnke, Martin (1980b): „Die Leidschaft der Menschheit wird humaner Besitz". In: Hofmann, Werner / Syamken, Georg / Warnke, Martin (Hrsg.): Die Menschenrechte des Auges. Über Aby Warburg, Frankfurt a.M., S. 113-186, hier S. 130ff; und vgl. Kany, Roland (1987): Mnemosyne als Programm. Geschichte, Erinnerung und die Andacht zum Unbedeutenden im Werk von Usener, Warburg und Benjamin, Studien zur deutschen Literatur 93, Tübingen, S. 176. Zu einer ausführlichen Diskussion über die Zusammenhänge zwischen den Standpunkten der Psychologie zu Beginn des 20. Jahrhunderts und Warburgs Forschung vgl. Zumbusch, Cornelia (2004): Wissenschaft in Bildern. Symbole und dialektisches Bild in Aby Warburgs Mnemosyne-Atlas und Walter Benjamins Passagen-Werk, Berlin S. 31-129; und als kurze Zusammenfassung der Diskussion um die verschiedenen Lesarten des Engramms bei Warburg vgl. Rösch, Perdita (2010): Aby Warburg, Paderborn, S. 50ff.

110 Warburg, Aby (2000 [1924-1929]): Der Bilderatlas Mnemosyne. Gesammelte Schriften Bd. II, 1, hg. von Martin Warnke, unter Mitarbeit von Claudia Brink, Berlin, S. 54.

111 Literarische Texte wie die von Shakespeare werden von Greenblatt verstanden als „das Ergebnis ausgedehnter Entlehnungen, kollektiver Tauschprozesse und wechselseitiger Begeisterungen. Sie sind durch die Verschiebung bestimmter Dinge – vor allem der normalen Sprache, aber auch von Metaphern, Zeremonien, Tänzen, Emblemen, Kleidungsstücken, abgegriffenen Geschichten und so weiter – aus einer kulturell abgegrenzten Zone in eine andere entstanden." Greenblatt, Stephen (1990 [1988]): Verhandlungen mit Shakespeare. Innenansichten der englischen Renaissance, aus dem Amerikanischen von R. Cackett, Berlin, S. 12f; vgl. zu Greenblatts Vorgehen und dem New Historicism: Baßler, Moritz (2001 [1995]): Einleitung: New Historicism – Literaturgeschichte als Poetik der Kultur. In: Ders. (Hrsg.): New Historicism. Literaturgeschichte als Poetik der Kultur. Mit Beiträgen von Stephen Greenblatt, Louis Montrose u.a., 2. aktualisierte Auflage, Frankfurt a.M., S. 7-28.

112 Greenblatt, Stephen (1988): Shakespearean Negotiations. The Circulation of Social Energy in Renaissance England, Berkeley / Los Angeles, S. 6.

113 Diese Phrase ist Teil des Titels der amerikanischen Originalausgabe von *Verhandlungen mit Shakespeare. Innenansichten der englischen Renaissance* und auch die Bezeichnung eines Kapitels in dieser Publikation: Greenblatt, Stephen (1988): The Circulation of Social Energy. In: Ders.: Shakespearean Negotiations, S. 1-20, hier S. 6f.

erschließen. „Die beunruhigende Zirkulation von Materialien und Diskursen"[114] kann Wechselwirkungen, Widersprüche, Spannungen, Verweise, Tauschprozesse, Resonanzen oder anderweitige Bezugnahmen erzeugen. Nur über eine erweiterte Quellensituation ist es nach Greenblatt möglich, dem Anspruch der Erschließung eines umfassenden Bedeutungshorizonts des jeweiligen Artefakts nahe zu kommen. Diesem Anspruch, gesellschaftliche Prozesse und Strukturen in ihrer umfangreichen Totalität[115] zu erfassen, gerecht zu werden, kann immer nur bedingt und ausschnitthaft glücken: Wissend um die begrenzten Möglichkeiten, jemals alles erfassen zu können, wird aus der Perspektive des New Historicism für eine mikrohistorische Analyse und den Verzicht auf umfassende Typisierungen historischer Zeiträume plädiert.

Diese Forderungen prägen seit den 1960er Jahren auch sozialgeschichtlich ausgerichtete Forschungsansätze verschiedener Disziplinen.[116] Besonders die Sachanalysen sozialgeschichtlicher Forschungsansätze der deutschen Kunstgeschichte gründen auf einer größtmöglichen Einbeziehung der gesamtgesellschaftlichen Lebenszusammenhänge für den zu beforschenden Ausschnitt aus der vergangen Wirklichkeit. Es gilt auch die verschiedenen Gesetzmäßigkeiten ideologischer, ökonomischer und politischer Verhältnisse zu den ästhetisch wirksamen Aspekten hinzuzuziehen. Umschrieben mit dem Ausdruck „gesellschaftliches Bewusstsein"[117] reflektiert Norbert Schneider den Anspruch, nur mit der Fülle an Quellen eine umfassende Beweisführung zur Konkretisierung der Bedeutungsdimension eines Werks erschließen zu können.

---

114 Greenblatt, Stephen (1995 [1990]): Grundzüge einer Poetik der Kultur. In: Ders.: Schmutzige Riten, Frankfurt a.M., S. 107-122, S. 121.

115 Mit diesem Ansatz soll der Anspruch nach Totalität relativiert und ein positivistisches Geschichtsbild mit einer Neigung zu abstrahierenden Generalisierungen vermieden werden. „Anstatt nach Kohärenz stiftenden historischen Mustern zu streben", wird sich mit diesem Ansatz laut Michael Basseler „dem je Besonderen, das sich nicht ohne Weiteres in eine kohärente Geschichte eingliedern lässt, aber dennoch neue Einblicke in die historische Komplexität einer Kultur erlaubt", gewidmet. Vgl. Basseler, Michael (2010): Methoden des New Historicism und der Kulturpoetik. In: Nünning, Vera / Nünning, Ansgar / Bauder-Begerow, Irina (Hrsg.): Methoden der literatur- und kulturwissenschaftlichen Textanalyse. Ansätze – Grundlagen – Modellanalysen, Stuttgart / Weimar, S. 225-249, hier S. 226.

116 Zu sozialgeschichtlicher Forschung vgl. beispielsweise den Reader zur Bielefelder Sozialgeschichte mit den wichtigsten Texten und den Kommentaren ihrer Kritiker: Hitzer, Bettina / Welskopp, Thomas (2010) (Hrsg.): Die Bielefelder Sozialgeschichte. Klassische Texte zu einem geschichtswissenschaftlichen Programm und seinen Kontroversen, Bielefeld; vgl. auch Schulze, Winfried (1994) (Hrsg.): Sozialgeschichte, Alltagsgeschichte, Mikro-Historie. Eine Diskussion, Göttingen; Maeder, Pascal / Lüthi, Barbara / Mergel, Thomas (2012) (Hrsg.): Wozu noch Sozialgeschichte? Eine Disziplin im Umbruch. Festschrift für Josef Mooser zum 65. Geburtstag, Göttingen; Huber, Martin (2010): Methoden sozialgeschichtlicher und gesellschaftsgeschichtlicher Ansätze. In: Nünning, Vera / Nünning, Ansgar / Bauder-Begerow, Irina (Hrsg.): Methoden der literatur- und kulturwissenschaftlichen Textanalyse. Ansätze – Grundlagen – Modellanalysen, Stuttgart / Weimar, S. 201-223.

117 Schneider, Norbert (1993): Jan Vermeer 1632-1675. Verhüllung der Gefühle, Köln, S. 27ff.

Atlas zum Thema Pietà

Atlas I: Meister der Pietà Röttgen (um 1300): *Pietà Röttgen*, Landesmuseum Bonn.
Atlas II: Buonarroti, Michelangelo (1497-1499): *Pietà*, Petersdom Rom.
Atlas III: Anonym (um 1320): *Naumburger Pietà*, Domschatz Naumburg.
Atlas IV: Quarton, Enguerrand (um 1455): *Pietà de Villeneuve*, Öl auf Holz, 163 x 218.5 cm, Louvre Paris.
Atlas V: Kollwitz, Käthe (1993 eingeweiht [1937-39]): *Pietà*, vierfach vergrößerte Kopie von Harald Haacke, Bronzeplastik, Zentrale Gedenkstätte der Bundesrepublik Deutschland für die Opfer von Krieg und Gewaltherrschaft, Neue Wache, Berlin.
Atlas VI: 75. Jahrestag des Endes des Zweiten Weltkrieges in Europa - Kranzniederlegung in der Neuen Wache.
Atlas VII: *Die Brücke*, Regie: Bernhard Wicki, Drehbuch: Bernhard Wicki, Michael Mansfeld, Karl Wilhelm Vivier, Deutschland 1959. TC: 01:15:11.
Atlas VIII: *Die Brücke* TC: 01:15:16.
Atlas IX: *Im Westen nichts Neues* [All Quiet on the Western Front], Regie: Lewis Milestone, Drehbuch: Maxwell Anderson, George Abbott, Del Andrews, USA 1930, TC: 01:20:42.
Atlas X: *Black Hawk down*, Regie: Ridley Scott, Drehbuch: Ken Nolan, USA 2001, TC: 02:05:50.
Atlas XI: *Forrest Gump*, Regie: Robert Zemeckis, Drehbuch: Eric Roth, USA 1994, TC: 00:55:52.
Atlas XII: *Die Brücke von Arnheim* [A Bridge Too Far], Regie: Richard Attenborough, Drehbuch: William Goldman, Vereintes Königreich / USA 1977, TC: 02:02:09.
Atlas XIII: *Black Hawk down*, TC: 00:50:25.
Atlas XIV: *Hitlerjunge Quex - Ein Film vom Opfergeist der deutschen Jugend*, Regie: Hans Steinhoff, Drehbuch: Karl Aloys Schenzinger, Bobby E. Lüthge, Deutschland 1933, TC: 01:30:49.
Atlas XV: Breker, Arno (1940): *Kameraden*, Gipsmodell. Der Gipsentwurf sollte als Vorlage für ein zehn Meter hohes Relief auf dem nicht umgesetzten Berliner Triumphbogen dienen, der Teil von der geplanten Welthauptstadt Germania sein sollte. Welche (Um-)Deutung der Pietà-Symbolik die Propaganda der Nationalsozialisten in Kriegszeiten vorsah, zeigt zudem eine zeitgenössische Rezension zum Reliefentwurf: „Geschehnisse und Einzelleistungen, die täglich im Kampf tausendfach sich vollziehen und gemeistert werden" seien so in dem Pietà Relief zusammengefasst, „daß der ihnen zugrunde liegenden Haltung des heroischen Willens und der Opferbereitschaft Gestalt gegeben wird." Es wird der Symbolik sogar eine zeitenübergreifende sinn- und gemeinschaftsstiftende Bedeutung zugeschrieben, indem sie nicht nur die aktuellen, „sondern alle Schicksalskämpfe umfassen, in denen nordisches oder germanisches Blut um den Bestand des Abendlandes kämpfte und in denen (...) gleiche Anschauungen und gleiche Haltung Kampf und Sieg bestimmten." Rittich, Werner (1942): Symbole großer Zeit - Zu dem Reliefwerk von Arno Breker. In: Kunst im Deutschen Reich, 6. Jg., Folge 1, Januar 1942, München, S. 3. Diese Lesart der NS-Kunstberichterstattung wurde nicht propagandistisch konstruiert, sondern findet sich so auch in dem

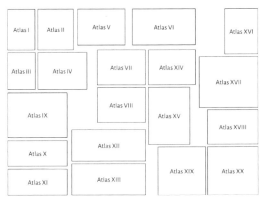

von Breker angelegt Entwurf wieder, da er keine trauervolle Klageszene, wie in der ursprünglichen Pietàdarstellung, zeigt. Durch die von Hass und Wut geprägte Mimik des hinteren Soldaten wird seine Pietà zu einer Aufforderung als heldenhafter Krieger unerschütterlich den Kampf weiterzuführen und nicht im Angesicht des eigenen Todes aufzugeben und davonzulaufen. Vgl. Hümme, Heike (2005): Künstlerischer Opportunismus in der Malerei und Plastik des Dritten Reiches. Braunschweig, S. 75f.

Atlas XVI, XVII: Goodacre, Glenna (1993): *Vietnam Women's Memorial*, Bronzeplastik, National Mall Washington DC. Das Vietnam Woman's Memorial wurde 1993 als Teil des Vietnam Veteran Memorials in der National Mall in Washington eingeweiht. Es ist den etwa 11.000 Frauen gewidmet, die während des Krieges in Vietnam als Teil des US-Militärs stationiert waren. Etwa 90% der Frauen waren dort als Krankenschwestern im Dienst. Vgl: Vietnam Woman's Memorial Foundation: http://www.vietnamwomensmemorial.org/history.php. Goodacres ursprünglicher Entwurf sah zwei Pietà-Darstellungen vor. Neben der Darstellung des Toten männlichen Soldaten auf dem Schoß einer der drei Frauen (Atlas XVII) sollte die am Boden kniende Frau ein verletztes vietnamesisches Baby halten. Diese wirkmächtige Darstellung wurde von den Initiatoren des Denkmals als ein zu starkes politisches Zeichen angesehen und die Künstlerin wurde gebeten, diesen Teil des Werkes umzugestalten. Sie ersetzte daraufhin das Baby durch einen militärischen Gefechtshelm (Atlas XVI). Vgl: Troth Lippman, Doris (2010): Removing the Cloak of Invisibility: The Vietnam Women's Memorial. In: Sacred Heart University Review: Vol. 15 : Issue 1, Fairfield, S. 3-15, hier S. 13.

Atlas XVIII: Aranda, Samuel (2011): *Ohne Titel*, aus der Serie *Yemen, Fighting for change*, digitale Fotografie.

Atlas XIX: Alkadhi, Ayad (2010): *Pietà II* aus der Serie *Widow Nation*, Mixed Media auf Leinwand, 183x183cm.

Atlas XX: Diab, Oussama (2012): *New Pietà* aus der Serie *In the Name of Freedom*, Mixed Media auf Leinwand, 185x200cm.

Die Fotografie (Atlas XVIII) zeigt den auf einer Demonstration in Sanna im Jemen durch Tränengas verwundeten Zayed al-Qaws in den Armen seiner Mutter Fatima. Die Prämierung der Fotografie mit dem *World Press Photo Award* im Februar 2012 wurde aufgrund der formalen Gestaltung kontrovers diskutiert, da sie einer klassischen Pietà entspricht. Bei der ersten Veröffentlichung als Begleitbild eines Artikels über Drohnenangriffe im Jemen in der New York Times (Kasinof, Laura (2011): Strikes Hit Yemen as Violence Escalates in Capital, The New York Times, 15. Oktober) wurde der Entstehungskontext des Bildes außer Acht gelassen: Hier fehlte eine erklärende Bildunterschrift, die deutlich machte, dass dieses Bild in keinem Zusammenhang mit dem thematisierten Drohnenangriff stand. Aus Sicherheitsgründen wurde auch der Name des Fotografen nicht genannt. Dies führte zu dem Problem, dass die aufgegriffene Symbolik der Pietà zu Interpretationen führte, bei denen den beiden abgebildeten Personen eine Opferrolle zugeschrieben wurde, da den Betrachtenden der Kontext fehlte, der für eine moralisch-kritische Einordnung der Personen nötig gewesen wäre. Vgl. Jurich, Joscelyn (2013): What do Subjects want? In: Afterimage. Volume 40, Issue 5, Oakland, S. 6-10. Der Politikwissenschaftler James Johnson nennt noch ein weiteres Problemfeld, das sich durch die christliche Ikonografie im Kontext des arabischen Frühlings ergibt. Für ihn assimiliert sich die „stereotypical burka-clad woman to deeply Christian iconography. We don't even get universal humanism here. We here in the west are encouraged not to appreciate the realities and particularities of another world. Instead we are encouraged to see others as essentially just like, we Christians'." Johnson, James (2012): Uses of the Pietà - Criticisms of World Press Photo Award. http://politicstheoryphotography.blogspot.com/2012/02/uses-of-pieta-criticisms-of-world-press.html. (24.05.2020)

Die Beobachtung Johnsons lassen sich auch auf die Arbeiten von zwei Künstlern aus dem islamischen Kulturkreis übertragen. Sie wenden das Motiv der Pietà auf Kriegs- und Leidenssituationen in Palästina und dem Irak an, um gezielt in der westlichen Welt Aufmerksamkeit und Irritation zu erzeugen. Der aus Palästina stammende Oussama Diab greift für sein Werk *New Pietà* (Atlas XX) auf die Pietà von Michelangelo zurück und ergänzt sie, in dem er Jesus durch das Keffiyah als palästinensischen Rebellen darstellt. Das christliche Leidenssymbol in Kombination mit dieser Kopfbedeckung aus dem arabischen Raum, die zum palästinensischen Nationalsymbol wurde, wählte Diab mit der Absicht, das Leiden der Palästinenser gerade der christlich geprägten Welt näher bringen zu können: „Every day there's a new Jesus Christ in Palestine. Every day there's a new Mother Mary crying for her Jesus Christ." https://edition.cnn.com/2012/09/27/middleeast/gallery/palestinian-syrian-artist-oussama-diab/index.html (24.05.2020)

Ayad Alkadhi verwendet neben weiteren christlichen Symbolen für die Leiden Christi auch die Pietà-Darstellung (Atlas XIX). In seiner Serie *Widow Nation* zeigt er die Probleme der ca. 1,5 Millionen Kriegswitwen im Irak auf. Durch die aus dem Tod der Ehemänner oftmals resultierende Verarmung und die psychischen Probleme würden die Wunden des Krieges seit 40 Jahren von Generation zu Generation weitergegeben und für anhaltende Desillusionierung sorgen, wodurch der (Bürger-)Krieg weiter angefeuert wird. Vgl. http://aalkadhi.com/content/widow_nation/ (24.05.2020).

Verwandtschaftsverhältnisse filmischer Darstellungen

In Anlehnung an Warburgs Vorgehen kann mithilfe von Atlanten auch den verschiedenen Bezugshorizonten von Filmen nachgegangen werden. Neben dem Einzelbild und den darin enthaltenen visuellen Elementen können die verschiedenen filmischen Mittel – wie Ton, Kameraeinstellung und -perspektive, Licht und mise-en-scène, Schnitt und Montage – den Ausgangspunkt für die Zusammenstellung von Atlanten bilden.[118] Dieses Vorgehen wird zwar die medialen Grenzen der historischen Atlastafeln von Warburg überschreiten, weil Ton und Bewegtbild die Dimension der Zeit beinhalten, aber im Sinne einer vergleichenden Analyse der Beschaffenheit des Films lassen sich auf diese Weise die kulturellen Verwandtschaftsverhältnisse ergründen – ganz so wie es Warburg für seine Zeit vollzogen hat.[119]

Da Rezeptionsvorgänge und die damit in Verbindung stehenden Prozesse von Sozialisation, Erziehung und Bildung nicht konkret beobachtbar und nur indirekt und dann auch nur in Teilen rekonstruierbar sind, kann eine Untersuchung des Films mithilfe des Atlas nur die darin angelegten Optionen der Beschäftigung erschließen: Welche filmischen und außerfilmischen Bezugs- und Erwartungshorizonte sind im jeweiligen Film nachweisbar und liegen als Potential für Aushandlungsprozesse bereit? Mit der Erstellung eines Atlas lässt sich sodann der Frage nachgehen, welche Schichtungen, Sedimentierungen, Migrationskontexte von ästhetischen (bzw. aisthetischen) Formen und ihren Bedeutungsdimensionen lassen sich im jeweiligen Film nachweisen und welches Potential bietet der Film unter diesen Vorzeichen für eine Auseinandersetzung.

Ende April 1945: Im Film *Die Brücke* (1959)[120] werden die letzten Wochen des Zweiten Weltkriegs thematisiert. Nicht an der Front oder in den umkämpften Großstädten, sondern in einer deutschen Kleinstadt ist die Filmhandlung angelegt. Sieben jugendliche Gymnasiasten werden in dieser letzten Phase des Krieges eingezogen – zu jung und unausgebildet müssen sie die Brücke ihrer Heimatstadt gegen die vorrückende US-Armee verteidigen. Als durch einen Tiefflieger der erste von ihnen stirbt, wird über mehrere Kameraeinstellungen hinweg das Entsetzen über den Tod des Freundes thematisiert. Klaus hält den toten Sigi in seinen Armen; Bestürzung und Wut überkommen zuerst ihn und dann die ganze Gruppe (Abbildungen 12a,b und Atlas VII, VIII).

Es galt diesen ersten Tod unter den sieben Freunden so zu präsentieren, dass mit nur wenigen Einstellungen das Leid und die Anteilnahme daran ausgedrückt werden konnte. Somit wurde auch hier das jahrhundertealte und im Genre des Kriegsfilms

---

118 Vgl. den Ansatz von Engell und Wendler zur „kinematografischen Motivforschung" im Anschluss an Aby Warburg: Wendler, André / Engell, Lorenz (2009): Medienwissenschaft der Motive. In: Zeitschrift für Medienwissenschaft 1/2009, S. 38-49; und Engell, Lorenz / Wendler, André (2011): Motiv und Geschichte. In: Rabbiteye. Zeitschrift für Filmforschung, 003/2011, S. 24-40.

119 Vgl. für das sozialwissenschaftlich relevante Vorgehen in Anlehnung an Warburgs Ansatz auch Hübscher, Sarah / Neuendank, Elvira (2018): Learning from Warburg. Der Bilderatlas als Erkenntnis-, Darstellungs- und Vermittlungsinstrument. In: Zeitschrift für Pädagogik, Jahrgang 64 / Heft 3, S. 307-324.

120 *Die Brücke*, Regie: Bernhard Wicki, Drehbuch: Bernhard Wicki, Michael Mansfeld, Karl-Wilhelm Vivier, Deutschland 1959.

Abbildung 12a: *Die Brücke* TC: 01:15:11.   Abbildung 12b: *Die Brücke* TC: 01:15:16.

etablierte Motiv der Pietà gewählt, das auf die Darstellung Marias mit dem toten, vom Kreuz abgenommenen Christus auf ihrem Schoß zurückgeht.

Ab dem 14. Jahrhundert ist die Pietà besonders im Medium der Skulptur und des Tafelbildes in Europa weit verbreitet. Zur häuslichen Andacht wurde es auch in vereinfachter Form und in kleinem Format in Steinguss, Ton oder Leder ausgeführt. Die Mutter trauert um ihren Sohn. Sein Körper ist gekennzeichnet von den Strapazen, Schmerzen und den Todesqualen am Kreuz. (Atlas I-IV) Die Bereitschaft Christi, sich auf diese Weise für die Menschheit geopfert zu haben, soll Mitleid erregen und das Ausmaß des Erlösungswerks verdeutlichen. In der emotionalen Anteilnahme an dem Leid Christi und der Trauer Marias, soll dem andächtigen Menschen Heil zukommen. Maria demonstriert, wie die Zuwendung zu Jesus sein soll: Leid und Trauer empfindend. Beide – Mutter und Sohn – mussten im Gehorsam gegenüber Gott dieses Opfer für die Menschheit erbringen, um sie dadurch von den Sünden zu befreien – so die christliche Glaubenslehre.[121]

Im körperlichen Ausdruck einer Pietà ist die Geste des Haltens und Beweinens und zugleich auch die des Präsentierens für die Betrachtenden vereint. Im Genre der (Anti-)Kriegsfilme ist diese komplexe Darstellungsweise aus Nähe und Anteilnahme, Hervorheben und Zeigen weit verbreitet (Atlas IX-XIII). Es wird thematisiert, wie die Form der letzten Begegnung stattfinden kann und warum der Tod eintreten musste: Neben der Verhaltensweise der trauernden, verzweifelten Hinwendung zum Sterbenden oder Toten, soll dem Tod im Krieg – wie einst in der christlichen Erlösungsgeschichte – eine Bedeutung zukommen. Der Soldat als Opfer des Krieges steht damit in einer ikonographischen Verbindung zur Opferung Christi für die Menschheit.[122]

In der deutschen Sprache hat der Begriff *Opfer* zwei Bedeutungen. Neben dem freiwilligen Selbstopfer (engl. sacrifice) gibt es das ohnmächtige Erdulden (engl. victim): Auf der einen Seite ein aktives Opfern im Sinne eines Martyriums als Held und auf der anderen Seite ein passives Opfern, das ohne eigenes opferbereites Zutun erfolgt, wie es beispielsweise bei Genoziden der Fall ist.

Im Film *Die Brücke* werden keine Kriegshelden präsentiert, sondern nur Leidensopfer. Von den sieben Jugendlichen überlebt nur Albert schwer traumatisiert die

---

121   Vgl. Walter, Gerhard (1994): Vesperbild. In: Lexikon der Kunst, Bd. 7, Leipzig, S. 615-616.
122   Vgl. allgemein zum Pietà-Motive im Zusammenhang mit dem Gedenken an den Tod im Krieg: Probst, Volker G. (1986): Bilder vom Tod. Eine Studie zum dt. Kriegerdenkmal in der Weimarer Republik am Beispiel des Pietà-Motivs und seiner profanen Varianten, Hamburg.

Abbildung 13a: *Die Brücke* TC: 01:15:11.   Abbildung 13b: *Die Brücke* TC: 01:15:16.

Kriegshandlungen. Das ganze verheerende Ausmaß der kurzen Kampfsequenz um die Brücke zeigend, endet der Film mit einer apokalyptischen Aufnahme von dem Schlachtfeld, das Albert fassungslos – vom Geschehen zutiefst verstört – verlässt (Abbildungen 13a,b). Hier geht niemand als Held aus dem Krieg hervor – auch nicht die Getöteten. Dabei ist der „Paradigmenwechsel von der Heroisierung zur Viktimisierung"[123] laut Martin Sabrow „kein deutscher, sondern ein europäischer, präziser: ein okzidentaler Trend"[124], der sich insbesondere im 20. Jahrhundert vollzog. Sabrow verdeutlicht 2012, dass bereits vor 1945 ein Opferdiskurs in Deutschland präsent war – besonders im Hinblick auf die eingeforderte Opferbereitschaft im Krieg:

> „Bei näherem Hinsehen aber zeigt sich, dass mit dem Helden spätestens seit 1918 immer auch das Opfer gemeint war. Vor die rettende und erlösende Heldengestalt, die sich vor anderen auszeichnete, schob sich das Bild des Helden, dessen Größe sich aus einer Opferbereitschaft ergibt."[125]

Diese von Sabrow beschriebene Art der „Amalgamierung von Held und Opfer"[126] findet sich dann auch in der nationalsozialistischen Vorstellung von der Aufopferung für das Volk (Atlas XIV). Besonders vom Soldaten wurde die Bereitschaft zum Märtyrertod erwartet (Atlas XV). Die „semantische Verschiebung vom heroischen zum leidenden Opfer"[127] vollzog sich in Westdeutschland laut Sabrow in der Zeit der Konfrontation des Tätervolks mit den Taten nach Ende des zweiten Weltkriegs. Denn bis 1945 wurde mit dem Opferbegriff ein aktives Opfer verstanden: Ein Soldat opfert sich für seine Nation.

> „Den Übergang vom *sacrifice* zum *victime* brachte in Deutschland 1945 erst die ‚Stunde Null' mit der oft als Selbstviktimisierung beschriebenen Haltung der Nachkriegsdeutschen, die sich als Opfer inszenierten und die eigene Verstrickung hinter der Selbst-

---

123 Sabrow (2012): S. 46.

124 Ebd. S. 42f.

125 Sabrow nennt hier unter anderem die Beispiele vom Langenmarck-Mythos (1914), von der Dolchstoßlegende (1919) und die Kriegspropaganda um das Ende der 6. Arme vor Stalingrad 1943. Sabrow (2012): S. 51.

126 Sabrow (2012): S. 51.

127 Ebd. S. 52.

wahrnehmung als Opfer brauner Verführung, angloamerikanischer Bombardierung und sowjetischer Siegerwillkür verschwinden ließen."¹²⁸

Diese Transformation des Opferbegriffs, die Sabrow hier beschreibt, analysiert Reinhart Koselleck 1999 als eine schleichende Umdeutung, die sich vermehrt seit den 1950er Jahren vollzog und dabei auf keiner wissentlichen Steuerung von politischer oder wissenschaftlicher Seite her basierte:

> „Der Opferbegriff wird passiv, und plötzlich sind dieselben Leute nur noch durch den Faschismus zum Opfer geworden, während sie sich vorher aktiv für Deutschland geopfert hatten. [...] Heute sind alle Opfer des Nationalsozialismus – was natürlich mit der Wirklichkeit des Dritten Reichs nichts zu tun hat."¹²⁹

Ein Wandel, der sich laut Koselleck auch in der Thematisierung der Kapitulation der Wehrmacht, die das Ende des Zweiten Weltkriegs für Deutschland bedeutete, abzeichnet. Einst als Niederlage besiegelt, wird dieser Tag heute als Tag der Befreiung erinnert – Befreiung *aller* von dem nationalsozialistischen Regime. Damit erfolgte auch hier die Fokussierung auf eine Opferperspektive. Doch in dieser Perspektive sieht Koselleck gerade für die „Generation der Täter und Mittäter, der Mitläufer und Mitleider, der so oder so Beteiligten" aber eine Gefahr: Denn

> „wenn man jetzt die Befreiung für alle Deutschen beansprucht, dann liegt dahinter eine Identifikation mit den Ermordeten, die die Überlebenden sich selbst ansinnen, indem sie sich identifizieren mit den Ermordeten. Damit wird die wirkliche Täterschaft, die ja indiziert ist durch die Vernichtung von Millionen Juden und anderer Völkergruppen, theoretisch ausgeklammert: Wenn alle Opfer sind, gibt's keine Täter mehr."¹³⁰

Auch die Jugendlichen in *Die Brücke* werden als Leidensopfer inszeniert. Ihre Kriegsbegeisterung wird gemäß ihrem Alter als unbedarft und naiv präsentiert. Durch sie werden hier stellvertretend die sogenannten Flakhelfer-Jahrgänge – 1926 bis 1928 geboren – thematisiert, deren Sozialisation einzig unter den Vorzeichen der nationalsozialistischen Ideologie stattfand und die dabei in der Regel in recht festen Strukturen politisiert wurden. Einige von ihnen wurden mit dem Ziel der Luftwaffenabwehr ab 1943 im Alter von 15-17 Jahren eingezogen.¹³¹

---

128   Sabrow bezieht sich hier auf den lateinischen Wortursprung *sacrificium* und *victima* und leitet davon die französischen Begriffe *sacrifice* und *victime* Ebd. S. 52. Hervorhebung im Original. Zu den Bedeutungsdimensionen der historischen Metapher *Stunde Null* vgl. ebenfalls Sabrow, Martin (2020): Die „Stunde Null" als Zeiterfahrung. In: Aus Politik und Zeitgeschichte. 1945, 70. Jg., 4-5/2020, S. 31-38.

129   Koselleck (1999): S. 215.

130   Ebd. S. 216.

131   „Es war die Zufälligkeit des Jahrgangs, die den Einzelnen so oder so in das historische Geschehen verwickelte und ihn so oder so schuldig werden ließ. Für die 1924 Geborenen gelten andere Maßstäbe als für die 1927 Geborenen und noch andere für die 1930 Geborenen. Es ist ein Altersabstand von drei Jahren, der die ersten zur schuldigen Generation der jungen Soldaten, die zweite zur ‚skeptischen Generation' der Flakhelfer und die dritte zur ‚unbefangenen Generation' der ‚weißen Jahrgänge' schlägt." Vgl. Bude, Heinz (1992): Bilanz der Nachfolge. Die Bundesrepublik und der Nationalsozialismus, Frankfurt a.M., S. 81; vgl. zu dieser Generation eine aktuelle Perspektive: Hodenberg,

Der Krieg bedeutet für die Jugendlichen im Film ein großes Abenteuer, an dem Viele vor ihnen schon teilnehmen durften und dessen Hergang sie den glorreichen Erzählungen der nationalsozialistischen Kriegspropaganda entnommen haben. Sie werden also schon vor Eintritt in die Kriegshandlungen als Opfer des nationalsozialistischen Regimes dargestellt. Ihr Wille zum Gehorsam, zum Kampf und zum Töten wird als Folge des nationalsozialistischen Kriegswahns gezeigt. Damit wurde auch in diesem Film – mit Sabrow (2012) gesprochen – auf das „Schreckenssymbol des Verführungs- und Führungsopfers" gesetzt, das zur vorherrschenden Vorstellung einer „Selbstviktimisierung der Nachkriegszeit" passt.[132] Die Darstellungen in diesem Filmprojekt ist nicht auf eine Begeisterung für den Krieg zurückzuführen, sondern – wie Sabrow es für die Nachkriegszeit herausstellt – „auf die apokalyptische Dimension des Kriegsgrauens, die Ausweglosigkeit des Leidens des ‚kleinen Mannes' und die verbrecherische Haltung der politischen und militärischen Führung",[133] die auch hier thematisiert wird. Dem Pietà-Motiv allein ist die Ausrichtung der Opferperspektive nicht zu entnehmen. Auch wenn dieses Motiv der christlichen Heilsgeschichte zufolge im Kontext eines heldenhaften Märtyrertods steht, findet sich das Nachleben dieses Motivs – wie im Film *Die Brücke* – auch in der Bedeutung eines Leidesopfers im Sinne eines passiven Opfers wieder. Erst über den jeweiligen narrativen, symbolischen und gesellschaftlichen Kontext des Motivs kann die Ausrichtung der Opferperspektive erschlossen werden.

Auch der Film *Die Brücke* gründet auf dem Wunsch, „sich generell den Opfern von Krieg, Ausbeutung und Unrecht nahe" zu fühlen, „während die Täter und ihre Taten anonymisiert und pauschal verurteilt werden"[134], wie es Ulrike Jureit 2012 für eine opferzentrierte Perspektive beschreibt:

> „Opferidentifiziertes Erinnern ist keineswegs in diesem Sinne eindimensional, sondern produziert vielmehr eine spezifische Sicht auf Täterschaften – eine Sicht, die zur Generalisierung tendiert, die dazu neigt, mentale Täterkollektive zu konstruieren und die NS-Täter häufig als sadistisch, triebgesteuert oder sonst wie pathologisch auffällige Überzeugungstäter dämonisiert."[135]

Von Ambivalenzen bereinigt wird auch in *Die Brücke* eine Gemeinschaft wiedergegeben, in der deutlich zwischen den Zivilisten und Wehrmachtsangehörigen auf der einen Seite und den schuldigen Nationalsozialisten – beispielsweise als SS-Angehörige – auf der anderen Seite unterschieden wird. Die Nationalsozialisten werden als bösartig inszeniert und als pauschal Schuldige vom Rest der Gemeinschaft abgesondert. Damit

---

Christina von (2020): Zur Generation der 45er. Stärken und Schwächen eines Deutungsmusters. In: Aus Politik und Zeitgeschichte, 70. Jg., 4-5/2020, S. 4-9.

132 Sabrow (2012): S. 53.
133 Sabrow diskutiert die Selbstviktimisierung am Beispiel der Thematisierung der Kriegsereignisse in Stalingrad in der Bundesrepublik der Nachkriegszeit. Sabrow (2012): S. 53.
134 Jureit, Ulrike (2012): Normative Verunsicherungen. Die Besichtigung einer erinnerungspolitischen Zäsur. In: Fröhlich, Magrit / Jureit, Ulrike / Schneider, Christian (Hrsg.): Das Unbehagen an der Erinnerung – Wandlungsprozesse im Gedenken an den Holocaust, Frankfurt a.M., S. 21-36, hier S. 30.
135 Jureit (2012): S. 30.

reiht sich dieser Film in eine Perspektive ein, die laut Jureit bis in die 1990er Jahr hinein dominierte und darüber hinaus bis in unsere Gegenwart hineinwirkt.[136]

Bis in die 1970er Jahre hinein analysiert Sabrow die Opferperspektive des Tätervolks der Deutschen überwiegend auf die „eigenen Opferschicksale als Kriegsgefangene, als Heimatvertriebene, als politisch Verführte und materiell Beraubte" gerichtet.[137] Auch in *Die Brücke* findet sich die von Erik Franzen 2003 beschriebene „Gemeinschaft von Opfern"[138], die sich von den Perspektiven der deutschen Erinnerungskultur zu Beginn des 21. Jahrhunderts deutlich unterscheidet.[139] Von hieraus ist es noch ein weiter Weg zur Solidarisierung mit den Opfern der nationalsozialistischen Verbrechen. Die Aufmerksamkeit für das Schicksal der verfolgten Gruppen der Juden, Sinti und Roma, Homosexuellen, politisch Andersdenkenden, Menschen mit Behinderung, religiös Verfolgten und von den Nationalsozialisten anderweitig abgewerteten Personengruppen setzte sich erst ab den 70er Jahren durch. Denn für den Übergang zur heutigen Form des opferzentrierten Erinnerns an die Ereignisse war eine Auseinandersetzung mit der eigenen Schuld an den Verbrechen erforderlich.[140] Damit folgt auf die opferzentrierte Perspektive der Nachkriegszeit eine weitere Opferperspektive. Trotz der Diskontinuität in der Fokussierung auf die jeweiligen Opfergruppen bleibt die Kontinuität in der Ausrichtung auf eine „opferzentrierte Erinnerungskultur"[141], wie Ulrike Jureit und Christian Schneider sie 2010 für Deutschland kritisch diskutieren. Den Grund für diese Ausrichtung sehen Jureit und Schneider in einer Entlastungsfunktion: Denn spannungsreiche Ambivalenzen werden gemieden und durch die Abgrenzung und Abwehr von Taten und den Tätern und Täterinnen[142] besteht ein „Zugehörigkeitsangebot" zu den „Guten der Geschichte" zu gehören.[143] Doch damit ohne jedwede Einschränkung Unrecht und Schuld benannt werden, müssten beide Seiten – die der Opfer- und der Täterschaft – ausgeführt werden.

---

136 Jureit (2012): S. 30ff; vgl. hierzu auch Schilling, René (1999): Die „Helden der Wehrmacht" – Konstruktion und Rezeption. In: Müller, Rolf-Dieter / Volkmann, Hans-Erich (Hrsg.): Die Wehrmacht. Mythos und Realität, München, S. 550-572. Vgl. dazu auch die Debatten in Reaktion auf die Wehrmachtsausstellungen ab den 1990er Jahren, wie in Anm. 244, S. 58 angeführt. Ulrike Jureit selbst war als wissenschaftliche Mitarbeiterin an der Entstehung der Ausstellung *Verbrechen der Wehrmacht. Dimensionen des Vernichtungskrieges 1941-1944* beteiligt. Vgl. hierzu Jureit, Ulrike (2004): „Zeigen heißt verschweigen". Die Ausstellungen über die Verbrechen der Wehrmacht. In: Mittelweg 36, 13/1, S. 3-27.

137 Sabrow (2012): S. 46.

138 Franzen, K. Erik (2003): In der neuen Mitte der Erinnerung. Anmerkungen zur Funktion eines Opferdiskurses. In: Zeitschrift für Geschichtswissenschaft, 51, S. 49-53, hier. S. 49.

139 „Wer den Blick aus der Gegenwart zurück auf die 1950er und 1960er Jahre richtet", wird laut Classen (2004) erkennen, dass „die Selbstwahrnehmung als Opfer von Krieg und Nationalsozialismus in den 1950er Jahren und zum Teil darüber hinaus eines der hervorstechenden Merkmale des deutschen Nachkriegsdiskurses" ist. Classen, Christoph (2004): Back to the fifties? Die NS-Vergangenheit als nationaler Opfermythos im frühen Fernsehen der Bundesrepublik. In: Zeitgeschichte-online https://zeitgeschichte-online.de/themen/back-fifties (20.02.2020)

140 Sabrow (2012): S. 46ff.

141 Jureit, Ulrike / Schneider, Christian (2010): Gefühlte Opfer. Illusionen der Vergangenheitsbewältigung, Stuttgart, S. 10.

142 Zum Gender der tatbeteiligten Personen vgl. S. 8.

143 Ebd. S. 30.

Durch die Identifikation mit den Opfern wird die Fokussierung auf eine mögliche Verwicklung in die Täterschaft bzw. die Nähe zu dem Volk der Täter und Täterinnen gemieden. Jureit spricht hier von der dominanten „Erinnerungsfigur des Gefühlten Opfers", das sie 2010 zusammen mit Christian Schneider entwickelt hat, um den analytischen Zugriff auf diese Form des Geschichtsbezug zu forcieren: Somit „zielt die Erinnerungsfigur des Gefühlten Opfers darauf, die vermutlich notwendige, aber letztlich entlastende Funktion des opferzentrierten Erinnerns zu historisieren und ihre Verleugnungsanteile sichtbar zu machen"– so heißt es in einer Rekapitulation ihres eigenen Ansatzes 2012.[144] Als Beispiel dafür kann die spannungsreiche Debatte um die Neuausrichtung der Neuen Wache als gesamtdeutsche Erinnerungsstätte an die beiden Weltkriege und den Nationalsozialismus dienen.[145]

Ende 1993 der Öffentlichkeit übergeben, befindet sich im Innenraum der *Neuen Wache* eine Pietà-Darstellung von Käthe Kollwitz, die die Künstlerin selbst und ihren 1914 gefallenen Sohn zeigt, der freiwillig dem Krieg beigetreten war (Atlas V, VI). Ursprünglich 1937/38 von Kollwitz als eigentlich nur 38cm hohe Bronzefigur angefertigt, wurde es initiiert vom damaligen Bundeskanzler Helmut Kohl nach der Wiedervereinigung Deutschlands für die Neugestaltung der *Neuen Wache* in vierfacher Vergrößerung ausgeführt. Der Historiker Reinhart Koselleck selbst mischte sich vor Fertigstellung der Gedenkstätte in die Debatten um diese Figur ein[146] und diskutiert die Wahl dieses Bildnisses einer um den toten Sohn trauernden Mutter ganz im Sinne der aktuellen „Erinnerungsfigur des Gefühlten Opfers" nach Jureit und Schneider. Er demaskierte und problematisierte die darin konzentrierte Opferperspektive dieser offiziellen Positionierung Deutschlands zu der eigenen Vergangenheit.

In der Wahl Helmut Kohls für diese Darstellung sieht Koselleck 1993 ein Zugeständnis an die konservative Wählerschaft, da mit der Kollwitz-Pietà vor allem die „auf den Soldatentod hin orientierten Kräfte der Gesellschaft" angesprochen werden sollen.[147] Für Koselleck wird mit der Entscheidung für die Inschrift und Skulptur auf eine problematische Weise an Opferdiskursen angeknüpft:

„Und innen steht tatsächlich wieder ‚Den Opfern von Krieg und Gewaltherrschaft'. Fürchterlich! Das ist aber offenbar die bundesrepublikanische Formel, gegen die man nichts mehr ausrichten kann: Sie steht auf allen Friedhöfen, auf allen Denkmälern. Es ist die Verlogenheit der Deutschen, ihre Vergangenheit dadurch nicht zu reflektieren, daß das aktive Opfer mit demselben Wort unterschwellig zum passiven erklärt wird. Die Soldaten, die freiwillig in den Krieg zogen, werden zum Opfer des Faschis-

---

144 Jureit (2012): S. 31.

145 Vgl. zur Nutzungsgeschichte der Neuen Wache und zur Wiedergabe der Debatte um die Errichtung einer gesamtdeutschen Gedenkstätte: Akademie der Künste, Berlin (1993): Streit um die Neue Wache. Zur Gestaltung einer zentralen Gedenkstätte, Konzeption Hans Gerhard Hannesen und Jörg Feßmann, Berlin.

146 „Ich versuchte alles, was ich tun konnte. Ich sprach mit Richard von Weizsäcker, habe über 200 Briefe an alle Partei- und Fraktionsführer, die Kirchenleitung und die Verfolgten-Verbände geschrieben." Koselleck, Reinhart (1993) in einem Interview mit Siegfried Weichelein von der tageszeitung „Mies, mediokar und provinziell", taz 13.11.1993, S. 10.

147 Koselleck (1993): S. 10.

mus. Ambivalenzen werden verschliffen – eine verlogene Form des nichtreflektierten Totengedenkens."[148]

Seine Einschätzung gründet auf einer 20jährige Expertise im internationalen Vergleich von Kriegerdenkmälern.[149] Alle Personengruppen in diesem einen Sinnbild als Opfer zu erinnern birgt nach Koselleck drei wesentliche Probleme: Es sollen so verschiedene Formen des Leids subsumiert werden, die eine derart konkrete Darstellung von einer trauernden Mutter um ihren toten Sohn nicht leisten kann. Ebenso werden durch diese konkrete Darstellung zwei Opfergruppen ausgeschlossen: die Juden und die Frauen.

„Hinter der Trauer um den Leichnam Christi lauern jene seit dem späten Mittelalter bösartig visualisierten Juden, die den Gottessohn ermordet hätten. Und hinter der sichtbar überlebenden Mutter rufen Millionen vernichteter, ermordeter oder vergaster und verschwundener Frauen: Und wer gedenkt unser?"[150]

Hinzu kommt, dass aktive und passive Opfer unausgesprochen zu einer Personengruppe zusammengefasst werden ohne die dramatischen Unterschiede ihres Schicksals zu berücksichtigen:

„Als seien alle gefallenen Deutschen des Zweiten Weltkrieges genauso passive Opfer des Nationalsozialismus wie jene Millionen schuldloser Menschen, die von uns umgebracht worden sind. [...] Aber nun werden sie allesamt als Opfer ein und derselben, der sogenannten Gewaltherrschaft rubriziert: gleicherweise die Täter – denn irgendwer muß wohl die Juden ermordet haben – wie die Opfer, die nur als passive Opfer begriffen werden können. Die Frage, wer hier wen – oder sich – für was geopfert hat oder wer hier warum für wen geopfert worden sei, bleibt unbeantwortet. Die Frage wird gar nicht gestellt."[151]

Statt bei diesem Gedenkort die beunruhigenden und widersprüchlichen Spannungen vergangener Verhältnisse anzubahnen, wurde hier durch ein ruhiges, sentimentales Gedenken die Vergangenheit harmonisiert. Mit dieser Pietà ist eine Darstellungsweise gewählt worden, mit der jegliche Herausforderungen, Ambivalenzen und Offenheit in der Betrachtung fehlen. Die Kollwitz-Pietà stiftet einen leicht zugänglichen Sinn – eine „betuliche Sinnlichkeit" wie Reinhart Koselleck es bezeichnet.

Die Vielfalt an Pietà-Darstellungen (gerade über den nationalsozialistischen Kontext hinaus) verdeutlicht, dass das Interesse für eine Opferperspektive im Zusammenhang mit gegenwärtigen und vergangenen Ereignissen fortwährend virulent bleibt. Denn beständig drängt sich die von Jureit formuliert Frage auf: „Wie eigenen sich

---

148 Ebd. S. 10.
149 Vgl. Koselleck, Reinhart / Jeismann, Michael (1994) (Hrsg.): Der politische Totenkult. Kriegerdenkmäler in der Moderne. Bild und Text, München.
150 Koselleck, Reinhart (1998): Wer darf vergessen werden? Das Holocaust-Mahnmal hierarchisiert die Opfer. Die falsche Ungeduld. In: Die Zeit, 19.März.1998 https://www.zeit.de/1998/13/holocaust.txt.19980319.xml (24.02.2020).
151 Koselleck (1998).

Gesellschaften Vergangenheiten an, die sich nicht positiv in ihr Selbstbild integrieren lassen, die jedoch aus moralischen Gründen in Erinnerung bleiben sollen?"[152] Die Einnahme der Opferperspektive macht es möglich die eigene Geschichte in Form einer Opfererzählung zu reorganisieren, wie das Beispiele des Vietnam Woman's Memorial in Washington DC zeigt (Atlas XVI, XVII). Das Pietà-Motiv gehört über die verschiedenen medialen Formate hinweg zum Repertoire von Leidensdarstellungen und führt – ganz im Sinne Warburgs – ein reges Nachleben (Atlas XVIII-XX).

Zusammenhänge zu außerfilmischen Praxen und Diskursen

Ausgehend von den Ansätzen von Warburg und Greenblatt kann es gelingen, Kultur als einen Prozess des steten Ringens um Symbole, kulturelle Skripte und Praktiken der Vergangenheit und Gegengenwart offenzulegen. Leitend ist dabei die These, dass bestimmte Thematisierungs- und Darstellungsweisen fortwährend in modifizierter Form Einzug in die Kultur finden: Kunst, Literatur, Alltagsgegenstände in all ihren unterschiedlichen (medialen) Ausprägungen sind durchdrungen von Codierungen mit einer langen Geschichte. Auch die entlegensten, alltäglichsten oder selbstverständlichsten Formen einer Kultur gewinnen in der Analyse an Bedeutung, weil sie den (historischen) Kontext erhellen können.

Auch Filme sind Teil des fortwährenden Transfers kultureller Formen und sozialer Praxen, daher sind sie auch von Wertevorstellungen, Handlungspräferenzen, Wahrnehmungs- und Denkmuster einer Kultur geprägt. Aus einer filmsoziologischen Perspektive verweisen Georges Friedmann und Edgar Morin 1952 in ihren Überlegungen zum „Standardfilm" auf die Besonderheit dieses Mediums, gerade die in Kollektiven präsenten Vorstellungen und Wünsche wiedergeben zu können:

> „Auch der Film selbst übernimmt – zu einem Ausmaß, das genauestens zu bestimmen wäre – die Werte, Haltungen und Vorurteile, die seinem Publikum eigen sind; und dies durch die Allerweltssymbole, die *Stereotype* des filmischen Universums."[153]

Filme stehen – wie andere kulturelle Manifestationen auch – für bestimmte Interessen und moralische Maxime und verweisen damit auf außerästhetische d.h. gesellschaftliche Verhältnisse. Dabei erfüllen Filme die Funktion einer Verständigung über Verhaltensformen und Ansichten und sind somit Teil gesellschaftlicher und kultureller Ordnungssysteme.

Filme in der Analyse als eingebettet und im Austausch mit ihrem Umfeld zu verstehen, gibt ihnen die Bedeutung zurück, die ihnen durch eine (zeitgenössische oder zeitversetzte) Rezeption zukommt. „Es geht also nicht nur um ein Surplus an Information, sondern insbesondere darum, das Verhältnis zwischen dem Film-Text und den inkorporierten oder externen Diskursen zu bestimmen"[154], so die Einschätzung von Ulrich

---

152 Jureit (2012): S. 25.

153 Friedmann, Georges / Morin, Edgar (2010 [1952]): Soziologie des Kinos. In: montage AV 19/2/2010, S. 21-41, hier S. 30.

154 Kriest, Ulrich (1996): ‚Gespenstergeschichten' von Texten, die Texte umstellen. „New Historicism" und Filmgeschichtsschreibung. In: montage/av 5/1/1996, S. 89-118, hier S. 101.

Kriest Ende der 1990er Jahre zur notwendigen Berücksichtigung der historischen Dimension in der Filmforschung. Besonders der Ansatz der New Film History hat seit Mitte der 80er Jahren dazu beigetragen, den Film als Ort der Wechselwirkung diverser Diskurse aufzufassen.[155] Es geht nicht mehr länger darum, an einer filmischen Kanonbildung weiterzuarbeiten oder den Fokus allein auf die Filmschaffenden zu richten oder in einem makrohistorischen Gestus lineare Geschichtsverläufe nachzuzeichnen, wie es Paul Kusters Ende der 1990er Jahre pointiert zusammen fasst: „Nicht der einzelne Film, Filmemacher oder die einzigartige Erfindung sind von Bedeutung. Die Aufmerksamkeit gilt den Entwicklungslinien und Folgeerscheinungen."[156] Er plädiert neben diesem Perspektivwechsel auch für eine Revidierung der Fehler und Mythen der bisherigen Filmgeschichtsschreibung. Es ist zwar eine dezidert historische Perspektive, die damit beginnt die Quellenlage umfangreicher zu gestalten, sodass der Film als alleinige primäre Quelle zugunsten einer Vielfalt an Quellenmaterial zurücktritt. Aber diese Entwicklung hat eine Strahlkraft über die historische Auseinandersetzung hinaus und verändert die wissenschaftliche Beschäftigung mit dem Film innerhalb der Filmwissenschaft: Ziel wird es, den Film über die historischen Praxen des Umgangs mit Filmen im Kontext von institutionellen Anforderungen, gesellschaftlichen Normen, filmischen und außerfilmischen Traditionen und Habitualisierungen zu erschließen. Für Oliver Fahle resultiert aus dieser Entwicklung die grundsätzliche Frage danach, „wie filmisches Wissen aufgefasst werden soll"[157] und welche Konsequenzen für die wissenschaftliche Ausrichtung und Beschäftigung mit Filmen sich daraus ergeben: „Unter welchen Gesichtspunkten lässt sich Film analysieren, was bestimmt seine Form, mit welchen anderen Wissensfeldern als nur dem filmischen interferiert er."[158]

Aus den hier vorgestellten objektbezogenen Forschungsperspektiven geht außerdem ein klares Plädoyer für die Relativierung der Rolle der kunst-, literatur-, musik-, filmschaffenden Person hervor:

„Die Kunstwerke sind im jeweiligen historischen Kontext als positionsgebundene Formulierungen von politischen Ansprüchen und sozialen Hoffnungen identifizierbarer gesellschaftlicher Gruppen zu verstehen. Auch die Künstler waren in die Auseinandersetzungen ihrer Zeit auf vielfältige Weise involviert. Ihre Werke kennzeichnet daher ein aktives, partizipatorisches Moment, freilich selten als radikale Intervention, sondern in der Regel als distanzierter Kommentar oder als nahezu unbewusst einfließende Konnotation."[159]

Die von Jutta Held und Nobert Schneider reflektierte Innovationsleistung malender Künstler*innen, kann auf andere Felder mit ästhetischem Ausdruck bzw. auf alle Be-

---

155 Vgl. Allen, Robert C. / Gomery, Douglas (1985): Film History: Theory and Practice, New York; vgl. Elsaesser, Thomas (1986): The New Film History. In: Sight and Sound 55, 4, S. 246-251.
156 Kusters, Paul (1996): New Film History. Grundzüge einer neuen Filmwissenschaft. In: montage AV, 5/1/1996, S. 39-60, hier S. 49.
157 Fahle (2011): S. 294.
158 Ebd. S. 294.
159 Held, Jutta / Schneider, Norbert (1993): Sozialgeschichte der Malerei vom Spätmittelalter bis ins 20. Jahrhundert, Köln, S. 10f.

reiche der Kultur übertragen werden. Jedes kulturelle Artefakt weist nur einen relativen Grad an Autonomie auf, denn es verdankt seine Existenz auch dem umgebenden Umfeld. Ausgehend von Warburgs komparativem Ansatz relativiert die Fülle an vergleichbaren Themen, Motiven und Darstellungsweisen die Innovationsleistung der Künstler*in gegenüber den vorliegenden gesellschaftlichen Erwartungen, die sich im Dargestellten manifestieren. Die Momente sozialer Einflussnahme führen zur Verfestigung bestimmter Konventionen, hierzu zählen auch ökonomische Beweggründe zur Antizipation möglicher Wünsche der Rezipient*innen. Den vorgestellten Forschungsperspektiven folgend, stehen Filme und die Zuschauenden durch die Kultur in einer überindividuellen, wechselseitigen Verbindung zueinander.

Filmische Wissensformen –
mediale Praktiken, Konventionen und Formen

Ein Zugang zum Film über die Wissensformen ermöglicht es, beide Seiten der pädagogischen Beziehung zwischen Film und Publikum zu berücksichtigen. Es können sowohl die materialisierten und immateriellen Wissensbestände einer Gemeinschaft als auch das darin liegende Potential für mögliche Auseinandersetzungsprozesse bedacht werden – also die Seite des pädagogisch wirksamen Gegenstands Film mit einer Perspektivierung auf die rezipierenden Personen. Die besondere Herausforderung besteht darin, dass der konkrete Prozess der Wissensaneignung durch den Film – wie viele pädagogische Phänomene[1] – nicht beobachtbar ist, sondern nur in Teilen rekonstruktiv herleitbar bzw. in reflexiven Äußerungen und in nicht-sprachlichen Ausdrucksweisen lediglich indirekt und verkürzt thematisch werden kann. Die Wissensaneignungsprozesse – also das Lernen – bleiben mit Meyer-Drawe gesprochen weitestgehend unzugänglich, denn „das *Wie* des Lernens zieht sich in die Dunkelheit zurück"[2]. Diese Annahme spitzt sich zu, wenn der Mensch nicht nur als bewusst, aktiv und selbstbestimmt definiert wird, sondern auch die passiven, unbewussten und impliziten Anteile Beachtung finden sollen: Wissen reichert sich im Menschen auch vorreflexiv, still und schweigsam an und bleibt teilweise ein Leben lang unbemerkt im Hintergrund, ohne dabei weniger wichtig für die Selbst- und Weltaneignungsprozesse zu sein.

Auch das generative Prinzip medialer Lernarrangements von Filmen basiert auf impliziten und expliziten Wissensformen: Bei der Rezeption von Filmen wird sowohl explizites als auch implizites Wissen benötigt und erzeugt. Es zeichnet jeden Film aus, dass er aus einem spezifischen Wechselverhältnis aus expliziten, klar greifbaren und eindeutig verbalisierbaren Anteilen und den unterschwelligen, mehrdeutigen oder sprachlich nicht restlos fassbaren Anteilen besteht. Diese Auffassung steht im Widerspruch zur cartesianischen Vorstellung von Wissen, das klar und ausschließlich kognitiv verortet wird. Hierzu gehört nach Brümmer und Alkemeyer (2017) auch die fragwürdige Auffassung, „ein denkend sich konstituierendes Subjekt trete einem erkannten Objekt gegenüber und verwirkliche seine im Inneren bereits ausgereiften

---

1   Vgl. Budde, Jürgen / Bittner, Martin / Bossen, Andrea / Rißler, Georg (2018): Konturen praxistheoretischer Erziehungswissenschaft. Eine Einleitung. In: Dies. (Hrsg.): Konturen praxistheoretischer Erziehungswissenschaft, Weinheim/Basel, S. 9-17, hier S. 13.

2   Vgl. Meyer-Drawe (2008): S. 90.

Pläne handelnd im Äußeren."³ Denn damit geht die problematische Annahme einher, innere, mentale Prozesse als abgeschlossen zu verstehen: Die vorgängige mentale Leistung gilt es demnach nur noch umzusetzen. Bei diesem Ansatz entfällt die Berücksichtigung jeglicher Performanz im eigentlichen Vollzugsgeschehen.

In ihrem 2017 herausgegebenen „Handbuch schweigendes Wissen" versammelten Jürgen Budde, Maud Hietzge, Anja Kraus und Christoph Wulf interdisziplinäre Zugänge zu impliziten Wissensformen. Sie diagnostizieren eine fortschreitende Aufwertung des praktischen, impliziten und schweigenden Wissens in den Kultur- und Sozialwissenschaften durch die Hinwendung zu Phänomenen und Begriffen wie „Macht, Materialität, Räumlichkeit, Körperlichkeit, Performativität, Visualität, Virtualität"⁴ und den entsprechenden turns: material turn, spacial turn, visual turn⁵ etc.

Trotz seiner hohen Bedeutung für die Selbst- und Weltverhältnisse stellt das Implizite der Wissensaneignung eine Herausforderung für einen wissenschaftlichen Zugriff dar. Auch unter der Perspektivierung auf filmische Wissensbestände versperrt sich vielfach das intersubjektiv Selbstverständliche, das unbewusst Stattfindende und inkorporiert Ausgeführte einem direkten Zugriff. Wenn aber die (mono-)kausale Sichtweise – beschränkt auf die expliziten, eindeutigen Wissensbestände – überwunden werden soll, gilt es alternative Zugriffsmöglichkeiten zu erkunden, neue Gegenstände in den Blick zu nehmen, andere Fragestellungen zu suchen und abseitige Erkenntnisse zuzulassen. Hierzu die Position von Juliane Engel und Heike Paul von 2017: „Gegenwärtig stellt sich offenbar stärker die Frage danach, welche sozialwissenschaftlichen Erkenntnisse möglich werden, wenn ein Phänomen *als* implizites Wissen untersucht wird."⁶ Wie lässt sich demnach auf Filme schauen, wenn hier von einer pädagogischen Relevanz expliziten und auch impliziten Wissens ausgegangen wird? Welche Wissensbestände des Films geraten in den Blick? Und welche pädagogische Bedeutung im Sinne einer Selbst- und Weltrelationierung hat dieses Wissen?

Das Pädagogische – als eine besondere Form von Bezugnahme, Verhältnis, Adressierung, Arrangement, Eingriff usw. – ist auch von seiner verschwiegenen und verschatteten Seite her zu denken: Und zwar sowohl im Sinne einer gewissen (wissenschaftlichen) Unzugänglichkeit bestimmter pädagogischer Prozesse als auch im Sinne einer Ausweitung der als pädagogisch bedeutsam eingeschätzten Situationen, Gegenstände und Reize. Hinzu kommt, dass viele Prozesse pädagogischen Denkens und Handelns sich gerade dadurch auszeichnen, dass auch die in diese Prozesse involvierten Personen selbst nur bedingt Zugriff und Einsicht haben.⁷ Das Pädagogische

---

3   Brümmer / Alkemeyer (2017): S. 31.
4   Budde / Hietzge / Kraus / Wulf (2017): S. 11.
5   Inwiefern der inflationäre Anstieg der Ausrufung von Wenden wirklich Auskunft über einschneidende Denkbewegungen markiert oder doch Rechwitz beizupflichten ist, der dies als „strategische Dramatisierung und Vereinfachung" beschreibt, sollte kritisch hinterfragt werden. Reckwitz, Andreas (2012): Affektive Räume: Eine praxeologische Perspektive. In: Mixa, Elisabeth / Vogl, Patrick (Hrsg.): E-Motions: Transformationsprozesse in der Gegenwartskultur, Wien / Berlin, S. 23-44, hier S. 25.
6   Engel, Juliane / Paul, Heike (2017): Implizites Wissen im interdisziplinären Diskurs. In: Budde / Hietzge / Kraus / Wulf (Hrsg.): S. 107-119, hier S. 111.
7   Die Diskussion schweigenden Wissens gehört seit der Antike (Platon) immer wieder zum pädagogischen Nachdenken dazu und spiegelt sich auch in der Fachkultur der Erziehungswissenschaft wider. Heute lässt es sich besonders in phänomenologischen, differenztheoretischen, praxeologischen,

liegt vielfach im Schatten – für Forschende und für die an den pädagogischen Prozessen Beteiligten. Unter einer Fokussierung auf das Handlungswissen arbeiten Budde et al. 2017 die Bedeutsamkeit der verschwiegenen Seite pädagogischer Prozesse heraus:

> „‚Schweigendes' Wissen spielt in den vielen Feldern von Lernen und Erziehung, Bildung und Sozialisation eine zentrale Rolle. Diese Aussage beruht auf der Annahme, dass relevante Aspekte des Handlungswissens nicht artikuliert und kognitiv nur im begrenzten Maße zugänglich sind. Dennoch präfigurieren diese Aspekte unsere Präferenzen und Intuitionen, gelingende oder misslingende Lernprozesse, prekäre oder erfolgreiche Lebenskonzepte."[8]

Neben den dezidiert als pädagogisch deklarierten Prozessen, wie beispielsweise „die Übung und der gelenkte Erwerb von Wissen und Können" sind es „die ‚schweigenden' Dimensionen des Lebens allgemein"[9], die sich nach Budde et al. einer Planung und Kontrolle vielfach entziehen. Weil der Prozess der Wissensaneignung unter Berücksichtigung der impliziten Anteile nicht beobachtbar und nur bedingt zu rekonstruieren ist, wird ausgehend von einer Formulierung von Lothar Wigger (2008) und deren Modifizierung durch Manuel Zahn (2012) im Folgenden der Frage nachgegangen: Wie ist Film als ein Ort impliziten und expliziten Wissens zu verstehen? Kurz: Wie ist Film als Wissensinstanz möglich?[10]

Wenn Filme auf ihre impliziten Anteile hin befragt werden, verbirgt sich dahinter ein großes Potential vielfältiger Systematisierungsweisen und daher wäre eine kategoriale Beschaffenheit im Sinne einer abschließenden Festlegung paradox. Mit der folgenden Diskussion wird entlang eines konkreten Films exemplarisch eine Auswahl möglicher Betrachtungsweisen auf das Implizite im Film fokussiert – ohne dabei in der Analyse die wechselseitigen Verstrickungen mit den expliziten Anteilen des Films außer Acht zu lassen.

Normative und kontextuelle Wissenshorizonte

Ankommende und abfahrende Züge, eine entspannte Betriebsamkeit auf einem Bahngleis, Personen in verschiedenen Bereichen bei der Arbeit – mal hoch konzentriert, mal mit einem Lächeln im Gesicht – und eine Bühnenshow mit Tanz, Musik- und Kabarett-Einlagen; diese historischen Bewegtbildaufnahmen bilden zusammen mit Texttafeln

---

poststrukturalistischen und diskursanalytischen Ansätzen wiederfinden. Vgl. Budde / Hietzge / Kraus / Wulf (2017): S. 12f. Johannes Bilstein diskutiert das Verschwiegene pädagogischer Beziehungen und Prozesse aus einer pädagogisch anthropologischen Perspektive heraus unter dem Begriff des Unbewussten. Vgl. Bilstein, Johannes (2014): Unbewusstes. In: Wulf / Zirfas (Hrsg.): S. 643-649.

8   Budde / Hietzge / Kraus / Wulf (2017): S. 11.
9   Budde / Hietzge / Kraus / Wulf (2017): S. 15.
10 In dieser Fragestellung folge ich Manuel Zahn, der aus einem bildungstheoretischen Interesse mit Verweis auf Lothar Wigger fragt: „Wie ist Bildung mit Film möglich?" Diesen Aspekt der Potentialität übertrage ich auf die pädagogischen Impulse, die von den verschiedenen Wissensformen ausgehen können, und teile damit den Ausgangspunkt der Argumentation mit Wigger und Zahn. Vgl. Wigger, Lothar (2008) (Hrsg.): Wie ist Bildung möglich? Bad Heilbrunn; und vgl. Zahn (2012): S. 9.

98　Film als pädagogisches Setting – ein Medium als Vermittlungs- und Vergegenwärtigungsinstanz

Abbildung 14a: *Aufschub* TC: 00:03:38.

Abbildung 14b: *Aufschub* TC: 00:07:08.

Abbildung 14c: *Aufschub* TC: 00:13:04.

Abbildung 14d: *Aufschub* TC: 00:23:02.

Abbildung 14e: *Aufschub* TC: 00:27:09.

Abbildung 15: *Aufschub* TC: 00:01:59.

einen Film über das nationalsozialistische Durchgangslager Westerbork im Frühling 1944 (Abbildungen 14a-e). Vertraut und befremdlich zugleich wirken diese Aufnahmen, denn wir erwarten andere Bilder und andere Situationen, wenn wir an das menschenvernichtende Lagersystem der Nationalsozialisten denken. Harun Farocki präsentierte diese historischen Aufnahmen 2007 unter dem Titel *Aufschub* in einem rund 40 Minuten langen künstlerischen Kompilationsfilm:[11] Er verwendete Archivaufnahmen, gab ihnen eine Ordnung und deutete an einigen Stellen das Dargestellte eindringlich. Anhand dieses Films lässt sich exemplarisch diskutieren, wie neben dem expliziten Wissen auch die verschiedenen impliziten Wissensdimensionen zum Tragen kommen. Jeder Film gründet auf einem Wissenshorizont an soziokulturellen Normen und Werten, die vielfach – besonders implizit – mit transportiert werden.

11　*Aufschub*, Regie und Drehbuch: Harun Farocki, Deutschland 2007.

"Stets implizieren Diskurse und Dispositive Normierungen, Bewertungen, Verhaltensaufforderungen und (Selbst-)Gestaltungsappelle, die einen historisch wandelbaren, in Europa und Nordamerika seit den 1960er Jahren zunehmend flexiblen Raum dessen abstecken, was als normal, vernünftig, gesund, schön, natürlich oder wünschenswert betrachtet wird. Sie definieren damit zugleich das abgewertete und ausgegrenzte Andere dieses Raumes".[12]

Diese von Thomas Alkemeyer und Christina Brünner 2017 formulierte soziologische Auffassung von Normativität schließt ebenso jeden Film ein – denn auch Filme sind Teil normativer Grundannahmen im Sinne von explizit und implizit übernommenen Setzungen. Besonders anhand der im Film enthaltenen Menschenbildannahmen und den damit verbundenen Selbst- und Weltverhältnissen lässt sich die Haltung einer Gemeinschaft im Hinblick auf anerkannte Normen und Regeln sowie den damit einhergehenden Ab- und Aufwertungen zeigen. Doch wie verhält es sich bei einem Film zu Beginn des 21. Jahrhunderts, der im Wesentlichen auf Filmfragmenten von 1944 basiert und das größte Menschheitsverbrechen des 20. Jahrhunderts thematisiert, wie es bei *Aufschub* der Fall ist? Wird hier der Normen- und Wertehorizont dieser Zeit fortgesetzt? Den normativen Regeln der Täter und Täterinnen ungebrochen Raum gegeben? Haben ihre Normen weiterhin Verfügungsgewalt über die dargestellten Opfer?[13]

Mit nur wenigen Texttafeln und einigen Fotografien wird zu Beginn von *Aufschub* die Entstehung des niederländischen Durchgangslager Westerbork (ab 1939) umrissen und zugleich auch die Situation, unter der die Filmaufnahmen dort produziert wurden, verdeutlicht.[14] Im Auftrag der Lagerleitung wurden die Filmaufnahmen vom deutschen Insassen Rudolf Breslauer im Mai 1944 angefertigt, seitdem liegen diese als unfertige Fragmente vor. Er selbst wird als Kameramann bei der Anfertigung von Aufnahmen gezeigt – ein Rückenporträt, das mehr über seine Tätigkeit als über ihn als Person verrät (Abbildung 15). Dann folgen seine Filmaufnahmen:

---

12   Alkemeyer / Brümmer (2017): S. 703.
13   Vgl. hierzu die kritische Haltung von Dirk Rupnow zu dem Film *Geheimsache Ghettofilm* (Regie und Drehbuch: Yael Hersonski, Israel / Deutschland 2010) und seiner Forderung nach einem angemessenen Umgang mit Archivaufnahmen: „Was bleibt, ist die Frage nach dem angemessenen Umgang mit dieser Art Filmmaterial. [...] Was können wir aus ihnen lernen, was wir sonst nicht lernen könnten? Wie müssen wir sie kontextualisieren, um nicht ungewollt die Botschaft der Täter zu transportieren?" Rupnow, Dirk (2013): Unser Umgang mit den Bildern der Täter. Die Spuren nationalsozialistischer Gedächtnispolitik – ein Kommentar zu Yael Hersonskis Film „Geheimsache Ghetto". In: Bundeszentrale für politische Bildung https://www.bpb.de/geschichte/nationalsozialismus/geheimsache-ghettofilm/154336/dirk-rupnow-zu-geheimsache-ghettofilm?p=all (05.05.2020).
14   Zur Geschichte des Lagers Westerbork: Presser, Jacob (2010 [1965]): Ashes in the wind. The destruction of Dutch Jewry, London; Hájková, Anna (2004): Das Polizeiliche Durchgangslager Westerbork. In: Benz, Wolfgang / Distel, Barbara (Hrsg.): Terror im Westen: Nationalsozialistische Lager in den Niederlanden, Belgien und Luxemburg 1940-1945, Berlin, S. 217-248; Königseder, Angelika (2009): Polizeihaftlager. In: Benz, Wolfgang / Distel, Barbara (Hrsg.): Der Ort des Terrors. Geschichte der nationalsozialistischen Lager, Bd. 9, München, S. 19-52, hier zu Westerbork S. 24-30; Broersma, Koert / Rossing, Gerard (1997): Kamp Westerbork gefilmd: het verhaal over een unieke film uit 1944, Hooghalen / Assen. alternativ auch: https://kampwesterbork.nl/de/geschichte/judendurchgangslager (05.05.2020).

Abbildung 16a: *Aufschub* TC: 00:02:17.

Abbildung 16b: *Aufschub* TC: 00:03:46.

Abbildung 17a: *Aufschub* TC: 00:05:51.

Abbildung 17b: *Aufschub* TC: 00:04:42.

„Ein Zug aus Amsterdam fährt in das Lager Westerbork ein"[15], wie es eine Texttafel ankündigt. Anfänglich unscharfe Schwarz-Weiß-Aufnahmen zeigen die Einfahrt dieses Zuges, die Ankunft und den Ausstieg der Passagiere, die zunehmende Betriebsamkeit auf dem Bahnsteig (Abbildungen 16a, b). Keine dieser Aufnahmen, die die Ankunft des Amsterdamer Zuges zeigt, deutet unmittelbar darauf hin, dass die hier gefilmten Personen zu diesem Zeitpunkt inhaftiert sind und damit der Verfügungsgewalt der Nationalsozialisten unterliegen – einzig das Indiz des angehefteten Sterns auf den Kleidungsstücken der Personen lässt Rückschlüsse auf diesen historischen Kontext zu. Die präsentierten Archivaufnahmen bedürfen der Informationen auf den eingefügten schwarzen Texttafeln von 2007. Denn nur so ist den gezeigten Situationen beizukommen. Die schwarzen Texttafeln stehen in einem Kontrast zu dem Bildmaterial: Über sie werden Fragen gestellt und fehlende Informationen gegeben, die nachdenklich machen und den Blick schärfen. (Abbildungen 17a,b) Dadurch wird das historische Filmmaterial angereichert, und besonders die visuellen Leerstellen werden durch die Textbeiträge zum Thema: Das visuell Tabuisierte der nationalsozialistischen Verbrechen wird zur latenten Bedrohung der gefilmten Personen und legt sich als impliziter Bestandteil bei der rezeptiven Näherung über die Bilder. Dabei wird erst durch Farockis Umgang mit Breslauers Filmfragmenten das Implizite des historischen Zusammenhangs dieser Aufnahmen offen thematisiert: Macht, Hegemonie, Diskriminierung, Deformierung und Gewalt.[16]

---

15   *Aufschub*, TC: 00:02:03.
16   Vgl. zu der filmisch vermittelten Normativität auch die Filmanalysen in Wende, Waltraud / Koch, Lars (2010): Filmanalyse als Kulturanalyse: Zur Konstruktion von Normalität und Abweichung im Spielfilm, Bielefeld.

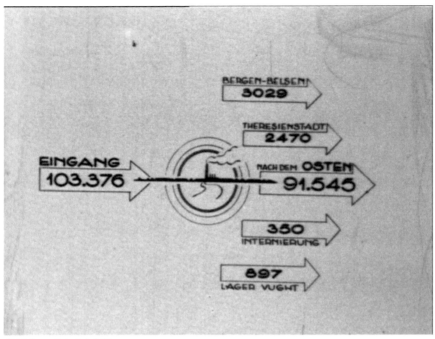

Abbildung 18: *Aufschub* TC: 00:21:02.

Die historischen Filmsequenzen zeigen neben den Szenen am Bahnsteig die Inhaftierten bei der Arbeit in den verschiedenen Werkstätten, in denen diverse Artikel zur Rohstoffverwertung demontiert werden, oder bei landwirtschaftlichen Tätigkeiten und zuletzt auch in den verschiedenen Bereichen, die der Versorgung, Verwaltung und Unterhaltung der Inhaftierten dienten. Im Zentrum der zusammengestellten Archivaufnahmen stehen die Insassen des Lagers. Die uniformierten Nationalsozialisten erscheinen wenn dann am Rande der Aktionen, greifen kaum in die Handlungen ein und wirken geradezu passiv. Keine Szene, in der direkte Gewalt oder Androhungen sichtbar sind. Im Fokus stehen die Inhaftierten, ihr Verbleib, ihre Organisation und ihre Tätigkeiten. Dabei zeugen diese Aufnahmen durch ihre Fokussierung auf die Inhaftierten – als eine in das Lagersystem eingepasste Personengruppe – von einem Menschenbild, das nationalsozialistisch ausgerichtet ist: Der Mensch muss einen Nutzen erfüllen, um sein temporäres Fortbestehen rechtfertigen zu können. Bis zur Deportation gilt es die Eingetroffenen zu verwalten, zu bewerten und zu versorgen. Die kategoriale Abwertung bestimmter Personengruppen wird nicht hinterfragt, sondern als normative Setzung hingenommen. Die in Westerbork ankommenden Juden, Sinti und Roma waren ab 1942 mit Eintritt in das Lagersystem der Nationalsozialisten zum Tode verurteilt – ihre Zukunft war schon vor Ankunft in Westerbork bestimmt und musste nur noch effizient umgesetzt werden. Dies zeigt auf eine zugespitzte Weise die für den Film vorgesehene historische Grafik von 1944, bei der die Zahlen die produktive Leistung des Lagers als Durchgangsstätte dezidiert hervorheben (Abbildung 18). Diese Grafik bündelt die nationalsozialistischen Absichten und stellt, aus der Perspektive der Filmwissenschaftlerin Sylvie Lindeperg (2013/2018) gesprochen, „eine atemberaubende Verkürzung dar, die uns direkt in die Zerstörungsmaschinerie der Nazis führt". Durch die Gleichstellung von Arbeit und Deportation werden die Gefangenen entmenschlicht und zu Waren des Lagers – diese Grafik visualisiert, was der moralischen Haltung der Nationalsozialisten entsprach – „sie macht aus dem Töten eine Industrie"[17].

In Westerbork selbst wurde eine gesundheitliche Versorgung der Inhaftierten und eine ausreichende Verpflegung mit Nahrungsmitteln sichergestellt, um die bestimmte Funktion des Lagers – die Deportation nach Osten – einhalten zu können. Nur wer arbeitete, erhielt die Berechtigung, weiter in diesem Durchgangslager zu leben. Doch da fortwährend neue Menschen eintrafen, stellte sich auch eine hohe Fluktuation ein und das Arbeitsverhältnis war meist nur ein kurzer Aufschub vor der drohenden Deportation. Westerbork als die „Vorkammer des Todes"[18], wie Lindeperg es treffend bezeichnete, war als Durchgangslager die Drehscheibe für fast alle Deportation aus den Niederlanden Richtung Osten zuständig. Damit war es der verlängerte Arm der Lager Auschwitz, Sobibor, Theresienstadt und Bergen-Belsen. Für die Menschen der 93 Zügen war Westerbork ab 1942 bis zur Befreiung durch die Alliierten der Ausgangspunkt für die Deportation zu den menschenvernichtenden Stätten und damit in den meisten Fällen ein sicherer Weg in den Tod.[19]

Das Interesse der Lagerleitung an der Produktion des Films könnte darin bestanden haben, dass gezeigt werden sollte, wie effizient die kriegswichtige Arbeitsleistung der Insassen und der reibungslose Abtransport zu den nationalsozialistischen Tötungsstätten von statten gehen. Breslauer und die am Film beteiligten Personen hofften, durch den Film die eigene Deportation und die der Familie damit aufschieben zu können, so wie es pointiert auf einer Schrifttafel steht: „Die Aufnahmen sollten das Verhängnis abwenden".[20] Diese unterschiedlichen Interessen an der Entstehung des Films basierten auf den divergierenden Folgen aus den bestehenden Normen und Werten der Nationalsozialisten für die verschiedenen Personengruppen.

Der normative Wissenshorizont der historischen Ereignisse im Lager Westerbork ist den Bewegtbildaufnahmen eingeschrieben und gewinnt damit auch an Bedeutung in der Zusammenstellung dieser Aufnahmen durch das Filmprojekt *Aufschub*: Es sind Insassen zu sehen, die sich selbst verwalten, versorgen und dennoch nicht retten können, denn die nationalsozialistischen Wertevorstellungen bestimmten das Vorgehen. Über allem macht sich die Gefahr einer drohenden Deportation breit, die jedem Widerstand, jedem Aufbegehren die Hoffnung nimmt. Dabei legt sich bei der heutigen Rezeption unser gegenwärtiger Wissenshorizont mit unseren Normen und Werten über diese historischen Aufnahmen – und wir ergänzen unweigerlich diese Aufnahmen um unser Wissen über die Verbrechen der Nationalsozialisten. Das hier Tabuisierte, Nicht-Gefilmte und Nicht-Gezeigte sind die Mordpraktiken, Erniedrigungs- und Vernichtungsszenarien, die die Täterinnen und Täter bei der Gewalttat und die Opfer als entmachtete, bedrohte und getötete Personen sehen lässt. In den historischen Film-

---

17 Lindeperg, Sylvie (2018 [2013]): Westerbork: Das doppelte Spiel des Films. In: Krautkrämer, Florian (Hrsg.): Aufschub. Das Lager Westerbork und der Film von Rudolf Breslauer / Harun Farocki, unter Mitarbeit von Ulrike Bergermann, Berlin, S. 21-61, hier S. 30.
18 Lindeperg (2018 [2013]): S. 21.
19 Für die Zahlen zu den Deportationen ausgehend von Westerbork (samt Angaben zu den Überlebenden) vgl. Doßmann, Axel (2018): Bilder aus dem Lager Westerbork und Harun Farockis Revision in Aufschub. In: Krautkrämer (Hrsg.): S. 63-114, hier S. 69.
20 *Aufschub*, TC: 00:23:55.

aufnahmen, wie in der Re-Montage[21] durch *Aufschub,* sind die außerfilmischen Regeln, Normen, Werte und Tabus des nationalsozialistischen Regimes enthalten – gerade in ihrer visuell latent greifbaren und implizit mitschwingenden Form. Auch und besonders, weil vieles nicht sichtbar ist und Gegenbilder zu dem Dargestellten über die Texttafeln bei den Zuschauenden eingefordert werden.

Jede Filmproduktion, die die Handlungen der Nationalsozialisten thematisiert, muss sich der Herausforderung stellen, wie es zu schaffen ist, die Normen und Werte dieses Gewalt-Regimes zu thematisieren und sie dennoch durch die eigene ästhetische Praxis und Bildfindung nicht fortzuschreiben – besonders, wenn auf historisches Material aus dieser Zeit zurück gegriffen wird. Zudem muss immer wieder um einen ethisch vertretbaren Umgang mit dem bestehenden Bildmaterial gerungen werden, wie es der Filmkünstler Harun Farocki 2007 selbst formuliert: „Wie kann man die Lager darstellen? Wie kann man die Opfer zeigen, ohne ihnen mit den Bildern ihres leidvollen Sterbens und Todes noch einmal Gewalt anzutun?"[22]

Bei der Betrachtung von *Aufschub* werden Fragen der Darstellungsethik und Aufklärung über historische Ereignisse evoziert. Es wird eine kritische Reflexion des eigenen Bildumgangs mit den darin eingelassenen Normen und Regeln, Grundannahmen und Zuschreibung angebahnt, indem auch die impliziten Bestandteile angedeutet werden: Was zeigen die Bilder gerade dann, wenn man nicht allein Breslauers Absichten als Kameramann zum Ausgangspunkt möglicher Wissensgenerierung via Film nimmt? Welches „Optisch-Unbewusste"[23] – um es mit der Formulierung Walter Benjamins von 1935 zu sagen – findet sich in den Aufnahmen wieder? Welches Wissen ist im Filmmaterial enthalten, ohne dass Breslauer es beabsichtigt haben muss? Diese Fragen gründen auf der Annahme, dass es produktiv ist, von einer Differenz zwischen den eigentlichen Motiven der Produktion der Aufnahmen und ihrer nachträglichen Rezeptions- und Verwendungsweisen auszugehen. „Was die Bilder im nachträglichen Gebrauch tatsächlich sehen lassen, kann sich den Motiven ihrer Herstellung durchaus entziehen; ihre Bedeutung wandelt und vervielfältigt sich",[24] wie der Historikers Axel Doßmann in seiner Beschäftigung mit *Aufschub* 2018 ausführte. Zu dem Bedeutungshorizont von Produktion und Rezeption gehört gerade auch das Nicht-Sichtbare, aber Mit-Gemeinte, das latent mitschwingt und sich über alles legt. In diesem Kontext verweist Doßmann insbesondere darauf, dass Breslauer nicht in der Lage war, das Leben in Westerbork in aller Ausführlichkeit zu zeigen, weil es nicht gestattet war oder grundsätzlich filmisch kaum zu erfassen ist:

> „die Ernährungs- und Hygienesituation, der Schwarzmarkt, das alltägliche Leben in den Barackenunterkünften, das Schlafen und Essen, das Fehlen von Orten für den sozialen

---

21 Vgl. Didi-Huberman (2014 [2010]).

22 Farocki, Harun (2007): Die Bilder sollen gegen sich selbst aussagen. In: Schwarte, Ludger (Hrsg.): Auszug aus dem Lager. Zur Überwindung des modernen Raumparadigmas in der politischen Philosophie, Berlin / Bielefeld, S. 295-311, hier S. 309.

23 Benjamin, Walter (2013 [1989]): Das Kunstwerk im Zeitalter seiner technischen Reproduzierbarkeit (Dritte Fassung). In: Walter Benjamin. Werke und Nachlaß. Kritische Gesamtausgabe. Band 16: Das Kunstwerk im Zeitalter seiner technischen Reproduzierbarkeit, hrsg. von Burkhardt Lindner, Berlin, S. 96-163, hier S. 131.

24 Doßmann (2018): S. 83.

Rückzug, Liebe und Sexualität im Lager, Gerüche und Geräusche, Gespräche und ‚Gerüchteküchen', nicht zuletzt die unmittelbar über Leben und Tod entscheidenden Verhandlungen um die Transportlisten, die einen Aufschub bei der nächsten Deportation bewirken konnten, das nächtliche Verlesen der Namenslisten in den Baracken wenige Stunden vor dem Abtransport – das und mehr zeigt das überlieferte Filmmaterial nicht."[25]

Es sind zwar mehr als 90 Minuten 16 mm Filmmaterial von den Filmarbeiten Breslauers überliefert, aber sie zeigen dennoch nur einen Ausschnitt der Geschehnisse im Lager. Allein schon aufgrund der materiellen Beschaffenheit – als Schwarz-Weiß-Aufnahmen ohne Ton – wurde die vorfilmische Realität abstrahiert. Dies verstärkt den besonderen Status der historischen Aufnahmen Breslauers: Diese Aufnahmen sind wegen der spezifischen Situation in Westerbork und ihres fragmentarischen Zustands laut Doßmann „ein materieller Überrest aus der Realität der besetzten Niederlande im Frühling 1944, der vieldeutig ist und herausfordernd."[26]

Filmkulturelles Wissen und mediale Könnerschaft

> „Noch vor dem Lesen lernen die meisten Kinder heute, den Fernsehapparat zu bedienen und Filme zu verstehen."[27]

Das historische Filmmaterial liegt nach dargestellten Sujets geordnet in einer Rohschnittfassung vor. Die Filmaufnahmen Breslauers wurden 1944 von einem anderen Insassen Westerborks nur grob vormontiert, sodass sie noch keiner abgeschlossenen narrativen Form entsprechen. Das gesamte Filmmaterial ist in seiner Ordnung in vier Akte vom Niederländischen Institut für Bild und Ton restauriert und online öffentlich zugänglich gemacht worden.[28] Darüber hinaus sind noch zwei sogenannte Reste an Archivbilder und eine Mappe mit „Regie und Texten" erhalten geblieben, die vom Funktionshäftling Heinz Todtmann[29] angefertigt worden sind. Ebenfalls sind schriftliche Korrespondenzen zwischen der Lagerleitung und den kooperierenden zivilen Unternehmen überliefert, die mit der Entwicklung des gefilmten Materials 1944 beauftragt wurden.[30]

Für *Aufschub* wurde nur gut ein Drittel des historischen Filmmaterials übernommen und zu einem 44-minütigen Film zusammengestellt. Es fand also ein deutlicher Eingriff statt: Das historische Material wurde ausgewählt, zusammengestellt und um

---

25 Doßmann (2018): S. 84.
26 Ebd. S. 70.
27 Hickethier, Knut (1996): Film und Fernsehanalyse, Stuttgart / Weimar, S. 1.
28 https://zoeken.beeldengeluid.nl/program/urn:vme:default:program:2101608130110593831?ac=dgtl &q=westerbork (20.07.2021).
29 Todtmann war Adjutant des Lagerkommandanten und damit in seiner Position sicher vor einer Deportation.
30 Für eine ausführliche Quellenkritik zu den historischen Filmaufnahmen aus Westerbork vgl. Doßmann (2018): S. 70. Und als zentrale Monographie: Broersma / Rossing (1997).

weitere Bestandteile in Form von Texttafeln angereichert. Durch diesen künstlerischen Eingriff wurden neben dem impliziten Wertehorizont der Gegenwart und Vergangenheit auch mediale Standards, die zu selbstverständlichen Darstellungs- und Rezeptionskonventionen geronnen sind, offengelegt: Zu dem expliziten und impliziten Wissen *durch* den Film gehört auch ein Wissen *über* den Film als Medium, das mit jedem weiteren Film, der rezipiert wird, sich ausformt, spezifiziert und fortwährend verändert. Dazu zählen auch „technoästhetische Standards" von Filmen, die sich mit dem Aufkommen des Mediums herausgebildet haben und in Reaktion auf technische, gesellschaftliche und ästhetische Veränderungen über die Zeit hinweg wandeln, wie es Johannes Geng 2019 beschreibt: Aus dem Gebrauch der Filmtechnologie „resultieren technoästhetische Standards, […] [die] sich in einem dynamischen Spiel zwischen Bezugnahme und Abgrenzung immer wieder aufs Neue hervorbringen."[31] Jeder Film basiert auf diesem Wissen, doch es bleibt meist im Verborgenen. Denn es zeichnet das filmkulturelle Wissen aus, dass es primär dazu dient, den Inhalt zu präsentieren und dabei selbst (zumindest mit der Zeit) in den Hintergrund zu geraten – weit weg aus dem Fokus der Aufmerksamkeit; so wie es bei allen Medien der Fall ist, wie es der Erziehungswissenschaftler Benjamin Jörissen 2017 beschreibt:

> „Was aber in medialen Prozessen zur Erscheinung kommt – was sichtbar, hörbar, lesbar etc. wird, sind Zeichen, nicht Medien selbst. Wir ‚sehen fern', aber wir sehen nicht Fernseher. Wir hören Radio, aber wir hören nicht das Radio. Wir lesen ‚ein Buch', aber wir lesen nicht Druckerschwärze auf gebundenem Papier oder eInk-Pixel, sondern Buchstaben und Worte."[32]

In den meisten Filmproduktionen ist es nicht erwünscht, das Gemacht-Sein des Films zu thematisieren, es wird verschwiegen und von der Bedeutung des Inhalts verdeckt. Der Film ist – wie jedes andere Medium auch – eine verbindende Zwischeninstanz, dessen Funktion der Medientheoretiker Dieter Mersch 2006 in seiner Negativen Medientheorie als die Vermittlung von dem Anderen, der Alterität auffasst, „das sich dem Zugriff zunächst verweigert, das eines Dritten bedarf, um […] seine Symbolisierung, Aufbewahrung, Übertragung oder Kommunizierung zu garantieren."[33] Diese Mittlerrolle eines Mediums bleibt Mersch zufolge „chronisch prekär"[34], weil sich Medien als Zwischeninstanzen weder allein dem vermittelten Inhalt noch der medialen Sphäre zuordnen lassen:

> „Medien [wie der Film] ‚vermitteln' ohne selbst ‚unmittelbar' zu sein. Als Figuren der Mitte belegen sie zudem einen ‚Zwischenraum', durch den etwas zur Erscheinung gelangt, Darstellungen gegeben, Bezüge hergestellt und Bedeutungen hervorgebracht werden."[35]

---

31 Geng (2019): S. 9.
32 Jörissen, Benjamin (2017): Einführung: Digitale Medialität und implizites Wissen. In: Budde / Hietzge / Kraus / Wulf (Hrsg.): S. 439-447, hier S. 441.
33 Mersch (2006): S. 9.
34 Ebd. S. 9.
35 Ebd. S. 219.

Das schweigsame Erfahrungswissen kann im Sinne eines medialen Könnens aufgefasst werden, denn es ermöglicht erst den Umgang mit Filmen. Dabei ist das mediale Erfahrungswissen vielfach nicht intentional verfügbar sowie nicht restlos begrifflich fassbar und dennoch bildet es die Basis dafür, wie rezipiert wird und Bedeutung entsteht. Der Medientheoretiker Lorenz Engell bringt den impliziten Status dieses Wissens als mediales Können 2014 in einem Aufsatz auf den Punkt: „Natürlich weiss auch ich nicht, was ein Medium eigentlich sei, aber das macht nichts. Ich erkenne ein Medium, wenn ich ihm begegne."[36]

Anders als bei der Mehrheit der Spiel- und Fernsehfilme verhält es sich oftmals bei Filmen mit künstlerischer Ausrichtung: Mit der Tendenz zur Entkonventionalisierung wird mit diesen Filmformaten meist dahin gedrängt Automatismen – auch die des eigenen Mediums – offen zu legen. Durch die Irritation des Gewohnten kann es gelingen, dieses medienspezifische schweigende, implizite Wissen frei zu setzen. Damit ist gerade die Kunst dazu in der Lage, die intrinsischen und impliziten Strukturen einer medialen Formation, wie die des Films, aufzudecken und auf diese Weise als „Motor von Medienreflexionen"[37] zu fungieren. Mersch sieht in der Kunst das Potential dem „Paradox des Medialen, seinem Verschwinden im Erscheinen"[38] durch die Verfahren der Irritation beizukommen, weil das Mediale nicht über seine positiven Zuschreibungen, sondern erst über „negative Praktiken wie Eingriffe, Störungen, Hindernisse, konträre Konfigurationen"[39] fassbar wird.

Merschs „Vorschlag einer ‚negativen Medientheorie'"[40] aufgreifend, diskutieren Andrea Sabisch, Ole Wollberg und Manuel Zahn 2017, wie gerade die Irritationsmomente der Kunst dazu dienen können, das Selbstverständliche des Mediums Film sichtbar zu machen. Bestimmte Filme lassen aufgrund der angewendeten künstlerischen Verfahren erahnen, was zuvor alles wohl übersehen worden ist, weil unser schweigsames, körperliches Erfahrungswissen den vorbewussten Teil unserer Filmwahrnehmung bildet.[41] Erst wenn die grundlegenden filmischen Parameter wie Zeit und Bewegung, Schnitt und Montage, Ton und filmischer Raum nicht an der nach Kontinuität orientierten Rezeptionsweise ausgerichtet sind, stellen sich Befremdungsprozesse ein: „Unser schweigendes Wissen zeigt sich, indem gewohnte Seherwartungen irritiert und in Frage gestellt werden."[42]

Mit *Aufschub* liegt ein Film vor, bei dem genau dieser Weg der Irritation und Befremdung gewählt wurde, um auch das Medienspezifische des verwendeten historischen Filmmaterials zu befragen und das Selbstverständliche zur Disposition zu stellen. Das beginnt bei der Art und Weise, wie die materielle Beschaffenheit des historischen Ausgangsmaterials respektiert wird: Die stummen Schwarz-Weiß-Aufnahmen Breslauers erhalten in *Aufschub* weder einen Ton noch eine Erzähler*innen-Stimme und erscheinen in ihrer absoluten Stille befremdend. Damit schließt dieser Film

---

36   Engell, Lorenz (2014): Ihre Medientheorie auf einer Seite. In: ZfM 10, 1/2014, S. 35-37, hier S. 36.
37   Mersch (2006): S. 17.
38   Ebd. S. 224.
39   Ebd. S. 226.
40   Ebd. S. 17.
41   Sabisch, Andrea / Wollberg, Ole / Zahn, Manuel (2017): Ästhetische Praxis und schweigendes Wissen. In: Budde / Hietzge / Kraus / Wulf (Hrsg.): S. 79-91, hier S. 87.
42   Ebd. S. 88.

Farockis nicht an gegenwärtige filmkulturelle Praxis an und ist auch stummer als es ein historischer Stummfilm jemals war, denn diese wurden bei ihrer Aufführung musikalisch begleitet.[43] Allein die filmischen Aufnahmen und eingefügten Texttafeln stehen den Zuschauenden zur Verfügung; das verstärkt die Stille, die bei diesem Thema fast unerträglich wird. Diese Stille gibt auch viel Raum für die eigene Auseinandersetzung mit den historischen Aufnahmen, die in *Aufschub* mehr befragt als eindeutig festgeschrieben werden.

Ohne Ton fehlt auch jegliche musikalische Untermalung und auditive Lenkung, die über die produktionsbedingten technischen Mängel hinwegtäuschen würde. Denn in *Aufschub* wurde nicht auf die Einstellungen verzichtet, die Breslauer aus Mangel an Erfahrung mit der verwendeten Filmkamera misslungen sind. Fortwährende Unschärfen, Verwacklungen, Probleme mit der Lichtsituation verstärken ästhetisch den überlieferten Status dieses Films: Es gilt, eine kritische Analyse der historischen Aufnahmen zu wagen. Dazu gehört es, die filmische Materialität nicht zu überdecken, sondern sie gerade zu thematisieren.

Das Montieren von Aufnahmen wird als eine epistemische Praxis des Films in *Aufschub* offen verhandelt und tritt hier als wichtiger Aspekt dieses Mediums aus seiner ansonsten meist übersehenen Erscheinung: Sowohl der Schnitt zwischen den Aufnahmen als auch dessen Zusammensetzung durch die Montage sind in *Aufschub* so befremdlich, dass sie Aufmerksamkeit erzeugen können; dadurch wird die an filmische Konvention gewohnte Betrachtungsweise dazu verleitet, dieses filmische Mittel zu beachten. Dies wird besonders durch die schwarzen Schrifttafeln verstärkt, die zwischen den jeweiligen Sequenzen erscheinen und die dann meist länger eingeblendet werden, als es für das Lesen des Textes notwendig wäre. Die Bilderfolge wird beständig hart unterbrochen, kommt sogar für kurze Momente zum Stehen. Dabei wurden die vom historischen Material selbst vorgegebenen Schnitte genutzt, um Texttafeln oder andere Filmabschnitte zu platzieren. Die langen Einstellungen des historischen Materials werden nicht durch Zusammenschnitte beschleunigt oder dramaturgisch durch Kürzungen aufgepeitscht. Denn in *Aufschub* wird das Material einer ganzen Sequenz verwendet und nicht einzelne Kameraeinstellungen.

Die epistemische Funktion der Montage Sinn zu generieren, wird in *Aufschub* auf eine besondere Weise durch die künstlerische Strategie der Wiederholung deutlich: Mehrmals werden bestimmte Sequenzen des historischen Filmmaterials verwendet. Doch durch die Zusammenstellung mit anderen Texttafeln und Filmsequenzen befinden sich die gleichen Aufnahmen in unterschiedlichen Kontexten und rufen sogleich andere Bedeutungen hervor. Offensiv wird dies im letzten Drittel des Films angesprochen: „Diese Bilder lassen sich auch anders lesen".[44] Das Bildmaterial wird durch die verschiedenen Texttafeln befragt und alternative Bilder zu den gesehenen evoziert. Auf diese Weise erhalten auch die mental verfügbaren Bilder des kollektiven Gedächtnisses – oder schemenhafte Imaginationen dessen – besonders zwischen den histori-

---

43 Vgl. zur musikalischen Begleitung von Stummfilmen: Fabich, Rainer (1993): Musik für den Stummfilm. Analysierende Beschreibung originaler Filmkompositionen, Frankfurt a.M. / New York; Fabich, Rainer (2015): Von Kinokapellen und Klavierillustratoren. Die Ära der Stummfilmmusik. In: Bundeszentrale für politische Bildung https://www.bpb.de/geschichte/zeitgeschichte/sound-des-jahrhunderts/209733/stummfilmmusik (05.05.2020).

44 *Aufschub*, TC: 00:25:42.

schen Aufnahmen ihren Platz. Gerade, weil mit den schwarzen Texttafeln so markant in den Fluss der Bilder eingegriffen wird und nicht das Gesehene einfach sprachlich verdoppelt erscheint, sondern es in Frage gestellt und auch auf Nicht-Sichtbares rekurriert wird, rückt die zentrale Filmtechnik der Montage in den Fokus. Der Umgang mit montierten Filmaufnahmen verliert hier seinen selbstverständlichen, vorreflexiven Status und wird als implizites Wissen im Sinne eines medialen Könnens thematisch.

Über Konventionsbrüche mit den etablierten Continuity-Regeln der Filmproduktion[45] tritt zu Tage, was ansonsten meist nicht offen verhandelt wird und als Erfahrungswissen im Zuge einer gekonnten Rezeption fortwährend erlangt und latent verfügbar ist. In *Aufschub* ist es die Sinngenerierung durch die Zusammenstellung der Bilderabfolge, die selbst zum vordergründigen Gegenstand der Darstellung wird. Dadurch wird die Reflexion eines Wissens angebahnt, das in den meisten Filmen nur zur Anwendung kommt. Denn es zeichnet das filmkulturelle Umgangswissen aus, dass es aus einem Aneignungsgeschehen im Kontakt mit Filmen hervorgeht. In diesem fortwährenden Prozess geschieht eine Integration in das Praxisfeld der Filmkultur, damit eine rezeptive Partizipation möglich ist. Dabei fällt ganz allgemein betrachtet das Erlernen einer Praxis – wie der Filmkulturpraxis – mit dem Ausüben praxisspezifischen Wissens zusammen. Beides – das Praxiswissen selbst und dessen Weitergabe – beschreibt Larissa Schindler 2017 als implizit: „Zum einen ist das zu vermittelnde Wissen sehr häufig ein praktisches und damit weitgehend schweigsames Wissen, zum anderen ist die Form der Weitergabe zumindest partiell schweigsam."[46] Auch auf den Film trifft dies zu: Wenn die Filmrezeption nicht durch spezifische wissenschaftliche oder pädagogische Interaktion gerahmt und hervorgehoben wird, geschieht der Erwerb des filmkulturellen Umgangswissens meist vorreflexiv. Sowohl das filmkulturelle Wissen selbst als auch der Modus der Vermittlung hat meist einen impliziten Status.

In Anlehnung an Wittgenstein und den Pragmatismus arbeitete Gilbert Ryle Ende der 1960er Jahre das Begriffspaar *knowing how* und *knowing that* heraus.[47] Im Unterschied zum regelgeleiteten, theoretischen Wissen (knowing that) wird das gekonnte Praktizieren (knowing how) vielfach ohne die Fähigkeit zur Artikulation von Regeln vollzogen. Vielmehr wird das Können im Anschluss an Ryle gegenwärtig in der sozialwissenschaftlichen Praxistheorie als eine komplexe Verfasstheit gedacht, „die nicht durch bewusstes Regellernen oder die Akkumulation theoretischen Wissens, sondern im Praktizieren selbst erworben werde"[48], wie es Kristina Brümmer und Thomas Alkemeyer 2017 allgemein beschreiben. Im Sinne eines Vollzugswissens ermöglicht das Können den Umgang mit Menschen, Situationen, Dingen und Zuständen, was aus einer Vertrautheit mit der umgebenden Welt hervorgeht. Das Können befähigt zum

---

45 Vgl. hierzu auch den Abschnitt zu Schnitt, Montage und Continuity-Regeln S. 37f.
46 Schindler, Larissa (2017): Situiertheit des Lernens. In: Budde / Hietzge / Kraus / Wulf (Hrsg.): S. 659-671, hier S. 659. Vgl. hierzu auch Meyer-Drawe (2008): S. 90.
47 Vgl. Ryle, Gilbert (1969): Der Begriff des Geistes, Stuttgart. Bereits vor ihm diskutiert William James mit der Unterscheidung zwischen knowledge of acquaintance und knowledge about eine vergleichbare Dichotomie. Dabei versteht er knowledge of acquaintance als ein dem Gefühl verwandtes Wissen von Vertrautheit und Umgang, das er in Bezug setzt zu einem Aussagewissen, dem knowledge about. James, William (1911 [1885]): The function of cognition. In: Ders.: The meaning of truth. New York, S. 1-42.
48 Brümmer/ Alkemeyer (2017): S. 35.

Handeln und steht auch in einem Wechselverhältnis zu expliziten Wissensformen. Der Großteil alltäglicher Handlungen – zu der auch der Medienumgang gehört – geschieht unter Rückgriff auf implizites Wissen im Sinne eines Könnens und dient konkret der Lebensführung.

Von dieser Form des schweigenden Wissens im Sinn eines Könnens geht laut Anja Kraus auch eine „eigentümliche und eindrucksvolle Sicherheit"[49] aus: Es ist so tief verankert, dass es uns auch bei neuen Unwägbarkeiten absichert. Das Können ermöglicht auch spontane Anpassungsleistungen, Reaktionen oder neue Lösungsansätze.

> „Findig wird eine Situation so umgestaltet, dass sie bewältigt werden kann. […] Wenn sich diese Findigkeit auch nicht immer, und wenn, so nur im Nachhinein, rational begründen lässt, führt sie doch zu funktional und anschaulich schlüssigen Ergebnissen",[50] wie Anja Kraus 2017 formuliert.

Diese findigen und spontanen Anpassungsleistungen zeigen sich auch bei der Rezeption von Filmen, wenn neue Darstellungsweisen bewältigt werden müssen. Denn obwohl Filme aus Konventionen hervorgehen, ist jeder weitere Film kein vollkommen vorhersehbares Ereignis – kein erneutes Angebot, das so bereits schon bekannt ist. Dieses Spannungsverhältnis von „Vorhersehbarkeit und Unvorhersehbarkeit"[51] arbeitete Casetti 1999 exemplarisch für die Genrekonventionen heraus: „Wir schreiben jedem festgelegten Element bestimmte allgemeine Charakteristika zu, sind aber zugleich jederzeit bereit, diese Charakteristika neu zu bestimmen, wenn es die Interaktion verlangt."[52] Das Können ist also nicht nur in den Vorgängen der routinierten Wiederholung – der regelbehafteten Handlung – zu verorten, sondern ermöglicht insbesondere auch den Umgang mit neuen situativen Unberechenbarkeiten. „Dieses Wissen liegt", Budde u.a. zufolge, „weniger in kanonisierter als vielmehr in flexibler, vielfältiger, hybrider und damit – scheinbar – ‚spontaner' Form vor."[53] Auch das Erfahrungswissen im Umgang mit Filmen bietet im Kontakt mit unvorhersehbaren formalen oder inhaltlichen Brüchen und Variationen Bewältigungsstrategien im Rezeptionsprozess – vielfach spontan und unbemerkt.

Erinnerungskulturelle und mediale Routinen

Anfang 1944, als die meisten von Verfolgung bedrohten Personen aus den Niederlanden bereits deportiert worden waren, plante die Lagerleitung den Standort Westerbork zu einem Arbeitslager umzuwandeln. Da den leitenden Nationalsozialisten nach der Schließung des Lagers die Versetzung in die lebensgefährlichen Einsatzgebiete an der Ostfront drohte, hatten sie ein persönliches Interesse am Erhalt Westerborks als

---

49 Kraus, Anja (2017): Können lernen. In: Budde / Hietzge / Kraus / Wulf (Hrsg.): S. 826-838, hier S. 835.
50 Ebd. S. 835.
51 Casetti, Francesco (2001 [1999]): Filmgenres, Verständigungsvorgänge und kommunikativer Vertrag. In: montage AV, 10/2/2001, S. 155-173, S. 163.
52 Ebd. S. 170.
53 Budde / Hietzge / Kraus / Wulf (2017): S. 11.

(Zwangs-)Arbeitsstätte.[54] Weil der Beginn des Filmprojekts in diesen Zeitraum fällt, liegt es nahe, zu vermuten, dass der Film, den Breslauer erstellen sollte, dem Zweck zu dienen hatte, das Lager in seiner Funktion als produktive Arbeitsstätte zu bewerben. Diese Vermutung erhärtet sich mit Blick auf die erhalten gebliebene Rohfassung des Filmmaterials. Neben der Tatsache, dass der Großteil der historischen Aufnahmen von Breslauer den Organisations- und Arbeitsabläufen gewidmet ist, verweist Lindeperg 2013 in diesem Zusammenhang auf die fast 15 Minuten langen Aufnahmen von der Recyclingkette ausgedienter Flugzeugmotoren.[55] Doch nach der Befreiung der Lager und nach Ende des Krieges erhielten nicht diese Bilder der Wohn-, Lebens-, Verwaltung- und Arbeitssituationen eine erinnerungskulturelle Bedeutung, sondern nur die Aufnahmen von den eintreffenden und abfahrenden Zügen. Gerade diese Bilder der Deportation nahmen beginnend mit der Verwendung als Beweismaterial im Prozess gegen den letzten Lagerleiter Gemmeker[56] eine bedeutsame Stellung in Filmen, Fernsehbeiträgen, Ausstellungen, Büchern und Zeitschriften ein. Immer wieder neu zusammengestellt, beschnitten, montiert und ihrem Produktionskontext entrissen, zirkulieren diese Aufnahmen der Transporte bis heute und werden je nach Zusammenhang mit neuer Bedeutung aufgeladen. „Wie ein Körper, der sich selbst fremd geworden ist, wurden sie aus dem unvollendeten Film geschnitten, aber nur selten in Beziehung zu den anderen Sequenzen gesetzt"[57], wie Lindeperg 2013 kritisch anmerkt.

Diese Reduktion des gesamten historischen Filmmaterials auf die Deportationen wird explizit in *Aufschub* problematisiert. Besonders die Aufnahmen, die von einem ausgelassenen, entspannten Zustand der Insassen bestimmt sind, pflegten in der Rezeptionsgeschichte bisher ein Schattendasein. „Diese Bilder werden kaum je gezeigt […] wohl um ein falsches Bild von den Lagern zu vermeiden",[58] wie es in *Aufschub* heißt. Zwischen die Aufnahmen von fröhlich turnenden Frauen wurden Texttafeln platziert, damit ihre erinnerungskulturelle Unsichtbarkeit thematisiert wird und die Suche nach Gründen anstoßen ist. Die übercodierte Eindeutigkeit der bekannten Aufnahmen von der Deportation wird durch die Kontrastierung mit dem selten veröffentlichten Material in Frage gestellt. Wie verengt ist unser Blick auf diesen Teil der Vergangenheit und haben daneben auch andere Bilder Platz? Welche Berechtigung können andere Bilder aufgrund des Ausgangs der Geschichte nationalsozialistischer Verfolgung und Ermordung überhaupt haben?

Indem durch *Aufschub* das kaum gesehene Material sichtbar wird, sein Stellenwert verhandelt und mit den bekannten Aufnahmen vom Bahngleis in Beziehung gesetzt erscheint, treten die bis in die Gegenwart dominanten visuellen Strategien zur Thematisierung dieser historischen Situation hervor. Es wird deutlich, dass über die Zeit

---

54 Lindeperg rekonstruiert die Beweggründe, Planung und Durchführung des unabgeschlossenen Filmprojektes und arbeitet dabei durch eine komparative Analyse mit anderen Filmen aus dem nationalsozialistischen Lagersystem die Besonderheiten der Filmaufnahmen von Breslauer heraus. Ihr zufolge zeugt gerade das Drehbuch zu den Filmaufnahmen in Westerbork von der Logik eines Industriefilms. Vgl. Lindeperg (2018 [2013]): S. 22.

55 Vgl. Lindeperg (2018 [2013]): S. 22.

56 Albert Konrad Gemmeker war ab Oktober 1942 Lagerkommandant. Er selbst ist auf den Aufnahmen mit den Deportationszügen sichtbar. *Aufschub*, TC: 00:04:57-00:05:29.

57 Lindeperg (2018 [2013]): S. 22.

58 *Aufschub*, TC: 00:31:06-00:31:25.

Abbildung 19: *Aufschub* TC: 00:35:35.

hinweg bestimmte Sichtordnungen zu den nationalsozialistischen Verbrechen medienübergreifend prädisponiert werden und damit routinierte Transaktionsräume von Sinngehalten entstehen. Gerade die Verwendung der Aufnahmen Breslauers in dem Gerichtsprozess gegen Adolf Eichmann in Jerusalem 1961 gab insbesondere dem Bild des Mädchens (Abbildung 19), das aus dem fast geschlossenen Viehwaggon direkt in die Kamera schaut, den Status einer Ikone für den Genozid an den europäischen Juden. Bis in die 1990er Jahre hinein hielt sich diese Verknüpfung und wurde dann vom niederländischen Journalisten Aad Wagenaar widerlegt.[59] Auf Grundlage der Filmaufnahmen von Breslauer konnte er die Identität des Mädchens zurückverfolgen und die bisherigen Annahmen revidieren. Das Mädchen hieß Anna Maria ‚Settela' Steinbach und sie wurde nur 9 Jahre alt, weil sie kurz nach der Deportation im Mai 1944 in Auschwitz zusammen mit ihren Geschwistern und ihrer Mutter ermordet wurde. Sie war eine Sintiza und keine Jüdin. Damit bekam der bis in die 1980er Jahre kaum beachtete Genozid an den europäischen Sinti und Roma ein Gesicht. Und der „vergessene Holocaust" an 500.000 Sinti und Roma erhielt endlich eine Sichtbarkeit, wie es Zoni Weisz im Gedenken an die schwierige Anerkennung der historischen Ereignisse in seiner Rede vor dem Deutschen Bundestag zum Gedenktag für die Opfer des Nationalsozialismus am 27. Januar 2011 formulierte.[60] Anhand dieses Beispiels zeigt sich,

---

59 Vgl. Wagenaar, Aad (2005 [1995]): Settela, Nottingham. Im Film *Settela. Visage du Passé* (1994) hat Cherry Duyns wichtige Stationen dieser Suche rekonstruiert.

60 https://www.bundestag.de/rede (15.12.2019); vgl. Weisz, Zoni (2011): Ein immer noch vergessener Holocaust – Essay. In: Aus Politik und Zeitgeschichte, Sinti und Roma, Heft 22-23/2011, S. 3-8. Ein Teil seiner Familie wurde über Westerbork in osteuropäische Vernichtungs- und Konzentrationslager deportiert und dort ermordet.

wie Filmaufnahmen Teil eines komplexen Wissensclusters sind – in diesem Fall zu den historischen Ereignissen der genozidalen Politik des nationalsozialistischen Regimes und seiner Verbündeten. Dabei formen sich die Wissensbestände der Praxis von Erinnerungskulturen fortwährend medienübergreifend aus und zwar anteilig explizit als dezidiert thematisierte Elemente von Diskursen und ebenso auch in Teilen implizit, ohne dass eine konkret beabsichtigte Reflexion stattfindet.

Bezugnehmend auf die Herausbildungsprozesse von Praxiswissen lässt sich mit Iris Clemens (2017) die „Untrennbarkeit von Wissen und Sozialität" hervorheben: „Wie, warum, weshalb sollte eine beliebige Wissensform entstanden sein, wenn nicht innerhalb einer sozialen Formation und auf sie bezogen, und damit gleichzeitig als ein konstitutiver Teil eben dieser Formation?"[61] Und Clemens führt mit Verweis auf Patricia Greenfield ihre Annahme weiter aus: Wissen und Sozialität stehen in einem kontingenten Abhängigkeitsverhältnis zueinander; sie bilden sich nur da aus, wo bestimmte Fähigkeiten durch die soziale Figuration bzw. Kultur gefordert werden. „Eine Fähigkeit, die in der sozialen Figuration keinerlei Vorbild, Geschichten, Anschlussmöglichkeiten etc. bietet, wird sich kaum entwickeln."[62] Natürlich unterliegt dieser Prozess Wandlungen, denn mit jeder Orientierung an Bestehendem vollzieht sich bewusst oder unbewusst auch eine veränderte Neuauflage, Variation oder Kombination des Wissens.[63] Dies geschieht nicht im Sinne einer linearen Fortschrittsentwicklung oder einer geregelten steten Zunahme von Wissen, sondern unterliegt pluralen, vielfach auch gegensätzlichen Strukturen und brüchigen Verläufen, die aus einer soziokulturellen Dynamik hervorgehen. Gerade im Hinblick auf die Konstitution impliziten Wissens benennt Iris Clemens die feststellbaren Verwerfungen, Diskontinuitäten und Widersprüche als einen „Prozess der sozialen Evolution von schweigendem Wissen"[64]. Damit Wissen unter den Vorzeichen von Kontingenz und Kohärenz erfasst werden kann, muss sowohl das materialisierte und immaterielle Wissen als auch der Mensch in seiner Widersprüchlichkeit und Alterität erkannt werden.

Eine weitere grundlegende generative Dimension impliziter und expliziter Wissensformen ist neben den soziokulturellen Kontexten die Medialität. Wissen muss nach den Überlegungen des Erziehungswissenschaftlers Benjamin Jörissen (2017) besonders auch im Hinblick auf seine mediale Verfasstheit diskutiert werden. Denn Jörissen zufolge „lassen sich sowohl implizites und explizites Wissen als auch die Dynamiken zwischen beiden Wissensformen nicht außerhalb medientheoretischer Positionierungen klären." Diese medientheoretische Reflexion führt laut Jörissen auch in der aktuellen Forschung selbst vielfach ein Schattendasein und liegt wissenschaftlichen Positionen meist nur implizit vor:

---

61 Clemens (2017): S. 49.
62 Ebd. S. 49.
63 Es gilt nach Schäfer, „sowohl die allgemeine Beharrungskraft und Stabilität als auch die spontane Transformationsfähigkeit sozialer Praxis analytisch zu erfassen." Schäfer, Hilmar (2016): Praxis der Wiederholung. Das Denken der Interabilität und seine Konsequenzen für eine Methodologie praxeologischer Forschung. In: Ders. (Hrsg.): Praxistheorie. Ein soziologisches Forschungsprogramm, Bielefeld S. 137-159, hier S. 139.
64 Clemens (2017): S. 48.

„Man geht dann von einem impliziten Wissen oder vielmehr einem impliziten Einverständnis darüber aus, was das Mediale ausmacht, oder auch darüber, dass das Mediale sich ohnehin nicht theoretisch fixieren ließe und man es daher nur als transmorphes Moment historisch wandelnder Funktionsbedarfe (im Hinblick auf Kommunikation, Interaktion und Komplexitätsbewältigung) begreifen kann."[65]

Darüber hinaus verweist Jörissen auch darauf, dass sowohl das Denken über Wissen als auch die vom Wissen evozierten Denkbewegungen an Medialität gebunden sind, „dass es also einen medienstrukturellen Bias der Wissensproduktion und -reflexion gibt"[66], in dem die verschiedenen medialen Entwicklungen – unter anderem tausende Jahre Schrift- und Buchkultur, 180 Jahre Foto- und 130 Jahre Filmproduktion usw. – ihre Spuren hinterlassen haben.[67] Die technischen und ästhetischen Standards der unterschiedlichen Medien gehen sowohl aus den Bedingungen der vorherigen und gegenwärtigen Medienensembles als auch aus den soziokulturellen Entwicklungen hervor und beeinflussen diese ebenfalls. Diese Prozesse bestimmen die möglichen Ausprägungen von Wissen in impliziter und expliziter Form. Demnach gilt es Wissen auf zwei Ebenen (samt den Bezügen untereinander) im Blick zu haben: 1. medieninhärente Wissensbestände, die sich mit der spezifischen Medienstruktur des jeweiligen Mediums ausbilden und 2. medienübergreifende intermediale Wissensbestände, die über Zeiträume hinweg in der Kultur zirkulieren und in immer wieder andere Medien überführt werden. Medien können in diesem Sinne sowohl als das Ergebnis menschlicher Praxis als auch als ihr Ausgangspunkt gefasst werden, weil sie Wahrnehmungs-, Denk- und Handlungsweisen grundlegend präfigurieren und in alle Praxen hin ausstrahlen.

Der Film als (globaler) Bedeutungsträger besteht im hohen Maße aus medialen Routinen und wird in *Aufschub* auch auf seine Produktionsabläufe hin befragt. Die Informationen über die Entstehung des historischen Filmmaterials, die beteiligten Instanzen und Personen werden hier nicht als Fußnote im Abspann platziert, sondern rücken ins Zentrum des Films, wodurch ebenfalls dieser Teil des Impliziten eines Films thematisiert wird. Trotz oder gerade wegen der besonderen Situation in Westerbork werden diese historischen Filmaufnahmen in ihrem Status als Gemeinschaftsprodukt diskutiert, dessen Ermöglichung, Realisation und Veröffentlichung nicht auf eine einzelne Person zurückzuführen ist. Neben dem Kameramann Breslauer werden die Lagerleitung, die dargestellten Insassen und die Postproduktion in ihrer Bedeutung für das erhalten gebliebene Filmmaterial diskutiert – jede Instanz mit eigenen Interessen und Sichtweisen auf das Filmgeschehen. Dass jeder Film aus dem Zusammenwirken verschiedener Einzelpersonen, den institutionellen und gesellschaftlichen Strukturen hervorgeht, gerät ansonsten vielfach für die Filmzuschauenden ins Abseits. Dazu gehört die Offenlegung und Infragestellung der Rezeptionsgeschichte der historischen Filmaufnahmen. In *Aufschub* wurden die Filmaufnahmen Breslauers nicht einfach unkommentiert übernommen und in die eigene Narration eingefügt. Vielmehr werden durch die Einbeziehung der Geschichte des historischen Filmmaterials Fragen zu erinnerungskulturellen und medialen Routinen angebahnt.

---

65 Jörissen (2017): S. 439f.
66 Ebd. S. 439.
67 Ebd. S. 439.

Im Umgang mit dem historischen Westerbork-Filmmaterial wird durch *Aufschub* mit der bisherigen Verwendungs- und Rezeptionsweise gebrochen. Für diesen Film wurden nicht nur andere Aufnahmen genutzt, sondern auch andere Fragen gestellt, um damit zu neuen Narrationen zu drängen und gerade zu den bekannten historischen Aufnahmen, die eine über 60-jährige internationale Rezeptionsgeschichte haben, andere Sichtweisen zu ermöglichen. Mit Doßmann lässt sich schlussfolgern: Statt dem „recht redundantem und gedankenarmen Gebrauch von den immergleichen Sequenzen aus Breslauers Aufnahmen" gelingt es Farocki „neue Wege durch das außergewöhnliche Material"[68] anzubieten.

Implizites Wissen als sinnlich-emotionale Responsivität

> „Der Himmel hängt tief und schwarz, im Lebensgefühl finden große Verschiebungen statt, und das Herz ist ganz grau und tausend Jahre alt."[69]

Aufschub enthält Szenen, die bisher aus Sorge um eine beschönigende und verharmlosende Darstellung kaum gezeigt wurden (Abbildungen 20a-d). Wenn bisher Sequenzen aus den Filmfragmenten von Rudolf Breslauer Verwendung fanden, dann nur solche, die zu den zirkulierenden Geschichtsnarrativen zum Holocaust passten: Zugeinfahrten und -ausfahrten als visuelle Belege für Deportationen. Die Emotionen, die beim heutigen Publikum als Wissende um die historischen Ereignisse aufkommen, stehen im Widerspruch zu den gezeigten Aufnahmen, die stellenweise auf eine ausgelassene, entspannte Stimmung schließen lassen. Denn „Bilder, die wir aus anderen Lagern kennen, überlagern Westerbork"[70] und mit ihnen auch die Gefühle, die zu den vergangenen Ereignissen aufkommen. In *Aufschub* fehlen all die Bilder, die seit der Befreiung der Lager zirkulieren und das Erinnern an die menschenvernichtenden Ereignisse mitbestimmen; sie bilden visuelle Leerstellen in diesem Film, die unweigerlich durch das Wissen der Zuschauenden um solche Bilder gefüllt werden. *Aufschub* zeichnet aus, dass dieses ambivalente Spannungsverhältnis zwischen der vermeintlichen Leichtigkeit der gefilmten Szenen und dem Wissen um den tödlichen Ausgang ins Zentrum der Betrachtung rückt. Diese Ambivalenz wird durch die angebahnte Assoziation mit den erinnerungskulturell zirkulierenden Bildern sogar verschärft. Der Filmwissenschaftler Thomas Elsaesser fasst *Aufschub* 2015 nicht als einen Film über den Holocaust auf, sondern als eine Reflexion über unsere Bilderwelt zu diesen Ereignissen.[71] Nicht die Generierung von propositionalem, expliziten Fakten-Wissen über

---

68 Doßmann (2018): S. 79.
69 Dies schrieb die in Westerbork inhaftierte Etty Hillesum am 3. Juli 1943 in einem Brief an die Freunde Klaas Smelik und Joseph Vleeschhouwer, um die Situation im Durchgangslager zu beschreiben. Hillesum, Etty (1983 [1941-1943]): Das denkende Herz der Baracke. Die Tagebücher von Etty Hillesum 1941-1943, hg. von Gaarlandt, Jan Geurt, Freiburg, S. 223.
70 Texttafel: *Aufschub*, TC: 00:27:33.
71 Elsaesser, Thomas (2015): Der Vergangenheit ihre Zukunft lassen. Harun Farockis Aufschub. In: Gonzáles de Reufels, Delia / Greiner, Raums / Pauleit, Winfried (Hrsg.): Film und Geschichte. Produktion und Erfahrung von Geschichte durch Bewegtbild und Ton, Berlin, S. 11-25, hier S. 18.

Abbildung 20a: *Aufschub* TC: 00:31:05.

Abbildung 20b: *Aufschub* TC: 00:31:06.

Abbildung 20c: *Aufschub* TC: 00:31:18.

Abbildung 20d: *Aufschub* TC: 00:31:22.

das nationalsozialistische Lagersystem steht im Vordergrund, sondern die Fragen von der Darstellbarkeit des Holocaust sowie der Bedeutung des erinnerungskulturellen Bilderfundus und seiner Zirkulation.

Mit *Aufschub* wird auch ein spezifisches, implizites Wissen generiert, das mit einem emotionalen Empfinden einhergeht. Es ist weder restlos verbalisierbar, noch eindeutig und auf alle Zeit statisch, aber es bestimmt die jeweilige Rezeption des Films wesentlich. Für den Filmwissenschaftler Florian Krautkrämer (2018) ist die emotionale Bedeutung aus einer heutigen Perspektive tiefgreifend, denn „Farockis Remontage schockiert. Die durch die Zwischentitel evozierten Bilder stammen aus dem kollektiven Bildergedächtnis und werden, auch wenn sie nur beschrieben werden, sehr wohl genutzt."[72] Dabei verweist Krautkrämer auf die Reflexionsfolie, vor der jede Darstellung der nationalsozialistischen Lager zu betrachten ist: „Bei der Frage, was man aus einem Lager zeigt und wie man ein Lager *repräsentiert*, ist insbesondere wegen der Bildpolitik der Nazis das Unsichtbare und Abwesende immer auch anwesend."[73] Die Grenzen zwischen dem visuell Erhaltenen, sichtbar Fassbaren und dem Undarstellbaren bzw. bildlich nicht Einholbaren werden mit dem historischen Filmmaterial in *Aufschub* ausgelotet und die Zuschauenden fragend in diesen Prozess mit einbezogen. Dieser Umgang mit Breslauers Filmaufnahmen ist ausgerichtet auf Zuschauende mit einer Anbindung an ein kollektives Bildergedächtnis, das den Holocaust erinnert. Es ist gerade der wissende Blick um den Ausgang der historischen Ereignisse, der hier

---

72 Krautkrämer, Florian (2018): Sichtbares lesen und Unsichtbares zeigen. Harun Farockis Remontage in seinem Film Aufschub. In: Ders. (Hrsg.): S. 7-19, hier S. 15.
73 Ebd. S. 16.

angesprochen wird. Hierzu werden in *Aufschub* insbesondere im letzten Drittel der Bildumgang und die Bildzirkulation verstärkt in den Mittelpunkt der Reflexion gerückt.

Anders als beispielsweise in *Nacht und Nebel* werden die friedlich wirkenden Szenen aus Westerbork in *Aufschub* nicht durch die Montage mit anderen Film- und Fotoaufnahmen erschüttert.[74] Derlei Praxis bedarf es scheinbar gar nicht (mehr), denn es reicht aus, diese Bilder mittels der Texttafeln von 2007 zu evozieren, um die historischen Aufnahmen aus Westerbork zu beunruhigen und ihnen die Wucht ihrer Bedeutung zurückzugeben. Auf die Filmaufnahmen einer Gruppe ruhender Feldarbeiterinnen und Feldarbeiter, die in gelöster Atmosphäre ihre Pause liegend im Gras verbringen, folgt der Hinweis auf „das Bild von den Toten unter freiem Himmel in Bergen-Belsen"[75] (Abbildungen 21a-d). Der daran anschließende Schwenk über die gleiche pausierende Gruppe ist anders emotional aufgeladen. Die Heiterkeit ist gebrochen und wird emotional überlagert von der Ambivalenz zwischen dem Sichtbaren und dem imaginativ Erzeugten. Auf diese Szene folgen weitere Sequenzen, in denen gleich verfahren wurde. Die gefilmten Laboranten bei ihrer Tätigkeit werden über die Texttafeln assoziativ verbunden mit den „Menschen-Versuche[n] in Auschwitz und Dachau"[76] (Abbildungen 22a-c). Über die Szene einer Zahnbehandlung im Krankenhaus in Westerbork legt sich die Erinnerung an die menschenverachtende Praxis aus Auschwitz, bei der Inhaftierte den Ermordeten das Zahngold aus dem Mund brechen mussten (Abbildung 23). Ebenso steht die gefilmte Demontage-Arbeit in Westerbork durch die eingefügte Texttafel in einem ambivalenten Spannungsverhältnis zu den nationalsozialistischen Verwertungsbestrebungen, die über die materiellen Güter hinaus auch die Köper der Häftlinge erfassten. „Die Haare der Lebenden und die Knochen der Toten"[77] stehen durch die Filmmontage imaginativ in Verbindung mit den Zerlegungsprozessen von Kabeln und Drähten. Und an dieser Stelle irritiert eine weitere Aufforderung: „Zugleich gilt es, das Lächeln dieser Frauen wahrzunehmen"[78] (Abbildungen 24a,b). Es gehört zur filmischen Reflexionspraxis in *Aufschub*, die historischen Aufnahmen von Breslauer nicht auf eine Deutung hin festzuschreiben, sondern sie vielmehr in Ambivalenzen verstrickt zu präsentieren und damit einen emotionalen Resonanzraum voller Widersprüche zu schaffen. Hier wird das implizite, nicht-propositionale Wissen im Sinne eines sinnlich emotionalen Empfindens immer wieder in Aufruhr versetzt – die harmlos erscheinenden Situationen wurden durch gezielte Kommentare über die Texttafeln beunruhigt. Um der Gefahr zu entgehen, dass die gezeigten historischen

---

74 Lindeperg beschreibt die Verwendung des Filmmaterials von Breslauer in *Nacht und Nebel* (1956): Zwischen die ruhigen Bilder vom Bahnsteig werden in *Nacht und Nebel* andere Bilder montiert, die eine neue Dynamik und Dramatik suggerieren. „Mit einer Geste, bei der die Intuition dem Wissen vorausgeht, gelingt es Resnais, die friedlichen Szenen aus Westerbork zu *erschüttern*." Lindeperg (2018 [2013]): S. 53. Vgl. auch Lindepergs Monographie zu *Nacht und Nebel*, in der sie hervorhebt, dass durch das Einfügen weiterer Sequenzen in *Nacht und Nebel* „Unruhe in der trügerischen Unbeschwertheit der Westerborker Szenen" gestiftet wird. Lindeperg, Sylvie (2010 [2007]): „Nacht und Nebel". Ein Film in der Geschichte, Berlin, S. 79.

75 *Aufschub*, TC: 00:27:51.

76 *Aufschub*, TC: 00:28:28.

77 *Aufschub*, TC: 00:30:03.

78 *Aufschub*, TC: 00:30:33.

Filmische Wissensformen – mediale Praktiken, Konventionen und Formen 117

Abbildung 21a: *Aufschub* TC: 00:27:29.

Abbildung 21b: *Aufschub* TC: 00:27:38.

Abbildung 21c: *Aufschub* TC: 00:27:42.

Abbildung 21d: *Aufschub* TC: 00:27:54.

Abbildung 22a: *Aufschub* TC: 00:28:12.

Abbildung 22b: *Aufschub* TC: 00:28:17.

Abbildung 22c: *Aufschub* TC: 00:28:32.

Abbildung 23: *Aufschub* TC: 00:28:58.

Abbildung 24a: *Aufschub* TC: 00:30:28.   Abbildung 24b: *Aufschub* TC: 00:30:34.

Aufnahmen von Westerbork einen falschen Eindruck erzeugen könnten und sich das Gefühl einer friedlichen, entspannten Stimmung einstellt, wird das Nicht-Sichtbare hinzugezogen. Diese evozierten Bilder werden zur Reflexionsfolie der Rezeption und erweitern dadurch das Spektrum möglicher Empfindungen – Gegensätze und Amivalenzen stellen sich ein. Die Spannweite von ansonsten unvereinbaren Gefühlen wird hier zusammengebracht und immer wieder thematisiert.

Das historische Filmmaterial fordert durch seine Fragmentarität und visuell latente Offenheit einen sensiblen Umgang ein. Denn nicht nur die Umstände seiner Entstehung – von einem Häftling im Auftrag der Lagerleitung angefertigt – lassen auf einen schwierigen Status schließen, sondern gerade die Spezifik eines Durchgangslagers als Transitraum des nationalsozialistischen Gewaltregimes ist verhängnisvoll: „Dort wurden die Verfolgten auf Abruf gehalten für ihre fortgesetzten, von Berlin aus getakteten Deportationen in Konzentrationslager, Ghettos und als Lager getarnte Tötungsanlagen"[79], wie es Axel Doßmann 2018 auf den Punkt bringt. Westerbork war nicht das Ende, sondern mit einer der Anfänge der Macht- und Gewaltausübung, der Verachtung und Vernichtung. Die hier inhaftierten Personen wurden ihrem Leben entrissen und einer unklaren Zukunft ausgesetzt. Wie unbegreiflich und bedrohlich die Situation von den Insassen empfunden worden ist, wird auch anhand eines Kommentars der inhaftierten Elly Hillesum vom 3. Juli 1943 deutlich:

> „Am frühen Morgen wurden die Menschen in leere Güterwaggons gepfercht. [...] Und dann weitere drei Tage lang in Richtung Osten. Papiermatratzen auf dem Boden für die Kranken. Im übrigen kahle Waggons mit einer Tonne in der Mitte. Ungefähr 70 Menschen in einem geschlossenen Waggon. Man darf nur einen Brotbeutel mitnehmen. Ich frage mich, wie viele lebend ankommen. Und meine Eltern bereiten sich auf einen solchen Transport vor [...]. Neulich ging ich mit meinem Vater in der staubigen Sandwüste spazieren [...]. Er sagte sehr freundlich und ruhig wie beiläufig: ‚Eigentlich würde ich am liebsten schnell nach Polen kommen, dann habe ich es um so rascher überstanden, in drei Tagen bin ich tot, es hat ja keinen Sinn mehr, dieses menschenunwürdige Dasein fortzusetzen. Und warum sollte mir nicht auch geschehen, was tausend anderen geschieht?'"[80]

---

79 Doßmann (2018): S. 71.
80 Etty Hillesum in einem Brief an die Freunde Klaas Smelik und Joseph Vleeschhouwer. Hillesum (1983 [1941-1943]): S. 223f.

In den Aufnahmen sind die Zukunftserwartungen und -sorgen der am Film Beteiligten und Dargestellten enthalten. Diese „vergangene Zukunft"[81], wie es Reinhart Koselleck Ende der 1970er Jahre im Hinblick auf eine Theorie „geschichtlicher Zeit" genannt hat, schwingt als Bedeutungsdimension latent mit. „Welche Zukunftsvorstellungen, welche Ängste, welche Selbstvergewisserungen konnte Breslauer in Bilder übersetzen", fragt Doßmann auf Koselleck Bezug nehmend, „zumal wenn diese Aufnahmen doch in offiziellem Auftrag und unter den Bedingungen von Gefangenschaft in Lagern entstehen mussten?"[82] Breslauers Darstellungsweise des Lagers unterlag sicher einer dominanten Selbstzensur, besonders weil er das belichtete Filmmaterial zur Entwicklung durch externe Firmen aus der Hand geben musste.[83] Und dennoch ist sich Lindeperg 2013 sicher, dass die Aufnahmen von Breslauer die Machtstrukturen der Nazis nicht ungebrochen wiedergeben: Denn die Aufnahmen „suggerieren einen Hauch von Autonomie und lassen eine mögliche Doppeldeutigkeit des Films erahnen."[84] Diese Annahme Lindepergs betont ebenfalls die Bedeutung impliziten Wissens im Sinne einer emotionalen Responsivität beim rezeptiven Umgang mit dem Filmmaterial.

Da Breslauers Sequenzen so unfertig und offen sind, wurde *Aufschub* darauf ausgelegt, diese Mehrdeutigkeit herauszuarbeiten und die verschiedenen Gefühle – die zuweilen widersprüchlich sind – in der Begegnung mit dem historischen Material offensiv zum Thema zu machen. Lindeperg zufolge hinterlassen die Aufnahmen einen „diffusen Eindruck", weil es den Anschein hat, als würden die Insassen „ohne Feindseligkeit das Spiel des Films"[85] mitspielen. Die Szenen der Arbeit sind zwar durchkomponiert und inszeniert, aber die Mithäftlinge verfallen nicht in ein fiktives Schauspiel. Die gefilmten Insassen erwecken den Eindruck, sich mit der Zwangsarbeit arrangiert zu haben, weil sie als letzter Ausweg erscheint, die Deportation so verzögern zu können. Hin und wieder erblicken wir die Gefilmten in gelöster Stimmung, sie lächeln sogar. (Abbildungen 20c und 24a) Ob dies eine für die Kamera inszenierte Gefühlslage ist oder der tatsächlichen Situation entspricht, bleibt im Film offen. Ist es eine Geste der Selbstbehauptung oder die gespielte Stimmung in einer menschenverachtenden Lebenssituation oder der Wunsch nach Aufschub adressiert an die Lagerleitung oder eine Sympathie vermittelnde Reaktion auf den filmenden Mithäftling Breslauer? Es bleibt offen, ob sich in der entspannten Atmosphäre und insbesondere in dem Lächeln vieler Insassen der Darstellungswunsch der Häftlinge, des Kameramannes oder der Lagerleitung widerspiegelt. Die meisten Sequenzen bleiben ambivalent, weil vieles nicht gezeigt wird und weitestgehend unsichtbar bleibt. Anders als bei den meisten Filmaufnahmen aus den Ghettos in Łódź oder Warschau[86], wo das Herrschaftsver-

---

81 Koselleck, Reinhart (1995 [1979]): Vergangene Zukunft. Zur Semantik geschichtlicher Zeiten, 3. Aufl., Frankfurt a.M.
82 Doßmann (2018): S. 88.
83 Ebd. S. 77.
84 Lindeperg (2018 [2013]): S. 31.
85 Ebd. S. 34.
86 Vgl. zu Filmaufnahmen aus Łódź, Theresienstadt und Warschau u.a.: Horstmann, Anja (2009): „Judenaufnahmen fürs Archiv" – Das dokumentarische Filmmaterial „Asien in Mitteleuropa". In: Medaon. Magazin für jüdisches Leben in Forschung und Bildung, 4 / 2009, S. 1-11; Horstmann, Anja (2013): Das Filmfragment „Ghetto" – erzwungene Realität und vorgeformte Bilder. In: Bundeszentrale für politische Bildung https://www.bpb.de/geschichte/nationalsozialismus/geheimsache-ghetto-

Abbildung 25: *Aufschub* TC: 00:32.07.

hältnis über die Kamera fortgesetzt wurde – auch weil dort anders als in Westerbork nicht ein Mithäftling filmte, sondern ein Nationalsozialist – begegnen uns in den Aufnahmen Breslauers keine Blicke der Abscheu, der Demut oder Scham. Diese Aufnahmen sind nur indirekt imprägniert von den rassistischen und völkischen Normvorstellungen der Nationalsozialisten.

Doch wer ist das *Wir* der gezeigten Gemeinschaft? Die Aufnahmen könnten für einen kurzen Moment den Eindruck erwecken, als könnten alle Insassen an dem gefilmten Sozial- und Arbeitsleben teilnehmen, dabei reduzierte sich der Aufenthalt für die meisten auf einige Tage oder Wochen. Die Strukturen und die Funktion des Lagers werden in den historischen Filmfragmenten so wenig verdeckt wie die fortwährende Bedrohung, die den Aufenthalt dort überschattete: „Seit Juli 1942, fast 2 Jahre lang, immer wieder das gleiche Bild: Transport."[87] (Abbildung 25) So steht es auf einer historischen Schrifttafel von 1944, die parallel zu den Filmaufnahmen angefertigt wurde und in *Aufschub* zur Verdeutlichung des Bedrohungsszenarios dieses Ortes übernommen wurde. Diese ambivalente Situation in Westerbork beschreibt auch die inhaftierte Etty Hillesum in ihren Tagebüchern: Die Haftbedingungen waren zwar erträglich, doch über allem lag der drohende Schatten der Deportation. Natürlich waren das beengte Leben, der Freiheitsentzug und die klimatischen Bedingungen der rauen

---

film/156549/das-filmfragment-ghetto?p=all (05.05.2020); Margry, Karel (1996): Das Konzentrationslager als Idylle. „Theresienstadt" – Ein Dokumentarfilm aus dem jüdischen Siedlungsgebiet. In: Fritz Bauer Institut (Hrsg.): Auschwitz: Geschichte, Rezeption und Wirkung. Jahrbuch 1996 zur Geschichte und Wirkung des Holocaust, Frankfurt a.M. / New York, S. 319-325; Hornshoj-Moeller, Stig (1995): Der ewige Jude. Quellenkritische Analyse eines antisemitischen Propagandafilms, Göttingen.

87 *Aufschub*, TC: 00:32:06.

Heidelandschaft Westerborks schwer zu ertragen, aber die Angst vor dem, was nach einer Deportation kommen könnte, war viel größer, auch wenn keine genauen Vorstellungen von dem zu Erwartenden bestanden.[88]

Die Hoffnung der Gefangenen klammerte sich an den Deportationsaufschub – *Aufschub* passenderweise der Titel der filmischen Arbeit von Farocki. Hoffnung – ein Gefühl, das für die Zuschauenden, die um die historische Entwicklung wissen, kaum zu ertragen ist, weil diese Hoffnung die Meisten nicht vor dem tödlichen Ausgang bewahrt hat. Lindeperg findet in ihrer Analyse von 2013 die treffende Metapher zur Verdeutlichung der Diskrepanz zwischen unserer Rezeptionsperspektive und dem Wissensstand der Inhaftierten von Westerbork: Das „Entwicklerbad der Geschichte"[89] zeigt uns sehr deutlich, was die totgeweihten Deportierten nur ahnen konnten. Ein Entwicklerbad, das an vielen Stellen Fotografien und Filme, Erzählungen und Dokumente hervorbrachte, die das menschenvernichtende Vorgehen der Nationalsozialisten bezeugen und seit 1945 zum Gegenstand verschiedener historiographischer Narrative wurde.

In welchem Spannungsverhältnis sich das Wissen, Ahnen, Hoffen und Vorstellen der Häftlinge über ihre eigene Zukunft befand, zeigt sich anschaulich an der Zeugenaussage von Joseph Melkmann im Eichmannprozess 1961. Über das Ziel der Deportationen schildert Melkmann, der von Juni 1943 bis Februar 1944 in Westerbork inhaftiert war: „Wir wussten nicht, dass das den sicheren Tod bedeutete", doch eine Vorahnung machte sich breit, denn „wir wussten, dass viele Juden nach Polen geschickt wurden, aber wir wussten nichts von ihrem Schicksal." Und Melkmann ergänzt seine Aussage um den Aspekt des Unvorstellbaren: „Aber selbst wenn wir es gewusst hätten, hätten wir nicht glauben können, das es tatsächlich passierte."[90] Was die Zukunftsperspektiven der gefilmten Insassen betrifft, sind heutige Zuschauende durch ihr historisches Wissen voreingenommen. So wird der tödliche Ausgang in der gelösten Atmosphäre auf dem Bahngleis, in den Werkstätten, im Krankenhaus und bei der Feldarbeit vielfach mitgedacht – zumindest von denjenigen, die um die Geschichte der genozidalen Politik des nationalsozialistischen Regimes wissen. Bei der heutigen Rezeption erscheinen diese Aufnahmen – mit den Worten Lindepergs – „in einer unerträglichen Leichtigkeit"[91], kennen viele doch den historischen Kontext dieser Szenen.

Nach dem Ende des nationalsozialistischen Gewaltregimes dominierte das Interesse, nur die Aufnahmen der Deportationen zu zeigen, sind diese doch leichter mit

---

88 Vgl. Hillesum (1983 [1941-1943])
89 Lindeperg (2018 [2013]): S. 41.
90 Eine vollständige Dokumentation von 200 Stunden Filmmaterial wurde aus Anlass des 50. Jahrestages von Yad Vashem – Internationale Holocaust Gedenkstätte auf ihrem YouTube-Kanal veröffentlicht. Zur Zeugenaussage von Joseph Melkmann im Eichmannprozess, Sitzung Nr. 34, 10.05.1961. https://www.youtube.com/watch?v=LhDtreuXvTo hier ab Minute 17:17 (12.11.2019) (Übersetzung E.N.) „We did not know that it was death, certain death. But I can say that I saw in the beginning of 1943, I saw an official list made for the Judenrat for the jewish elderscouncil and there it said, that apparently in Poland there are no fewer Jews than before. We had known that many Jews were sent to Poland but we did not know what was their fate. Even if we did know it we could not believe that it actually happened. I myself heard it with any degree of certainty later when I was in Bergen-Belsen and the first transports arrived there of people who had been in women's camps at Auschwitz. I spoke to the returnees and I heard about the gas chambers."
91 Lindeperg (2018 [2013]): S. 47.

der Tatsache des menschenvernichtenden Lagersystems in Einklang zu bringen: Mit der Wahl der passenden Einstellungen und Kontextualisierungen durch Schnitt und Montage ließen sich die ambivalenten Widersprüche zwischen gelöster Atmosphäre und hereinbrechender Lebensgefahr beheben. Seit der Projektion der Bahngleis-Aufnahmen im Dezember 1948 bei Gericht im Prozess gegen den Lagerleiter Albert Konrad Gemmeker zirkulieren nur diese Aufnahmen.[92] Auch zum Eichmann-Prozess 1961/62 werden genau diese Filmaufnahmen Breslauers hinzugezogen und gerinnen zu der ikonenhaften Einstellung des deportierten Mädchens, das in die Kamera blickt (Abbildung 19). Das gelingt mit diesem Bild gerade deshalb, weil sie eine Betroffenheit erzeugt. Denn diese Aufnahme evoziert das implizite Wissen der verübten Gewalt als ein verbal nicht einholbares Empfinden. Es erscheint, als wenn das Schicksal des Mädchens in diesem Bild vorweggenommen wird. Ihr Gesichtsausdruck und ihre unausweichliche Position in dem Zugwaggon, aus dem heraus sie die Zuschauenden direkt anblickt, wird durch die kompositorischen Elemente – Dunkelheit und Helligkeit, Kontrast und Reduktion – verstärkt. Unsere Blicke treffen sich und die vermutete Vorahnung und Sorge verstärkt sich besonders mit dem Wissen um das Sterben der meisten Deportierten – so auch der gefilmten Anna Maria ‚Settela' Steinbach, wie Wagenaar nachgewiesen hat.

> „Dass man das Mädchen direkt von vorne sieht, verstärkt die Kraft der Einstellung und trägt auch zu ihrer ‚ikonischen' Qualität bei. Dieses anonyme Gesicht steht nicht für sich selbst, sondern als eine historische Transzendenz. Im Nachhinein steht es für alle Verfolgten und bietet eine Projektions- und Identifikationsfläche an, einen sichtbaren Ausgangspunkt, um sich den Ereignissen zu nähern."[93]

Mit dieser Aussage hebt Sylvie Lindeperg hervor, wieso genau diese kurze Aufnahme eine solche Bedeutung erlangen konnte: Der kompositorische Aufbau und der Gesichtsausdruck verstärken sich gegenseitig und geben dem Bild die ikonische Qualität. Diese Aufnahme von Settela zirkulierte sowohl als singuläres Foto wie auch als Bewegtbild im kollektiven Gedächtnis globalen Ausmaßes. Dabei zeichnet sich diese Einstellung durch ihre Verweiskraft und ihr besonderes Verhältnis zur Zeitlichkeit aus. In der Mimik des Gesichts und der Position des Mädchens im Zugwaggon sind das vorher erlebte Trauma der Erniedrigung und die vorauseilende Prophezeiung des nahenden Todes vereint. Der verachtende Umgang mit den eintreffenden Sinti und Roma in Westerbork ist hier noch greifbar in dem Gesichtsausdruck und der visuellen Markierung des erniedrigenden Rituals der Rasur weiblicher Insassen.[94]

Die prägende Kraft solcher Bilder, die das Leid vorwegnehmen, liegt Susan Sontag (2003) zufolge auch in der besonderen Verbindung zwischen uns als Betrachtende und den Opfern: Denn,

> „man kann die Gesichter darauf lange ansehen und vermag doch das Rätselhafte – und Anstößige – solcher Komplizenschaft beim Zuschauen nicht zu ergründen. Noch be-

---

92 Vgl. Ebd. S. 51ff.
93 Ebd. S. 57.
94 Vgl. Ebd. S. 60 und Wagenaar (2005 [1995]).

stürzender ist es, wenn man Gelegenheit bekommt, Menschen zu betrachten, die wissen, daß sie zum Sterben verurteilt sind"[95].

Diesen Blick zu erwidern, wie es das Bild der Settela einfordert, kann tiefgreifende Gefühle auslösen: Bestürzung, Trauer, Ratlosigkeit, Angst. Diese kurze Aufnahme der Settela Steinbach gerinnt im Sinne Susan Sontags zu einem „Memento mori", das dazu verhilft „unseren Wirklichkeitssinn zu vertiefen".[96] Durch *Aufschub* erhält diese weltliche Ikone den angemessenen Raum der Begegnung und der Andacht, wie ihn Susan Sontag für diese Bilder einforderte. Zudem verhilft *Aufschub* zu einer angemessenen Hinwendung zu dieser Aufnahme, gerade weil dieses Bild der Settela Steinbach nicht singulär oder nur im Kontext der Deportationsszenen steht. Durch die emotionale Begegnung mit den Opfern in diesem Film werden die bekannten Gefühlsregime hinterfragt und ein eigenes Empfinden unter Berücksichtigung der Ambivalenzen des Ortes eingefordert.

Susan Sontag stellt sich nach der Betrachtung der Bilder von Leid, Krieg und Schrecken die pädagogisch relevante Frage, „was man mit den geweckten Gefühlen, dem übermittelten Wissen tun soll."[97] Sie kommt zu dem Schluss, dass die Reduktion allein auf das Empfinden von Empathie dazu führen kann, sich in Unschuld und Ohnmacht zu verlieren. Dadurch droht die Gefahr sich in eine falsche Komplizenschaft zu retten. Stattdessen plädiert sie dafür:

> „Das Mitgefühl, das wir für andere, vom Krieg und einer mörderischen Politik betroffene Menschen aufbringen, beiseite zu rücken und statt dessen darüber nachzudenken, wie unsere Privilegien und ihr Leid überhaupt auf der gleichen Landkarte Platz finden und wie diese Privilegien – auf eine Weise, die wir uns vielleicht lieber gar nicht vorstellen mögen – mit ihrem Leiden verbunden sind, [...] das ist eine Aufgabe, zu deren Bewältigung schmerzliche, aufwühlende Bilder allenfalls die Initialzündung geben können."[98]

Mit *Aufschub* können sich Betrachter*innen nicht in einer reinen Betroffenheits-Produktion verlieren. Hier wurde nicht die einheitliche Dramaturgie einer Gefühlsregung gewählt, sondern es wird ein implizites, verbal kaum einholbares Wissen im Sinne eines sinnlich emotionalen Empfindens erzeugt, das durch seine Ambivalenzen den Blick auf die Opfer nicht festschreibt. Weil sich in *Aufschub* von den emotionalen Klischees zu diesen historischen Ereignissen distanziert wurde, sie befragt und in ein Verhältnis gesetzt wurden, ist das implizite Gefühls-Wissen angereichert, vielfältiger und offen für die eigene Begegnung. Die filmische Reflexion der historischen Filmaufnahmen, wie sie in *Aufschub* angelegt ist, ermöglicht eine Begegnung mit der Geschichte, so wie sie Susan Sontag einfordert: Bedacht wird hier das ganze Ausmaß des filmischen Materials – und damit des Ortes und seiner Personen – in seiner Vielfalt mit all den Zwischentönen und Disharmonien entfaltet. Oder wie es der Filmwissenschaftler Thomas Elsaesser 2015 treffend formulierte:

---

95   Sontag, Susan (2008 [2003]): Das Leid anderer betrachten, 2. Aufl., Frankfurt a.M., S.72.
96   Ebd. S. 139.
97   Ebd. S. 118.
98   Ebd. S. 119.

> „In die klaustrophobische Welt der Holocausterinnerung schneidet der Film Atemlöcher, die der tragischen Geschichte von Westerbork einen Grad von utopischer Wirklichkeit innerhalb der schrecklichen Notwendigkeit zugesteht. Er tut es gerade durch die Unwahrscheinlichkeiten, die hier aufeinandertreffen"[99]

Aufschub enthält Stimmungen, sinnliche Reize und emotionswirksame Elemente, die ein uneindeutiges implizites Wissen im Sinne eines Gefühls, einer Ahnung auslösen. Dieses Empfinden ist vielfach nicht restlos verbalisierbar und bleibt oftmals im Vagen, aber es bestimmt ganz wesentlich mit, wie das Dargestellte rezipiert werden kann. Besonders der ambivalente Kontrast zwischen dem Wissen und Ahnen der Gefilmten und dem Wissenshorizont heutiger Rezipient*innen wird in Aufschub zur Quelle beunruhigenden Empfindens und sinnstiftenden Nachvollzugs.

Historiographische Erkenntnisleistung durch den Film

> „Das Filmmaterial ist so komplex wie die Geschichte des Holocaust selbst."[100]

Auch wenn sich Vergangenheit maßgeblich auf die Gegenwart auswirkt, bleibt sie un einholbarer Teil des Einstigen. Jedes Erinnern, Thematisieren, Analysieren und Re-Inszenieren kann die Vergangenheit in ihrer Komplexität niemals erfassen. Zudem unterscheiden sich die Erfahrungs- und Erkenntnishorizonte der Vergangenheit immer von denen der Gegenwart und verhindern einen konkreten Nachvollzug; einzig eine gewisse Näherung – mit all ihren fiktiven Anteilen – kann gelingen.

> „Geschichte kann man eben nicht sehen, hören und riechen – und doch versuchen Menschen mit Dokumenten, Zitaten und materiellen Spuren, mit eigener Sprache, eigenen Bildern, mit Montage und Vorstellungskraft sich ein Bild zu machen, uneinholbare Vergangenheit rekonstruierend als Geschichte zu vergegenwärtigen und dadurch (besser) zu verstehen."[101]

Damit bringt der Historiker Axel Doßmann 2018 auf den Punkt, was die geschichtswissenschaftliche Forschung, kulturelle, mediale, künstlerische und persönliche Beschäftigung mit vergangenen Ereignissen auszeichnet.

Mit dem Fokus auf das Prinzip der perspektivischen Wahrnehmung verdeutlicht der Historiker Reinhart Koselleck in den 1970er Jahren, dass Vergangenheit immer unter bestimmten Prämissen betrachtet und verhandelt wird – und das in jeder Zeit und aus jeder Position immer wieder anders.[102] Hierauf Bezug nehmend formuliert Habbo Knoch 2016 für die wissenschaftliche Geschichtsschreibung:

---

99 Elsaesser (2015): S. 22.

100 Rupnow bezieht sich in dieser Aussage auf das vielfältige historische Filmmaterial, das in der Zeit des Nationalsozialismus an den verschiedenen Stätten der Verbrechen entstanden ist. Rupnow (2013).

101 Doßmann (2018): S. 84.

102 „Wenn heute die Rede davon ist, daß jede historische Aussage standortgebunden sei, so erhebt sich kaum Widerspruch. Denn wer wollte leugnen, daß Geschichte aus verschiedenen Perspektiven

„Sie [die Historiographie] kann unabhängig vom Umfang der verfügbaren Quellen keine Wahrheit ‚an sich' behaupten, da ihr Gegenstand vergangen ist und immer der zeitbedingten Zusammenstellung, Ausrichtung und Interpretation unterliegt. [...] Historische Wahrheiten in diesem Sinne beruhen zwar auf ‚Tatsächlichkeiten', sind aber immer relativ und haben nur bei Einhaltung der intersubjektiv akzeptierten methodischen Prämissen Bestand."[103]

Dabei geht Reinhart Koselleck in einem Interview Ende der 1990er Jahre sogar so weit, zu sagen, dass auch die wissenschaftliche Geschichtsschreibung auf den Prinzipien der Fiktionalisierung beruht: „Historiker [...] urteilen entlang von Prämissen, die nicht in den Einzelquellen enthalten sind. Die historische Wahrheit ist [...] insoweit ein Stück Fiktionalität."[104] Oder wie es Achim Landwehr in seinem Essay 2016 pointiert zuspitzt: „Vom vergangenen Geschehen können wir nur mit Sicherheit sagen, dass es sich exakt so nicht abgespielt hat, wie wir es heute zur Darstellung bringen."[105] Diese Infragestellungen der Wahrheitsansprüche von historischen Narrativen sind spätestens mit Hayden Whites „Metahistory"[106] (1973) und den kritischen Ansätzen der Postmoderne Konsens geschichtswissenschaftlicher Forschung: Es gilt die Relativität von historischen Deutungen. Was für eine Gemeinschaft zur Geschichte wird, hat zudem in einem hohen Maße damit zu tun, mit welchem Interesse sich aus einer Gegenwart den vergangenen Ereignissen zugewendet wird. Auch die diversen Deutungs- und Repräsentationsinstanzen aus Politik, Wissenschaft, Medien, Museum, Kunst etc. konstituieren und (re-)produzieren aus der eigenen Position heraus das Einstige für die Gegenwart.[107] Eine große Bedeutung spricht Axel Doßmann 2018 dabei den visuellen Vergangenheitsbezügen zu – sie schleichen sich vielfach ein, noch bevor die Fakten des historischen Settings beleuchtet werden:

„Das Zeigen insbesondere von historischen Bildern prägt Geschichtsbewusstsein und Geschichtsbilder lange, bevor das, was mit den Bildern zu sehen gegeben werden sollte, überhaupt befragt, verstanden und begriffen worden ist."[108]

---

betrachtet wird, daß sich mit dem Wandel der Geschichte auch die historischen Äußerungen über diese Geschichte wandeln. Die alte Dreiheit: Ort, Zeit und Person geht offenbar in das Werk eines historischen Autors ein. Ändern sich Ort und Zeit und Person, so entstehen neue Werke, auch wenn sie von demselben Gegenstand handeln oder zu handeln scheinen." Koselleck, Reinhart (1977): Standortbindung und Zeitlichkeit. Ein Beitrag zur historiographischen Erschließung der geschichtlichen Welt. In: Koselleck, Reinhart / Mommsen, Wolfgang J. / Rüsen, Jörn (Hrsg.): Objektivität und Parteilichkeit in der Geschichtswissenschaft, München, S. 17-46, hier S. 17.

103 Knoch, Habbo (2016): Wem gehört die Geschichte? Aufgaben der ‚Public History' als wissenschaftlicher Disziplin. In: Hasberg, Wolfgang / Thünemann, Holger (Hrsg.): Geschichtsdidaktik in der Diskussion. Grundlagen und Perspektiven, Frankfurt a.M., S. 303-345, hier S. 337.
104 Koselleck, Reinhart (1995): Ist Geschichte eine Fiktion? Reinhart Koselleck im Interview mit Hasso Spode. In: Neue Züricher Zeitung, Folio, 1995, H 3, S. 62.
105 Landwehr, Achim (2016): Die anwesende Abwesenheit der Vergangenheit. Essay zur Geschichtstheorie, Frankfurt a.M., S. 27.
106 White, Hayden (1991 [1973]): Metahistory: Die historische Einbildungskraft im 19. Jahrhundert in Europa, Frankfurt a.M.
107 Vgl. Knoch (2016): S. 322.
108 Doßmann (2018): S. 83f.

Die Vergangenheit hat eine große Bedeutung für das Selbstverständnis von Gemeinschaften und einzelnen Personen. Dabei kann sie die implizite Seite ihres Status nie ganz verlieren kann. Denn Vergangenheit lässt sich immer nur ausschnitthaft als Geschichte auffassen. Zudem ist Vergangenheit nicht nur in Form von expliziten und reflexiven Wissensbeständen verfügbar, sondern liegt auch in Form von vorreflexivem Wissen den historischen Annahmen einzelner Personen und ganzer Gemeinschaften zugrunde: Die Vergangenheit ragt bis in die Gegenwart hinein und ist doch nie ganz einholbar und bleibt größtenteils verschüttet.[109] Dieses Spannungsverhältnis zwischen impliziter, vorreflexiver Involviertheit in Vergangenheit und in Geschichtsdarstellungen auf der einen Seiten und der reflektieren Beschäftigung damit auf der anderen Seite lässt sich auch in der Aussage Aleida Assmanns zu ihrer eigenen Bildungsbiographie finden, die sie 1999 im Zuge der Auseinandersetzung mit den gegensätzlichen Positionen von Ignatz Bubis und Martin Walser[110] formulierte:

> „Je mehr ich las, desto mehr wurde mir klar, wie wenig ich über diese Geschichte wußte, die ungefähr die Ausdehnung meiner eigenen Lebensgeschichte hat. Aber Teil einer Geschichte zu sein, heißt ja noch lange nicht, daß man sie überblickt oder gar versteht. Nicht, daß ich nichts gewusst hätte. Im Gegenteil waren mir die Zusammenhänge nur allzu klar gewesen. [...] Ich wollte lernen, die Position von Bubis *und* Walser nachzuvollziehen und die Spannung zwischen beiden auszuhalten."[111]

Der etablierte Begriff des Geschichtsbewusstseins, wie er vielfach in der Geschichtswissenschaft zur Anwendung kommt, um Prozesse des Umgangs mit der Vergangenheit zu benennen,[112] sollte diese latenten Momente, die in der Aussage Assmanns anklingen, enthalten.[113] Folgt man Karl-Ernst Jeismann (1979), dann bezieht sich der Begriff des Geschichtsbewusstseins nicht nur auf „bloßes Wissen oder reines Interesse an der Geschichte", sondern schließt auch „Vergangenheitsdeutung, Gegenwartsver-

---

109 Vgl. zum Verhältnis von Gegenwart, Geschichte und Vergangenheit auch die Ausführungen S. 137-147.
110 Für einen Überblick über den Konflikt zwischen Bubis und Walser Ende der 1990er Jahre und ihrer gegensätzlichen Positionen vgl. Luttmer, Karsten (2004): Die Walser-Bubis-Kontroverse. https://www.zukunft-braucht-erinnerung.de/die-walser-bubis-kontroverse/ (letzter Abruf: 08.05.2020).
111 Assmann, Aleida (1999): Vorwort. In: Assmann, Aleida / Frevert, Ute: Geschichtsvergessenheit Geschichtsversessenheit. Vom Umgang mit deutscher Vergangenheit nach 1945, Stuttgart, S. 19-20, hier S. 19. Hervorhebung im Original.
112 Mit Jörn Rüsens Definition von 2008 wird der Bezug zwischen Geschichte und Lebenswelt deutlich: *„Geschichtsbewußtsein ist Inbegriff der mentalen (emotionalen und kognitiven, unbewußten und bewußten) Operationen, durch die die Erfahrung von Zeit im Medium der Erinnerung zu Orientierungen in der Lebenspraxis verarbeitet werden. [...] Geschichte wird hier sehr elementar als gedeutete Zeit verstanden."* Rüsen, Jörn (2008 [1994]): Historische Orientierung. Über die Arbeit des Geschichtsbewußtseins, sich in der Zeit zurecht zu finden, 2. überarb. Aufl., Schwalbach, S. 14. Hervorhebung im Original.
113 Es gibt bis in die Gegenwart verschiedene Ansätze zur Dimensionierung des Begriffs Geschichtsbewusstsein. Vgl. zu den verschiedenen Diskursen Thünemann, Holger (2018): Geschichtskultur revisited. Versuch einer Bilanz nach drei Jahrzehnten. In: Sandkühler, Thomas / Blanke, Horst Walter (Hrsg.): Historisierung der Historik. Jörn Rüsen zum 80. Geburtstag, Wien / Köln / Weimar, S. 127-149.

ständnis und Zukunftsperspektive"[114] mit ein. Mit Blick auf diese komplexen Prozesse lässt sich an einer Dichotomie zwischen Körper und Geist, Rationalität und Irrationalität nicht festhalten, denn ansonsten folgt daraus die Konsequenz, dass historisches Wissen in all seinen Formen bei der einzelnen Person eindeutig verfügbar und didaktisch als plan- und herstellbar zu verstehen ist. Diese Auffassung ist problematisch, weil damit letztlich davon auszugehen wäre, dass Personen durchweg souverän über Geschichte verfügen könnten, ohne selbst von ihr ergriffen zu sein. Damit würde man Gefahr laufen, Geschichte auf ein rein äußerlich zugängliches historisches Wissen zu reduzieren und ihre implizite Seite auszublenden. Doch Geschichte liegt nicht nur als Verfügungs- und Faktenwissen der einzelnen Person und in einer Gesellschaft vor. Es sind auch die vorreflexiven, uneindeutigen, fluiden, nicht restlos sprachlich fassbaren Wissensbestände, die das Verhältnis zwischen Mensch und Vergangenheit prägen.[115] Dabei gilt es, den Menschen nicht einzig als souverän im Umgang mit Geschichte zu konzipieren. Er ist weder durchweg bewusst und reflexiv, noch kann sich der Mensch Geschichte immerzu in aufgeklärter oder autonomer Haltung zuwenden. Vielmehr lässt sich eine Person als in Geschichtsdiskurse, -konstrukte und -entwürfe verstrickt verstehen. Gerade die verschwiegenen, impliziten, verbal nicht restlos einholbaren Anteile historischen Wissens gilt es wahrzunehmen. Die einzelne Person und eine Gemeinschaft sind in der Begegnung mit Geschichte aktiv und passiv zugleich, weil sie Entscheidungen treffen und handeln, aber ebenso auch nicht autark von ihrer materiellen, sozialen und historischen Umwelt agieren können. Die geschichtsbezogene Seite der Selbstwerdung zeichnet sich dadurch aus, dass über die Zeit Geschichtsaspekte angereichert oder vergessen werden, vielfach konfus bleiben, mal an die Oberfläche treiben, teilweise an aktueller Brisanz gewinnen oder explizit verhandelt werden. Es gilt das Eigensinnige der Anreicherung und Aneignung von Vergangenem zu berücksichtigen.

Besonders im Umgang mit visuellen Diskursen zur Vergangenheit wird deutlich, wie schwierig es ist, von eindeutigen, expliziten Wissensbeständen auszugehen und das rezipierende Selbst als durchweg reflexiv und bewusst zu verstehen. In *Aufschub* wird dazu aufgefordert, die Relevanz des Visuellen für die Formung von Geschichte ernst zu nehmen: „Wie man etwas zeigt bzw. zu sehen gibt, bleibt als Frage an das Darstellungspotential von Bildern nicht zuletzt in der hoch spezialisierten Geschichtswissenschaft noch oft unterschätzt"[116], urteilt Doßmann 2018 in diesem Kontext. Auf die Frage, warum gerade gegen den Film ein solches Misstrauen auf Seiten der Histo-

---

114 Jeismann, Karl-Ernst (1997 [1979]): Geschichtsbewußtsein – Theorie. In: Bergmann, Klaus /Fröhlich, Klaus / Kuhn, Anette /Rüsen, Jörn / Schneider, Gerhard (Hrsg.): Handbuch der Geschichtsdidaktik, 5. überarb. Aufl., Seelze-Velber, S. 42-44, hier S. 42.

115 Vgl. hierzu Sabrows Plädoyer für „einen alternativen Begriff von Geschichtskultur", mit dem das Spannungsverhältnis zwischen „Bewußtsein und vorbewußter Sinnwelt in den Mittelpunkt [ge]stellt" wird. Sabrow zitiert nach Thünemann, Holger (2005): Geschichtskultur als Forschungsansatz zur Analyse des Umgangs mit der NS-Zeit und dem Holocaust. Konzeptionelle Standortbestimmung und ein Vorschlag zur kategorialen Differenzierung. In: Zeitschrift für Geschichtsdidaktik, H.4 / 2005, S. 230-240, hier S. 235. Das Zitat geht aus einem unveröffentlichten Vortrag hervor: Sabrow, Martin: Der „Tag von Potsdam" am 21. März 1933 als geschichtskulturelle Herausforderung. Vortrag an der Universität Münster, Fachbereich Geschichte, 30.07.2003.

116 Doßmann (2018): S. 81.

riker*innen gehegt wird, gibt der Historiker Robert A. Rosenstone 1995 zwei Antworten – eine offene und eine versteckte, aber schwerwiegendere:

> „The Overt Answers: Films are inaccurate. They distort the past. They fictionalize, trivialize, and romanticize people, events, and movements. They falsify history. The Covert Answers: Film is out of the control of historians. Film shows we do not own the past. Film creates a historical world with which books cannot compete, at least for popularity. Film is a disturbing symbol of an increasingly postliterate world."[117]

Dabei stellt Rosenstone die These auf, dass selbst die Vorstellungen von Historiker*innen außerhalb ihres Fachgebiets wesentlich von filmgeneriertem Wissen gespeist werden: „How many professional historians, when it comes to fields outside of their areas of expertise, learn about the past from film? How many Americanists, for example, know the great Indian leader primarily from GANDHI?"[118] Doch auch wenn Rosenstone Filmen eine wichtige Bedeutung für die Generierung von Wissen zuspricht, bleibt der Film auch bei Rosenstone nur Ergänzung und damit ein Supplement zur Schrift bzw. Sprache: Da wo keine Expertise vorliegt, hat der Film Bewandtnis, ansonsten hat das historiographische Expert*innenwissen einen Vorrang.[119] Die filmische Narrativisierung von Geschichte als historiographische Leistung anerkennend, verwirft Hediger 2015 diese Vorstellung,

> „derzufolge es erst die Geschichte gibt und dann den Film, der zu dieser hinzukommt, als überflüssiges Supplement und störender Fremdling, dem bestenfalls das Verdienst einer faktentreuen Nachschöpfung der Geschichte zukommen kann. Vielmehr gilt es gerade zu fragen, worin die Irritation besteht, welche die Medientechnik des Films ins Feld der Geschichte einträgt: also den Film als Produkt der Gegenwart behandelt, der als Fremdling in der Vergangenheit ankommt und dort – als technisches Medium und Form der Darstellung – die Frage neu aufwirft, was Vergangenheit und mit ihr historische Erfahrung überhaupt sind."[120]

In *Aufschub* werden genau diese Fragen mit filmischen Mitteln anhand einer reflexiv fragenden Umgangsweise mit den Aufnahmen Breslauers gestellt. Damit wird nicht nur eine Darstellung von Geschichte umgesetzt, sondern vor allem eine Metareflexion über historische Erfahrungen und die (inter-)subjektiven Geschichtsanbahnungen zur Diskussion gestellt. Dabei hält *Aufschub* für die Zuschauenden eine Suche nach Wissen über Vergangenes bereit, ohne eine finale Setzung zu machen, und gleicht damit geschichtswissenschaftlichen Haltungen, die ihre Erkenntnisse der Relativität unterziehen und diese transparent machen. Die historiographische

---

117 Rosenstone, Robert A. (1995b): Visions of the Past. The Challenge of Film to Our Idea of History, Cambridge, S. 46.
118 Rosenstone, Robert A. (1995a): The Historical Film as Real History. In: Film-Historia, Vol. V, No. 1, S. 5-23.
119 Vgl. Hediger, Vinzenz (2015): Aufhebung. Geschichte im Zeitalter des Films. In: Engell, Lorenz / Fahle, Oliver / Hediger, Vinzenz / Voss, Christiane (Hrsg.): Essays zur Film-Philosophie, Paderborn, S. 169-249, hier S. 175.
120 Ebd. S. 197.

Position, die *Aufschub* auszeichnet, stellt Fragen statt Antworten zu geben, bevorzugt Polyvalenz statt Monokausalität.[121]

Mit der Frage „Sind diese Bilder eine Beschönigung?"[122] wird in *Aufschub* bereits ab der vierten Minute die Frage des Umgangs mit historischem Bildmaterial aufgeworfen, deren Suche nach möglichen Antworten den ganzen Film bestimmt. In dieser Frage schwingt ein ganzes Orchester an Fragen mit, die ein impliziter Teil des polyvalenten Bedeutungshorizonts von „Beschönigung" sind und nach einer Positionierung im Umgang mit historischem Wissen drängen: Wie eine würdevolle Bildpraxis finden, die die tiefsten Abgründe des 20. Jahrhunderts zeigt? Wie an die Gewalt erinnern, ohne die Gefahr der Beschönigung bzw. der Verharmlosung einzugehen? Und was zeigen diese Archivaufnahmen – welche Lagerrealität dokumentieren sie? Warum hatte der überwiegende Teil des Filmmaterials von Breslauer bisher kaum einen Platz in den historiographischen Fassungen der Geschichte des Holocaust?

Die rund 60 Jahre andauernde Umgangsweise mit dem historischen Filmmaterial Breslauers steht in *Aufschub* latent zur Disposition. Wo sich Farocki zurück hielt, griffen und greifen andere stark ein: Die Aufnahmen wurden und werden koloriert, vertont, durch Montage aus dem Kontext gerissen und damit um ihren Eigenwert gebracht. In *Aufschub* wurden die Filmaufnahmen nicht einem vorgängigen Narrativ angepasst, sondern in ihrer Beschaffenheit selbst zum Thema. Das fragmentarische Material wurde in seiner Unvollständigkeit und Widersprüchlichkeit respektiert und damit als historische Quelle kritisch beleuchtet. Wenn Doßmann 2018 mit Verweis auf Carlo Ginzburg davon ausgeht,

> „dass fotografische und filmische Bilder Situationen und Handlungen nicht nur darstellen, sondern auch selektiv herstellen und konstruieren, dann ist jeder naive Glaube an einen reinen Abbild-Charakter von Bild und Sprache verabschiedet – aber noch lang nicht die Frage nach wahr, falsch und fiktiv, nach Wahrheiten und Wahrhaftigkeiten."[123]

Auch wenn die Vergangenheit einer Interpretation unterliegt und sich dadurch erst Geschichte herausbildet, verläuft dieser Prozess weitestgehend nicht willkürlich und beliebig. Entlang einer historischen Quellenkritik, wie sie auch in *Aufschub* auf filmische Weise betrieben wurde, bildete sich eine Argumentation heraus.[124] Ein quellen-

---

121 Tobias Ebbrecht-Hartmann plädiert für eine kritische Beschäftigung mit den drei Dimensionen „Content", „Context" und „Appropriation" im Umgang mit Archivfilmen aus der Zeit des Holocaust. Vgl. Ebbrecht-Hartmann, Tobias (2016): Three Dimensions of Archive Footage. Researching Archive Films from the Holocaust. In: Apparatus. Film, Media and Digital Cultures in Central and Eastern Europe, doppelte Sonderausgabe, hg. von Natascha Drubek, Ghetto Films and their Afterlife http://www.apparatusjournal.net/index.php/apparatus/article/view/51/105 (05.05.2020). In *Aufschub* wird dieser geforderte kritische Umgang mit künstlerischen Mitteln umgesetzt bzw. angebahnt. Vgl. ebenfalls zum Umgang mit Archivmaterial die Position von Efrat Komisar, die als Leiterin des historischen Filmarchivs in Yad Vashem arbeitet: Komisar, Efrat (2018): Filmed Documents. Methods in Researching Archival Films from the Holocaust. In: Apparatus. Film, Media and Digital Cultures in Central and Eastern Europe, doppelte Sonderausgabe, hg. von Natascha Drubek, Ghetto Films and their Afterlife http://www.apparatusjournal.net/index.php/apparatus/article/view/85/407 (05.05.2020).
122 *Aufschub*, TC: 00:04:43.
123 Doßmann (2018): S. 83.
124 Vgl. zur Quellenkritik in der Geschichtswissenschaft die Ausführungen auf S. 185f.

kritisches Vorgehen sieht vor, dass das materiell Erhaltene zueinander in Beziehung gesetzt wird und dann daraus Aussagen hergeleitet werden. Dieses bedachte Abwägen vollzieht sich für die Zuschauer*innen sichtbar in *Aufschub* und rückt damit geschichtswissenschaftliche Fragen ins Zentrum. Besonders mit den schwarzen Schrifttafeln wird gegen eine vorschnelle und einseitige Zuordnung der Aufnahmen Breslauers bei der Rezeption plädiert. Diese Schrifttafeln Farockis setzten sich visuell deutlich von dem historischen Material ab: Weiße kurze Sätze auf schwarzem Grund und keines der Satzenden wurde mit einem Punkt versehen. Diese minimale visuelle Markierung deutet an, was inhaltlich thematisiert wird: Die Geschichte des historischen Filmmaterials und damit auch des Lagers Westerbork kann nicht final gesetzt sein, sondern bleibt weiterhin Gegenstand der Beschäftigung und Deutung. Mal verbinden die Schrifttafeln die zusammenmontierten Filmsequenzen, mal konterkarieren sie diese. Immer wieder generieren diese Textimpulse „quellenbezogene, historische Imagination und provozieren über die Dauer des Zeigens ein Nachdenken über die bewegten Bilder und deren ‚Sprache'", wie Doßmann herausstellt.[125] Gerade weil die Tafeln länger als für das Durchlesen notwendig eingeblendet werden, nehmen sie materiell Raum ein und gewinnen an Bedeutung. Sie sind nicht Beiwerk, sondern ein tragender Bestandteil des Films, da sie wesentlich den Diskurs über die epistemische Bedeutung des filmisch Dokumentierten anstoßen.

Mit *Aufschub* wird danach gefragt, inwiefern uns die Lagerwirklichkeit auf den Bildern Breslauers begegnet. Dabei gingen nur die Bilder aus der Lagerzeit in den Film von Farocki ein. So sehen wir konsequenterweise auch den Kameramann Breslauer nur auf einer Aufnahme bei der Filmtätigkeit im Lager Westerbork und nicht auf einer privaten Porträtfotografie. Und doch bringt dieser Film auch all die anderen zirkulierenden Bilder der Erinnerungskultur zum Schwingen, um damit ihre implizite, vielfach vorreflexive Bedeutung für eine Näherung an historisches Quellenmaterial – wie das von Breslauer – hervorzuheben.[126] Dabei wird mit *Aufschub* danach gedrängt, bestehende Symbolbilder, wie das von Settela Steinbach, aus ihrer Eindimensionalität heraus zu holen und sie über ihre Vieldeutigkeit zu erschließen – auch diese Bilder sollen nicht unberührt und unbefragt hingenommen werden. Vielmehr gilt es, gerade die Irritationsmomente visueller Fassung von Geschichte anzunehmen. Schon vor *Aufschub* war das Filmmaterial Breslauers Ausgangspunkt für historische Forschung und ihre Revidierung. Die gezeigten Personen konnten so der Anonymität entrissen werden, und aufgrund des Filmmaterials erfolgte eine Zuordnung der Abgebildeten.[127] Aber gerade die Wiederverwendung und filmische Reflexion, wie sie mit *Aufschub* geschehen ist, wirft ein neues Licht auf die historischen Aufnahmen, den Ort, die Verhältnisse und Personen und regt erneut die Beschäftigung mit Westerbork an, wie Axel Doßmann 2018 betont: „Farockis Revision der Westerbork-Bilder hat mir, einem Historiker, Augen geöffnet und eigene Recherchen und alternative Deutungen über-

---

125 Doßmann (2018): S. 82.
126 Ein ähnliches Interesse verfolgt das Künstler*innen-Kollektiv *Klub Zwei* mit ihrem Kurzfilm *Schwarz auf Weiss – Die Rückseite der Bilder* von 2003 http://www.klubzwei.at/vaeter-taeter.html; https://vimeo.com/30074376 (20.02.2020)
127 Die gefilmten Personen des gesamten Transports konnten identifiziert werden. Vgl. Wagenaar (2005 [1995]).

Abbildung 26a: *Aufschub* TC: 00:27:33.   Abbildung 26b: *Aufschub* TC: 00:35:08.

haupt erst ermöglicht und motiviert."¹²⁸ Damit gehört Doßmann zu den Historikern, die dem Film als „visuelles Erkenntnisverfahren"¹²⁹ eine historiographische Bedeutung zusprechen.

Mit Verweis auf den Geschichtsphilosophen Jacques Rancière stellt Florian Krautkrämer 2018 das besondere Potential von *Aufschub* heraus, das er gerade darin sieht, „dass die Aufgabe, uns etwas von der Vernichtung der Juden zu zeigen, nicht allein den Bildern aufgebürdet werden kann, sondern immer auch die aktive Mitarbeit und Auseinandersetzung der Rezipienten einfordert."¹³⁰ Mit Bedacht wird in *Aufschub* Bekanntes bzw. implizit Selbstverständliches in Frage gestellt, werden Alternativen angeboten, ohne sie zu favorisieren, und somit den Zuschauenden viel Raum für die eigene Positionierung zum einst Gesehenen, Gedachten, Erinnerten und den selten gezeigten Aufnahmen von Breslauer gelassen. *Aufschub* bietet keine Gelegenheit, sich in die filmische Immersion zu flüchten oder eine distanzierte Position zu dem Dargestellten einzunehmen, stattdessen wird man durch diesen Film fortwährend dazu aufgefordert, die eigene Seherfahrung zu befragen und Haltung zu beziehen (Abbildung 26a,b).

Von *Aufschub* lässt sich eine These für die Erinnerungskultur ableiten: Die Filmpraxis darf nicht müde werden, sich mit den relevanten historischen Themen zu beschäftigen und dabei immer wieder eigene Fragen an diese Zeit, die vergangenen Geschehnisse und deren bisherige (film-)kulturelle Verhandlung zu richten. Denn erst eine lebendige, kritisch reflexive Filmpraxis schafft die notwendige Aktivierung der Zuschauenden. „Der Prozess der filmischen Aufarbeitung kann somit niemals abgeschlossen sein, sondern nur durch die immer erneute Zirkulation erweitert werden",¹³¹ wie Krautkrämer 2018 betont. Allerdings: Schon der Holocaust-Überlebende Primo Levi verwies Ende der 1960er Jahre in seinem Roman *Die Untergegangenen und die Geretteten* darauf, dass eine Beschäftigung mit der Vergangenheit – bei ihm ist es die Erinnerung an die selbst erlebten Ereignisse – durch die fortwährende Aktualisierung Gefahr läuft, ins Stereotyp zu verfallen und damit die Nähe zum Einstigen zu verlieren:

„[...] häufige Vergegenwärtigung, hält die Erinnerung frisch und lebendig, genauso wie man einen Muskel leistungsfähig erhält, wenn man ihn oft trainiert; aber es ist ebenso

---

128 Doßmann (2018): S. 81.
129 Ebd. S. 80.
130 Krautkrämer (2018): S. 18.
131 Ebd. S. 19.

wahr, daß eine Erinnerung, die allzu oft heraufbeschworen und in Form einer Erzählung dargeboten wird, dahin tendiert, zu einem Stereotyp, das heißt zu einer durch die Erfahrung getesteten Form, zu erstarren, abgelagert, perfektioniert und ausgeschmückt, die sich an die Stelle der ursprünglichen Erinnerung setzt und auf ihre Kosten gedeiht"[132]

Die von Primo Levi beschriebene Tendenz, bei der durch die stete Vergegenwärtigung des Vergangenen unweigerlich über die Zeit Stereotype entstehen, wird in *Aufschub* offen verhandelt und zugleich werden alternative Zugänge angeboten. Doch was bleibt, ist die Frage, wie sich Zuschauende diesem Film nähern, die entgegen der Aufforderungen in *Aufschub* vielleicht auf keinerlei Abbildungen erinnernd zurückgreifen können – wo die zu erinnernden Bilder vielleicht fehlen. Wie gehen zukünftige Generationen, die keinen Kontakt mehr zu Zeitzeugen haben können oder deren Familiengeschichten mit einem anderen Land Europas oder anderer Kontinente verbunden sind, mit diesem Film um? Denn obwohl einige Bilder dieser Verbrechen mittlerweile nur wenige Klicks entfernt von überall her abgerufen werden können, muss es auch einen Anlass dafür geben, dies zu tun. *Aufschub* kann ein solcher Anlass sein, weil dieser Film mit seinen Aufnahmen nicht überwältigt, nicht lähmt, sondern auch andere Zugänge als die über die erdrückenden Bilder des Leids anbietet.

Grenzen der Überführbarkeit filmischer Wissensformen

Breslauer filmte eine Deportation am 19. Mai 1944. Diese Filmarbeit hatte ihn selbst eine Zeit lang vor der eigenen Deportation bewahrt – Filmen, um Aufschub zu bekommen. Die Interessen der Nationalsozialisten und der Gefangenen hatten trotz unterschiedlicher Beweggründe eine gemeinsame Schnittmenge: den Erhalt des Lagers. Und darüber hinaus gewann – besonders nach dem Ende der Herrschaft der Nationalsozialisten – eine weitere Bedeutung des Films an Relevanz: Filmen hieß Wissen zu generieren und, bis heute, die Tatsache der Deportationen zu bezeugen. Die filmischen Aufnahmen von den Geschehnissen auf dem Bahngleis in Westerbork dienten der juristischen Beweisführung und wurden aufgrund ihrer Einmaligkeit über die Zeit auch aus historischem, journalistischem, pädagogischem und künstlerischem Interesse immer wieder angeeignet, interpretiert, montiert und (de-)kontextualisiert.[133] Das besondere Potential des Filmprojekts *Aufschub* liegt gerade darin, die Aufnahmen von den Bahngleisen durch eine Re-Kontextualisierung mit den anderen Aufnahmen Westerborks aus ihrer monokausalen Betrachtungsweise herauszuholen. Zudem wird in *Aufschub* dazu angeregt, darüber nachzudenken, dass filmisches Wissen, wie Oliver Fahle es 2011 allgemein darlegt, in andere Bereiche nicht überführbar ist:

„Ästhetik stellt ein Wissen bereit, das von keiner anderen Zugangsform eingeholt werden kann. Sie kann auf nichts anderes reduziert werden. Jede Rückführung der filmi-

---

132 Levi, Primo(1990[1986]): Die Untergegangenen und die Geretteten, München, S. 20.
133 Als einzigartiges Dokument wurden die Aufnahmen Breslauers 2017 in das UNESCO Memory of the World Register aufgenommen. http://www.unesco.org/new/en/communication-and-information/memory-of-the-world/register/full-list-of-registered-heritage/registered-heritage-page-9/westerbork-films/ (24.05.2020)

schen Bilder und Töne auf andere Disziplinen bringt eine Leerstelle hervor, und zwar deshalb, weil der Film, weil Bilder dem ökonomischen, technischen und sozialen Wissen immer äußerlich sein müssen. [...] Filme können und werden durch ökonomische Vorgänge, soziale Tatsachen und technische Prozesse bewirkt, bestärkt oder verursacht, aber sie sind diese Vorgänge nicht selbst. Filme lassen sich nicht unter Rückführung auf andere Praktiken (gesellschaftliche, ökonomische, soziale) vollständig erklären, sodass der Ort des filmischen Wissens sich genau dort bildet, wo andere Diskurse nicht weiterkommen."[134]

Auch das Filmprojekt *Aufschub* lässt sich nicht restlos in andere Darstellungsweisen überführen, es hat einen Eigenwert filmischer Wissensgenerierung. Mit der Aufzeichnungs- und Darstellungsweise jeder filmischen Apparatur lassen sich bestimmte Formen der Argumentation nutzen – es wird getrennt, verbunden, gezeigt und erzählt im Medium Film – woraus ein filmförmiges Wissen hervorgeht, das die Selbst- und Welterschließung wesentlich mitbestimmt, wie Vinzenz Hediger, Oliver Fahle und Gudrun Sommer in ihrer Einleitung zu „Orte filmischen Wissens" 2011 schreiben:

„Die Techniken des Sehens, die der Film bereitstellt, verhalten sich zu den Gegenständen des Wissens, die sie darstellen, indes keineswegs neutral. Montage, Zeitlupe, Zeitraffer, Hors-champ, Bewegungs- und Affektbilder generieren Objekte von Wahrnehmung und Wissen, die nicht auf die Vergegenwärtigung eines außerfilmischen Referenten reduzierbar sind."[135]

Auch *Aufschub* steht in keinem neutralen Verhältnis zu seinem Gegenstand. Denn ein Film ist mehr als die inhaltliche Wiedergabe von (historischen) Fakten. Immer findet eine Fassung des Wissens unter den Vorzeichen der medialen Möglichkeiten statt: Es wird ausgelassen, gedehnt, gekürzt, konkretisiert, angedeutet und das alles mit den technoästhetischen Mitteln des Films. Das erzeugt ein Vielfaches an nicht-propositionalem Wissen, auf dem die Bedeutung und das Erkenntnispotential von Filmen basieren.

Die filmkulturelle Praxis zeichnet sich – wie jede Praxis – durch die darin eingelagerten und angewendeten Wissensformen aus und so gehört konsequenterweise ein Nachdenken über die in den Praxen und mit den Praxen sich bildenden Wissensformen dazu. Dabei vollzieht sich auch eine filmkulturelle Praxis nicht theorie- oder begriffslos, sondern hat beide Anteile in sich, die kognitiv rationalen theoretischen Elemente und das implizit handlungsbezogene Vollzugswissen. Aus dem filmkulturellen Vollzugswissen im Sinne eines knowing how geht die Könnerschaft im Umgang mit dem Film seitens der Produzierenden und Rezipierenden – in ihrer unterschiedlichen Ausprägung – hervor. In jeder Medienpraxis werden über die Zeit technische, ästhetische und ökonomische Konventionen, die maßgeblich für einen Umgang mit dem Film sind, entwickelt, verändert und verworfen. Doch anders als bei den Filmproduzierenden und den Filmwissenschaftler*innen liegt dem Publikum der Groß-

---

134 Fahle (2011): S. 297.
135 Hediger, Vinzenz / Fahle, Oliver / Sommer, Gudrun (2011): Einleitung. Filmisches Wissen, die Frage des Ortes und das Pensum der Bildung. In: Dies. (Hrsg.): Orte filmischen Wissens. Filmkultur und Filmvermittlung im Zeitalter digitaler Netzwerke, Marburg, S. 9-41, hier S. 14.

teil seines praktischen Wissens meist vorreflexiv vor. Das Umgangswissen wird angewendet und mit jeder weiteren Rezeption spezifiziert und angepasst. Zudem ist es eher die Regel, die Strukturen des Medium zugunsten der Inhalte in den Hintergrund zu verlagern und damit die Eigenheiten des Mediums nicht zum vordergründigen Thema werden zu lassen, wie es unter anderem in der Negativen Medientheorie[136] diskutiert wird.

Die Aufwertung von Umgangswissen basiert auf einer praxistheoretischen Sichtweise, nach der selbst Theoriebildung wie jedes Denken auf performative Resultate impliziter Wissensimpulse zurückführbar ist. Auch jedes theoretische Wissen realisiert sich letztlich in konkreten Lebensvollzügen bzw. ist in konkrete Praxen eingebunden und tritt in Verbindung mit implizitem Wissen nach außen. Dem liegt die Vorstellung eines Primats der Praxis im Sinne des materialistischen Ansatzes von Karl Marx (1845) zugrunde: Eine Gesellschaft konstituiert sich „als sinnlich menschliche Tätigkeit"[137], d.h. erst über die materialisierte Umsetzung entsteht soziale Praxis und mit ihr Bedeutung. Demnach ist es der soziokulturell und historisch bedingte praktische Vollzug im Sinne eines impliziten Wissens, aus dem heraus schließlich rationale Erkenntnisse und Entscheidungen hervorgehen.

Auch Michael Polanyi ging Mitte der 1960er Jahre davon aus, dass das implizite, erfahrungsbasierte Wissen das epistemologische Fundament für die rationalen Wissensformen ist. Weil vorbewusstes Erfahrungswissen die konstitutionelle Grundlage für alle soziokulturellen Wahrnehmungsweisen ist, sind die daraus hervorgehenden bewussten Wissensbewegungen in einem Abhängigkeitsverhältnis von implizitem Wissen zu sehen. Daher schwingt nach Polanyi in jedem expliziten Wissen, in jeder verbalisierten Äußerung oder Reaktion auch unterschwellig ein Bestand an Implizitem mit: „Ich werde das menschliche Erkennen ausgehend von der Tatsache betrachten, *daß wir mehr wissen, als wir zu sagen wissen.* [...] Im Akt der Mitteilung selbst offenbart sich ein Wissen, das wir nicht mitzuteilen wissen."[138] Von Polanyis Ansatz leiten Engel und Paul 2017 für gegenwärtige Diskussionen die Involviertheit impliziten Wissens in „jedes epistemische Verhältnis" und „jeden epistemischen Akt"[139] ab. Im Sinne Polanyis dient schweigendes Wissen – verstanden als implizites und personales Wissen – der Welterschließung und fließt in die vermeintlich objektiviertesten Anteile des Wissens mit ein; es schafft ein Vertrauen mit der Welt und transportiert Stimmungen und Gefühle, gründet auf persönlichen Erfahrungen und lässt sich ohne weiteres nicht in Worte fassen.[140]

---

136 Vgl. Günzel, Stephan (2014): Negative Medientheorie. In: Schröter, Jens (Hrsg.): Handbuch Medienwissenschaft, Stuttgart/Weimar, S. 170-174.

137 Marx entwirft kein Konzept eines impliziten Wissens, aber aus seiner Vorstellung eines Primats der Praxis geht aus der Kritik an einem transzendenten Konzepts des Subjekts die Annahme eines sich erst in der Praxis herausbildenden Sinns hervor. Marx, Karl (1978 [1845]): 1. ad Feuerbach (Thesen über Feuerbach). In: Marx, Karl / Engels, Friedrich: Werke, Bd. 3, Berlin, S. 5-7, hier S. 5. Vgl. auch Brümmer/Alkemeyer (2017): S. 31.

138 Polanyi, Michael (1985 [1966]): Implizites Wissen, Frankfurt a.M., S. 14.

139 Engel/Paul (2017): S. 110. Vgl. auch Brümmer/Alkemeyer (2017): S. 36.

140 Über eine Unterscheidung zwischen konjunktivem und kommunikativem Erkennen arbeitete auch Karl Mannheim in der ersten Hälfte des 20. Jahrhunderts die epistemologische Bedeutung des Impliziten heraus. Auch bei ihm bilden implizite Erkenntnisleistungen das Fundament expliziter,

Das implizite Wissen ist in vielen Fällen nicht in Sprache überführbar, sondern speist sich aus einem Wechselverhältnis zum expliziten, verbalisierbaren Wissen. Hierzu konstatieren Juliane Engel und Heike Paul 2017, „dass das implizite Wissen nicht lediglich das Wissen eines ‚noch nicht' oder ‚nicht mehr' explizierbaren Schattenwissens ist."[141] Vielmehr steht das implizite Wissen in einem unzuverlässigen Verhältnis zur Sprache: Für einiges gibt es keine Worte, manches muss mühselig in Sprache überführt werden oder ist so versteckt, dass es unausgesprochen bleibt.[142] Engel und Paul sehen darin eine Herausforderung mit Konsequenzen für die Forschung: „Nicht immer sind implizite Wissensbestände bruchlos explizierbar; nichtsdestotrotz sind sie mit Macht, sozialer Energie und Agenz ausgestattet und fallen somit in den Gegenstandsbereich der Sozial- und Kulturtheorie."[143] Daher sind mit der Berücksichtigung von implizitem Wissen in der Theoriebildung andere Fragen zu stellen, andere Antworten zu finden und neue Gegenstände zu erschließen, als es allein mit einem isolierten Blick auf explizite, bisher verbalisierte und verbalisierbare Wissensbeständen der Fall wäre.

In dem Filmprojekt *Aufschub* wird um eine multiperspektivische Betrachtungsweise auf die vergangenen Ereignisse gerungen und dabei einige der ansonsten impliziten Anteile für die Zuschauenden zur Auseinandersetzung angeboten – auch und besonders weil die gezeigten Filmaufnahmen in ihrem Verhältnis zu den erinnerten und hervorgerufenen Bilder diskutiert werden. „Viel des Abwesenden ist in den Bildern anwesend."[144] Diese Aussage von Krautkrämer zu *Aufschub* trifft auf viele Aspekte des Films zu: die fehlenden, aber evozierten Bilder des Leids und der Verbrechen, die wirkende Macht der Nationalsozialisten durch die Bedrohungskulisse der Deportation, der normative Horizont des nationalsozialistischen Regimes, Breslauer als Kameramann, Insasse und ermordetes Opfer. Das alles ist, wenn nicht visuell sichtbar, so doch evoziert durch die Texttafeln anwesend. Denn ansonsten würde das Filmprojekt *Aufschub* wirklich Gefahr laufen die historischen Ereignisse zu verharmlosen.

---

sprachlich vermittelbaren Wissens. Aus dem konjunktiven Erkennen gehen Mannheim zufolge lebenspraktische Vollzüge und die sinnstiftende Hervorbringung von Bedeutung in der „existenziellen Beziehung zwischen Subjekt und Objekt" hervor. Jeder „begrifflich fixierten Erkenntnis" – dem kommunikativen Erkennen – ist das „*Phänomen der unmittelbaren Berührung* und Aufnahme des Gegenübers in unseren Selbstkreis" vorgelagert. Grundsätzlich befinden sich die Wissensträger*innen dabei gleichzeitig in Bereichen des Konjunktiven und Kommunikativen. Gemeinsam mit Polanyi zeichnet Mannheims Ansatz aus, dass die sinnliche und körperliche Involviertheit in den Erkenntnisprozess betont wird. Anders als Polanyi – für den implizites Wissen an den individuellen Körper gebunden ist – versteht Mannheim das konjunktive Erkennen aber als einen kollektiven Prozess, der sich in der Gemeinschafft vollzieht und aus dem gemeinsame Erfahrungen hervorgehen. Vgl. Mannheim, Karl (1980a [1924]): Strukturen des Denkens, Frankfurt a.M., S. 206 und S. 208 i. O. kursiv.

141 Engel / Paul (2017): S. 117.
142 Schweigendes Wissen „ist gar nicht oder nicht vollständig kognitiv zugänglich". Daher kann es nach Iris Clemens auch kaum oder nur sehr schwer und nur in Anteilen mit Tests erhoben werden. Besonders „[...] innovative zukunftsgerichtete Kompetenzen, hier insbesondere Praktiken mit hohem schweigendem Wissensanteil, fallen schlicht durch das Testraster." Ihre Kritik richtet sich besonders an die eurozentrische „Testindustrie", die durch die Erhebung von Kompetenzen Anteile schweigenden Wissens mit zu erfassen beabsichtigt. Clemens (2017): S. 47ff.
143 Engel / Paul (2017): S. 117.
144 Krautkrämer (2018): S. 17.

Die Perspektivierung des Films als pädagogisches Setting muss gerade auch die impliziten Wissensformen als wichtigen Faktor der Auseinandersetzungsprozesse mit Film diskutieren und dabei seine Verwobenheit mit dem Expliziten berücksichtigen. Oder wie es Stephen Lowry Anfang der 1990er Jahre forderte: „Filme-Sehen besteht aus Verstehen *und* Miterleben, Nachvollziehen *und* Identifizieren und geschieht vor einem Horizont aus verschiedenen Diskursen – intrafilmischen, intertextuellen und extrafilmischen."[145] Kurz: Filme begegnen uns als aus implizitem und explizitem Wissen bestehend.

In *Aufschub* wurde die Filmform genutzt, um auch einen Zugang zum Verschatteten, Verschwiegenen, Selbstverständlichen oder Unaussprechlichen der normativen, medialen und historischen Wissenshorizonte zu ermöglichen, die vielfach gerade als implizite Wissensformen der Selbst- und Weltzuwendung zugrunde liegen.

---

145 Lowry (1992): S. 114.

Geschichte als soziale Filmpraxis

> „History [...] is a nightmare from which I am trying to awake."[1]

Wie lässt sich das anhaltende Interesse an der filmischen Vergegenwärtigung vergangener Geschehnisse erklären? Wieso bricht das Interesse an Geschichte nicht ab? Eine mögliche Antwort liegt laut des Filmphilosophen Vinzenz Hediger (2015) „in der basalen Struktur historischer Erfahrung". Denn die historische Erfahrung zeichnet sich dadurch aus, „dass man von einer Vergangenheit abgetrennt ist, die dennoch, oder gerade deshalb, von besonderer Bedeutung für die Gegenwart ist."[2] Die Vergangenheit wird nur deshalb rekonstruiert, weil sie für die Gegenwart als bedeutsam erachtet wird, sodass fortwährend immer wieder eine Beziehung zum Vergangen hergestellt wird.

Immer wieder geschieht im Medium Film ein Rückgriff auf Vergangenes – immer wieder werden für Filme historische Ereignisse, Figuren, Handlungen ausgewählt und zum Thema gemacht. In welchem Spannungsverhältnis der Film zur Vergangenheit steht, auf welchen Ebenen hier Wissen erzeugt wird und welche Auswirkungen dies für das persönliche und kollektive Selbstbild hat, lässt sich in einer besonderen Weise anhand der filmischen Reflexionen über die Zeit des Nationalsozialismus zeigen. Hier bündeln sich Diskurse, die nicht nur stellvertretend und exemplarisch für andere Verfilmungen historischer Geschehnisse stehen, vielmehr setzten mit der filmischen Darstellung der Zeit des Nationalsozialismus Verhandlungen über Grenzen, Autorschaften und pädagogische Intentionen von Filmen ein, die nicht nur in der Form neu, sondern vielfach auch prägend für die Auseinandersetzungsprozesse mit Vergangenheit waren und sind. So wie die Verbrechen des Nationalsozialismus – insbesondere der industriell organisierte und durchgeführte Massenmord an sechs Millionen Juden – die Gesellschaft, Politik und Wissenschaft sensibilisiert haben im Hinblick auf Fragen nach Schuld und Verantwortung, Macht und Ohnmacht, Umgang mit Minderheiten und einem kulturellen Selbstverständnis, so schafft die filmische Darstellung der nationalsozialistischen Verbrechen immer wieder Anlässe, die Verständigung über diese Zeit mit der Deutung neu auszuhandeln und zu aktualisieren.

---

1   Joyce, James (1962 [1922]): Ulysses, London, S. 42.
2   Hediger (2015): S. 214.

In Reaktion auf den Film *Das Leben ist schön* (1997)³ von Roberto Benigni diskutierte Imre Kertész 1998 in einem Zeitungs-Artikel seine Sichtweise als Überlebender der Konzentrationslager Buchenwald und Auschwitz:

> „Die Überlebenden müssen sich damit abfinden: Auschwitz entgleitet ihren mit dem Alter immer schwächer werdenden Händen. Aber wem wird es gehören? Keine Frage: der nächsten Generation und dann den darauffolgenden – natürlich solange sie Anspruch darauf erheben."⁴

Damit hob Imre Kertész hervor, dass die Geschichtsdeutung zu Auschwitz nicht allein den Überlebenden gehören kann und darf, um auch für die Zukunft relevant zu sein. Doch wer hat die Deutungsmacht über diesen Abschnitt der Vergangenheit, wenn nicht allein die Überlebenden? Und was folgt aus einer Öffnung des Deutungsanspruchs? Aus Sicht des Historikers Habbo Knoch (2016) stehen der besonderen Perspektive der Überlebenden eine „tatsächliche Vielzahl an Deutungen von ‚Auschwitz' und damit einhergehende symbolische Besitzansprüche entgegen."⁵ Er bezieht sich dabei auf Jonathan Webber, der 1995 die Deutungspluralität von der Spezifik des Ortes Auschwitz ableitet:

> „Die Einmaligkeit von Auschwitz [liegt] genau in der Tatsache begründet [...], alles zugleich zu sein. [...] Das heutige Auschwitz besteht aus einer Vielzahl von Wirklichkeiten, einer Vielzahl von Bedeutungen, Perspektiven und Herangehensweisen, die alle gleichzeitig vorhanden sind, auch wenn sie sich im Gegensatz zueinander befinden."⁶

Diese Pluralität kennzeichnet auch die Vielfalt der filmischen Darstellungen: Über die Art wie beispielsweise Täter und Täterinnen, Opfer und Wissende gezeigt werden, lässt sich mit dem jeweiligen Film das explizite und implizite Interesse einer Gemein-

---

3   *Das Leben ist schön* [La vita è bella], Regie: Roberto Benigni, Drehbuch: Vincenzo Cerami und Roberto Benigni, Italien 1997. Dieser Film wurde bei seinem Erscheinen international kontrovers diskutiert. Vielfach wurde kritisiert, dass eine Mischung aus Märchenfilm und Komödie nicht dazu geeignet sei, den Holocaust zu thematisieren. Es kamen Vorwürfe der Geschichtsverfälschung auf und der Kritiker des US-amerikanischen Time Magazine Richard Schickel schrieb, dass die Sentimentalität des Filmes selbst eine Art des Faschismus sei, da sie den Zuschauenden die Entscheidungsfähigkeit und das moralische Urteilsvermögen raube. Schickel, Richard (1998): Fascist Fable. A farce trivializes the horror of the Holocaust. In: Time Magazine 9.11.1998, http://content.time.com/time/subscriber/article/0,33009,989504,00.html (08.05.2020). Zwar kamen auch positive Stimmen auf, aber Irmbert Schenk attestiert vor allem den deutschen Kritiker*innen, dass sie sich nicht auf eine radikale Befürworter-Position stellen wollten, um nicht in das Kreuzfeuer möglicher Holocaust- und Geschichtsleugnungsvorwürfe zu geraten. Diese zurückhaltende Stimmung ändert sich laut Schenk erst unmittelbar nach dem Gewinn der drei Oscars, da das Risiko etwas Falsches zu sagen, durch die weltweite Anerkennung des Films minimiert worden sei. Vgl. Schenk, Irmbert (2014): Robert Benigni: Das Leben ist schön. In: Ders.: Film und Kino in Italien. Studien zur italienischen Filmgeschichte, Marburg, S. 171-195, hier S. 189ff.

4   Kertész, Imre (1998): Wem gehört Auschwitz? In: Die Zeit, 19. November 1998.

5   Knoch (2016): S. 303.

6   Webber, Jonathan (1995): Die Zukunft von Auschwitz. Einige persönliche Bemerkungen, Frankfurt a.M., S. 2-6, hier S. 6.

schaft zu einer bestimmten Zeit frei legen, aus dessen Mitte heraus der Film entsteht und rezipiert wird.

Als Konsequenz aus der nationalsozialistischen Schreckensherrschaft ging 1948 die Allgemeine Erklärung der Menschenrechte hervor. Diese universalen Menschenrechte bilden für den Historiker Jörn Rüsen (2016) die Folie, vor der eine Beschäftigung mit Geschichte auch gegenwärtig stattfinden sollte[7] – denn die nationalsozialistischen Verbrechen haben das Mensch-Sein derart in Frage gestellt, dass jede weitere Vergegenwärtigung von Vergangenheit immer unter Berücksichtigung der moralischen Folgen aus dem Nationalsozialismus geschehen sollte. Wie brüchig diese geistige Klammer ist und mit welchen Widersprüchen hier zu kämpfen ist, kann entlang der verschiedenen Filme der jeweiligen Zeit diskutiert werden.

Das Verhältnis zwischen Vergangenheit und Film

> „Vergangenes historisch artikulieren, heißt nicht, es erkennen ,wie es denn eigentlich gewesen ist'. Es heißt, sich einer Erinnerung bemächtigen, wie sie im Augenblick einer Gefahr aufblitzt."[8]

Der Film ist wie jedes andere Medium nicht neutral in der Thematisierung von Vergangenheit und ihrer Vermittlung für die Gegenwart. Es gibt eine Wechselwirkung zwischen dem jeweiligen Medium und dem dargestellten Inhalt. Wie tiefgreifend Filme Einfluss auf die gezeigten Inhalte haben, zeigt sich schon beim Begriff *Holocaust*: Erst mit der Ausstrahlung der Serie *Holocaust*[9] – 1978 im US-amerikanischen und 1979 im bundesdeutschen Fernsehprogramm – etablierte sich auch im allgemeinen Sprachgebrauch dieser Begriff als feststehende Bezeichnung, obwohl er einem christlichen Traditionszusammenhang entlehnt ist. Wohingegen sich der Begriff der Shoah international als Bezeichnung für die systematische Ermordung von sechs Millionen Juden nicht durchsetzen konnte.[10] Der gleichnamige Film[11] von Claude Lanzmann erschien erst 1985. Zu dieser Zeit war der Begriff Holocaust bereits fest verbunden mit den historischen Ereignissen der genozidalen Politik des nationalsozialistischen Regimes und seiner Verbündeten. Damit brachte die Mediatisierung der Vergangenheit einen Begriff hervor, der seitdem international zu einem Synonym für die Verfolgung und

---

7   Vgl. Rüsen, Jörn (2016): Über einige theoretische Grundlagen der Geschichtsdidaktik. In: Hasberg, Wolfgang / Thünemann, Holger (Hrsg.): Geschichtsdidaktik in der Diskussion. Grundlagen und Perspektiven, Frankfurt a.M., S. 19-35, hier S. 32f.

8   Benjamin, Walter (1991 [1942]): Über den Begriff der Geschichte. In: Ders.: Abhandlungen, Gesammelte Schriften, Band I.2, unter Mitwirkung von Theodor W. Adorno und Gershom Scholem, hrsg. von Rolf Tiedemann und Hermann Schweppenhäuser, Frankfurt a.M., S. 691-704, hier S. 695.

9   *Holocaust – Die Geschichte der Familie Weiss* [Holocaust], Regie: Marvin J. Chomsky, Drehbuch: Gerald Green, USA 1978. Vgl. zu dieser Serie die verschiedenen Ausführungen auf S. 149-154; S. 191-193; S. 204-207.

10 Vgl. Reichel, Peter (2001): Vergangenheitsbewältigung in Deutschland. Die Auseinandersetzung mit der NS-Diktatur von 1945 bis heute, München, S. 205.

11 *Shoah*, Regie: Claude Lanzmann, Frankreich 1985.

Ermordung der europäischen Juden in der Zeit des Nationalsozialismus geworden ist. Zugleich zeugt dieser Begriff von der medialen Definitionsmacht, die untrennbar mit den historischen Ereignissen verbunden ist.[12]

Das Verhältnis zwischen Film und Geschichte hinterfragt Vinzenz Hediger 2015 in Anlehnung an die Impulse aus dem Kunstwerk-Aufsatz von Walter Benjamin[13] aus den 1930er Jahren. Ausgehend von den Überlegung Benjamins zu den Folgen medientechnischer Weiterentwicklungen schlussfolgert Hediger auf den Film und seine Auswirkungen übertragen, „dass die entscheidende Frage zum Verhältnis von Film und Geschichte nicht ist, ob der Film eine akzeptable Form der Historiographie darstellt, sondern was Geschichte und historische Erfahrung überhaupt sind, wenn es erst einmal den Film gibt."[14] Wie sieht das Verständnis und die Wahrnehmung von Geschichte sowie die Geschichtsschreibung „im Zeitalter"[15] des Films aus? Welche Konsequenzen ergeben sich aus der medialen Vormachtstellung des Films bzw. filmischer Ensembles für die Vergegenwärtigung von Vergangenem? Mit Habbo Knoch – als Forscher zu Public History – lässt sich dies wie folgt beantworten:

„Mit der vervielfältigten Produktion und Verbreitung von Geschichtsbildern in Massenmedien und ihren Öffentlichkeiten vor allem im 20. und 21. Jahrhundert haben sich Regelsysteme institutionalisiert, die teils vernetzt und teils jenseits der akademischen Geschichtswissenschaft den Diskurs über das (mit-)bestimmen, was als ‚historische Wahrheit' und als ‚Geschichte' gilt."[16]

Hier gilt es zu fragen, welche Repräsentationen, Diskurse und Wirkungen sich entfalten und welche Wissensproduktionen damit einhergehen, um im Sinne Knochs zu einer analytischen Vertiefung „über die Vergangenheit als Produkt von Setzungen und Verhandlungen medialer, ökonomischer, akademischer und politischer Machtressourcen"[17] zu gelangen. Auf den filmischen Zugriff auf die Zeit des Nationalsozialismus übertragen, hieße dies, Filme als Instanzen der Wissensproduktion im Kontext wechselnder historischer Diskurse zu verstehen.

Im Umgang mit Vergangenheit werden drei Ebenen unterschieden: Das faktische Geschehen in der Vergangenheit (1.) wird von seiner Überführung in die (institutionell gerahmte) Geschichtsschreibung (2.) und die vielfältigen Praktiken des Umgangs mit Geschichte (3.) unterschieden. Das unaufhebbare Problem besteht darin, dass mit vergangenen Ereignissen nur selektiv und interpretativ umgegangen werden kann: Erst wenn Ausschnitte aus dem Strom historischer Wirklichkeitsgeschehen herausgenommen werden, können sie zu einem Gegenstand der Reflexion werden – erst die Ent-

---

12   Im weiteren Verlauf verwende ich bewusst den Begriff Holocaust gerade aufgrund seiner medialen Setzung und folge in diesem Sprachgebrauch Waltraut Wende. Vgl. Wende (2007): S. 9.
13   Benjamin (2013 [1989]): S. 96–163.
14   Hediger (2015): S. 187.
15   In Anlehnung an den Titel des Textes von Walter Benjamin: „Das Kunstwerk im Zeitalter der technischen Reproduzierbarkeit" Benjamin (2013 [1989]): S. 96–163.
16   Knoch (2016): S. 343.
17   Ebd. S. 343.

realisierung kann zur Erkenntnis- und Theoriebildung führen.[18] Nur unter den Vorzeichen einer „unhintergehbare[n] Menschenbezüglichkeit von Wirklichkeit"[19] ist nach Achim Landwehr (2016) ein Zugang zu Vergangenheit möglich. Geschichte wird im Interesse der Gegenwart als Vergegenwärtigung von Vergangenheit erst geschaffen; so hob bereits Theodor Lessing 1919 kritisch das konstruktive Interesse der Gegenwart an der Vergangenheit hervor.[20] Somit prägen sich in Geschichte als Sinngebungsinstanz immer die Absichten ihres Gegenwartsbezugs mit ein. Diese Paradoxie des Historischen hat laut Jörg Baberowski Folgen für die Geschichtsschreibung:

> „Die Geschichte ist eine Erzählung vom Vergangenen, die sich dem Interesse der Gegenwart verdankt. Jede Geschichte kann aus verschiedenen Perspektiven erzählt werden. Wir haben uns damit abgefunden, dass Eindeutigkeit weder erreichbar noch wünschenswert ist, und wir unterstellen, dass der Andere, der eine Geschichte erzählt, recht haben könnte. Gleichwohl erheben die Historiker den Anspruch, dass die Geschichte eine Wissenschaft sei. Wie aber sind Multiperspektivität und Uneindeutigkeit mit gesichertem Wissen über die Vergangenheit vereinbar? Die Geschichte lässt nicht die Vergangenheit wieder auferstehen. Ihre Vergangenheit ist eine, die sich aus den Bedingungen der Gegenwart herschreibt".[21]

Der gegenwärtige Zugriff auf Vergangenheit geschieht immer als Umgang mit dem Abwesenden, nicht mehr Präsenten und Existenten. Weil Geschichte als „anwesende Abwesenheit von Vergangenheit"[22] im Sinne Landwehrs „das Ergebnis einer *Beschreibung*"[23] ist, muss sie auch in ihrer Unvollständigkeit und Unabgeschlossenheit verstanden werden. Geschichte ist die gegenwärtige Aktualisierung der Vergangenheit, die nie ganz erfasst kann.

Der Medienwissenschaftler Lorenz Engell sieht 1995 sowohl die Produktion von Filmen als auch die Erstellung historischer Darstellungen vor ähnlichen Herausforderungen bei der Hervorbringung des jeweiligen Gegenstandes: „In beiden Fällen handelt es sich um ein Produkt von Fragmentierung, Differenzierung und Separierung einerseits wie auch andererseits um den Versuch, all dies zu überwinden".[24] Auch mit dem Film kann trotz der kühnsten Versuche – *Victoria* (2015)[25] als ein Film ohne Schnitt oder *24h Berlin – Ein Tag im Leben* (2009)[26] als ein Film in Echtzeit – nie die Gesamtheit der faktischen Realität erfasst werden. Den Film zeichnet aus, dass er selektiv ist und zudem bei der Rezeption auf das Vergangene – einst vor der Kamera

---

18   Vgl. Junker, Detlef / Reisinger, Peter (1977 [1974]): Was kann Objektivität in der Geschichtswissenschaft heißen, und wie ist sie möglich? In: Dies. (Hrsg.): Theorieprobleme der Geschichtswissenschaft, Darmstadt, S. 434ff.
19   Landwehr (2016): S. 100f.
20   Vgl. Lessing, Theodor (1983 [1919]): Geschichte als Sinngebung des Sinnlosen, München.
21   Baberowski, Jörg (2005): Der Sinn der Geschichte, München, S. 9.
22   So heißt es im Titel der geschichtstheoretischen Publikation von Landwehr (2016)
23   Ebd. S. 29, Hervorhebung im Originaltext.
24   Engell, Lorenz (1995): Bewegen beschreiben. Theorie zur Filmgeschichte, Weimar, S. 59.
25   *Victoria*, Regie: Sebastian Schipper, Drehbuch: Sebastian Schipper / Olivia Neergaard-Holm / Eike Schulz, Deutschland 2015.
26   *24h Berlin – Ein Tag im Leben*, Regie: Volker Heise sowie 68 Episoden-Regisseure, Deutschland 2009.

befindliche – verweist. Dieser interne Bezug des Films auf die Vergangenheit und die memoriale Funktion im Sinne eines medialen Gedächtnisses wird schon seinen fototechnischen Wurzeln zugesprochen: Allein aus dem technischen Verfahren lässt sich eine gewisse Darstellung von Vergangenem ableiten. Denn es findet eine Fixierung im Zuge des Filmens bzw. Fotografierens des Beobachteten zu einer bestimmten Zeit statt, worauf bei der Rezeption zurückgegriffen wird. Mit der Filmwissenschaftlerin Gertrud Koch (2003) lässt sich sagen, dass jede filmische und fotografische „Form der Vergegenwärtigung immer auch ein historisches Konstrukt mitschleppt." Nach Koch sind Filme wie Fotografien unabhängig von dem Sujet immer auch Zeitdokumente:

> „Es ist zumindest nicht ganz von der Hand zu weisen, dass Film und die soziale Institution des Kinos erfolgreich immer wieder die Behauptung antreten konnten, unter der Metapher des ‚Gedächtnisses' des fotografischen Bildes und der ‚Veranschaulichung' historischer Zeiten und Konstellationen durch Nachstellung in fiktionalen aber auch wirkmächtigen Images auf zentrale Weise sich an dem zu beteiligen, was man affirmativ die ‚Verlebendigung' von Vergangenheit nennt."[27]

Dem Film liegt im Sinne Kochs eine *„unhintergehbare physikalische Aufzeichnungs-funktion"*[28] zugrunde. Jedes Stück Filmmaterial steht für ein Stück aufgenommene Zeit;[29] auch wenn dies nicht ein intendierter Teil der Filmproduktion ist, Vergangenheit zu thematisieren, so ist es doch ein Subtext des fotografischen und filmischen Verfahrens, der mitläuft. Somit ist jeder Film eine Art Zeitdokument. Diese Eigenschaft als Zeitdokument verdoppelt sich bei Geschichtsfilmen, mit denen schon zur Entstehungszeit des Films ein Rückgriff auf vergangene Ereignisse vorgenommen wird. Doch ebenso wie mit mancher schriftlichen Geschichtsdarstellung wird mit dem Film versucht diesen Abstand zum abwesenden, vergangenen Geschehen zu minimieren. Es zeichnet viele geschichtsdarstellende Filme aus, dass sie einen Abstand zur Vergangenheit zugleich herstellen und einreißen. Wir sind als Zuschauende zugleich zeitlich deutlich entfernt von den Geschehnissen auf der Leinwand, dem Bildschirm, dem Handy etc. und dennoch so involviert, dass es uns emotional mitnimmt und direkt erreicht. Das Einreißen des historischen Abstands ist auf das affektive Potential der filmischen Verlebendigung zurückzuführen.[30] Dieses affektive Potential speist sich aus der besonderen Medialität des Films, die sich aus Bildern, Texten und Tönen in ihrer dynamischen Abfolge zusammensetzt. Daneben entstehen immer wieder Film-

---

27   Koch, Gertrud (2003): Nachstellungen – Film und historischer Moment. In: Hohenberger, Eva / Keilbach, Judith (Hrsg.): Die Gegenwart der Vergangenheit. Dokumentarfilm, Fernsehen und Geschichte, Berlin, S. 216-229, hier S. 217.

28   Ebd. S. 217. Hervorhebung im Original.

29   Auch der digitale Film teilt bei der Aufzeichnung Raum und Zeit mit dem Geschehen vor der Kamera, nur das filmische Material ist ein anderes. Es entstehen Datensätze und kein belichtetes Filmnegativ, die auf die vorfilmische Realität verweisen. Anders ist es mit Filmen und Fotografien, die einzig am Rechner erstellt werden, da der konkrete Moment der Verbindung zur aufgenommenen Realität fehlt.

30   Vgl. Hediger (2015): S. 169-249.

projekte, bei denen die Bemühungen um eine deutliche Distanznahme zu dem filmischen Immersionspotential angestrebt werden.[31]

Neben der medieninhärenten Beziehung zur Vergangenheit können Filme sowohl zu „geschichtskulturelle[n] Manifestationen"[32] als auch zur Public History zugehörig verstanden werden. Denn ausgehend von der Definition Knochs zu Geschichtskultur und Public History von 2016 lassen sich Filme als wichtige Instanzen der Vergangenheitsreflexion in beiden Bereichen wiederfinden.

„Am tragfähigsten erscheint als Abgrenzung, ‚Geschichtskultur' im Sinne eines Oberbegriffs für alle – auch geschichtswissenschaftliche, schulische und familiäre – Formen des Umgangs mit der Vergangenheit zu nutzen, während ‚Public History' in einem engeren Sinne den öffentlichen Gebrauch von Geschichte jenseits von institutionalisierten staatlichen Bildungsinstitutionen oder familiären Nahräumen meint."[33]

Es gibt keinen Bereich – Wissenschaft, Schule, Familie, Öffentlichkeit – der frei wäre von Filmen, die an der Vorstellung von Geschichte wesentlich mitwirken. Dabei kann der Film nicht nur mit den Worten des Historikers Jörn Rüsen als eine „praktisch wirksame Artikulation von Geschichtsbewusstsein im Leben einer Gesellschaft"[34] gesehen werden, sondern muss auch in seiner Wirkung auf implizite, verschwiegene, inkorporierte Zugänge zu Geschichte gedacht werden. Den Film als ein Propagandamittel zu verstehen, das über agitierende Modi Einfluss auf das Publikum ausüben kann, ist dabei nur eine Sicht auf die implizite Seite des Films – und gewinnt im Hinblick auf die Diskussion über die Zeit des Nationalsozialismus an besonderer Brisanz. Doch Filme bieten schon aufgrund ihres medialen Aufbaus als äußerst komplexe Gefüge auf vielen Ebenen Zugänge zu Geschichte – gerade die sinnlich emotionalen Strukturelemente spielen hier eine große Rolle. Vielfach erschweren bestimmte Inszenierungsmodi eine unmittelbare Reflexion des Rezipierten und so besteht die Gefahr gerade in der Darstellung von Geschichte, dass unter der Verwendung (film-)kultureller Routinen unausgesprochen bestimmte Vorstellungen von Vergangenheit weiter fortgeführt und festgeschreiben werden.[35] Doch neben Kontinuitäten auf verschiedenen Ebenen gibt es immer wieder andere Interessen und Perspektiven auf Vergangenheit, die filmisch inszeniert wurden. Es wird zu zeigen sein, dass mit Blick auf die filmische Thematisierung der Ereignisse während des Nationalsozialismus ein historisierender Zugriff auf diese Zeit zu Beginn des 21. Jahrhunderts mit ganz anderen Motiven und

---

31   Hier seien beispielsweise die unterschiedlichen Filme von Alexander Kluge (u.a. *Brutalität in Stein* 1960, *Abschied von gestern* 1965/66, *Die Patriotin* 1979) erwähnt; vgl. Kaes, Anton (1985): Über den nomadischen Umgang mit Geschichte. Aspekte zu Alexander Kluges Film „Die Patriotin". In: Text und Kritik. Alexander Kluge, H. 85/86, S. 132-144. Vgl. auch die Diskussion zu *Aufschub* von Harun Farocki S. 83-118.

32   Willner, Sarah / Koch, Georg / Samida, Stefanie (2016): Doing History – Geschichte als Praxis. Programmatische Annäherung. In: Dies (Hrsg.): Doing History. Performative Praktiken in der Geschichtskultur, Münster / New York, S. 1-25, hier S. 2.

33   Knoch (2016): S. 308f.

34   Rüsen, Jörn (1994): Was ist Geschichtskultur? Überlegungen zu einer neuen Art über Geschichte nachzudenken. In: Füßmann, Klaus / Grütter, Heinrich Theodor /Rüsen, Jörn (Hrsg.): Historische Faszination. Geschichtskultur heute, Köln, S. 3-26, hier S. 5.

35   Vgl. hierzu die Ausführungen zum Zusammenhang von implizitem Wissen und Geschichte S. 124-132.

Narrativen arbeitet, als es für den filmischen Geschichtsbezug der 50er, 60er und 70er Jahre der Fall war – jede Zeit hat ihre eigenen filmischen Selbstverständlichkeiten und impliziten Annahmen in der Verhandlung dieser historischen Ereignisse und transportiert damit unterschiedliche Auslegungen der Vergangenheit.

Dem Ansatz der „More-Than-Representational Theory"[36] folgend wird hier das vielseitige Verhältnis zwischen den Menschen und ihren materiellen Umgebungen, zu der ebenso Filme gehören, auch von der emotionalen, impliziten Seite her diskutiert, sodass besonders die lebensweltliche Bedeutung in den Vordergrund rückt. Dieser auch von den Heritage Studies vielfach aufgegriffene Ansatz wendet die Schwerpunktsetzung weg von der Repräsentation hin zu den Praktiken und Beziehungen im Umgang mit den Dingen und Materialitäten einer Kultur – also dem kulturellen Erbe. Auf vielfältige Weise sind nach Sarah Willner, Georg Koch und Stefanie Samida in kulturellen Praxen Begegnungen mit Geschichte angelegt,

> „die historische Bedingungen herstellen und erfahrbar machen sollen – überall hier handelt es sich um Modi, die von einer starken Gegenwärtigkeit geprägt sind, und bei denen emotionale Verbindungen zwischen Vergangenheit und Gegenwart geschaffen und letztlich ‚Geschichte gemacht' wird."[37]

Mit dem Ansatz von Willner u.a. von 2016 wird das Augenmerk auf „Geschichte als Praxis" im Kontext einer Public History gerichtet, um damit „alle geschichtskulturellen Äußerungen, Handlungen und Imaginationen"[38] zu inkludieren. Dieser Ansatz der Public History[39] betrachtet die Vielfalt an geschichtsbezogenen Formen und Praxen in ihrer unterschiedlichen medialen und materiellen Ausprägung sowie institutionellen Einbindung. Dabei liegt das besondere Augenmerk auf der populären Ausprägung der Geschichtskultur.[40]

Geschichtsbezüge im kulturpraktischen Vollzug sind kein Phänomen der Gegenwart, sondern finden ihre historische Entsprechung zu jeder Zeit. Bei diesem praxistheoretischen Zugang wird mit dem Begriff des doing history operiert und dabei sich auf die Konzeption von doing gender von Candace West und Don H. Zimmerman Bezug genommen. West und Zimmermann weisen Ende der 1980er Jahre auf die Herstellung von Geschlecht bzw. Gender durch soziokulturelle Konstruktionsleistungen im Zuge von Interaktionen und Inszenierungspraktiken hin.[41] Diese Konzeption wurde vielfach in der Folgezeit auf andere Bereiche übertragen und erweitert: doing

---

36 Waterton, Emma (2014): A More-Than-Representational Understanding of Heritage? The `Past' and the Politics of Affect. In: Geography Compass 8/11, S. 823-833.
37 Willner / Koch / Samida (2016): S. 2.
38 Ebd. S. 4.
39 Der Begriff Public History steht sowohl für den Gegenstand (öffentliche Geschichtskultur ohne dezidierte Anbindung an Bildungs- oder Forschungsinstitutionen) als auch für eine geschichtswissenschaftliche Subdisziplin, die sich mit diesem Gegenstand beschäftigt.
40 Vgl. Knoch (2016): S. 309f.
41 Vgl. West, Candace / Zimmerman, Don H. (1987): Doing Gender. In: Gender and Society, Bd. 1, Nr. 2, S. 125-151; vgl. Willner / Koch / Samida (2016): S. 4.

knowledge, doing identity, doing heritage, doing family, doing culture[42] usw. Auf Geschichte bezogen, schärft diese Perspektive den Blick für die Konstruktionsleistungen und Involviertheit der beteiligten Instanzen und Akteur*innen. Geschichte entsteht aus einem beständigen Praktizieren und Agieren im konkreten Vollzug – ist nie statisch festgeschrieben, sondern geht aus der fortwährenden Beteiligung hervor. Am Beispiel Film lässt sich zeigen, wie historische Lebenswelten durch filmische Praxen hervorgebracht werden und eingebettet in diskursive und performative Praktiken der Rezeption sich auch das jeweilige soziokulturelle Umfeld an dieser Konstruktion von Geschichte beteiligt. Nach Hediger (2015) ermöglichen Filme Geschichte (nicht Vergangenheit) als Erfahrung zu vollziehen, „d.h. als etwas, was ‚wir' ‚machen' können: eine von einer jeweiligen Gruppe geteilte Erfahrung, die auf der Annahme einer gemeinsamen Vergangenheit basiert und auf eine gemeinsam, von jeder und jedem einzeln oder im Zusammengehen der Gruppe zu gestalten ist."[43] Dieser öffentliche Gebrauch von Geschichte, in seiner kollektiven Ausprägung, dient der historischen Sinnstiftung und trägt zur Gemeinschaftsbildung bei.

Seit den 1990er Jahren findet eine wissenschaftliche Aufwertung der filmischen Hinwendung zur Geschichte statt, und Filme werden als eigenständige Wissensform der Geschichtsschreibung anerkannt.[44] Besonders der Historiker Robert Rosenstone[45] hebt 1995 mit seinem Ansatz den Film als eigenständigen Kommentar zur Vergangenheit hervor, der als eine spezifische Quelle von historischem Wissen ernst genommen werden sollte:

„Wenn Sie sich nach neuen Arten der Geschichtsschreibung sehnen, wenn Sie glauben, wir brauchen neue Wege zur Vergangenheit, verzweifeln Sie nicht. Die postmoderne Geschichtsschreibung wurde geboren, sie lebt, und es geht ihr im Augenblick gut. Sie existiert weniger auf Seiten als auf Leinwänden, und sie ist die Schöpfung von Filmemachern und Videographen. […] Die visuellen Medien sind unsere wichtigsten Mittel zur Verständigung über die Welt geworden."[46]

Filme erzeugen „einen anderen Begriff von der Vergangenheit", weil sie nach Rosenstone darauf basieren, „daß Fakt, Fiktion und Gedächtnis inklusive ihrer Verzerrun-

---

42 Vgl. beispielsweise Smith, Laurajane (2011): The "Doing" of Heritage: Heritage as Performance. In: Jackson, Anthony / Kidd, Jenny (Hrsg.): Performing Heritage: Research, Practice and Innovation in Museum Theatre and Live Interpretation, Manchester, S. 69–81; Hörning, Karl H. / Reuter, Julia (2015): Doing Culture. Neue Positionen zum Verhältnis von Kultur und sozialer Praxis, Bielefeld; Jurczyk, Karen / Lange, Andreas / Thiessen, Barbara (2010) (Hrsg.): Doing Family - Familienalltag heute, Weinheim.

43 Hediger (2015): S. 189.

44 Vgl. Groß, Bernhard (2016): Filmgeschichte. Film, Geschichte und die Politik der Bilder. In: Groß / Morsch (Hrsg.): S. 1-19, hier S. 5.

45 Vgl. Rosenstone, Robert A. (1995c) (Hrsg.): Revisioning history. Film and the construction of a new past, Princeton; vgl. Rosenstone, Robert A. (2006): History on film / film on history, Harlow; vgl. Rosenstone, (1995b).

46 Rosenstone, Robert (2003 [1995]): Die Zukunft der Vergangenheit. Film und die Anfänge postmoderner Geschichte. In: Hohenberger, Eva / Keilbach, Judith (Hrsg.): Die Gegenwart der Vergangenheit. Dokumentarfilm, Fernsehen und Geschichte, Berlin, S. 45-64, hier S. 50.

146 Film als pädagogisches Setting – ein Medium als Vermittlungs- und Vergegenwärtigungsinstanz

Abbildung 27: *Nacht und Nebel* TC: 00:01:37.

Abbildung 28a: *Nacht und Nebel* TC: 00:01:46.

Abbildung 28b: *Nacht und Nebel* TC: 00:02:20.

Abbildung 29a: *Nacht und Nebel* TC: 00:03:36.

Abbildung 29b: *Nacht und Nebel* TC: 00:22:10.

gen gleich wichtige Elemente des historischen Diskurses sind."⁴⁷ Doch was heißt das für Filme über die Verbrechen des Nationalsozialismus? Kann bei filmischen Reflexionen dieser schwer fassbaren Ereignisse der Unmenschlichkeit auch mit Mitteln der Fiktionalisierung und Verzerrung gearbeitet werden? Oder gibt es vielleicht keine Alternative, als über fiktionale Elemente sich den vergangenen Ereignissen zu nähern? Und welches Wissen können Filme dann über Geschichte bereitstellen?

Das Wissen der Zeugenschaft

> „Es handelt sich um eine schwierige Art der Erkenntnis – schwieriger wie alles, was den Bereich der Bilder berührt –, mit Fallen gespickt und zugleich reich an Schätzen. Sie verlangt zu jedem Zeitpunkt ein besonderes Feingefühl. Weder berechtigt sie dazu, jedes Bild in Quarantäne zu stellen noch erlaubt sie es, alle Unterschiede einzuebnen".⁴⁸

Die Musik vom Vorspann ist verstummt und die erste Einstellung zeigt ein weites Feld und einen wolkenverhangenen Himmel (Abbildung 27). Der Film *Nacht und Nebel*,⁴⁹ der 1956 erschien, beginnt mit einem Standbild in Farbe, das durch die gewählte Kameraeinstellung nicht preisgibt, was diese Landschaft für einige Jahre bestimmt hat und womit dieser Ort für immer in Verbindung gebracht werden wird. Erst ein langsamer Schwenk nach unten zeigt Stacheldraht und mit der einsetzenden Musik folgt dann die Erzählerstimme:

> „Auch ruhiges Land, auch ein Feld mit ein paar Raben drüber, mit Getreidehaufen und Erntefeuern, auch eine Straße für Fuhrwerke, Bauern und Liebespaare, auch ein kleiner Ferienort mit Jahrmarkt und Kirchturm kann zu einem Konzentrationslager hinführen. Struthof, Oranienburg, Auschwitz, Ravensbrück, Dachau, Bergen-Belsen – das waren einmal Namen, wie andere, Namen auf Landkarten und in Reiseführern. Das Blut ist geronnen, die Münder sind verstummt, es ist nur eine Kamera, die jetzt diese Blocks besichtigen kommt. Ein eigentümliches Grün bedeckt die müde getretene Erde. Die Drähte sind nicht mehr elektrisch geladen. Kein Schritt mehr – nur der unsere."⁵⁰

Über langsame Bewegungen der Kamera nähern wir uns als Zuschauende den architektonischen Relikten des Konzentrationslagers Auschwitz (Abbildungen 28a,b). Dieser Ort des systematischen Massenmords wird über seine Nahtstelle zur Außenwelt eingeführt. Mit Stacheldraht umfasst, ist er eingebettet in eine Umgebung – geographisch verortbar, ein Teil von einer Landschaft, ein Teil von unserer Welt. Die Farbaufnahmen zeigen im Verlauf des Films den Zustand des Geländes zur Entstehungszeit des Films 1955 und doch wird dabei dieser konkrete Ort zu einem Symbol für viele

---

47 Ebd. S. 55.
48 Didi-Huberman, Georges (2007 [2003]): Bilder trotz allem, München, S. 174.
49 *Nacht und Nebel* [Nuit et brouillard], Regie: Alain Resnais, Drehbuch: Jean Cayrol, Frankreich 1956.
50 *Nacht und Nebel*, TC: 00:01:49–00:02:52.

andere Orte stilisiert. Wir sehen die verbliebenen Zeugnisse des Konzentrationslagers Auschwitz und denken an das europaweit gespannte System der Verfolgung und Menschenvernichtung.

Im Verlauf des Films erscheinen zwischen den farbigen Einstellungen der architektonischen und materiellen Relikte des Konzentrationslagers Auschwitz fortwährend Schwarz-Weiß-Aufnahmen, die von einer anderen Zeit zeugen; die von etwas berichten, das so am konkreten Ort nicht mehr sichtbar ist oder dort nicht stattgefunden hat (Abbildungen 29a,b). Und dennoch haben diese Archivaufnahmen einen so hohen Stellenwert, dass sie zwei Drittel des Films ausmachen.[51] Die Anreicherung der Farbaufnahmen durch die Tonebene, bestehend aus der Erzählerstimme – die für die bundesdeutsche Sprachfassung einen Text von Paul Celan wiedergibt – und der Musik Hanns Eislers, genügten nicht, um die Verbrechen zu thematisieren. Fortwährend werden über harte Schnitte Aufnahmen aus einer anderen Zeit, aus anderen Bildproduktionskontexten und anderen Orten eingefügt, aneinander gereiht und in Beziehung gesetzt. Nicht immer ist es auf Anhieb möglich, die Provenienz und den Entstehungskontext des Materials zu erahnen oder gar zu erschließen: Was ist vor und was ist nach der Befreiung der Konzentrationslager entstanden? Welche Bilder zeigen die Sicht der Täter und Täterinnen und welche Bilder sind aus einer Zusammenarbeit mit den Opfern heraus entstanden? Oder gibt es sogar Bilder aus Sicht der Opfer? Welche Bilder sind schon vor der Befreiung der Konzentrationslager veröffentlicht gewesen und welche kommen erst mit Kriegsende ans Licht? Und welche Orte und Ereignisse sind genau abgebildet?

Die Filmhistorikerin Sylvie Lindeperg schreibt 2007 mit Blick auf die verschiedenen Archivaufnahmen von „Amalgamierungen zweier Bildgenerationen", die diesen Film im Wesentlichen prägen. Denn auch wenn die Farbgebung sie eint und sie gemeinsam einen Argumentationsstrudel bilden, so ist doch

> „zwischen den Bilddokumenten aus der Nazi-Zeit und denen von der Befreiung eine undurchlässige Grenze zu ziehen. Trotz der bisweilen nur kurzen Zeitspanne, die sie voneinander trennt, gelten diese beiden Bildgenerationen als nicht mehr austauschbar. Sie berichten nämlich nicht nur von zwei ganz unterschiedlichen Geschehnissen, sondern richten auch zwei radikal gegensätzliche Blicke auf die Lager: den der Täter (und manchmal auch ihrer Opfer) und den der Zeugen, die im Nachhinein an diese Orte gekommen sind. Heute scheint uns, dass diese beiden Blickwinkel nicht derselben Ebene der Sichtbarkeit angehören".[52]

Damit hebt Lindeperg die Bedeutung des Entstehungszusammenhangs der Bilder hervor. Es macht einen Unterschied, ob die Fotografien einer rassistischen Ideologie folgend die Taten dokumentieren, um das eigene Vorgehen zu bekräftigen, oder ob die Bilder aus Anlass des Versuchs der Geschehnisse habhaft zu werden und mit Empathie für die Opfer entstanden sind. Doch in beiden Fällen dienen sie der Bestätigung und Bezeugung der Ereignisse – mal aus einem triumphalen Machtbedürfnis heraus von Seiten der Täter/innen, mal aus einer Geste der Bestürzung und Anklage von Seiten

---

51 Vgl. Lindeperg (2010 [2007]): S. 127.
52 Lindeperg (2010 [2007]): S. 133.

möglicher Zeugen/Zeuginnen[53] oder der Opfer und ihrer Befreier/innen. Zu den Kontexten der Entstehung von filmischen Archivaufnahmen der nationalsozialistischen Zeit betont Manuel Köppen 2007 auch die Gefahr einer problematischen Zusammenstellung bei der Wiederverwendung: „Filmische Dokumente sind weder unschuldig, noch eindeutig. Ihre Aussage ist abhängig von der jeweiligen Kontextualisierung. Und sie enthalten unter Umständen genau jene Perspektive, die es zu vermeiden gilt: die der Täter."[54]

Wie problematisch gerade solche Archivaufnahmen zu bewerten sind, die von den verschiedenen nationalsozialistischen Personengruppen selbst angefertigt wurden, geht insbesondere aus dem dazugehörigen Bildumgang hervor – also der nationalsozialistischen Bildproduktion und -verwendung. Denn in diese Bilder ist die Haltung derjenigen eingeschrieben, die die Verbrechen verübten. Diese Bilder geben die Sicht auf die Ereignisse aus dieser Perspektive wieder. Gerade dieser Vorgang der bildlichen Vergewisserung und Ermächtigung auf Seiten der verschiedenen nationalsozialistischen Personengruppen wird immer wieder in der US-amerikanischen Fernsehserie *Holocaust* (1978)[55] thematisiert. In der Fernsehserie wird das genozidale Mordgeschehen gezeigt, das von einer fotografischen und filmischen Praxis der Nationalsozialisten[56] begleitet, legitimiert und normalisiert wurde: Die Massenexekutionen in Osteuropa werden mit der Kamera dokumentiert und dann zur Planung für das weitere Vorgehen dem Vorgesetzten gezeigt – so zumindest ist es in dieser Serie inszeniert.[57]
Im Kontext von Inspektionsberichten werden historische Originalaufnahmen aus der Zeit des Nationalsozialismus in Form von Dia- und Filmvorführungen Teil des Films, reichern dadurch die fiktionale Erzählung um dokumentarische Elemente an und sug-

---

53   Am Beispiel der Person Jan Karski (eigentlich Jan Romuald Kozielewski) wird deutlich, dass es zwischen der Seite der Täter und der der Opfer eine weitere Personengruppe gab. Jan Karski ließ sich unter schwierigsten Bedingungen u.a. ins Warschauer Ghetto und ins Lager in Izbica Lubelska schleusen, um persönlich Informationen über die Situation der Juden zu sammeln, damit er dann der Welt über das Leiden der dortigen Juden berichten konnte. Er schaffte es anschließend trotz Krieg über Deutschland nach London und in die USA zu kommen und konfrontierte alliierte Politiker 1942/43 mit der Realität des Holocaust. Doch er fand kaum Gehör. Trotz eines Gesprächs mit dem damaligen US-amerikanischen Präsidenten Franklin D. Roosevelt (Juli 1943) blieben seine Versuche folgenlos, ein Interesse für das Schicksal der Juden Europas zu wecken. Im Film *Shoah* von Claude Lanzmann (1986) ist ein Ausschnitt einer über zwei Tage währenden Interview-Sequenz mit Jan Karski enthalten. Vgl. Karski, Jan (2011 [1944]): Mein Bericht an die Welt. Geschichte eines Staates im Untergrund, München (67 Jahre nach der ersten Veröffentlichung erschien der „Bericht an die Welt" erstmals auch auf Deutsch). Und als Sekundärtext vgl. Jankowski, Stanislaw / Wood, Thomas (1997): Jan Karski – Einer gegen den Holocaust. Als Kurier in geheimer Mission, Gießen. Den Hinweis auf diese wichtige Personengruppe der Zeugen/Zeuginnen und Jan Karski im Speziellen verdanke ich Barbara Welzel.

54   Köppen, Manuel (2007): Holocaust im Fernsehen. Die Konkurrenz der Medien um die Erinnerung. In: Wende, Waltraud (Hrsg.): Der Holocaust im Film. Mediale Inszenierung und kulturelles Gedächtnis, Heidelberg, S. 273-289, hier S. 280.

55   *Holocaust – Die Geschichte der Familie Weiss* [Holocaust], Regie: Marvin J. Chomsky, Drehbuch: Gerald Green, USA 1978.

56   In *Holocaust* werden nur Männer als aktive Täter inszeniert, die konkret die Verbrechen ausführen. Deshalb wird in den Abschnitten zu den Filmsequenzen von Tätern und Nationalsozialisten gesprochen.

57   *Holocaust – Die Geschichte der Familie Weiss*, Folge 1, TC: 01:32:45-01:33:27; Folge 2, TC: 01:10:55-01:12:04; Folge 4, TC: 00:00:24-00:01:25.

Abbildung 30a: *Holocaust*, Folge 4 TC: 00:00:38.

Abbildung 30b: *Holocaust*, Folge 4 TC: 00:01:27.

Abbildung 31a: *Holocaust*, Folge 1 TC: 01:32:56.

Abbildung 31b: *Holocaust*, Folge 1 TC: 01:33:04.

Abbildung 31c: *Holocaust*, Folge 1 TC: 01:33:36.

Abbildung 31d: *Holocaust*, Folge 1 TC: 01:33:47.

gerieren damit eine Nähe zu den einstigen Ereignissen (Abbildungen 30a, b). Bereits in der ersten Folge der vierteiligen Serie gibt eine lange Sequenz mit der Projektion von 13 Dias den ideologisch bestimmten Bildumgang wieder: In der Machtzentrale im fernen Berlin wird der Massenmord in Osteuropa medial vermittelt gezeigt (Abbildungen 31a-d).[58] Die Archivaufnahmen von Erschießungen, Hängungen und anderen Verbrechen werden auf diese Weise zum ersten Mal in dieser Fernsehserie wiedergegeben und finden Eingang in die Filmhandlungen und die Argumentationen der Figuren.

Die nationalsozialistischen Verbrechen werden hier als filmisch und fotografisch begleitete Taten gezeigt (Abbildung 32); zudem werden auch die weit entfernten Befehlsinstanzen in Berlin als Zuschauende inszeniert. Der Anblick des Grauens, wie er vielfach später geleugnet wurde, rückt hier ins Zentrum der Filmhandlung von *Ho-*

---

58   *Holocaust – Die Geschichte der Familie Weiss*, Folge 1, TC: 01:32:45-01:33:27.

Abbildung 32: *Holocaust*, Folge 2 TC: 00:36:15.

locaust. Die Aufnahmen der Nationalsozialisten finden hier nicht Verwendung „als historische Dokumente mit Wahrheitsbeleg, sondern als Tätererzeugnisse, die jeweils mit einem konkreten Zweck verbunden sind: der Systematisierung des Massenmords, der SS-internen Archivierung oder der Dokumentation des reibungslosen Mordgeschehens"[59] – wie es Gerhard Paul 2013 mit Blick auf diese Fernsehserie herausstellt. Gerade die Wieder-Verwendung des Bildmaterials hebt Gerhard Paul besonders hervor:

> „*Holocaust* ist nämlich nicht zuletzt ein Film über die Bildproduktion und -verwendung im Nationalsozialismus – und dies in einer neuen Form, die Bilder nicht einfach nur als historische Dokumente und damit Wahrheitsbelege funktionalisiert, sondern immer auch deren Entstehung und Funktion mitreflektiert."[60]

Die Foto- und Filmpraxis erscheint in der Serie *Holocaust* zur Bekräftigung des eigenen Vorgehens und zur Planung weiterer Verbrechen zu dienen. Erst zum Ende der Serie wird dasselbe Bildmaterial zur Beweisführung und Anklage eingesetzt, weil die Bilder in den Händen der Alliierten anders gedeutet und genutzt werden, als von den Nationalsozialisten ursprünglich vorgesehen. Dabei werden Bildhandlungen als Teil der Verbrechen mitinszeniert und damit auf einer Metaebene als Bilder in Film-Bildern zum Gegenstand der Reflexion.

---

59 Paul, Gerhard (2013): TV-Holocaust. Ein fiktionaler US-Mehrteiler als Bildakt der Erinnerung. In: Ders: BilderMACHT. Studien zur Visual History des 20. und 21. Jahrhunderts, Göttingen, S. 478–505, hier S. 492.

60 Ebd. S. 490.

Abbildung 33a: *Holocaust*, Folge 4 TC: 00:48:30.

Abbildung 33b: *Holocaust*, Folge 2 TC: 00:39:59.

Abbildung 34a: *Holocaust*, Folge 4 TC: 00:12:24.

Abbildung 34b: *Holocaust*, Folge 2 TC: 00:39:29.

Es ist dieser Korpus an Bildmaterial, der seit der Befreiung der Konzentrationslager und der Kapitulation der Wehrmacht im Mai 1945 an die Öffentlichkeit dringt und seinen Platz im kollektiven Gedächtnis einnimmt. Einige der Aufnahmen erreichten schnell und mit voller Wucht die Außenwelt, wohingegen andere Aufnahmen erst allmählich und mit einigem zeitlichen Abstand zum Gegenstand des Diskurses wurden.[61] Zu diesen Aufnahmen aus der Zeit des Nationalsozialismus kommen zahlreiche fotografische und filmische Aufnahmen unter der Aufsicht der Alliierten,[62] die aus ande-

---

61 Vgl. Meissel, Lukas (2019): Perpetrator Photography. Pictures of the *Erkennungsdienst* at Mauthausen Concentration Camp. In: Fröbis, Hildegard / Oberle, Clara / Pufelska, Agnieszka (Hrsg.): Fotografien aus den Lagern des NS-Regimes. Wien / Köln / Weimar, S. 25-47; Wrocklage, Ute (2019): Die Fotoalben des KZ-Kommandanten Karl Otto Koch – Private und öffentliche Gebrauchsweisen. In: Fröbis / Oberle / Pufelska (Hrsg.): S. 179-205; Keilbach, Judith (2008): Geschichte der Bilder. Der Umgang mit historischem Bildmaterial. In: Dies.: Geschichtsbilder und Zeitzeugen. Zur Darstellung des Nationalsozialismus im Bundesdeutschen Fernsehen. Münster, S. 31-137; Reifarth, Dieter / Schmidt-Linsenhoff, Viktoria (1983): Die Kamera der Henker. Fotografische Selbstzeugnisse des Naziterrors in Osteuropa. In: Fotogeschichte, 17, S. 57-71. Und zu den wenigen Aufnahmen, die von Häftlingen angefertigt wurden vgl. Perssac, Jean-Claude (1989): Auschwitz: Technique an Operation on the Gas Chambers, New York; hieran anschließend: Didi-Huberman (2007 [2003]); Genest, Andrea (2019): Fotografien als Zeugen – Häftlingsfotografien aus dem Frauenkonzentrationslager Ravensbrück. In: Fröbis / Oberle / Pufelska (Hrsg.): S. 85-112; Kinzel, Tanja (2019): Spuren des Widerstandes: Deportationsfotos von Henryk Ross aus dem Getto Lodz. In: Fröbis / Oberle / Pufelska (Hrsg.): S. 113-136.

62 Vgl. Brink, Cornelia (1998): Ikonen der Vernichtung. Öffentlicher Gebrauch von Fotografien aus nationalsozialistischen Konzentrationslagern nach 1945, Berlin; Zelizer, Barbie (1998): Remembering to Forget. Holocaust Memory through the Camera's Eye, Chicago / London; Martyus, Stephan (2019): Die Befreiung von Mauthausen, die fotografische Perspektive eines Häftlings: Francisco

ren Beweggründen und aus einer anderen Bildpraxis heraus entstanden. Die Bilder sollten nicht den inneren Kreis der Täter und Täterinnen bestätigen, sondern die breite Öffentlichkeit aufklären und zum Umdenken bewegen:

> „Die Filmaufnahmen der alliierten Kameramänner, die Bilder der befreiten Lager, zeigten nach 1945 unwiderlegbar die Verbrechen des Nationalsozialismus. Sie dokumentierten diese Verbrechen mit internationaler Wirkung, und sie wurden zur ‚Reeducation' eingesetzt. Sie funktionieren als Belege im Sinne des Dokuments. Sie sollten aufklären und zeigen, wie ‚es wirklich war'. Die in ihnen gebundene Erfahrung musste schon damals notwendig supplementiert werden."[63]

Manuel Köppen hebt 2007 mit dieser Aussage die Funktion der Aufnahmen hervor – moralische und erzieherische Konfrontation mit den Ereignissen – und macht deutlich, dass gerade die Gegebenheiten der Präsentation eines solchen Bildmaterials eine hohe Bedeutung haben. Welche filmischen und außerfilmischen Kommentare und Kontextualisierungen sind notwendig, um das Gezeigte in seiner ganzen Tragweite angemessen erscheinen zu lassen? Was ist die pädagogische Absicht, die die konkrete Auswahl und Präsentation des Bildmaterials bestimmt? Wie lässt sich der Gefahr einer fragwürdigen Verwendungsweise nationalsozialistischer Aufnahmen – die Perspektiven der Täter und Täterinnen fortzuschreiben, ohne sie zu problematisieren – entgegentreten?

In der Serie *Holocaust* wird der Sichtweise der Täter die Sichtweise der Opfer entgegengesetzt. Die Zuschauenden befinden sich bei der Rezeption in der Situation, immer wieder im Wechsel diese zwei Perspektiven einnehmen zu müssen. Und dies nicht nur in der Zuspitzung der politischen Lage – der Machtausübung und Verfolgung –, sondern gerade auch in den Szenen der Massenerschießungen und der Darstellung des Mordes in der Gaskammer. Als Zuschauende müssen wir durch die Wahl er Kameraeinstellung sowohl die Perspektive der Täter als auch die der Opfer einnehmen: Als Zuschauende begleiten wir die Opfer in die Gaskammer und ebenso liegen wir am Boden und auf uns wird die Waffe gerichtet (Abbildungen 33a,b). Nur wenige Einstellungen früher und später nehmen wir die Sichtweise und Position der Täter ein (Abbildungen 34a,b). Wie Gerhard Paul herausarbeitet, werden wir als Zuschauende durch dieses Bildmanagement dazu gezwungen, uns immer wieder aufs Neue zu aktivieren und mit jedem Perspektivwechsel uns mit den Opfern und mit den Tätern zu beschäftigen.[64] Besonders bei den Erschießungs-Szenen werden die Zuschauenden in die Täter-Perspektive hineingedrängt: In der Position neben den Schützen werden wir durch die Filmrezeption Teil dieser Täter-Gemeinschaft (Abbildung 35). Wir wohnen voyeuristisch den Verbrechen bei und als Beteiligte und Wissende werden wir in die

---

Boix. In: Frübis / Oberle / Pufelska (Hrsg.): S. 159-176; Starke, Sandra (2019): „…davon kann man sich kein Bild machen." Entstehung, Funktion und Bedeutung der Baumhängen-Fotos. In: Frübis / Oberle / Pufelska (Hrsg.): S. 49-66; Schindelegger, Maria (2019): Grenzverschiebungen. Das Motiv des Stacheldrahtes in Fotografien des befreiten Konzentrationslagers Buchenwald. In: Frübis / Oberle / Pufelska (Hrsg.): S. 271-290; Weckel, Ulrike (2012): Beschämende Bilder. Deutsche Reaktionen auf alliierte Dokumentarfilme über befreite Konzentrationslager, Stuttgart.

63 Köppen (2007): S. 282.
64 Paul (2013): S. 486ff.

Abbildung 35: *Holocaust*, Folge 4 TC: 01:12:27.   Abbildung 36: *Holocaust*, Folge 3 TC: 00:26:43.

Ereignisse filmisch bzw. symbolisch involviert. Zudem werden den Archivaufnahmen nationalsozialistischer Provenienz in *Holocaust* die Gegenbilder aus Sicht der Opfer entgegengestellt. Sie tauchen gleich mehrmals in Form von Bleistift- und Kohlezeichnungen auf und werden zum Gegenstand der Artikulation der Opferperspektive, um deren Existenz unter Lebensgefahr gerungen wird (Abbildung 36).

Anders geschieht die Verwendung von Archivaufnahmen bei *Nacht und Nebel*. Hier unterliegt die Kontextualisierung der historischen Sichtweise der Täter/Täterinnen-Gemeinschaft anderen Strategien, um die Festschreibungen des Nazi-Regimes mittels Bildpraxis nicht ungebrochen wiederzugeben. Die inhaltliche und formale Rahmung des heterogenen Archivmaterials unterliegt in *Nacht und Nebel* dem Verfahren eines experimentell angelegten Films, der nach Lindeperg weniger bemüht war, die Ereignisse dokumentarisch festzuhalten, als ihnen eine symbolische Bedeutung in der Darstellung des Holocaust zu geben.[65] Dieser Eindruck resultiert aus der Art der Montage des Archivmaterials: Es begleiten uns durch die Schwarz-Weiß-Sequenzen keine zentralen Hauptfiguren, wir springen fortwährend zwischen den Schauplätzen und es gibt auch keine vereinheitlichende Handlung – die gezeigten Personen, Orte und Ereignisse wechseln; was bleibt und Kontinuität bietet, ist das menschenleere Konzentrationslager Auschwitz 10 Jahre nach der Befreiung. Die hier erzeugte innerfilmische Kontextualisierung, die entsteht, weil Bild für Bild aneinandergereiht und mit einer Tonebene ergänzt wurde, um so Bedeutung zu generieren, ist geprägt von der spezifischen Verwendung des Archivmaterials. Die Supplementierung, von der Köppen 2007 schreibt, geschieht hier mit filmischen Mitteln: Über die Nachbarschaft der Fotografien, Filmsequenzen, Musik- und Wortbeiträge bildet sich erst ein Sinnzusammenhang heraus. Um im Falle der Verbrechen der Nationalsozialisten für einen sensibleren und umsichtigeren Umgang mit Bildern zu appellieren, schreibt Didi-Huberman 2003 von der „*Erkenntnis der Montage*"[66]. Denn

> „weil die ‚Lesbarkeit' dieser Bilder – und damit ihre mögliche Bedeutung für das Verständnis des fraglichen Vorgangs – alleine dadurch hergestellt werden kann, daß man sie mit anderen Quellen, anderen Bildern oder anderen Zeugenberichten in Beziehung setzt und von ihnen unterscheidet. Der Erkenntniswert kann nicht aus einem einzelnen Bild hervorgehen, ebensowenig wie es der Einbildungskraft entspricht, sich passiv in ein einziges Bild zu vertiefen. Im Gegenteil geht es darum, die Vielzahl der Bilder zu mo-

---

65 Vgl. Lindeperg (2010 [2007]): S. 132.
66 Didi-Huberman (2007 [2003]): S. 174.

bilisieren, jede Isolation zu vermeiden, die Brüche und die Analogien, das Unbestimmte und das Überdeterminierte hervortreten zu lassen."⁶⁷

Dass im Film *Nacht und Nebel* neben den Aufnahmen der Alliierten überwiegend Bildmaterial von der Verfolgung und Ermordung vor der industriellen Phase der genozidalen Praxis verwendet wurde, ist der Tatsache geschuldet, dass es von diesen Ereignissen viel Bildmaterial gab, im Gegensatz zu den wenigen Bildern, die die Lager in ihrer Phase als Tötungszentrum vor der Befreiung zeigen, und den vier Aufnahmen, die mit den Worten von Didi-Huberman „trotz allem"⁶⁸ als Zeugenberichte von den Opfern angefertigt worden sind. Im Falle Auschwitz steht dem großen Bilderfundus aus der ersten Zeit seiner Funktion als Gefangenen- und Arbeitslager eine verschwindend geringe Anzahl an Fotografien aus der letzten Zeit als Vernichtungslager gegenüber. Denn es herrschte ein Fotografierverbot in den Konzentrationslagern in dieser letzten Phase des Holocaust.⁶⁹

Die Welt sollte keine Notiz nehmen von der industriellen Vernichtung der Juden Europas. Nichts sollte an das unvorstellbare Vorgehen erinnern: weder, dass im Sommer 1944 an einem einzigen Tag 24.000 ungarische Juden ermordet wurden – weder, dass im selben Sommer aus Mangel an Zyklon B Menschen lebendig in brennende Gruben gestoßen wurden – weder, dass der Tod durch Überarbeitung und Hunger eintrat, noch dass gesunde Menschen im Namen der nationalsozialistischen „Endlösung" willentlich getötet wurden.⁷⁰ Es geschah, was niemand für möglich – gar für vorstellbar – gehalten hatte. Wie Hanna Arendt rückblickend bemerkte, waren die Nationalsozialisten „sich ganz sicher, daß eine der größten Chancen für den Erfolg des Unterfangens gerade in der äußersten Unwahrscheinlichkeit lag, daß irgendwer in der Welt es für wahr halten könnte".⁷¹ Hierzu diente auch das geheim gehaltene Vorgehen der massenweisen Tötung: Im Falle von Auschwitz wurde ein sogenanntes *Sonderkommando* aus Häftlingen zusammengestellt, die für die Durchführung verantwortlich waren. Sie wurden isoliert von den anderen Gefangenen gehalten, um weder mit ihnen noch mit den Nicht-Eingeweihten der SS sprechen zu können. „Die Erfindung und Aufstellung der Sonderkommandos ist das dämonischste Verbrechen des Nationalsozialismus gewesen", urteilt Primo Levi, selbst Überlebender von Auschwitz: „Juden mußten es sein, die die Juden in die Verbrennungsöfen transportierten, man mußte beweisen, daß die Juden, die minderwertige Rasse, die Untermenschen, sich jede Demütigung gefallen ließen und sich sogar gegenseitig umbrachten."⁷² Es scheint

---

67 Ebd. S. 1/3.
68 Ebd. S. 15.
69 Es herrschte ein offizielles Fotografierverbot, wovon „Verbotsschilder außerhalb der Lagerumzäunungen wie auch der umfangreiche Verbots- und Strafkatalog der Lagerordnung" zeugen. Dennoch „entstanden neben den heimlichen – die sicher in der Minderheit waren – eine Fülle von privaten und offiziellen Fotografien in den Lagern." Frübis, Hildegard (2019): Einleitung: Beweissicherung und ästhetische Praxis. In: Frübis / Oberle / Pufelska (Hrsg.): S. 7-22, hier S. 11; vgl. hierzu auch Knoch, Habbo (2001): Die Tat als Bild. Fotografien des Holocaust in der deutschen Erinnerungskultur, Hamburg, S. 97.
70 Vgl. Didi-Huberman (2007 [2003]): S. 20f.
71 Arendt, Hanna (1989 [1950]): Die vollendete Sinnlosigkeit. In: Dies.: Nach Auschwitz. Essays und Kommentare I, hg. von Geisel, Eike / Bittermann, Klaus, Berlin, S. 7-30, hier S. 14.
72 Levi (1990 [1986]): S. 51 und 50.

geradezu unmöglich, genau diesem Zustand Fotografien abzuringen, um sie der Welt zu zeigen. Doch es gelang 1944 unter Lebensgefahr und unter erschwertesten Bedingungen und „setzte ein ganzes System kollektiver Wachsamkeit voraus"[73], wie Didi-Huberman 2003 eindrücklich rekonstruiert. Die Aktion war genau geplant, um das Grauen fotografisch dokumentieren zu können:

> „[...] Wir schicken Aufnahmen aus Birkenau, die Gefangene auf dem Weg in die Gaskammer zeigen. Eine der Aufnahmen zeigt einen der Scheiterhaufen, auf dem man die Leichen unter freiem Himmel verbrennt, da das Krematorium zu klein ist, um sie alle dort zu verbrennen. Vor dem Scheiterhaufen Kadaver, die man hineinwerfen wird. Eine andere Aufnahme zeigt den Ort im Wald, wo die Häftlinge sich entkleiden, angeblich um eine Dusche zu nehmen. Danach werden sie in die Gaskammern geschickt. [...]"[74]

Diese knappe Beschreibung der Mitglieder des Sonderkommandos rahmt die Fotografien und dient der Näherung an die Geschehnisse. Es entstanden vier Fotografien, die die Ereignisse vor und nach dem Massenmord in der Gaskammer wiedergeben. Unscharf, verwackelt und aus einer ungewohnten Perspektive zeugen die Fotografien von einem schnellen Vorgehen, bei dem ein Visieren durch den Sucher der Kamera bei zwei Aufnahmen nicht möglich war und auch der Auslöser vermutlich im Vorbeigehen getätigt werden musste, weil SS-Leute nicht unweit anwesend waren. Dass uns diese vier Fotografien die Möglichkeit geben, sich dem Unvorstellbaren zu nähern und in der Zusammenschau mit der Fülle an Quellenmaterial in die tiefen Abgründe dieses „Zivilisationsbruchs"[75] hinabzusteigen, macht Didi-Hubermans detaillierte Untersuchung dieser Fotografien deutlich: Schon allein die Existenz genau dieser Bilder bekräftigt die Geschehnisse als eine konkrete materielle Realität der Opfer, die alles riskierten, um Zeugnis von dem nicht Fassbaren abzulegen. Als ein Akt der Selbstermächtigung der Opfer über die an ihnen verübten Taten gehen diese Bilder in die Geschichtsschreibung ein, und sie ermöglichen, sich mit der Sicht der Opfer auseinanderzusetzen.

Eine dieser vier Fotografien ist Teil des Bilderstroms montierter Archivaufnahmen in *Nacht und Nebel*. Eingeordnet zwischen Aufnahmen der Alliierten und weiteren Fotografien aus Auschwitz, die von den Nationalsozialisten selbst angefertigt worden sind, geht es unter in seiner besonderen Zeugenschaft. Es zeigt die Verbrennung der vergasten Menschen. Dabei ist sich Lindeperg sicher, dass es wegen seines Motives und nicht wegen seines einzigartigen Entstehungskontextes 1955 ausgewählt worden ist:[76] So wie es im Kontext der anderen Bilder angeordnet ist, wurde es verwendet, weil sich damit „die letzte Etappe der Tötung der Deportierten veranschaulichen ließ."[77] Ausge-

---

73 Didi-Huberman (2007 [2003]): S. 26.
74 Die Notiz zweier politischer Häftlinge Jósef Cyrankiewicz und Stanislaw Klodzinski. Zitiert nach Didi-Huberman (2007 [2003]): S. 33f.
75 Vgl. Diner, Dan (Hrsg.) (1988): Zivilisationsbruch. Denken nach Auschwitz, Frankfurt a.M.
76 Lindeperg weist nach, dass im Entstehungsprozess ein weiteres Bild aus dieser Serie für den Film erst eingeplant war und dann wieder herausgekürzt wurde. Es zeigt entkleidete Frauen vor ihrem Gang in die Gaskammern. Das bekräftigt ihre Annahme, dass die Einzigartigkeit des Entstehungskontextes 10 Jahre nach der Befreiung der Konzentrationslager noch nicht diese Bedeutung erlangt hatte, obwohl das Wissen um diese vier Bilder schon vorlag. Vgl. Lindeperg (2010 [2007]): S. 143.
77 Ebd. S. 144.

hend vom heutigen Wissensstand, sowohl zum vielfältigen Archivmaterial als auch zu den Geschehnissen in den Konzentrationslagern, würde gegenwärtig vermutlich ein anderer Umgang mit dem Bildmaterial erfolgen. „Weil aber die Spezifik des Genozids an den Juden größtenteils noch zu bestimmen blieb und der Mangel an Bildern aus den Tötungszentren noch nicht deutlich war"[78], ging gerade die Einzigartigkeit der einen verwendeten Fotografie aus der Sichtweise der Opfer laut Lindeperg im Strom der anderen Bilder unter:

> „Diese uneinheitliche Zusammenfügung wurde von einem Mangel an Bildern erzwungen, den das Team den Bedingungen einer noch unabgeschlossenen dokumentarischen Recherche zuschrieb. Heute findet sie sich paradoxerweise im Lichte eines neuen Verständnisses für die wahren Ursachen solchen Bildmangels kritisiert."[79]

Die Ausführungen Lindepergs machen deutlich, dass es „den Fortschritten des historischen Wissens, den herrschenden Tendenzen des Gedächtnisses und dem Wandel der an die Bilder gerichteten symbolischen und sozialen Anforderungen"[80] geschuldet ist, dass genau diese Montage von archivierten Fotografien und Filmmaterial uns heute befremdet. Der Film gibt eine bestimmte Sicht seiner Zeit wieder und verdankt sich den Umständen und Wissenshorizonten, in denen er entstanden ist.

Alain Resnais, der Regisseur des Films, war selbst unzufrieden mit der Recherche und dem begrenzten Wissensstand zu dem vorgefundenen Material, doch aus Zeitmangel musste der Film fertiggestellt werden. Trotz der beharrlichen Suche des Teams blieb ein Unbehagen bei Resnais, das er 1986 in einem Gespräch mit Richard Raskin ausspricht:

> „Ich hatte ein schreckliches Gefühl: Es wäre ein weiteres Jahr Recherche nötig gewesen, es waren noch andere Dokumente vorhanden. Aber unsere Zeit war begrenzt. Also konnten wir nicht länger [...]. Außerdem hatten wir kein Geld, um nach Deutschland zu fahren, an viele weitere Orte zu reisen oder auch einfach nur nach Dokumenten zu suchen."[81]

Rund 10 Jahre nach der Befreiung der Konzentrationslager musste das Wissen, das uns heute so selbstverständlich und so vielfältig zur Verfügung steht, erst an den verschiedenen Orten zusammengesucht werden. Denn es galt die historischen Ereignisse – von denen bestimmte Bildquellen zeugten und auch diejenigen, von denen keine visuellen Dokumente vorlagen – zu erfassen, um sie dann in einen Film überführen zu können.[82] Zur Produktionszeit des Films waren die verschiedenen Forschungsstätten

---

78 Ebd. S. 144.
79 Ebd. S. 144.
80 Ebd. S. 143.
81 Alain Resnais im Gespräch mit Raskin. Übersetzt und zitiert nach Lindeperg (2010 [2007]): S. 86. Vgl. Raskin, Richard (1987): Nuit et Brouillard by Alain Renais. On the Making, Reception and Function of a Major Documentary Film, Aarhus, S. 53.
82 Als ehemaliger Gefangener und Überlebender des Kozentrationslagers Mauthausen-Gusen konnte der Drehbuchautor von *Nacht und Nebel* Jean Cayrol sein Wissen zu den historischen Ereignisse einbringen. Vgl. Lindeperg (2010 [2007]): S. 149-165.

und Forschungszweige als generative Resonanzräume historischer Erkenntnis, wie sie sich heute darstellen, wenn überhaupt, dann vielfach erst im Entstehen. Unter anderem wurde 1949 in München unter dem Namen *Deutsches Institut für Geschichte der nationalsozialistischen Zeit* eine außeruniversitäre Forschungseinrichtung gegründet, die „als erstes Institut überhaupt die nationalsozialistische Diktatur wissenschaftlich zu erschließen"[83] hatte und dem bis heute als *Institut für Zeitgeschichte* (IfZ) nachgeht. Jedoch beförderte erst die internationale Berichterstattung zum Eichmann-Prozess 1961-1962 in Jerusalem und zu den Frankfurter Auschwitz-Prozessen ab 1963 ein umfangreicheres Wissen über die historischen Ereignisse in den öffentlichen Diskurs.[84] Dieses Wissen stand dem Team der Filmschaffenden von *Nacht und Nebel* in der Produktionszeit 1955 in der Form noch nicht zur Verfügung.

Aber auch wenn *Nacht und Nebel* auf einem eingeschränkteren Zugriff hinsichtlich Bildmaterial, Faktenwissen, Zeugenaussagen und wissenschaftlicher Reflexionen basiert, als es heute möglich wäre, löst dieser Film dennoch bei der gegenwärtigen Betrachtung durch die Verwendung des Archivmaterials eine eigentümliche Nähe zu den Ereignissen aus. Dieser Film gründet zwar auf einem überholten Wissensstand, aber gerade das angewendete Verfahren, dem Archivmaterial eine wichtige Rolle zuzuweisen, hat bis heute Relevanz in der Beschäftigung mit der Vergangenheit. Denn fotografische oder filmische Aufnahmen, die einen bestimmten Moment der Wirklichkeit bezeugen, sind den historischen Ereignissen durch ihre technischen Aufzeichnungs- und Wiedergabeverfahren so nah wie kaum ein anderes Medium.[85] Mit jeder Fotografie und mit jedem Film schwingt die Annahme über eine räumliche und zeitliche Beziehung zur jeweiligen vorfotografischen und vorfilmischen Realität mit. Diese Annahme geht aus der spezifischen Indexikalitätsvermutung hervor, die Fotografien und Filme aufgrund ihrer materiellen Form und Erscheinung suggerieren. Dieses besondere Spannungsverhältnis zur Vergangenheit arbeitet Gertrud Koch 2003 für den Archivfilm mit der Kategorie „Abstand" heraus:

> „Obwohl auch diese scheinbar durch die Zeitgleichheit ihres Entstehens authentisch zur historischen Zeit stehende Filmmaterialien sich bei näherem Hinsehen als Konstruktionen erweisen, scheint ihr *Abstand* zur Realität geringer zu sein als der fiktionalisierter Filme, die den jeweiligen Zeitmoment nachstellen."[86]

Filmische Bezeugungen historischer Momente wie das Filmmaterial über die letzte Teil-Kapitulation der Wehrmacht vom 8. auf den 9. Mai 1945, die Befreiungen der Konzentrationslager (1944-45) durch die Alliierten, den Eichmann-Prozess (1961-62) sind

---

83 Zum institutionellen Selbstverständnis https://www.ifz-muenchen.de/das-institut/ueber-das-institut/unser-profil/ (30.11.2019)

84 Vgl. Krause, Peter (2002): Der Eichmann-Prozeß in der deutschen Presse, Frankfurt, S.9; Frei, Norbert (1996): Der Frankfurter Auschwitz-Prozeß und die deutsche Zeitgeschichtsforschung. In: Fritz Bauer Institut (Hrsg.): Auschwitz. Geschichte, Rezeption und Wirkung, Frankfurt, S. 123-138.

85 Vgl. Pischel, Christian (2016): Indexikalität und filmischer Realismus. In: Groß / Morsch (Hrsg.): S.1-21; Geimer, Peter (2007): Das Bild als Spur: Mutmaßungen über ein untotes Paradigma. In: Krämer, Sybille / Kogge, Werner / Grube, Gernot (Hrsg.): Spur: Spurenlesen als Orientierungstechnik und Wissenskunst, Frankfurt a.M., S. 95-120.

86 Koch (2003): S. 216.

zwar auch inszeniert und unterliegen den Absichten der Foto- und Filmschaffenden, aber aufgrund der Gleichzeitigkeit des Geschehens und der medialen Erfassung haben sie einen geringeren „Abstand" zu den abgebildeten Ereignissen. Mit Kochs Kategorie des *Abstands* lassen sich die „verschiedene[n] Verhältnisse zur historischen Zeit"[87] markieren.

1946 verdeutlicht André Bazin anhand der wechselseitigen Durchdringung von Film, Krieg und Geschichte die Bedeutung filmischer Aufnahmen. Da Kriege vielfach zu historischen Zäsuren führen und mit geschichtsrelevanten Handlungen einhergehen, wie es auch im Zweiten Weltkrieg der Fall war, wurden sie fotografisch und filmisch begleitet:

> „So haben die kriegsführenden Nationen die eigentlich militärische Ausrüstung vorgesehen: Der Kameramann begleitet den Bomberpiloten auf seiner Mission und die Landungsgruppe bei der Landung. Die Bewaffnung des Jagdflugzeugs umfasste eine automatische Kamera zwischen den beiden Maschinengewehren. Der Kameramann setzt sich ebenso großer Gefahr aus wie die Soldaten, deren Tod zu filmen sein Auftrag ist, und sei es unter Einsatz seines eigenen Lebens (was aber zählt das, wenn das Filmmaterial gerettet wird). Der größte Teil der militärischen Operation umfasste eine genaue filmische Vorbereitung. Man darf sich fragen, inwiefern sich die militärische Wirksamkeit im engeren Sinn noch von dem Spektakel unterscheidet, das erwartet wird."[88]

Die Kameraaufnahmen dienen – neben der Erfassung und Auswertung der Situation – vor allem der Legitimation und Demonstration der eigenen Kriegshandlungen. Die eigene Bevölkerung, gegnerische Personenkreise und die Verbündeten sollen dem wichtigen Ereignis beiwohnen können. Der Moment des Geschehens wird durch die gleichzeitige Produktion eines Films zum Moment der Konstruktion von Geschichte: Kriegsereignis, Film und Geschichte verschmelzen miteinander und sind nicht mehr voneinander zu trennen. Die nationalsozialistischen Kriegshandlungen wie der Überfall auf Polen, die Einnahme von Paris sind ebenso filmisch oder fotografisch festgehalten worden wie die Landung der Alliierten in der Normandie oder der Atombombenabwurf auf Hiroshima und Nagasaki. Welche Aufnahmen und welche Rahmung zur Präsentation ausgewählt wurden, trug wesentlich zur (späteren) Deutung der Geschehnisse bei. Die Darbietung solcher Aufnahmen enthalten sowohl Vorstellungen über die Kriegsführung wie die politischen Zukunftsabsichten – sie dürfen nicht als wertungsfreie Dokumente gelesen werden. Habbo Knoch spricht 2016 in diesem Zusammenhang vom „Zeitalter der visuellen Produktion von Geschichte in der Gegenwart":

> „In unterschiedlich offenkundiger Weise wird Geschichte also bereits vor oder während des Geschehens durch vielfältige, vor allem medial kommunizierte Berichte und Ma-

---

87 Ebd. S. 216.
88 Bazin aus dem Französischen übersetzt und zitiert nach Hediger (2015): S. 184. Bazin, André (1946): A propos de Pourquoi nous combattons. Histoire, documents et actualité. In: Esprit, No. 6, 1. Juni 1946, S. 1022-1026, hier S. 1023.

nipulationen vorgeprägt. Wer bei der Kanalisierung erfolgreich ist, dem ‚gehört' diese Geschichte auch in erheblichem Maße."[89]

Aufgrund der medialen Berichterstattung wird es im 20. Jahrhundert zur Gewohnheit den historisch relevanten Momenten – auch über Kriege hinaus – beizuwohnen.[90] Je fortschrittlicher und mobiler die Kameratechnik wurde, umso mehr näherten sich das geschichtsträchtige Ereignis und seine filmische und fotografische Aufzeichnung einander an, bis schließlich seit den 1960er Jahren mit der live-Übertragung auch eine andere Qualität der medialen Teilnahme an den gefilmten Ereignissen erreichte wurde.

Unter anderem ermöglichte die mediale Berichterstattung des Fernsehers das „live broadcasting of history"[91] im Sinne der Mediensoziologen Daniel Dayan und Elihu Katz (1994). Mit der audiovisuellen Übertragung wird eine andere Involvierung befördert, die durch das vermehrte Aufkommen der live-Übertragung seit den 1960er Jahren an Bedeutung gewinnt. Diese Mediatisierung verstärkt das Gefühl einer physischen Teilnahme der Zuschauenden an den Ereignissen. „Das Fernsehzeitalter", so formuliert es Frank Bösch 2016, „bescherte eben nicht einen Rückzug ins private Wohnzimmer, sondern verstärkte eher die Sehnsucht, direkt vor Ort unverstellt das Geschehen zu erleben. Die gewachsene Mobilität und Finanzkraft war dafür eine weitere grundlegende Voraussetzung."[92] Von dieser Entwicklung leitet Frank Bösch das zunehmende Interesse für die „bewusste Erfahrung der zukünftigen Geschichte in der Gegenwart":

„Meine Hypothese ist, dass es seit dem 20. Jahrhundert eine zunehmend gezielte Teilnahme an mutmaßlich historischen Ereignissen gibt, die insbesondere mit dem Wandel der Medien und der Erinnerungskultur zusammenhängt (und natürlich mit neuen Reisemöglichkeiten)."[93]

Die zunehmende fotografische und filmische Mediatisierung und wiederkehrende Präsentation von geschichtsträchtigen Ereignissen, wie der Krönung von Queen Elisabeth II 1953, der Mondlandung 1969 oder dem Fall der Mauer 1989, führte dazu, dass die Erwartungshaltung anstieg, Geschichte beiwohnen zu können. Der Umgang mit

---

89 Knoch (2016): S. 323 und S. 327. Mit der zunehmenden Veränderung der massenmedialen Kommunikationstechnologien wird es immer schwieriger einen staatlichen Steuerungsanspruch durchzusetzen. Dem wird entweder mit dem Versuch einer totalitären Meinungskontrolle oder mit einem auf Kontroversität setzenden diffizilen Meinungsmanagement begegnet.

90 Gerade die Wochenschau in der Zeit des Nationalsozialismus diente 1940 bis 1945 als zentralisierte Informationsinstanz, die zwischen dem Kulturfilm und dem eigentlichen Hauptfilm im Kino über das aktuelle Kriegsgeschehen berichtete, um die Kriegshandlungen aus Sicht der nationalsozialistischen Propaganda zu zeigen und zu deuten. Vgl. Hoffmann, Hilmar (1988): „Und die Fahne führt uns in die Ewigkeit". Propaganda im NS-Film, Frankfurt a.M.; vgl. Kleinhans, Bernd (2003): Ein Volk, ein Reich, ein Kino. Lichtspiel in der braunen Provinz, Köln; vgl. Kleinhans, Bernd (2013): „Der schärfste Ersatz für die Wirklichkeit". Die Geschichte der Kinowochenschau, St. Ingbert.

91 Dayan, Daniel / Katz, Elihu (1994): Media Events: The Live Broadcasting of History, Cambridge.

92 Bösch, Frank (2016): Geschichte als Erlebnis. Ereignisse als historische Erfahrung in situ. In: Willner, Sarah / Koch, Georg / Samida, Stefanie (Hrsg.): Doing History. Performative Praktiken in der Geschichtskultur, Münster / New York, S. 83-96, hier S. 86.

93 Ebd. S. 84.

medialen Settings weckte die Hoffnung, in Momenten zugegen sein zu können, die in der Zukunft von geschichtlicher Bedeutung sein werden. Frank Bösch fasst dieses Bedürfnis „einer aktiven Beteiligung der Teilnehmenden an einem Geschehen, dem historische Relevanz zugeschrieben wird"[94] unter dem Begriff des enactment zusammen. Ob am Radio, am Fernseher oder über die Zeitung, die Teilnahme an historischen Ereignissen ist gemeinschaftsstiftend und wird verstärkt dadurch das Bedürfnis, Teil dieser medialen Eventisierungen zu sein. Aus diesem medialen Erleben resultiert nach Frank Bösch aber auch ein vermehrtes Bedürfnis nach „Geschichte in situ". Denn obwohl mittlerweile die mediale Berichterstattung so umfassend, vielfältig und in einer so hohen Wiedergabequalität ist, zieht es immer noch Menschen zu den konkreten Orten der angekündigten Ereignisse.

> „Derartige Phänomene möchte ich als *Geschichte in situ* bezeichnen, also Geschichte unmittelbar vor Ort und im Vollzug. [...] Im Unterschied zu anderen alltäglichen Handlungen bringt sie vor und im Zuge des Geschehens das Zukunftsversprechen, eine historische Bedeutung zu gewinnen. Damit entstehen Situationen, bei denen für die Zeitgenossen der Mantel der Geschichte greifbar erscheint und an denen sie sich auch aus diesem Grund aktiv beteiligen."[95]

Dabei gerinnt nicht jedes Event zu einem geschichtlichen Ereignis. Die Gründe sind vielfältig und oft ist es nicht der planmäßige Hergang, sondern das Eintreffen von positiven oder negativen unvorgesehenen Ereignissen – wie im Falle der tödlich verlaufenen Geiselnahme im Kontext der Olympischen Spiele 1972 in München –, das zur Geschichtsträchtigkeit des Geschehens führt.

Ob medial vermittelt oder im konkreten Vollzug vor Ort, das Interesse, geschichtsträchtige Ereignisse erleben zu können, ist ungebrochen. Bösch führt dieses wachsende Interesse an der Teilnahme an Geschichte darauf zurück, dass lange Zeit nach dem Zweiten Weltkrieg die Geschichte unmittelbar kaum noch im Privatleben spürbar war:

> „Während in der Zeit zuvor, und gerade im Krieg, Geschichte oft ein tragisches Erleiden bedeutete, wuchs nun die Sehnsucht, sie rauschhaft zu erleben. Pointiert gesprochen: Früher war ein Großteil der jüngeren Menschen gelangweilt davon, dass Opa und Oma auch ohne Anlass stets über ihre Erlebnisse aus dem Krieg erzählten; heute suchen Menschen vermutlich ‚große Momente', um selbst etwas Berichtenswertes zu erfahren und tradieren zu können."[96]

Das Interesse an Filmen wie *Nacht und Nebel* und *Holocaust* speist sich aus dem beschriebenen Bedürfnis geschichtsträchtigen Ereignissen nahe kommen zu wollen – den Abstand zum Vergangenen zu verringern. Andererseits befeuern gerade Mediatisierungen des Vergangenen diese Erwartungshaltung, des Einstigen habhaft zu werden, es in den eigenen Erlebens- und Wissenshorizont aufnehmen zu können. Dabei tritt durch die filmische und fotografische Mediatisierung an die Stelle der vielerorts familiären Erzählungen, die über den Zeitraum des Nationalsozialismus so langsam ver-

---

94 Ebd. S. 84.
95 Ebd. S. 86. Hervorhebung im Original.
96 Ebd. S. 86f.

stummen, der Fundus an kulturellen Bildikonen, die oftmals in der historischen Situation entstanden sind und denen meist die Kraft zugesprochen wird, das Vergangene bezeugen zu können. Aber in dieser Zuschreibung liegt auch eine Gefahr. Denn wie es am Bestand historischer Bilder zu den Verbrechen des Holocaust nachweisbar ist, gilt es einen kritischen Umgang mit fotografischen und filmischen Archivaufnahmen zu pflegen: In sie ist ein bestimmter Blick auf die Ereignisse eingeschrieben, der selektiv, wertend und – wenn er die Perspektive der Täter/Täterinnen wiedergibt – ein hochgradig problematischer ist. Damit enthält Archivmaterial ein Wissen, dem es sich kritisch zu nähern gilt, weil dessen Zeugenschaft durch die Zirkulation im mediatisierten Bildergedächtnis vielfach auch verschüttet, verschwiegen oder verformt wurde.[97]

Den Film als pädagogisches Setting zu verstehen, gründet auf der Annahme, dass durch die filmische Fassung der historischen Ereignisse ein Umgang mit dem kollektiven Bilderfundus und den damit einhergehenden Zuschreibungen und Erwartungshaltungen stattfindet. Diese Bildpraxis wird teils explizit forciert oder liegt implizit dem Film zugrunde – aber immer geschieht damit eine pädagogisch relevante Begegnung mit den soziokulturellen Codierungen von Geschichte, durch die das persönliche und kollektive Selbstbild maßgeblich mitgestaltet wird.

Das filmische Wissen der Entstehungszeit

> „Die Gegenwart dirigiert die Vergangenheit wie die Mitglieder eines Orchesters. [...] Bald klingt sie auf, bald verstummt sie. In die Gegenwart wirkt nur jener Teil des Vergangenen hinein, der dazu bestimmt ist, sie zu erhellen oder zu verdunkeln."[98]

Noch bevor die erste Einstellung erscheint, kündigt eine Stimme „einen heiteren Film ohne Titel" an und mit der Kamera blicken wir über die Schulter eines Mannes auf eine Schreibsituation: Hier beginnt die Inszenierung der Suche nach einer passenden Ausrichtung der Handlung eines geplanten Films. Doch der Regisseur ist nicht allein, sondern befindet sich in Begleitung eines Schauspielers und eines Autors.[99] (Abbildung 37) Entspannt und in einer idyllischen Atmosphäre halten sie sich gemeinsam in der Natur auf. In der Hängematte und auf dem Boden liegend und im Schatten sitzend sinnieren sie: „[...] es geht eben nicht. [...] Man kann heute keinen heiteren Film machen [...]."[100]

---

97   Siehe hierzu auch die Ausführungen S. 104-124 in dieser Publikation.
98   Der italienische Schriftsteller Italo Svevo zum öffentlichen Gebrauch der Geschichte: Svevo, Italo (1959 [1928]): Zeno Cosini, Hamburg, S. 467.
99   Sowohl der Schauspieler (Willy Fritsch) als auch der Regisseur (Peter Hamel) spielen sich hier selbst, d.h. in ihrer Profession als Schauspieler und Regisseur nehmen sie in diesem Film genau diese Rollen ein und reflektieren auf einer Metaebene den eigenen Berufsstand und die Filmproduktion. Es verstärkt die Ausrichtung, eine Suche nach dem angemessenen Film nicht nur zu inszenieren, sondern auch für die Filmindustrie der Nachkriegszeit anstoßen zu wollen.
100 *Film ohne Titel*, TC: 00:01:10-00:01:14.

Abbildung 37: *Film ohne Titel* TC: 00:00:51.

Dieser Anfang von *Film ohne Titel*[101] ist der Entstehungszeit (Januar 1948 uraufgeführt) geschuldet und gibt Ansichten über mögliche Ausrichtungen von Spielfilmen wieder. Zwei Jahre nach dem Ende des Zweiten Weltkriegs steht die Frage im Raum, welche Filme aufgrund der aktuellen Lebenssituation und den zurückliegenden Ereignissen angemessen sind. Was gilt es zu zeigen? Was will gesehen werden?

> Schauspieler: „[...] die Leute brauchen Entspannung, die wollen ein bisschen vergnügt sein."
> Autor: „Jeder derartige Versuch wirkt banal oder zynisch vor dem düsteren Hintergrund der Zeit."
> Schauspieler: „Macht ihn doch vorm anderen Hintergrund."
> Regisseur: „Dann ohne mich. Als Regisseur weigere ich mich einen Film zu drehen, der an all dem, was geschehen ist, vorbei lügt."
> Autor: „Ja aber..."
> Regisseur: „Gerade eine Komödie muss mit beiden Beinen auf der Erde stehen."
> Autor: „(lacht)"
> Regisseur: „Warum lachen Sie?"
> Autor: „Ich stelle mir eine Komödie vor, die mit beiden Beinen auf der Erde steht."
> Schauspieler: „...vor dem düsteren Hintergrund der Zeit."
> Regisseur: „Also, so kommen wir doch nicht weiter."[102]

---

101 *Film ohne Titel*, Regie: Rudolf Jugert, Drehbuch: Helmut Käutner, Ellen Fechner, Rudolf Jugert, Deutschland 1948.
102 *Film ohne Titel*, TC: 00:01:14-00:01:45.

Es scheint unmöglich, die Geschehnisse der letzten Jahre ganz auszuklammern, besonders, weil so kurz nach dem Krieg die Lebens-, Wohn- und Arbeitssituation der meisten Deutschen geprägt ist von den Zerstörungen des Kriegs. Also erzählt dieser Film eine Liebesgeschichte, die in den letzten Monaten des Kriegs beginnt und „vor dem düsteren Hintergrund der Zeit" zwar die Zerstörung eines Hauses und einer Arbeitsstätte thematisiert, aber durch die eher ironische Darstellung wie eine Nachkriegs-Satire erscheint. Mit dem *Film ohne Titel* werden nicht die Taten des nationalsozialistischen Gewaltregimes thematisiert oder die Involviertheit der Zivilbevölkerung diskutiert, vielmehr wird hier beim Blick in die jüngste Vergangenheit das für uns heute so Selbstverständliche dieser Zeit ausgespart. Diese filmische Bezugnahme auf die Vergangenheit unterm Hakenkreuz fügt sich ein in die Haltung, die Aleida Assmann in ihrer kritischen Reflexion der Thesen von Hermann Lübbe von 1983 als „Latenthalten der Vergangenheit"[103] beschreibt:

> „Natürlich konnte ein ganzes Volk nicht schlagartig vergessen, aber es konnte sich darauf einigen, über die schlimme Vergangenheit, die man soeben hinter sich hatte, zu schweigen. Vor allem wollte man nicht mehr Auskunft geben über die eigene Begeisterung und Zustimmung, über alle Aktivitäten, Hoffnungen und Emotionen, die man in den eben zusammengebrochenen Staat investiert hatte. Insbesondere galt das Bedürfnis des Schweigens natürlich für die schwer Belasteten, die als hochrangige Stützen des NS-Systems gedient und sich persönlich schuldig gemacht hatten."[104]

Dieses besondere Spannungsverhältnis zur jüngsten Geschichte spiegelt sich auch in dem Film wider. Dabei wird im Film die eigene Zeit und die Suche nach Orientierung in der Dialogszene zwischen Autor, Regisseur und Schauspieler selbstkritisch und ironisch kommentiert. Die drei Protagonisten suchen im Ausschlussverfahren nach der Richtung, die der Film (nicht) einschlagen soll: es soll weder ein „Trümmerfilm", „Fraternisierungsfilm", „Heimkehrerfilm" oder „Anti-Nazi-Film" werden; auch kein „politischer Film" und kein „Propagandafilm" oder „Bombenfilm", kurz: „überhaupt kein Film für oder gegen etwas". Also wird es eine „zeitnahe Komödie, [...] die mit beiden Beinen auf der Erde steht [...] vor dem düsteren Hintergrund der Zeit"[105]. Hier wird die eigene vergangene und gegenwärtige kulturelle Praxis der Filmproduktion und -rezeption angesprochen, um sich dann bewusst für einen Mittelweg zu entscheiden, mit dem zwar ein Vergangenheitsbezug vollzogen wird, aber die latent gehaltenen unbequemen Wahrheiten der Verbrechen dieser Vergangenheit ausgespart werden und stattdessen die Entscheidungsprozesse bei der Planung eines Films in den Vordergrund gerückt erscheinen.

In der frühen Nachkriegszeit ist das deutsche Publikum in der breiten Öffentlichkeit weniger an den eigenen Verbrechen interessiert. „Nicht Erinnerungsarbeit, sondern das Chaos der Zerstörung und der umfassend erlebte Zusammenbruch prägt die Wahrnehmung der Zeitgenossen"[106], bestimmt Waltraut Wende 2007 das Bedürfnis der Zuschauenden. In der ersten Zeit nach Kriegsende ist die konkrete Thematisie-

---

103 Assmann, Aleida (2013): Das Unbehagen in der Erinnerungskultur. Eine Intervention, München, S. 45.
104 Ebd. S. 43.
105 *Film ohne Titel*, TC: 00:01:45-00:02:15.
106 Wende (2007): S. 18.

rung nationalsozialistischer Verbrechen in den deutschen Filmproduktionen aller vier Besatzungszonen eher eine Ausnahme – wie etwa in den Filmen *Lang ist der Weg* (1947) und *Ehe im Schatten* (1947) – denn die „Versuche, Nationalsozialismus und Holocaust explizit zu thematisieren, bleiben in ‚Papas Kino' selten",[107] wie Dillmann und Möller 2001 herausstellen.

Auch wenn mit den Filmen der Nachkriegszeit nur bedingt oder sehr fokussiert Auskunft über die jüngste Vergangenheit gegeben wird, so wird mit ihnen doch ununterbrochen vieles über die eigene Entstehungszeit ausgeführt: Es werden die gegenwärtigen Deutungsmuster, Annahmen über die Verfasstheit des Publikums und die Funktion des Films mit abgebildet. Gerade Geschichtsfilme verraten über die spezifische Form des Vergangenheitsbezugs meist viel mehr über die Interessen, Ausrichtungen und Zukunftsbestrebungen der Entstehungszeit des Films, als über die dargestellten Ereignisse der Vergangenheit. Die Filmwissenschaftlerin Vivian Sobchack fasst 1996 die spezifische Temporalität von Filmen mit historischem Bezug pointiert zusammen: „If history – like shit – ‚happens' it happens only in the present, in the temporal space between the past and the future".[108] Daran anschließend lässt sich mit Koch (2003) formulieren, dass die Lektüre dieser Filme immer eine doppelte ist: „Das Dargestellte muß gleichzeitig als Funktion eines Gegenwartsinteresses gelesen wie auch gegen die tradierten historischen Lektüren abgewogen werden."[109] Die filmischen Bezüge und Darstellungen vergangener Ereignisse gründen auf dem Interesse der Gegenwart, sodass laut Bernhard Groß (2016) „Geschichte als Vergegenwärtigung des Vergangenen zur Sinnbildung in der Gegenwart"[110], zu verstehen ist. Für Vinzenz Hediger (2015) charakterisiert dies das Geschichtsinteresse der Moderne:

> Denn „die Darstellung von Geschichte in der Moderne richtet sich – ob implizit oder explizit – immer an ein Publikum, das diese Geschichte als eine betrachten soll, die sie betrifft, so sehr dieses Publikum durch die Struktur der historischen Erfahrung von dem dargestellten Geschehen zeitlich und räumlich auch getrennt sein mag."[111]

Beim *Film ohne Titel* liegt zwar für das zeitgenössische Publikum keine große zeitliche Trennung von der thematisierten Vergangenheit vor, aber der artikulierte Versuch „überhaupt kein[en] Film für oder gegen etwas" zu machen, spricht für eine Unsicherheit im Umgang mit den vergangenen Geschehnissen und den Entschluss, die Vergangenheit als einen lebensnahen und vordergründig unpolitischen Rahmen einer Liebesgeschichte zu nutzen. An der jüngsten Geschichte durfte in der Form offiziell nicht angeknüpft werden, denn durch das Kriegsende und die alliierte Besatzung sollten die

---

107 Dillmann, Claudia / Möller, Thomas (2001): Einleitung. In: Deutsches Filminstitut (Hrsg.): Die Vergangenheit in der Gegenwart. Konfrontation mit den Folgen des Holocaust im deutschen Nachkriegsfilm, Frankfurt a.M., S. 8. Mit der Bezeichnung „Papas Kino" spielen Dillmann und Möller auf die Bewegung des Neuen Deutschen Films an, die in ihrem Oberhausener Manifest mit dieser Formulierung ihren Bruch mit der etablierten Filmer-Generation markiert.
108 Sobchack, Vivian (1996): The persistence of history. Cinema, telvision and the modern event, New York, S. 14.
109 Koch (2003): S. 228.
110 Groß, (2016): S. 10.
111 Hediger (2015): S. 225.

einstigen moralischen, sozialen und politischen Orientierungen eigentlich außer Kraft gesetzt sein. Dass dies nur bedingt der Fall war und sich gerade etablierte Hierarchien und Machtstrukturen fortsetzten, entlarvte und hinterfragte in aller Deutlichkeit erst die nachkommende Generation.[112] Dass zudem dieses vergangenheitsmeidende Vorgehen so problematisch wie notwendig und fast alternativlos war, stellt Aleida Assmann für die Nachkriegszeit der westlichen Besatzungszonen bzw. für die westdeutschen Gebiete 2013 heraus: „Durch das Latenthalten der Vergangenheit wurden gesellschaftliche Konflikte vermieden", und nur so konnte auch die „Bundesrepublik zu einer schnellen gesellschaftlichen Integration und zu wirtschaftlichem Aufschwung"[113] gelangen. Doch: „Funktionelle Anpassung und kühler Pragmatismus in Ehren, aber das unter dem Schutz des Schweigens fortlaufende Unrecht und die seelischen Schäden dieser Phase müssen unbedingt eingerechnet und dürfen nicht heruntergespielt werden."[114]

Mit Blick auf Filme sensibilisiert Lorenz Engell 1995 für die „Zweideutigkeit zwischen gegenwärtiger Vergangenheit und vergangener Gegenwart"[115] und plädiert damit für das Aufdecken der inhärenten kontextbedingten Sichtweise, die in einen Film eingeschrieben ist. Im *Film ohne Titel* wird sich auf die einstige Gegenwart unter Berücksichtigung der ab 1945 geltenden Anforderungen an das Leben bezogen. Der Schauplatz ist zuerst die Stadt Berlin, in der die letzten Kriegsmonate aus der Perspektive einer als „kultiviert" titulierten Familie gezeigt werden.[116] In diesem Film werden keine Würdenoder Amtsträger der NSDAP, sondern die Frau eines (lang) verstorbenen Theologieprofessors und ihr Bruder, der Kunsthistoriker und Antiquitätenhändler ist und vom Kriegsdienst freigestellt wurde, gezeigt. Beide erscheinen als unpolitisch und nicht involviert in die nationalsozialistischen Strukturen. Als feingeistig inszenierte Personen stellen sie einen Gegenentwurf zum herrschenden Nationalsozialismus dar, der implizit mit der Zerstörung von Kultur gleichgesetzt wird – denn der „kultivierte Lebensstil" wird als eine „zeitfremde Lebenseinstellung" bezeichnet. Damit wird den Protagonistinnen und Protagonisten direkt in der Einführungsszene die politische Unbelastetheit attestiert.[117] Zu dieser Kategorie der politisch Unbelasteten zählen sich wohl implizit auch die drei Filmschaffenden aus der Rahmenhandlung, die hier den Wert und die Aufgabe der Filmkunst für ihre Zeit diskutieren. Dabei wird die jüngste Vergangenheit als eine Zeit thematisiert, in der materielle und immaterielle, moralische und kulturelle Werte verloren gingen. Der Krieg wird als ein Akt der Zerstörung von Kultur beschrieben, der in der Logik des Films indirekt als unausweichliche Konsequenz aus dem schlechten moralischen Zustand der Menschen folgen muss. Auf die jahrelange Zersetzung der Werte- und Ideenvielfalt durch den Nationalsozialismus musste unausweichlich der materielle Verfall durch den Krieg folgen. Diese Zuschreibung findet in der Einführungsszene als Dialog zwischen den Figuren statt und benennt weder die

---

112 Vgl. Frei, Norbert (2005): 1945 und wir. Das Dritte Reich im Bewußtsein der Deutschen, 2. Aufl., München, S. 23-40.
113 Assmann (2013): S. 45.
114 Ebd. S. 46.
115 Engell (1995): S. 96.
116 „So lebt man in seinem überaus gepflegten Heim, wie wenn tiefster Frieden wäre, seinem Wunsch entsprechend den gewohnten kultivierten Lebensstil bis zum letzten Tag aufrechtzuerhalten." *Film ohne Titel*, TC 00:04:13- 00:04:29.
117 *Film ohne Titel*, TC: 00:04:11-00:05:53.

Abbildung 38a: *Film ohne Titel* TC: 01:24:37.

Abbildung 38b: *Film ohne Titel* TC: 01:25:18.

Abbildung 39a: *Film ohne Titel* TC: 01:23:17.

Abbildung 39b: *Film ohne Titel* TC: 01:23:21.

einstigen Machtinstanzen direkt noch die konkreten Punkte, die die moralischen und kulturellen Verluste betreffen – es bleibt interpretationsbedürftig und offen. Es gibt keine klare Anklage oder Schuldzuweisung, keine Abrechnung mit konkreten Ansichten oder Taten – alles bleibt vage. Dieser Film sollte für ein breites Publikum zugänglich sein, deshalb wird hier abstrakt über die Zerstörung der Kultur gesprochen – ob dies die Alliierten mit den Bombardements meint oder das nationalsozialistische Gewaltregime mit seinen Verbündeten, bleibt unausgesprochen. Die wenigen Anspielungen und Zwischentöne, die von einer Abgrenzung zum Nationalsozialismus zeugen, sind so subtil und minimal, dass sie leicht überhört werden können.

Zentral in diesem Film ist die Suche nach der angemessenen Weise, ein neues Leben aufzubauen, denn ein Leben im Überfluss und mit materiellem Reichtum scheint genauso obsolet zu sein vor dem Hintergrund der Nöte durch den Krieg, wie ein unsolidarisches Leben. Der heilige Martin wird in der Filmhandlung zur Symbolfigur für diese Zeit stilisiert und der Appell nach Solidarität wird laut: Nicht nur die Geflüchteten haben ihre Position in der Gesellschaft verloren und sind auf der Suche nach Orientierung, Anerkennung und einem Selbstbild, das den neuen Anforderungen entspricht, sondern auch die Stadtbevölkerung erscheint als zerrüttet und orientierungssuchend. Die dargestellte jüngste Geschichte dehnt sich bis in die Gegenwart der Entstehungszeit des Films und wird als Zeit der Entbehrung und Umstellung gezeigt.

Ironisch werden hier zwei Entwürfe von Selbstbildern, die zu bestimmten Filmgenres der Zeit gehören, mittels Zeitsprünge und alternativen Episoden filmisch durchgespielt. Dem optimistischen und idyllischen Lebensentwurf des Heimatfilms (Abbildungen 38a,b) wird ein dystopischer und verzweifelter Lebensentwurf des Trümmerfilms (Abbildungen 39a,b) gegenübergestellt. Beide Episoden sind sichtbar überspitzt dargestellt und werden dann verworfen, um „eine ganz hübsche Geschichte aus dem Leben"[118] zu zeigen. Die Rahmenhandlung von *Film ohne Titel* ist der selbstreferenziellen Thematisierung der Filmkultur gewidmet: Es wird der Umgang mit den filmischen Klischees der eigenen Zeit diskutiert und sich dann für die als Wirklichkeit inszenierte Handlung und ihre Geschichte entschieden. Immer wieder formulieren die drei Filmschaffenden ihren Anspruch, die Wirklichkeit berücksichtigen zu wollen, und inszenieren die Bombardierungen, die Trümmer in den Städten, Flucht und Heimkehr, Suche und Umorientierung als zentrale Aspekte der gegenwärtigen Lebenswelt.[119] Die jüngste Geschichte dient hier als Ausgangspunkt für die Ausrichtung des neuen Lebens: Der Bezug auf das historische Geschehen wird zum Horizont, vor dem das eigene Handeln als zukunftsfähig entworfen wird.

Wenn ein Film wie *Film ohne Titel* als eine historische Quelle ausgelegt wird, dann bezieht sich die Indexikalitätsvermutung nicht nur auf die Sujets, sondern beinhaltet auch einzelne Elemente, wie etwa die Ausstattung, Darstellungsweisen etc.[120] Der Film wird mit Blick auf seine Aufzeichnungsfunktion und seine Beziehung zur vorfilmischen Realität betrachtet. Ganz unabhängig davon, ob der Film als dokumentarische oder fiktionale Inszenierung angelegt ist, wird mit ihm die vorfindliche Gegenwart samt der realen Objekte registriert. Damit kann der Film, nach Marc Ferro (1985), in seiner Doppelstellung zur Wirklichkeit diskutiert werden.[121] Dabei gilt es Filme, die wie *Film ohne Titel* eine historische Sicht auf vergangene Ereignisse werfen, in ihrer doppelten Historizität zu erfassen: Denn sie zeigen eine Sicht auf Vergangenheit, die selbst schon historisch ist, weil sie zu einem Zeitabschnitt und einer Gesellschaft gehört, die sich von den nachfolgenden Perspektiven und der heutigen stark unterscheidet. Gertrud Koch sensibilisiert 2003 für den Zugang zu solchen Filmen mit einer doppelten Historizität und weist darauf hin, dass die vorgenommenen filmischen Geschichtsbezüge selbst immer geschichtsbedingt sind.

> „Daß jede historische Phase ihre jeweils eigenen Lieblingsepochen aus der eigenen Geschichte hat, die als gegenwartswirksamer Mythos im filmischen Bild beschworen werden, fordert dazu auf, den Historienfilm vor allem als eine Selbstdeutung der Zeit seiner Entstehung zu sehen. Allemal kann man es den einzelnen Filmen [...] ansehen, wann sie entstanden sind. Nur dem jeweils aktuellen Betrachter mögen sie noch die Illusion der Vergangenheit bewahren, dem Historiker werden sie selbst zum Zeitdokument."[122]

Besonders bei Abweichungen von aktuellen Forschungsansätzen und -ergebnissen oder bei Differenzen zu etablierten Wissensbeständen gegenwärtiger Erinnerungskulturen wird die Historizität eines Vergangenheitsbezugs offensichtlich. In diesem Zusammenhang macht Habbo Knoch 2016 darauf aufmerksam, dass gerade Filme sich fortwährend an der Konstruktion von Geschichte intensiv beteiligen: „Für das, was als ‚Geschichte' in der Gegenwart aufklingt oder verstummt, sind mediale Ka-

---

118 *Film ohne Titel*, TC: 01:33:18.
119 Vgl. beispielsweise Szene: *Film ohne Titel*, TC: 00:53:24- 00:53:50.
120 Vgl. Groß (2016): S. 4.
121 Ferro, Marc (1991 [1985]): Gibt es eine filmische Sicht der Geschichte? In: Rother, Rainer (Hrsg.): Bilder schreiben Geschichte: Der Historiker im Kino, Berlin, S. 17-36.
122 Koch (2003): S. 225.

näle eine wesentliche Schleuse mit zunehmender Bedeutung im 20. Jahrhundert."[123] Gerade die filmische Bezugnahme auf die Zeit und die historischen Ereignisse des Nationalsozialismus wandelt sich fortwährend in deutschen und internationalen Filmproduktionen. Unter einem sich beständig ändernden Interesse der Gegenwart an der Vergangenheit werden immer wieder andere Fragen gestellt, andere Perspektiven eingenommen oder andere Zusammenhänge geknüpft.

In den westlichen Besatzungszonen und dann in der Bundesrepublik Deutschland war bis 1970 der Heimatfilm das Genre, das die meisten Zuschauenden in die Kinos und vor den Fernseher lockte. Wenn ein filmischer Bezug zur Zeit des Nationalsozialismus hergestellt wurde, dann wurden dabei meist Kriegshandlungen des Zweiten Weltkriegs fokussiert: (Anti-) Kriegsfilme wie *Rommel der Wüstenfuchs* (1951), *Verdammt in alle Ewigkeit* (1953), *08/15* (1954), *Des Teufels General* (1954), *Die Brücke* (1959). Eine seltene Ausnahme bilden hier die Filme *Liebe der Götter* (1960), *Ein Tag* (1966) und *Aus einem deutschen Leben* (1976), die den Opfern und Tätern[124] des nationalsozialistischen Rassenwahns eine Sichtbarkeit geben.[125] Doch erst mit der Ausstrahlung der US-amerikanischen Fernsehserie *Holocaust* 1979 in den Dritten Programmen des deutschen Fernsehens wächst in der Bundesrepublik das Interesse an dem Thema. Zum ersten Mal haben Massen hingesehen, und es kam eine intensive Diskussion über die Darstellbarkeit von Geschichte und Holocaust auf. Bei der Erstausstrahlung sahen über 20 Millionen Menschen zu – also jeder zweite Erwachsene des bundesrepublikanischen Deutschlands. Im Anschluss an jede der vier Folgen nutzten insgesamt über 30.000 Personen die Gelegenheit mittels Telefonanruf die eigene Erfahrung und Meinung öffentlich in den extra dafür konzipierten Fernsehsendungen mitzuteilen und mit Fachleuten aus Presse und Forschung zu diskutieren.[126] Auch erreichten tausende Briefe von Zuschauenden den WDR, der als Sender verantwortlich war für den Kauf, die deutsche Bearbeitung und die Ausstrahlung der Serie in den Dritten Programmen. Die massenmediale Anschlusskommunikation an die Ausstrahlung widmete sich über Wochen den historischen Verbrechen. Im Fall der Wochenmagazine *Spiegel* und *Stern* folgten auch selbstkritische Eingeständnisse, durch das eigene Wegschauen nicht frei von Schuld zu sein.[127] Diese amerikanische Fernsehserie löste eine so starke Reaktion aus, wie es die zuvor gezeigten bundesdeutschen Film- und Fernsehproduktionen nicht geschafft hatten.

In der sowjetischen Besatzungszone und späteren DDR verläuft die filmische Auseinandersetzung unter anderen Vorzeichen und in einer anderen Intensität: Schon früh und konstant beginnt die filmische Beschäftigung mit der Zeit des Nationalsozialismus und dem Holocaust: *Die Mörder sind unter uns* (1946), *Der Rat der Götter* (1950), *Zwischenfall in Benderath* (1956), *Der Prozeß wird vertagt* (1958), *Das zweite Gleis* (1962), *Jetzt in der Stunde meines Todes* (1962), *Nackt unter Wölfen* (1963), *Jakob der Lügner* (1963), *Chronik eines Mordes* (1964). Dabei ist die moralische und politische Ausrichtung dieser Band-

---

123 Knoch (2016): S. 323.
124 Siehe zur Wahl der Gendernennung Anmerkung 22 auf S. 13 in dieser Publikation.
125 Vgl. Wende (2007): S. 16.
126 Vgl. Märthesheimer, Peter / Frenzel, Ivo (1979): Im Kreuzfeuer: Der Fernsehfilm ‚Holocaust'. Eine Nation ist betroffen, unter Mitarbeit von Auerbach, Helmut (Institut für Zeitgeschichte) und Pehle, Walter H., Frankfurt a.M.
127 Vgl. Kaes, Anton (1987): Deutschlandbilder. Die Wiederkehr der Geschichte als Film, München, S. 38.

breite an Vergangenheitsbezügen maßgeblich von dem Deutungshorizont der Sowjetunion geprägt.[128] Die Thematisierung der Ereignisse aus der Zeit des Nationalsozialismus wurde zum Zweck der Staatsdoktrin der DDR genutzt und vielfach so ausgelegt, dass sie die eigene politische Ausrichtung legitimierte.

In *Der Rat der Götter*[129] wird noch vor Beginn der eigentlichen Filmhandlung der Anspruch artikuliert, sich mit diesem Film der Vergangenheit genauestens zu nähern. Die Filmhandlung beruht auf „den Protokollen des Nürnberger Prozesses gegen die Kriegsverbrecher aus dem I.G.-Farben-Konzern und anderen amerikanischen Quellen", wie es auf der einleitenden Texttafel im Vorspann steht, und verdeutlicht damit das Bestreben, das bisher nicht Gezeigte zur Anschauung zu bringen (Abbildung 40). Es ist der erste Film, in dem die Mitschuld eines Konzerns an den Verbrechen des Nationalsozialismus thematisiert wird. Mit *Der Rat der Götter* werden die Verstrickungen des IG-Farben-Konzerns in politische Entscheidungen gezeigt: Von der Machtergreifung des nationalsozialistischen Gewaltregimes über die Kriegsplanung und Kriegsführung bis hin zur Besatzung und juristischen Aufarbeitung durch die Alliierten – überall ist der Vorstand des Konzerns nicht nur involviert, sondern an Allem federführend und initiierend beteiligt. Die Leiter des Konzerns sind dem Film nach die wirklichen Planer hinter der Politik: Es ist nicht primär das nationalsozialistische Regime, das Interesse am Krieg, der Landgewinnung im Osten und dem Genozid an den europäischen Juden hat, sondern dem Vorstand des I.G.-Farben-Konzerns wird die tragende Rolle daran zugesprochen. Denn mit dieser Entwicklung verbindet in der Sichtweise des Films die Leitung des Unternehmens die Hoffnung, mehr Produkte absetzen zu können und einen Zugang zu weiteren Rohstoffen zu bekommen. Mit wirtschaftlichem Kalkül werden politische Handlungen angebahnt, um gewinnbringend das Kapital des Konzerns zu mehren.[130]

Besondere Relevanz haben die hier inszenierten wirtschaftlichen Beziehungen zum US-amerikanischen Konzern Standard Oil.[131] Die gemeinsamen Gewinnabsichten von I.G.-Farben und Standard Oil schmieden die beiden Geschäftspartner so eng aneinander, dass sogar die feindschaftliche Kriegssituation des Zweiten Weltkriegs die wirtschaftliche Allianz nicht trennen kann. Sehr deutlich wird damit eine Botschaft postuliert, wie es Tim Gallwitz 2001 auf den Punkt bringt: „Das Kapital hat den Krieg gemacht, der Sozialismus ist die Rettung der Menschheit."[132] Denn die Klassen-

---

128 Vgl. Wende (2007): S. 16.

129 *Rat der Götter*, Regie: Kurt Maetzig, Drehbuch: Friedrich Wolf, Philipp Gecht, DDR 1950.

130 Vgl. auch Keitz, Ursula von (2007): Zwischen Dramatisierung und Episierung. NS-Täterbilder in exemplarischen deutschen Spielfilmen. In: Fröhlich, Margrit / Schneider, Christian / Visarius, Karsten (Hrsg.): Das Böse im Blick. Die Gegenwart des Nationalsozialismus im Film, München, S. 159-177, hier S. 163ff.

131 Die wirtschaftlichen Verstrickungen der I.G.-Farben mit dem US-amerikanischen Konzern *Standard Oil Jersey* werden in Bezug auf die ausgehandelten Verträge und Warenaustausche im Film faktengetreu wiedergegeben. Vgl. Wissenschaftliche Dienste des deutschen Bundestages (2007): Zur Diskussion um eine angebliche Kooperation US-amerikanischer Firmen mit dem NS-Regime. Ausarbeitung WD 1 - 134/07. S.12-14. https://www.bundestag.de/resource/blob/413382/5f1f11f4a-4d63a299463e4a028683e55/wd-1-134-07-pdf-data.pdf (14.05.2020).

132 Gallwitz, Tim (2001): „Was vergangen ist, muss vorbei sein!" Zur Gegenwärtigkeit des Holocaust im frühen deutschen Nachkriegsfilm 1945-1950. In: Deutsches Filminstitut (Hrsg.): Die Vergangenheit in der Gegenwart. Konfrontation mit den Folgen des Holocaust im deutschen Nachkriegsfilm, Frankfurt a.M., S. 10-19, hier S. 17.

Abbildung 40: *Rat der Götter* TC: 00:01:43.

frage ist gemäß der sowjetischen Ideologie die entscheidende Antwort zur Bekämpfung des Nationalsozialismus. Im Film wird diese sozialistische Position durch die Figur des Onkel Karls verkörpert. Er ist Arbeiter im Unternehmen und steht den Produktionsprozessen, dem aufkommenden Nationalsozialismus und der Wiederaufrüstung kritisch gegenüber, auch wenn er trotz Widerstandsbestrebungen das drohende Unheil durch die neue politische Ausrichtung nicht abwehren kann.

Der Film zeigt „die westdeutschen und US-amerikanischen Kapitalisten am Pranger der Geschichte"[133], da nach Tim Gallwitz das imperialistische und wirtschaftliche Interesse als Nährboden für die Inhumanität von Krieg und menschenverachtenden Ideologien wie dem Nationalsozialismus dargestellt wird. Der Verlauf der Geschichte resultiert nach der Logik des Films aus den wirtschaftlichen Interessen zwischen deutschen und US-amerikanischen Konzernen. Bei dieser Schuldzuweisung wird klar nach Westen geschaut, weil dort die kapitalistische Machtordnung – im Sinn des Films – ungebrochen weiter besteht

> „Wenn man ‚sie' sagte, so schaute man nach Westen, denn hier auf der richtigen Seite war man unter der Führung der sozialistischen Sowjetunion dabei, die Beschlüsse des Potsdamer Abkommen durchzusetzen, Banken, Betriebe zu enteignen, den Kapitalismus mit all seinen Wurzeln zu beseitigen."[134]

---

133 Ebd. S. 18.
134 Schieber, Elke (2001): „Vergesst es nie – Schuld sind sie!" Zur Auseinandersetzung mit dem Völkermord an den Juden in Gegenwartsfilmen der DEFA. In: Deutsches Filminstitut (Hrsg.): Die Vergangenheit in der Gegenwart. Konfrontation mit den Folgen des Holocaust im deutschen Nachkriegsfilm, Frankfurt a.M., S. 36-47, hier S. 38.

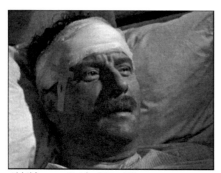

Abbildung 41: *Rat der Götter* TC: 00:21:19.   Abbildung 42: *Rat der Götter* TC: 01:14:01.

Damit verweist Elke Schieber 2001 auf die sowjetpolitische Vereinnahmung historischer Ereignisse. Zudem hat nach Schieber die DDR im Film *Der Rat der Götter* die Rolle der mahnenden Instanz: „In diesem Sinne verstand sich die DDR als Vollstrecker des Urteils über Imperialismus und Nationalsozialismus, als gerechte Vertreterin der Opfer."[135] Allerdings werden die Opfer in diesem Film entsubjektiviert und allein zum Zweck der politischen Kritik genutzt. Nach Claudia Dillmann und Thomas Möller (2001) wurde in *Der Rat der Götter* „die Singularität des Holocaust" verkannt, „weil sie ihn kapitalismuskritisch instrumentalisierten."[136] Denn: „Die Opfer", so stellt Gallwitz 2001 heraus, „werden gewissermaßen funktional eingesetzt, um den Klassenfeind zu diskreditieren. Mehr Raum als diese abstrakte Funktion bekommen die Opfer nicht zugesprochen."[137] Einziges konkret dargestelltes Opfer ist die Figur des Onkel Karl, der als Gewerkschafter zu einem verfolgten Kommunisten und Helden der Arbeiterklasse stilisiert wird (Abbildung 41). Wohingegen die jüdischen Opfer des Holocaust nur als Teil der Beweisführung in Form von Fotografien in nachgestellten Szenen des Nürnberger Prozesses vertreten sind. Vor Gericht müssen sich zwar die Vorstandsvorsitzenden erklären, erhalten aber durch das Protektorat der US-Amerikaner milde Urteile. Sie sprechen sich von jeglicher Schuld frei und einzig der angestellte Chemiker Dr. Scholz bekennt sich zu einer Teilschuld (Abbildung 42): Er war eine Zeit lang am Entwicklungsprozess des Giftgases Zyklon-B beteiligt. Dabei begründet er seine Nicht-Verantwortlichkeit an der Vergasung der Juden nicht mit der Strategie des Nicht-Wissens, sondern führt es auf das Problem zurück, dass er als forschender Chemiker keine Berührung mehr mit den Endprodukten hatte. Denn er erforschte und entwickelte zwar die Giftgase, aber anders als bei den Sprengstoffgasen und den Raketentriebmitteln wusste er zu Beginn seiner Forschung nichts über die möglichen Anwendungsfelder. Erst im Verlauf wird er per Zufall über die Vernichtungspraxis in Auschwitz informiert. Diese Argumentation folgt der Kapitalismuskritik von Karl Marx und Friedrich Engels, die Mitte des 19. Jahrhunderts aus den arbeitsteiligen Produktionsverhältnissen das Problem der industriellen Lebensweise und Unterjochung

---

135 Ebd. S. 36f.
136 Dillmann / Möller (2001): S. 7.
137 Gallwitz (2001): S. 18.

der Arbeitenden ableiten:[138] Weil die Arbeitsteilung zu immer abstrakter ablaufenden Produktionsprozessen führt, verlieren Arbeitende die einstige Verbindung zu ihrem Produkt und damit auch die Übersicht über die Konsequenzen ihrer Arbeit.

So kapitalismuskritisch der Blick mit diesem Films in die Vergangenheit ist, so sozialismuseuphorisch ist das Ende: Denn in dem Film wird mit den letzten Einstellungen an die Arbeiterklasse appelliert, sich selbst zu ermächtigen und der eigenen Stimme auf der Straße Gehör zu verschaffen und damit für Frieden und gegen den Kapitalismus zu demonstrieren. *Der Rat der Götter* ist ein Beispiel dafür, wie im Sinne Habbo Knochs (2016) „Souveränitätsansprüche durch Beugung oder Leugnung historischer Tatsachen" mit dem Mittel des Film formuliert werden, die aus politisch motivierten Ansprüchen aus der Deutung von Vergangenem hervorgehen: „Geschichte wird dabei zur eigenen kollektiven Entlastung umgedeutet, um andere Hegemonialmächte verantwortlich zu machen oder [...] das Verursacherprinzip ganz zugunsten eines nebulösen Zusammenwirkens schicksalhafter Kräfte auszulöschen."[139]

Die Situation des Kalten Krieges ließ zur Zeit der Veröffentlichung des Films 1950 eine selbstkritische Auseinandersetzung beider deutscher Staaten nicht zu. Vielmehr wurde die gemeinsame Vergangenheit von Ost und West zum Gegenstand der gegenseitigen Anklage genutzt. Statt einer selbstkritischen Konfrontation mit den historischen Ereignissen konstatiert Tim Gallwitz für den Nachkriegsfilm in Ost und West genau das Gegenteile:

> „man warf der jeweils anderen Seite vor, aus der Geschichte keine Lehre gezogen zu haben, sei es, dass dem Westen bruchlose Kontinuität, dem Osten aber sein terroristisches Regime vorgehalten wurde, welches sich vom Nationalsozialismus nur aufgrund der rotlackierten Oberfläche unterscheide."[140]

Ob West oder Ost, die filmische Darstellung in Deutschland in den ersten Jahren nach Kriegsende thematisiert die Verbrechen der nationalsozialistischen Zeit nur teilweise und ohne ein umfangreiches Schuldbekenntnis. Das Fazit der Filmanalysen von Tim Gallwitz fällt 2001 klar aus und macht deutlich, dass die Aufarbeitung der Vergangenheit nur unter Vorbehalt und in einer Milde ausfällt, wie sie aus heutiger Perspektive nicht vertretbar wäre:

> „Der größte Teil der Bevölkerung sah sich diese Filme gar nicht erst an, wollte mit dieser Perspektive nicht konfrontiert sein, sondern sah sich selbst in der Position des Opfers: als Opfer von Krieg, Bomben, Nationalsozialismus, Besatzungstruppen, Armut und Not. Die wenigen, die die Filme sahen, witterten in jedem auch nur andeutenden Bild oder Wort bereits eine Anklage, gegen die es eine Abwehrstellung einzunehmen galt. Die unliebsame Vergangenheit fand den Weg durch diese Panzerung nur, wenn sich die Deutschen selbst als Opfer sehen konnten. Erst dann nahm der Blick auch die wirklichen Opfer des Nationalsozialismus auf, falls sie denn ausreichend milde und nicht

---

138 Vgl. Marx, Karl (1968 [1844]): Ökonomisch-philosophische Manuskripte, In: Marx, Karl / Engels, Friedrich: Werke, Ergänzungsband, Schriften bis 1844, Erster Teil, (=Werke, Band 40), Berlin, S. 465-588, hier S. 510-522.
139 Knoch (2016): S. 317.
140 Gallwitz (2001): S. 18.

anklagend daherkamen. Die Regeln des diskursiven Feldes waren eng umrissen: Keine Konzentrationslager im Bild, nur indirekte und andeutende Bemerkungen und keine Schuldzuweisungen oder gar Anklagen."[141]

Gerade die politische Indienstnahme von Filmen dient der Schaffung und Vermittlung bestimmter Geschichtsbilder und damit dem Aufbau und Fortbestand einer Legitimation des eigenen Staates, wie es beispielsweise auch in der Filmpraxis der Nachkriegszeit für die Bundesrepublik Deutschland und die DDR nachvollziehbar ist.

Beide Staaten haben die Veröffentlichung von Filmen aus dem jeweils anderen deutschen Staat klar reglementiert. In der DDR waren zahlreiche Instanzen für die Filmkontrolle zuständig, insbesondere der Künstlerische Beirat der SED und das 1952 geschaffene staatliche Komitee für Filmwesen.[142] In der Bundesrepublik existierte von 1953 bis 1967 der Interministerielle Ausschuss für Ost-West-Filmfragen, der entschied, ob Filme aus Osteuropa in der Bundesrepublik frei aufgeführt werden durften.[143] Unter den insgesamt ca. 130 für die Aufführung verbotenen Filmen[144] befand sich auch *Der Rat der Götter*. Das Verbot stammt aus dem Jahr 1955, wobei keine detaillierte Begründung für die Nichtfreigabe genannt wurde. Nach einer erneuten Überprüfung 1967 wurde der Film mit der Begründung, dass er nicht gegen den Gedanken der Völkerverständigung wirke, wieder freigegeben.[145] Aktuell werden einige als nationalsozialistische Propaganda eingestufte Filme von der Murnau-Stiftung verwaltet und sind in Deutschland nicht frei zugänglich.[146]

Auch wenn sich durch die Globalisierung und Digitalisierung die Zirkulation und Reichweite von Filmen deutlich geändert hat und sich heute staatlichen Urteilsinstanzen entziehen kann, so bleiben auch filmische Geschichtsdeutungen Gegenstand gesellschaftlicher Aushandlungsprozesse, die man mit Habbo Knoch als Teil eines Deutungskampfs um öffentliche Geschichte verstehen kann:

„Reichweite und Funktion von generalisierten Vergangenheitsdeutungen, die staatliche Institutionen offiziell, die Wissenschaft grundsätzlich, Intellektuelle mehrheitlich

---

141 Ebd. S. 19.
142 Vgl. Schittly, Dagmar (2002): DDR- Alltag im Film. Verbotene und zensierte Spielfilme der DEFA. In: APuZ. Alltagskultur Ostdeutschland. Heft 17/2002, S. 23-29, hier S. 24.
143 Vgl. http://www.filmzensur-ostwest.de/historische-hintergruende.asp (06.09.2019). Der digitale Text ist eine überarbeitete und aktualisierte Fassung eines Beitrages, der erstmals 2014 erschienen ist. Vgl. Kötzing, Andreas (2014): „Der Bundeskanzler wünscht einen harten Kurs..." Bundesdeutsche Filmzensur durch den Interministeriellen Ausschuss für Ost/West-Filmfragen. In: Kunst unter Kontrolle. Filmzensur in Europa, München, S. 148-159.
144 Ebd.
145 Vgl. http://www.filmzensur-ostwest.de/defa-film.asp?id=43 (06.09.2019).
146 Vgl. https://www.murnau-stiftung.de/filmbestand/geschichte/historie-der-stiftung (06.09.2019). 1966 wurde die Murnau-Stiftung gegründet und übernahm das 1945 von den Alliierten beschlagnahmte sogenannte „reichseigene Filmvermögen". Viele als nationalsozialistische Propaganda eingestufte Filme werden von der Stiftung nur in bestimmten Kontexten zur geschlossenen Vorführung freigegeben. Die Speichermedien werden von der Stiftung nur für die Zeit der Vorführung verliehen und sind so dem öffentlichen Zugriff entzogen. Durch die Digitalisierung und Globalisierung sind die betreffenden Filme allerdings größtenteils problemlos aus dem Ausland oder über online Filesharing Börsen zu beziehen.

und die Gesellschaft zumindest ohne öffentlichen Protest trägt, werden vor allem dann sichtbar, wenn sie in Frage gestellt werden. In radikaler Form geschieht dies, wenn sie als Instrumente hegemonialer Machtinteressen entblößt oder neue Geschichtsbilder zu eigenen Herrschaftszwecken etabliert werden sollen. Oft kommt in geschichtsrevisionistischen Bemühungen beides zusammen."[147]

Habbo Knoch hatte zu dieser Aussage 2016 das Beispiel der Holocaust-Leugnung durch den iranischen Präsidenten Ahmadinejad ausgeführt und auf die vermehrten „Ablösungskonflikte um Vergangenheitsdeutungen sowie deren politische Instrumentalisierung"[148] hingewiesen. Aktuell steht europaweit die Zivilgesellschaft wegen der politischen Vereinnahmung von Vergangenheit durch die erstarkten Rechtspopulisten vor einer Bewährungsprobe. Es ist Teil des öffentlichen Diskurses, zu klären, welche Deutungen in einer heterogenen Gesellschaft tragbar sind und welche Deutungen die Würde von Einzelpersonen und (Opfer-)Gruppen verletzen und demokratiegefährdend sind.

doing history – Geschichtskonstruktion der Sozietät

Als Zuschauende lernen wir die junge Sonja in ihrem sozialen Umfeld kennen und begleiten sie bei ihrem Versuch, die Geschichte ihrer Stadt zur Zeit des Nationalsozialismus zu ergründen. Dabei wird im Film *Das schreckliche Mädchen* (1990)[149] das soziale Umfeld als maßgeblicher Kontext des eigenen Geschichtsinteresses eingeführt: die frühe Kindheit, die berufliche Situation der Eltern, der schulische Kontext, die familiäre Anbindung sowie die soziale Interaktionen mit dem Umfeld – alles zusammen steht für das Gefüge einer bayrischen Kleinstadt der 1970er und 80er Jahre (Abbildungen 43a-d). Da ist die Mutter der Protagonistin, die mit der Geburt des ersten Kindes ihren Beruf aufgibt und zur Hausfrau wird, da ist die Lateinlehrerin, die sich in ihrer Notengebung an den Spenden für die Kirchengemeinde orientiert, da ist der Geschichtsprofessor und zugleich Zeitungsverleger Herr Dr. Juckenack, der sich über die Zeit des Nationalsozialismus in Schweigen hüllt, da ist die Witwe des ehemaligen Bürgermeisters, die eine Freigabe der Akten über ihren verstorbenen Mann verhindert, und da ist die katholische Kirche als wichtigste Instanz der Gemeinschaft. Im Film wird sich der Darstellung des sozialen Umfelds von Sonja in aller Ausführlichkeit gewidmet, noch bevor das Bestreben der Protagonistin beginnt, sich die vergangenen Ereignisse und Zusammenhänge zu erschließen. Hier wird deutlich, wie sozialrelevante Kategorien wie beispielsweise Gender, Klasse, Religion, Alter und Körper maßgeblich mitbestimmen, welche Position einer Person in der Gesellschaft zusteht. Diese Parameter entscheiden mit darüber, mit welchen Selbstkonzepten wir uns beschreiben und von anderen beschrieben werden. Die Gesellschaft ist aus der diversitätstheoretischen Perspektive des Geschichtsdidaktikers Martin Lücke (2016) weit mehr als eine bloße Rahmung der Geschichtskultur, vielmehr gibt sie vor, aus welchem Erfahrungsraum Geschichte betreten wird, „um die gegenwärtige Gesellschaft in ihrer

---

147 Knoch (2016): S. 313.
148 Ebd. S. 311.
149 *Das schreckliche Mädchen*, Regie und Drehbuch: Michael Verhoeven, Deutschland 1990.

Abbildung 43a: *Das schreckliche Mädchen*
TC: 00:06:58.

Abbildung 43b: *Das schreckliche Mädchen*
TC: 00:07:05.

Abbildung 43c: *Das schreckliche Mädchen*
TC: 00:09:08.

Abbildung 43d: *Das schreckliche Mädchen*
TC: 00:10:26.

Abbildung 44: *Das schreckliche Mädchen* TC: 00:05:51.

Abbildung 45a: *Das schreckliche Mädchen*
TC: 00:30:36.

Abbildung 45b: *Das schreckliche Mädchen*
TC: 00:58:18.

Gewordenheit zu verstehen und um sich für ihre individuell-gesellschaftliche Zukunft orientieren zu können."[150] Gesellschaft bildet den sozialen Raum, in dem sich (inter-)subjektive Zugriffsweisen auf Geschichte vollziehen und ein Verständnis von vergangenen Ereignissen sich anbahnt.

Die Protagonistin Sonja führt uns Zuschauende als Erzählerin durch ihre Lebensgeschichte, und wir bekommen die Gelegenheit, den Wertehorizont ihrer Gemeinschaft kennenzulernen. Dabei wahrt die erwachsene Sonja als Erzählerin eine ironische Distanz und überlässt die Schlussfolgerungen dem Publikum. In ihren Kommentaren wendet sie sich direkt an uns als Zuschauende und durchbricht damit die vierte Wand der filmischen Illusion (Abbildung 44). Dieses Vorgehen verstärkt den Eindruck, dass wir hier einer filmischen Inszenierung beiwohnen und wir die Instanz der Zuschauenden sind. Immer wieder tauchen Verfremdungstechniken auf: Außer der Protagonistin sprechen noch weitere Filmfiguren das Publikum direkt an, auf der Tonebene überraschen Störgeräusche, einige Szenen sind wie eine Theatersituation inszeniert und spielen vor einem eindimensionalen Hintergrund oder sind im Stile einer Bühnenhandlung angelegt (Abbildungen 45a,b). Besonders die Begegnungen mit den etablierten Deutungsinstanzen historischer Ereignisse – wie den Personen aus Politik, Forschung, archivischer Verwaltung und Rechtsprechung – finden in dieser inszenierten Abstraktion statt und erscheinen der übrigen Darstellungsweise enthoben. Dadurch wird immer wieder das Eintauchen in die filmische Illusion blockiert und folglich – mit Brecht (1937) gesprochen – eine „betrachtende, zuschauende Haltung kultiviert".[151] Denn: „Der Zweck dieser Technik des Verfremdungseffekts war es, dem Zuschauer eine untersuchende, kritische Haltung gegenüber dem darzustellenden Vorgang zu verleihen. Die Mittel waren künstlerische."[152] Ausgehend von diesem Ansatz von Brecht, lässt sich über den Film *Das schreckliche Mädchen* sagen, dass durch die Verhinderung einer kontinuierlichen Immersion in die Filmhandlung das Publikum immer wieder dazu angehalten wird, sich aktiv umzuorientieren und fortwährend den eigenen Standpunkt zum Gezeigten zu suchen.

Im Film macht Sonja eine visuelle, moralische und soziale Wandlung durch: *Das schreckliche Mädchen* war nämlich eigentlich sehr beliebt, weil sie den höheren Instanzen gegenüber sehr folgsam und konform war. In Schwarz-Weiß sind die Szenen der Kindheit gehalten, die sie als angepasst an die Machtstrukturen von Religion, Schule, Eltern und patriarchaler Gesellschaftsordnung zeigen und sich von den späteren farbigen Szenen als junge Erwachsene unterscheiden. Mit ihrem steigenden Interesse an der Vergangenheit der eigenen Stadt ändert sich das. Bei ihrer Suche nach Material zur Aufarbeitung dieser Vergangenheit stößt Sonja an Grenzen. Ihr wird der Zugang zu Archiven und Dokumenten verwehrt, damit sie sich nicht Aspekte des Vergangenen nach eigenem Interesse erschließen kann. Nach dem Forschungsansatz der Public History wird gerade die Zugangsverweigerung zu Wissensbeständen als ein Mittel verstanden, das herrschende Machtinstanzen einsetzen, um mögliche Kritik an der

---

150 Lücke, Martin (2016): Diversität und Intersektionalität als Konzepte der Geschichtsdidaktik. In: Hasberg, Wolfgang / Thünemann, Holger (Hrsg.): Geschichtsdidaktik in der Diskussion. Grundlagen und Perspektiven, Frankfurt a.M., S. 69-86, hier S. 69.
151 Brecht, Bertolt (1957 [1937]): Verfremdungseffekte in der chinesischen Schauspielkunst. In: Schrift zum Theater. Über eine nicht-aristotelische Dramatik, Frankfurt a.M., S. 74-89, hier S. 77.
152 Brecht (1957 [1940]): S. 106.

bestehenden historischen Deutung abzuwenden und an den selbst gesetzten Vergangenheitsbezügen festhalten zu können – wie Habbo Knoch 2016 ausführt:

> „Autoritäre Informationspolitik ist in diesem Sinne immer auch geschichtspolitischer Besitzanspruch. So gehört zur aktiven Behinderung historischer Wahrheitsfindung als einfaches Mittel die Zurückhaltung von Dokumenten oder die Einschränkung der Zugänglichkeit von Archiven und deren Beständen."[153]

Nur aus einem öffentlichen Zugang zu Wissensbeständen folgt nach Knoch auch ein öffentlicher Umgang mit Geschichte. Durch die Möglichkeit über Informationen frei verfügen zu können, sind die Mitglieder einer Gemeinschaft dazu in der Lage, an dem fortwährenden Aushandlungsprozess der Deutung von Vergangenheit teilhaben zu können und die Multiperspektiviät von Geschichte zu erzeugen und zu bereichern.

Bei ihrer Recherche sucht Sonja auch Zeitzeugen der nationalsozialistischen Vergangenheit auf. Die meisten von ihnen hüllen sich in Schweigen: Neben dem Nicht-Wissen über repressive und menschenvernichtende Vorgänge dominiert das Nicht-Erinnern-Können aufgrund der besonderen Umstände der Zeit. Ihr begegnen Widersprüche – „[...]bei uns hat's doch kein KZ gegeben [...]"[154] – und Widerstände. Aber ein Schuldeingeständnis über die konkrete Involviertheit in Vorgänge oder über das Folgen und Unterstützen einer rassistischen und völkischen Ideologie bleibt aus. Weil sie als junge Frau – und nicht als anerkannte Autorität mit klarer Deutungsbefugnis – gegen die gemeinschaftlichen Widerstände eine Darstellung des bisher nicht Thematisierten anstrebt, stellt sie die einstigen Aushandlungspraktiken, Normierungssysteme und Repräsentationsordnungen von Geschichte in Frage. Geschichte zu deuten, ist diesem Film zufolge eine emanzipatorische Bestrebung, die bei der Aufarbeitung von Vergangenheit den Fortbestand von Machtstrukturen zu problematisieren hat. Daraus folgt mit diesem Film die Annahme: Geschichte muss ein beständiges und unerschrockenes Ringen um die historische Wahrheit sein, denn sobald Geschichte manifestiert wird, verliert sie an Relevanz. Mit Walter Benjamin (1942) gesprochen, besteht die fortwährende Aufgabe darin, „die Geschichte gegen den Strich zu bürsten."[155]

Das Ringen um Geschichte im Film *Das schreckliche Mädchen* zeigt diesen beschwerlichen Prozess als eine soziale Praxis, bei der die Protagonistin aus der Mitte der Gemeinschaft Fragen an die Vergangenheit richtet und in der Konfrontation mit Amts- und Würdenträgern, Zeitzeugen/Zeitzeuginnen und Überlebenden ihren historischen Zugang vollzieht. Im Film wird die konkrete praktische Umsetzung der Geschichtsaushandlung und -konstruktion in einer Gemeinschaft thematisiert – das doing history. Als „Geschichte im praktischen Vollzug"[156] – wie Willner u.a. 2016 das doing history bezeichnen – lassen sich die vielfältigen diskursiven und performativen

---

153 Knoch (2016): S. 328.
154 Mit bayrischem Dialekt ausgesprochen. *Das schreckliche Mädchen*, TC: 00:46:20.
155 Benjamin (1991 [1942]): S. 697.
156 Angelehnt an das Konzept von doing culture nach Hörning und Reuter. Dabei besteht nach Willner u.a. keine klare Grenzziehung zwischen diesen beiden Ausrichtungen, da kulturelle, soziale und politische Handlungsvollzüge immer auch eine historische Dimension haben. Vgl. Willner / Koch / Samida (2016): S. 5.

Praktiken fassen, die in ein soziokulturelles Umfeld eingebettet sind und Geschichte erst entstehen lassen. Damit wird Geschichte nicht als etwas statisch Gesetztes verstanden, sondern als ein Vergangenheitsbezug, der durch die Teilnahme an bestimmten Praktiken immer wieder geschaffen wird.

Anders als bei *Das schreckliche Mädchen* vollzieht sich die Auseinandersetzung mit der Vergangenheit im Film *Pizza in Auschwitz*[157] durch die konkrete Begegnung mit den Orten der historischen Ereignisse. Der Film begleitet den Holocaust-Überlebenden Dani Chanoch 2008 bei einer Reise an die unbeschwerten Orte seiner Kindheit und die weiteren einschneidenden Etappen seines Lebens: Verfolgung, Deportierung und Inhaftierung im Konzentrationslager Auschwitz. Es ist ihm ein wichtiges Anliegen, diese Orte seinen erwachsenen Kindern zu zeigen. Denn obwohl sie seine Erzählungen aus dieser Zeit seit ihrer eigenen Kindheit kennen und Videoaufnahmen von früheren Reisen des Vaters gesehen haben, verpflichtet er sie zu dieser gemeinsamen Begegnung mit den Orten.

Das Aufsuchen der Orte historischer Ereignisse gründet nach Willner u.a. auf der Erwartungshaltung, dem Vergangenen greifbar nahe zu kommen und Geschichte affektiv am eigenen Körper erfahren zu können.[158] Denn das Vor-Ort-Sein wird wesentlich davon bestimmt, dass historische Orientierung durch körperlich-sinnliche Begegnungen empfunden und angebahnt wird. Hierzu gehören auch besondere Momente der emotionalen Ergriffenheit, die von der Präsenz anderer, der Umgebung und den Gegenständen – in ihrer wechselseitigen Bezüglichkeit – erzeugt wird und eine Involviertheit schaffen kann. Dieses leiblich-affektive Erleben einer materiellen Präsenz wird in *Pizza in Auschwitz* dadurch verstärkt, dass der eigene Vater von seinen Handlungen, Erfahrungen und Ängsten erzählt. Erst diese Geschichten verleihen vielen profanen, von der Gegenwart bestimmten Orten ihre Bedeutung: Eisenbahnschienen in idyllischen Landschaften, die Häuserfassade einer polnischen Stadt, ein abgelegener Wald (Abbildungen 46a,b). Einen bedeutsamen und teils schmerzhaften Sinn erhalten diese Orte nur durch die Erzählungen des Überlebenden Dani Chanoch. Hieran lässt sich mit Dorothee Hemmes Begriff „(hi)storyscapes"[159] von 2009 anschließen. Darin

Abbildung 46a: *Pizza in Auschwitz* TC: 00:18:52.   Abbildung 46b: *Pizza in Auschwitz* TC: 01:00:17.

---

157 *Pizza in Auschwitz*, Regie: Moshe Zimmerman, Israel 2008.
158 Vgl. Willner / Koch / Samida (2016): S. 12.
159 Hemme, Dorothee (2009): Märchenstraße – Lebenswelten: Zur kulturellen Konstruktion einer touristischen Themenstraße, Studien zur Kulturanthropologie/Europäische Ethnologie 2, Berlin, S. 476.

bündelt sich die These, dass es vielfach die Geschichten über die Vergangenheit sind, und nicht die Vergangenheit selbst, die sich an bestimmten Orten abbildet.

Daneben gibt es Orte, die in ihrer materiellen Präsenz noch heute Zeugnis über die einstigen Geschehnisse ablegen können.[160] Das ehemalige Konzentrationslager Auschwitz wird zur Erinnerung an die kaum vorstellbaren menschenvernichtenden Verbrechen konservatorisch als offene Wunde der Geschichte Europas sichtbar gehalten. Bei dem Versuch diesen Ort auszuhalten, kommen die Kinder des Überlebenden in *Pizza in Auschwitz* an ihre Grenzen. Sie scheitern an dem Wunsch des Vaters eine Nacht in einer Baracke verbringen zu können.

Auch bei dem Film *#uploading_holocaust*[161] steht die Konfrontation mit den Orten im Zentrum. Dieser 2016 erschiene Film nimmt uns mit auf viele einzelne Reisen seit Ende der 1980er Jahre, die aber alle das gleiche Ziel hatten: die Begegnung von israelischen Jugendlichen mit der Geschichte ihrer Vorfahren an den verschiedenen Orten der Verbrechen. Hier allerdings ist es die eigene Bildpraxis der Jugendlichen und die ihres Umfelds, die diesen Film erst generiert. Denn „dieser Film besteht zu 100% aus youtube-Material", wie es im Vorspann vermerkt ist.[162] Weil das israelische Bildungsministerium eine filmische Dokumentation der sogenannten Reise nach Polen emp-

---

160 Gerade die materielle Beschaffenheit der architektonischen Relikte der verschiedenen Stätten des einstigen Konzentrations- und Vernichtungslagers Auschwitz hatten während des Auschwitz-Prozesses in Frankfurt eine tragende juristische Funktion. Eine Delegation – bestehend aus einem Richter, drei Staatsanwälten, drei Vertretern der Nebenkläger, elf Verteidigern, einem Protokollführer, zwei Justizwachtmeistern, einem Gerichtsfotografen, einer Dolmetscherin und dem angeklagten Lagerarzt Franz Bernhard Lucas – reiste im Dezember 1964 zur Ortsbesichtigung des ehemaligen Stammlagers Auschwitz I und Auschwitz II (Birkenau), was vor dem Hintergrund der politischen Situation des Kalten Krieges ein außergewöhnlicher Vorgang war. Die sogenannte ‚Augenscheinseinnahme' des Tatortes vom 14.-16. Dezember 1964 diente dazu, während des Auschwitz-Prozesses durch die unmittelbare eigene Wahrnehmung vor Ort Beweismittel zu erheben. Die Beweislage der tatsächlichen materiellen Situation der architektonischen Relikte führte dazu, dass die Aussagen der beschuldigten SS-Leute überwiegend widerlegt werden konnten und die Aussagen der ehemaligen KZ-Insassen bestätigt wurden. Die materielle Substanz dieses Ortes wurde 2013 mit der neuesten Technik des 3D-Scanners vom Bayrischen Landeskriminalamt erneut untersucht, um juristisch relevante Informationen für einen bevorstehenden Prozess aufzuarbeiten. Das Ergebnis war ein 3-D-Modell des Vernichtungslagers, das mit einem Blick durch die VR-Brille betrachtet werden kann. Das Ziel dieses Vorgehens gleicht mit den neuesten technischen Verfahren dem von 1964: Den Zeugnischarakter der materiellen Relikte für die juristische Beweisführung zu nutzen und die Aussagen der Angeklagten zu widerlegen. Die wiederkehrende Behauptung – nichts gesehen zu haben – konnte durch die Vermessung des Ortes in den meisten Fällen widerlegt werden. Vgl. Steinbacher, Sybille (2001): ‚Protokoll vor der Schwarzen Wand'. Die Ortsbesichtigung des Frankfurter Schwurgerichts in Auschwitz. in: Wojak, Irmtrud (Hrsg.): „Gerichtstag halten über uns selbst..." Geschichte und Wirkung des ersten Frankfurter Auschwitz-Prozesses, Frankfurt a.M. / New York, S. 61-89. https://www.fritz-bauer-archiv.de/genocidium/auschwitz-vor-gericht (30.11.2019). Bernstein, Martin (2016): 3-D-Modell von Auschwitz soll NS-Verbrecher überführen. In: Süddeutsche Zeitung vom 26.08.2016 https://www.sueddeutsche.de/panorama/tatorte-3-d-modell-von-auschwitz-soll-moegliche-ns-verbrecher-ueberfuehren-1.3138841-0#seite-2 (30.11.2019). Vgl. auch die filmische Thematisierung des 3D-Modells: https://davidfreid.com/portfolio/nazi-vr (30.11.2019). Den Hinweis zur juristischen Bedeutung der materiellen Beschaffenheit der architektonischen Relikte des ehemaligen Konzentrationslagers Auschwitz im ersten Auschwitz-Prozess verdanke ich Barbara Welzel.

161 *#uploading_holocaust*, Regie: Sagi Bornstein und Udi Nir, Deutschland /Israel /Österreich 2016.

162 *#uploading_holocaust*, TC: 00:02:12.

fiehlt, finden sich mittlerweile über 20.000 Filmbeiträge allein unter dem Suchbegriff *Reise nach Polen* auf youtube. Auch die Familien der Jugendlichen werden dazu ermutigt Videobotschaften anzufertigen und hochzuladen, um die Reise emotional zu begleiten und den Jugendlichen Zuspruch und Anerkennung zukommen zu lassen. Für viele Schulen gehört diese Reise zu einem Pflichtprogramm, die einen festen Bestandteil der Auseinandersetzung mit der Geschichte der eigenen Nation ausmacht. Über 30.000 Jugendliche nehmen jedes Jahr an dieser Reise teil. Diese filmische Begleitung der Reise von Seiten der Jugendlichen und ihres familiären Umfeldes lässt sich auch als Teil des praktischen Vollzugs von doing history verstehen.

Zu den grundlegenden Aspekten des Mediums Film gehört nach Hediger (2015) die „Aufzeichnung, Speicherung und Wiedergabe von Zeit", sodass gerade dieses Medium „eine effiziente technische Vorrichtung der Vergegenwärtigung des Vergangenen und der Herstellung von Augenzeugenschaft"[163] ist. Dieses mediale Potential gewinnt zusätzlich an zeitlicher und räumlicher Reichweite durch die Veröffentlichung im Internet. So ist es den Jugendlichen möglich, noch vor Antritt der eigenen Reise die filmischen Reisebeiträge anderer zu sehen und sich dann mit der eigenen Bildpraxis zu diesem tätigen Vollzug von Geschichte ins Verhältnis zu setzen. Die klassischen Begriffe „Massenkommunikation", „Öffentlichkeit" und „Publikum" sind in der postkinemathographischen Zeit in Bewegung geraten und die damit verbundenen Phänomene sind gerade dabei, sich zu verändern und neu ausgerichtet zu werden.[164] Diese Entwicklung resultiert auch aus den zunehmend niedrigschwelliger werdenden Zugängen zu den technischen und ästhetischen Mitteln des Mediums Film. Die Produktion und Veröffentlichung eines Films war noch nie so einfach wie heute. Die Hürden, an dieser Praxis teilnehmen zu können, sind mit der technischen Entwicklung von filmfähigen Smartphones rapide gesunken. Das Erstellen filmischer Sequenzen ist somit zu einer selbstverständlichen Kulturtechnik geworden. Doch laut Hediger bleibt das Kino weiterhin ein wichtiger Referenzpunkt: „Das Kino hat durchaus weiterhin Bestand, als Ort und Institution, vor allem als Referenzrahmen in einer zusehends digitalisierten Medienkultur."[165] Auch diese israelischen Jugendlichen kommen nicht umhin, sich an den Bildern und Darstellungsweisen implizit oder explizit zu orientieren, die unter anderem durch Filme in der Gesellschaft zirkulieren und in einem Verhältnis zu anderen medialen Repräsentationen des Holocaust stehen.

Die eigene Filmpraxis der reisenden Jugendlichen fügt sich ein in eine Reihe von körperlich-sinnlichen Verhaltensweisen, die vielfach Gegenstand der Vorbereitung und Durchführung der Reise sind: Die Jugendlichen überführen ihre Begegnung mit Vergangenheit in tanzende, singende, dramaturgische und poetische Ausdrucksweisen (Abbildungen 47a,b). Diese ästhetische Praxis der Jugendlichen erscheint im Film *#uploading_holocaust* über die Zeiten hinweg als ein wiederkehrendes Moment der Aneignung von Geschichte und wird zur eigenen (Re-)Formulierung dessen. Dabei entsteht ein funktionales historisches Orientierungswissen Martin Lücke (2016) zufolge, wenn Lernende sich die für sie relevante Vergangenheit durch die Kulturpraxis des Erzählens als

---

163 Hediger (2015): S. 217.
164 Vgl. Hansen, Miriam (1993): Early Cinema, Late Cinema: Permutations of the Public Sphere. In: Screen, Vol. 34, No. 3, S. 197-210; vgl. zu den Entwicklung des Mediums die Ausführungen auf S. 34-46.
165 Hediger (2015): S. 226.

Abbildung 47a: *#uploading_holocaust* TC: 00:00:29.   Abbildung 47b: *#uploading_holocaust* TC: 00:45:49.

Abbildung 48a: *#uploading_holocaust* TC: 00:29:34.   Abbildung 48b: *#uploading_holocaust* TC: 00:31:39.

Abbildung 49a: *#uploading_holocaust* TC: 00:27:47.   Abbildung 49b: *#uploading_holocaust* TC: 00:28:19.

Abbildung 49c: *Pizza in Auschwitz* TC: 00:54:32.   Abbildung 49d: *Pizza in Auschwitz* TC: 01:00:05.

erzählte Geschichte selbst aneignen können[166]. Nicht das Nacherzählen von master narratives führt zu einem Zugang zu Vergangenheit, sondern die Schaffung einer eigenen narrativen Praxis, wie sie durch das Filmen und andere ästhetische Ausdrucksweisen möglich ist, erhöht den Grad an nachhaltiger Beschäftigung. Bei *#uploading_holocaust* vollzieht sich die eigene Orientierung der Jugendlichen medial und auch körperlich.

Dabei wirkt sich nicht nur das Filmen, sondern auch das Gefilmt-Werden auf die Begegnung mit Geschichte aus. Schon die Anwesenheit einer Kamera beschreibt Frank Bösch 2016 als einen einflussnehmenden Faktor: „Bereits das Wissen darüber, dass

---

166   Vgl. Lücke (2016): S. 86.

Kameras anwesend sind, verändert die Performanz."[167] Es scheint auch den gefilmten Jugendlichen nicht egal zu sein, wie sie an den wichtigen Orten der nationalen und in manchen Fällen sogar familiären Geschichte erscheinen. In die Fahne Israels gehüllt, betreten viele Jugendliche jüdische Friedhöfe, ehemalige Konzentrationslager oder Orte von Massenexekutionen (Abbildungen 48a,b). Dieses klare Statement zur eigenen Herkunft dient über die Sichtbarkeit am besuchten Ort hinaus auch zur Bekräftigung des Selbstbildes in einer medialen Öffentlichkeit – gerade weil an vielen dieser Orte die absolute Eliminierung der Juden beabsichtigt wurde. Zudem initiiert die eingeschaltete und gerichtete Kamera vielfach erst einen Redebeitrag oder eine wechselseitige Kommunikation. Die Kamera als Aufzeichnungsmedium provoziert die Suche nach einem Selbstausdruck als eine Stellungnahme zu der gegenwärtigen Situation.

In *#uploading_holocaust* und *Pizza in Ausschwitz* erscheint der Zugang zur Vergangenheit als ein Ringen um eine eigene Position, um die Suche nach der eigenen Formulierung von Geschichte. Bezugnehmend auf Jörn Rüsen (2016) stellt sich die Frage, „warum es so schwierig ist, Geschichte zu lernen".[168] Er fokussiert hierzu die anthropologischen Grundlagen und die Zeitlichkeit historischer Lernprozesse: Das Geschehen der Vergangenheit ist äußerlich und in einer Distanz zum Selbst. Es muss erst über historisches Lernen verinnerlicht, d.h. angeeignet werden. Die konkrete Begegnung mit historischen Orten kann diese Distanz zwischen dem Selbst und der Vergangenheit minimieren. Denn aus der physisch-sinnlichen Nähe zu den konkreten Orten kann die Begegnung mit der epistemischen Autorität von Materialitäten folgen. Die symbolische und inhaltliche Bedeutung des Ortes wird dabei um die Ebene der spezifischen Umgangsweise ergänzt, die aus der besonderen Beschaffenheit hervorgehen kann. Beispielsweise lässt die Enge eines Raumes unweigerlich nur bestimmte Köperhaltungen zu. Auf die Beschaffenheit von Oberflächen folgt eine körperliche Reaktion – von Distanznahme bis hin zum Bedürfnis nach Nähe. Die Materialität zeugt von einem Eigensinn, der zu einer bestimmten Verwendung auffordert und ein spezifisches Ins-Verhältnis-Setzen evoziert. Doch lässt sich diese Materialität der Orte historischer Ereignisse medial übertragen? Und was ist filmisch fassbar?

In den Filmen *Pizza in Auschwitz* und *#uploading_holocaust* verblasst die Materialität des Ortes neben dem Agieren der Personen an und mit diesem Ort. Die Filme geben preis, wie sich die Einzelnen im Raum verorten, die Blicke schweifen lassen, ihre Bewegungen der Beschaffenheit des Bodens, der Wände, der Einrichtung und den Erzählungen anpassen. Der körperliche Vollzug des *doing history* an diesen Orten und in Interaktion mit Anderen bestimmt diese beiden Filme. Den Zuschauenden wird zwar die Begegnung mit der besonderen Materialität des historischen Ortes verwehrt, dafür wird sich diesen historischen Stätten über die Interaktion der Personen, ihren Reaktionen und Handlungen genähert. Und an die Stelle der Materialität des Ortes tritt die Materialität des Films. Im Fall von *Pizza in Auschwitz* und *#uploading_holocaust* wird immer wieder unweigerlich die Materialität des filmischen Verfahrens zum Thema. Mal sind die Aufnahmen unscharf oder verwackelt, mal ist es zu dunkel oder zu hell und dann vielfach in einer zu schlechten Wiedergabequalität, sodass der Illusionsraum eines Spielfilms, wie es das dominante Kino ausmacht, hier nicht entstehen kann (Abbildungen 49a-d).

---

167 Bösch (2016): S. 91.
168 Rüsen (2016): S. 19.

Abbildung 50a: *Nacht und Nebel* TC: 00:10:40.   Abbildung 50b: *Nacht und Nebel* TC: 00:30:43.

Anders ist es bei *Nacht und Nebel* (1956). In diesem Film entsteht eine filmisch-materielle Ebene, die sich dadurch auszeichnet, dass mit den Mitteln des Films eine Beziehung zu den historischen Ereignissen des Ortes herstellt wird. Das ehemalige Konzentrationslager Auschwitz erscheint seiner Funktion enthoben, verlassen und im Begriff zu verschwinden – sich in der Landschaft aufzulösen (Abbildungen 50a,b). Diese Filmsequenzen, denen alle Protagonisten verloren gegangen sind, stehen durch ihre Farbigkeit und langsame Bewegung im Kontrast zu den Sequenzen mit dem Archivmaterial, bei denen durch eine schnelle Schnittfolge ein Sog aus Schwarz-Weiß-Aufnahmen erzeugt wird. Die vielen Menschen – Opfer, Täter/Täterinnen und Bevölkerung – zeichnen dieses historische Bildmaterial aus; ihre Bewegungen, Blicke und ihre Präsenz fehlen umso deutlicher auf den Farbaufnahmen. Die Langsamkeit und Leere des befreiten Lagers trifft auf die schnelle Montage der Archivaufnahmen: Das eine wäre ohne das andere nicht in der Form wahrnehmbar. Nur die langsamen, ruhigen Sequenzen der Farbaufnahmen ermöglichen es, die Gewalt und Verbrechen, von denen die Archivaufnahmen zeugen, ansatzweise zu ertragen und für kurze Augenblicke an sich heran zu lassen. Mit dem Film wurde sich der Materialität des Ortes angenommen; sie wurde transformiert und durch die Archivaufnahmen, die Stimme, die Erzählung und die Musik wurde ihr etwas hinzugefügt. Es ist nicht die unmittelbare Materialität des Ortes, sondern deren spezifische Überführung in eine filmische Präsenz, mit der die Distanz zwischen Publikum und Vergangenheit zu überwinden versucht wurde: Eine filmische Materialität, die hervorgeht aus der Montage von Filmsequenzen und Ton.

Laut den Ausführungen der Anthropologin und Museumswissenschaftlerin Sharon Macdonald (2013) geschieht Geschichtsauseinandersetzung vor allem über verkörperte und materialisierte Wissenspraktiken. Dies lässt sich auch auf Filme übertragen, da sie Emotionen wecken und eine affektive Wirkung erzeugen können und dadurch körperlich wahrnehmbare Spuren von der Begegnung mit Geschichte hinterlassen. Jedoch warnt Macdonald davor, anzunehmen, „that domains of experience ‚beyond discourse' are somehow more ‚real' or ‚authentic' than those expressed in words"[169]. Dieser Einwand verdeutlicht die Relevanz von Authentizitätsannahmen im Zusammenhang mit der materiellen Seite der Geschichtskultur. Es besteht die Erwartungshaltung, dass sich die (körperliche) Begegnung mit den – konkreten oder medial vermittelten – Dingen, Materialitäten und Orten der Vergangenheit echt anfühlen muss.[170] Die ge-

---

169 Vgl. Macdonald, Sharon (2013): Memorylands: Heritage and Identity in Europe Today, London / New York, S. 81.
170 Vgl. Willner / Koch / Samida (2016): S. 15.

genwärtig mehrheitliche Rezeptionshaltung beim Kontakt mit Geschichte zeichnet sich durch den Wunsch aus, ein unmittelbares, außeralltägliches Erleben verspüren zu können. Geschichte zu begegnen soll sich unter den Vorzeichen – echt, besonders, nah – vollziehen; nur dann gilt sie als authentisch und nicht der Alltäglichkeit und Gegenwart zugehörig. Zudem wird der Authentizitätsbegriff in geschichtskulturellen Diskursen zur Bewertung der Darstellungsform von Geschichte verwendet. Dabei wird Authentizität als ein Qualitätsmerkmal für eine stimmige Geschichtspräsentation verwendet und steht somit synonym für eine historisch angemessene Darstellungsweise. Die Amerikanistin Eva Ulrike Pirker und der Historiker Mark Rüdiger weisen 2010 in ihrer gemeinsamen Publikation darauf hin, dass das Empfinden von Authentizität aus einer Begegnung mit Originalen und wissenschaftlich (anmutenden) Bezeugungen einerseits und der sinnlichen Immersion in die Geschichte andererseits hervorgehen. Damit identifizieren sie „zwei dominante Modi innerhalb der Zuschreibungsfelder für das Authentische": das „des authentischen Zeugnisses" und das „des authentischen Erlebens".[171]

> „Zum Zeugnis gehören die Objektgruppen der Quellen, der Zeitzeugen, der Unikate und der ‚auratischen' Orte, kurz: die Suggestion eines Originals, eines Relikts aus der Vergangenheit, das durch seine historische Echtheit selbst zu wirken scheint. Zum Erlebensmodus gehören Repliken, Kopien, das Nachspielen und Reenactment, das Evozieren eines ‚authentischen Gefühls', Zeitstimmung oder -atmosphäre durch Annäherung an das Original oder Erzeugung einer plausiblen oder typischen Vergangenheit mit Mitteln der Gegenwart. [...] Während im Zeugnismodus das Objekt als Repräsentant von Vergangenem im Mittelpunkt steht, ist im Erlebensmodus das Subjekt und dessen Gefühls- und Lebenswelt zentral."[172]

Die Begegnung mit dem vermeintlich historisch Wahren – dem Authentischen – bewegt sich nach Pirker und Rüdiger zwischen einer Objekt- und Subjektzentrierung und wirft die Frage auf, ob Authentizität allein aus den verwendeten Quellen oder aus der Interpretation und der daraus folgenden Darstellung hervorgeht.

Die Verwendung des Authentizitätsbegriffs gehört in der Geschichtswissenschaft zum Prozess der Quellenkritik und befragt die Echtheit historischer Quellen. Mit dem „Vetorecht der Quellen" entwickelte Reinhart Koselleck Ende der 1970er Jahre eine geschichtstheoretische Denkfigur, die dafür sensibilisiert, mit einer quellenkritischen Deutung Behauptungen zu problematisieren,

> „die aufgrund eines Quellenbefundes schlichtweg als falsch oder als nicht zulässig durchschaut werden können. Falsche Daten, falsche Zahlenreihen, falsche Motiverklärungen, falsche Bewußtseinsanalysen: all das und vieles mehr läßt sich durch Quellenkritik aufdecken."[173]

---

171 Pirker, Eva Ulrike / Rüdiger, Mark (2010): Authentizitätsfiktionen in Populären Geschichtskulturen: Annäherungen. In: Pirker, Eva Ulrike / Rüdiger, Mark / Klein, Christa / Leiendecker, Thorsten / Oesterle, Carolyn / Sénécheau, Miriam / Uike-Bormann, Michiko (Hrsg.): Echte Geschichte. Authentizitätsfiktionen in populären Geschichtskulturen, Bielefeld, S. 11-30, hier S. 17.

172 Ebd. S. 17.

173 Koselleck (1977): S. 45 f.

Da sich die Vergangenheit dem unmittelbaren Zugriff entzieht, kann eine historische Wahrheit bzw. Objektivität nur unter Vorbehalt existieren und das auch nur, wenn sie frei von inneren Widersprüchen ist und die Quellen als Spuren der Vergangenheit diese Annahmen zulassen. Denn Geschichtserkenntnisse sind immer nur vorläufig, da sie jederzeit durch andere Quellen oder andere Auslegungen der Quellen modifiziert werden können. Koselleck sieht die Aufgabe von Historiker*innen darin, zu kombinieren und entlang von Prämissen abzuwägen, da in den Einzelquellen nicht alles enthalten ist: „Die historische Wahrheit ist also eine Neuzusammenfügung von ‚Fakten‘ und insoweit ein Stück Fiktionalität."[174]

Des Fiktionalitätsbegriffs bedienen sich auch Pirker und Rüdiger, wenn sie Authentizität als eine geschichtskulturelle Konstruktion aufdecken wollen. Unter Verweis auf Siegfried J. Schmidt führen Pirker und Rüdiger das Konzept der Authentizitätsfiktion im Hinblick auf Geschichtsdarstellungen weiter. Mit diesem Begriff lässt sich der „Konstruktionscharakter und die mediale Bedingtheit auch von vergangenen Wirklichkeiten" erfassen:

> „Er verweist auf die unbedingte Vermitteltheit des Vergangenen sowie auf die Existenz von Vermittlern und Motivationen. Authentizitätsfiktionen werden inhaltlich und formal im Produkt selbst erzeugt und sind in Produktions- und Rezeptionsprozesse sowie in gesellschaftliche Kontexte eingebettet."[175]

Damit weisen Pirker und Rüdiger darauf hin, „dass Authentizität stets Ergebnis gesellschaftlicher Kommunikations- und Aushandlungsprozesse ist."[176] Was als authentisch wahrgenommen wird, resultiert aus den Zuschreibungen und Erwartungshaltungen im Umgang mit Geschichtsdarstellungen, die aus einem soziokulturellen Kontext hervorgehen und sich daher mit der Zeit wandeln.

Wenn Guido Knopp während seiner Amtszeit als Leiter der Redaktion Zeitgeschichte des ZDF 2005 schrieb „Wir legen viel Wert auf Authentizität"[177], dann spricht er ein klares Versprechen aus, den Erwartungen an historische ‚Wahrheit' – was immer sie ist – gerecht werden zu wollen. Authentizitätsstrategien – und die damit verbundenen Annahmen und Ansprüche – hängen stark von der medialen Form ab. Ein Film stellt anders einen Bezug zur Vergangenheit her als es eine Museumsausstellung, ein Buch, ein Vortrag oder der Besuch eines historischen Ortes ermöglichen, und gleichzeitig werden an den Film andere Erwartungen herangetragen als an die übrigen Geschichtsinstanzen. Bei den diversen audiovisuellen Formaten von Film und Fernsehen wird mit verschiedenen „Authentizitätseffekten" gearbeitet, wie Pirker und Rüdiger beispielhaft es ausführen:

> „Dabei erzeugen und versprechen die verschiedenen Formen und Elemente unterschiedliche Authentizitätseffekte: Die traditionelle historische Dokumentation verwendet vor allem vermeintliche ‚Originalaufnahmen' und Fragmente aus Zeugenaussagen, um eine Objektauthentizität zu erzeugen. Dagegen setzen Dokudramen auf

---

174 Koselleck (1995): S. 62.
175 Pirker / Rüdiger (2010): S. 22.
176 Ebd. S. 21.
177 Knopp, Guido (2005): „Wir legen viel Wert auf Authentizität". In: Das Parlament, 17. Okt. 2005.

detailgetreue Kulissen und glaubwürdige oder plausible Geschichten, um die Zuschauer Geschichte erleben zu lassen, also auf Subjektauthentizität"[178].

Vielfach lässt sich aber eine „zunehmende Vermischung von Elementen der Objekt- und Subjektauthentifizierung"[179] beobachten, wie es bei *Nacht und Nebel* der Fall ist. In den Farbaufnahmen verweisen die Raum-, Objekt- und Landschaftsaufnahmen auf den einstigen Gebrauch des Lagers und werden als Relikte der Vergangenheit gezeigt. Dieser Zeugnismodus findet sich in anderer Form auch bei den Schwarz-Weiß-Aufnahmen. Diese dienen der Zeugenschaft von Opfern, Tätern/Täterinnen und Anwesenden, ihren Handlungen, Schicksalen und den vergangenen Ereignissen. Die verschiedenen Archivaufnahmen bilden ein dichtes Geflecht und schaffen zusammen mit den Farbaufnahmen in der kontrastiven Montage eine Stimmung, die berührt und eine Subjektauthentifizierung generiert. Die hier erzeugte Authentizität basiert auf den Mitteln des Mediums, die mit Rainer Wirtz (2008) gesprochen, „eben eine mediale Authentizität ist – nichts mehr, nichts weniger."[180] Auch wenn Geschichtsdarstellungen mit einem Authentizitätsversprechen gleichgesetzt werden, so sind es eigentlich nur die Verweistechniken der einzelnen medialen Formate, mit denen die gezeigte Geschichte als authentisch beglaubigt wird. Nach Pirker und Rüdiger bemisst sich der Grad an Authentizität danach, „wie – und vor allem wie erfolgreich – historische ‚Echtheit' suggeriert werden kann."[181] Dabei wird das Interesse an Geschichtsdarstellungen laut dem Historiker und Geschichtsdidaktiker Hans-Jürgen Pandel (2006) vom Verlangen nach Authentizität angetrieben. Das Wunsch ist groß zu erfahren, „ob es tatsächlich der Fall gewesen ist oder nicht".[182] Im Authentizitätsbegriff spiegelt sich die geschichtskulturelle Sehnsucht nach historischer Wahrheit wider. Laut Pirker und Rüdiger haben gerade Authentizitätsfiktionen eine legitimierende, sinn- und gemeinschaftsstiftende Funktion für einzelne Gruppen und die Gesellschaft und gewinnen nach Frank Bösch (2016) unter Verweis auf Martin Sabrow zunehmend an Bedeutung:

> „Einerseits suchen Menschen bei historischen Ereignissen Situationen, die sie als originär bewerten, andererseits Erfahrungen und Emotionen, die authentisch erscheinen. Anzunehmen ist, dass diese Sehnsucht nach dem Authentischen im Medienzeitalter zunimmt: Die ubiquitäre Möglichkeit, alles medial zu inszenieren, verstärkt das Bedürfnis nach dem Unverstellten, direkt Erfahrbaren."[183]

Authentizität bzw. Authentizitätsfiktion basiert auf dem Prozess der Bedeutungszuschreibung, die unter Verwendung von Kontextwissen stattfindet. Dieser Prozess gründet nach Pirker und Rüdiger auf der „Verknüpfung mit ‚Vor-Wissen' und ‚Vor-

---

178 Pirker / Rüdiger (2010): S. 20.
179 Ebd. S. 20.
180 Wirtz, Rainer (2008): Alles authentisch: so war's. Geschichte im Fernsehen oder TV-History. In: Fischer, Thomas / Wirtz, Rainer (Hrsg.): Alles authentisch? Popularisierung der Geschichte im Fernsehen, Konstanz, S. 9-32, hier S. 20.
181 Pirker / Rüdiger (2010): S. 13.
182 Pandel, Hans-Jürgen (2006): Authentizität. In: Mayer, Ulrich / Pandel, Hans-Jürgen / Schneider, Gerhard (Hrsg.): Wörterbuch Geschichtsdidaktik, Schwalbach, S. 25-26, hier S. 25.
183 Bösch (2016): S. 92.

Bildern'"[184], die in der Geschichtskultur zirkulieren und bekannt sind. Dazu gehören Bildikonen und nationale Erzählungen, visuelle Sedimente und narrative Elemente: „Werden bekannte Bilder und Narrative reproduziert, so erfüllen sie eine Erwartungshaltung der Zuschauer nach Anknüpfungspunkten, und das Gesehene wird folglich als ‚authentisch' rezipiert".[185] Da sich die Zirkulationsweisen und Bedeutungen von Bildern und Narrativen mit der Zeit wandeln, unterliegen auch Geschichtsdarstellungen egal in welcher Form – ob als Film, als Buch, als Comic, als Ausstellung etc. – diesen Entwicklungen. Beispielsweise gelangten mit dem Film *Nacht und Nebel* einige Archivaufnahmen zum ersten Mal an die Öffentlichkeit. Diese Bilder haben seitdem Eingang ins kollektive Gedächtnis gefunden und sind zu einem wesentlichen Bezugspunkt der Erinnerung an den Holocaust geworden. Wie dieser Film heute mehrheitlich betrachtet wird, unterscheidet sich damit wesentlich von der Rezeption der zeitgenössischen Zuschauenden von *Nacht und Nebel* Mitte/Ende der 1950er Jahre. Die heutigen Erwartungshaltungen an die Darstellung der Ereignisse aus der Zeit des Nationalsozialismus sind geprägt von dem Bild- und Textmaterial, das seitdem im Umlauf ist und fortwährend aktualisiert, zitiert und modifiziert wird. Besonders die Motive und die spezifische Materialität des Archivmaterials bei *Nacht und Nebel* decken sich mit den Annahmen und Zuschreibungen, die über diese Zeit in bestimmten Erinnerungskulturen gegenwärtig verankert sind.

Die Erwartungshaltung an die Geschichtsträchtigkeit und Geschichtsmächtigkeit von Orten, Dingen und Materialisierungen bündelt Cornelius Holtorf 2010 in seinem Konzept von „pastness": „Pastness is the contemporary quality or condition of being past. This quality or condition comes with the perception of something being past and is [sic!] thus little to do with actual age".[186] Ob etwas den Anschein von Vergangenheit hat, wird im Wesentlichen von der Erwartungshaltung an eine bestimmte Qualität der Erscheinung gespeist. Pastness geht als historisches Empfinden aus einem stimmigen Rückgriff auf anerkannte Darstellungs- und Suggestionskonventionen von Geschichte hervor und erzeugt damit den Eindruck von Authentizität.

Die Bedeutung, die ein Ding oder eine Materialität für die Geschichtskultur einnehmen kann, hängt laut Willner u.a. (2016) damit zusammen, ob es eine „Emanation von Vergangenheit" – also eine Art „Heraufbeschwören von Vergangenheit bzw. Vergangenem" – leisten kann: „Es kommt nicht so sehr auf das Alter oder die Echtheit eines Objekts an sich an, sondern vielmehr auf Wahrnehmung und Erfahrung";[187] gleiches gilt für die Materialisierung mittels Film. Ob ein Film als eine Hinwendung zur Vergangenheit rezipiert wird, folgt aus der Art und Weise, wie in ihm eine „Emanation von Vergangenheit" in Szene gesetzt wurde. Dabei wird eine „Emanation von Vergangenheit"[188] im Film wesentlich durch die Steuerung der Wahrnehmung und der Gefühle erzeugt. Die filmische Bezugnahme auf Vergangenheit wird nicht über die Nennung von Zahlen und historischen Fakten geschaffen, sondern beruht auf der Darstellungs-

---

184 Pirker / Rüdiger (2010): S. 21.
185 Ebd. S. 21.
186 Holtrof, Cornelius (2010): On the Possibility of Time Travel. In: Lund Archaelogical Review 15/16, S. 31-41, hier S. 35; vgl. auch Holtorf, Cornelius (2010): On Pastness: A Reconsideration of Materiality in Archaeological Object Authenticity. In: Anthropological Quarterly 86/2, S. 427-444.
187 Willner / Koch / Samida (2016): S. 16.
188 Ebd.

architektur filmischer Mittel, wie sie aus der Mise-en-Scène, der Kameraeinstellung und -bewegung, dem Schnitt und der Montage sowie dem Ton hervorgeht. Wie die meisten geschichtskulturellen Praktiken zeichnet es auch den vergangenheitsbezogenen Film aus, dass Geschichte über ein Gefühlsregime generiert wird, um dabei den Erwartungen der Zuschauenden an Vergangenheit nahe zu kommen. Juliane Brauer macht 2016 darauf aufmerksam, dass vielfach das Versprechen mitschwingt, Geschichte erfahrbar zu machen: „Geschichte wird als Erlebnis angepriesen und gilt damit grundsätzlich als nacherlebbar."[189] Diese trügerische Annahme ist laut Brauer darauf zurückzuführen, dass „dem Nicht-Sprachlichen (also den Gefühlen und den sinnlichen Wahrnehmungen) eine höhere Authentizität zugeschrieben [wird] als den rein sprachlichen, narrativen Praktiken, mit denen Geschichtsaneignung traditionell in Verbindung gebracht wird."[190] Juliane Brauer problematisiert dieses „Paradigma der Nacherlebbarkeit"[191]:

> „Die Angst im Verhörzimmer der Stasi ist nicht nachfühlbar, genauso wenig wie der Stolz, in einem Trabant zu sitzen oder die Langeweile beziehungsweise Ehrfurcht von Drittklässlern im Heimatkundeunterricht 1985. Sicherlich ist eine Annäherung im Sinne des analogen Fühlens denkbar, aber nicht die ‚Zeitreise' in das Herz und in den Kopf der historischen Akteure/innen."[192]

Den Menschen der Gegenwart fehlt die Teilhabe an dem gleichen „Erfahrungsraum und Erwartungshorizont"[193] vergangener Gemeinschaften, um es mit Reinhart Koselleck (1979) zu formulieren. Dieser Einwand wiegt umso schwerer, wenn es um die Konfrontation mit der nationalsozialistischen Vergangenheit geht. Es trennt unsere Gegenwart sehr viel von der Vergangenheit der Opfer-, Täter- und Täterinnengruppen, Bystander und Bevölkerung.[194] Ein Besuch des ehemaligen Konzentrationslagers Auschwitz kann niemals im Entferntesten an das heran kommen, was eine Person erleben musste, die an diesen Ort deportiert wurde: Denn die meisten von ihnen sind systematisch ermordet worden.

Wenn aber das Nachfühlen und Nacherleben an ihre Grenzen kommen und im Zusammenhang mit den nationalsozialistischen Verbrechen geradezu anmaßend sind, wie lässt sich dann die emotionale Begegnung mit Geschichte fassen? Und auf den Film übertragen: Wenn das „Paradigma der Nacherlebbarkeit"[195] eine auszuschließende filmische Bezugnahme auf Vergangenheit ist, wie lässt sich die emotionale Architektur eines Films dann verstehen? Was kann ein Film leisten?

---

189 Brauer, Juliane (2016): ‚Heiße Geschichte'? Emotionen und historisches Lernen in Museen und Gedenkstätten. In: Willner, Sarah / Koch, Georg / Samida, Stefanie (Hrsg.): Doing History. Performative Praktiken in der Geschichtskultur, Münster / New York, S. 29–44, hier S. 31.
190 Ebd. S. 31.
191 Ebd. S. 31.
192 Ebd. S. 32.
193 Koselleck (1995 [1979]): S. 349ff.
194 Vgl. zum „Erfahrungsraum und Erwartungshorizont" kurz nach Ende des Zweiten Weltkriegs auch die Ausführungen auf S. 60–67; S. 84–92.
195 Brauer (2016): S. 31.

Gefühlswissen des Historischen

> „[...] vergesst nicht, dass die Geschichte den Wahnsinn beherbergte."[196]

Die Sehnsucht nach authentischen Begegnungen gründet auf der Vorstellung, sich Geschichte über historische Zeugnisse und mediale Vermittlungsformen nähern zu können. Hinzu kommt, dass die Geschichtskultur wie viele andere Lebensbereiche, mit Roland Hitzler (2011) gesprochen, von einer „bestimmten Art kultureller Erlebnisangebote durchzogen"[197] ist. Das Konzept der „Erlebnisgesellschaft" von Gerhard Schulz (1992) lässt sich auch auf den Umgang mit Vergangenheit und Geschichte übertragen: Im Zuge einer „Erlebnisrationalität" und „Erlebnisorientierung" werden Begegnungen mit Geschichte inszeniert, um Erwartungen zu befriedigen, Angebote zur Auseinandersetzung zu ermöglichen und Gemeinschaft zu stiften.[198]

Geschichte als Erlebnis aufzufassen, impliziert nach Bösch (2016) aber auch eine Erwartungshaltung an die „Erfahrung eines außeralltäglichen Geschehens, die die Erinnerung prägt".[199] Dazu gehört eine gewisse Singularität der Begebenheit, weshalb die Zeit in ein Vorher und Nachher unterteilt wird, wie es auch Koselleck 1979 angedacht hat.[200] Außerordentliche Erlebnisse wirken sich vielfach auf das Zeitverständnis einzelner Personen oder ganzer Gemeinschaften aus, sodass historische Begebenheiten vielfach zu einem Ausgangspunkt für zeitliche Orientierung im Umgang mit vorherigen und nachfolgenden Entwicklungen werden, wie es im Beispiel von Kriegen und großen Katastrophen der Fall ist. Eine außerordentliche Zäsur kann aber auch prospektiv in Aussicht gestellt werden, so wie es bei #uploading_holocaust als Teil der geschichtskulturellen Praxis sichtbar wird. In #uploading_holocaust wird die Erwartungshaltung an ein einschneidendes Erleben noch vor Antritt der Reise durch die Jugendlichen selbst und von ihrem Umfeld formuliert. Diese Reise soll ein relevantes Ereignis für die Jugendlichen werden – mit dem Ziel, die Begegnung mit Geschichte als ein bedeutsames, emotionales Erlebnis zu erfahren: Aus der sozialen Interaktion geht hervor, dass diese Reise nur als solche wahrzunehmen, zu deuten und zu praktizieren ist. Die Kommentare der zuhause gebliebenen Familienmitglieder, der Lehrer*innen und der mitreisenden Jugendlichen und anderer Personen sind bestimmt von der Thematisierung des Außeralltäglichen und Einschneidenden. Es dominiert die Annahme, einer Zensur der Biographie in ein Vorher und Nachher durch diese Reise.[201]

---

196 Wiesel, Elie (2000): Gedenkrede zur Gedenkstunde im Deutschen Bundestag am 27. Januar 2000 https://www.bundesregierung.de/breg-de/service/bulletin/27-januar-tag-des-gedenkens-an-die-opfer-des-nationalsozialismus-gedenkstunde-des-deutschen-bundestages-ansprache-von-prof-dres-h-c-elie-wiesel--808050 (02.12.2019).

197 Hitzler, Roland (2011): Eventisierung: Drei Fallstudien zum marketingstrategischen Massenspaß, Wiesbaden, S. 19f.

198 Vgl. Schulz, Gerhard (2005 [1992]): Erlebnisgesellschaft. Kultursoziologie der Gegenwart, 2. um den Anhang gekürzte und mit einem neuen Vorwort versehene Aufl., Frankfurt a.M., S. 34-54.

199 Bösch (2016): S. 91.

200 Vgl. Koselleck (1995 [1979]): S. 144.

201 „Diese Reise wird nicht leicht, aber weine nicht. Du sollst sehen, verstehen und lernen. Deswegen fährst du dort hin." #uploading_holocaust, TC: 00:01:09.

Auch ein Film kann als eine einschneidende Geschichtsbegegnung soziokulturell kommuniziert und angebahnt werden. Als die US-amerikanische Serie *Holocaust* im Januar 1979 im bundesrepublikanischen Fernsehen ausgestrahlt wurde, war durch die monatelangen öffentlichen Debatten eine Erwartungshaltung geschürt worden, die zu einer hohen Aufmerksamkeit führte und mit dazu beitrug, dass eine nie dagewesene Reaktion zum Thema Holocaust in der westdeutschen Bevölkerung ausgelöst worden ist. Schon im Sommer 1978, als bekannt wurde, dass der WDR die Rechte an der Ausstrahlung gekauft hatte, begann die Debatte und setzte sich auch zwischen und nach den Ausstrahlungen der vier Folgen fort. Die bisherige Erwartungshaltung an eine filmische Darstellung von Geschichte, die mit einem Unterhaltungs-, Erlebnis- und Authentizitätsversprechen assoziiert wurde, stieß in dem Fall der Thematisierung des Holocaust an ihre Grenzen.[202] Durfte der Holocaust in der Manier der amerikanischen Unterhaltungsindustrie dargestellt werden, zu der gerade Spielfilme und das Genre der sogenannten Seifenoper zählen? Sind Begriffe wie Unterhaltung und Filmerlebnis im Zusammenhang mit diesem Zivilisationsbruch überhaupt legitim? Und welche Rolle spielen Emotionen in der filmischen Thematisierung von Geschichte?

Wie wichtig und vielschichtig die Bedeutung von Emotionen (hier in synonymer Verwendung zu Gefühlen) im Zusammenhang mit Geschichte ist, lässt sich exemplarisch an dem Ende der letzten Folge der US-amerikanischen *Holocaust*-Serie verdeutlichen. Am Ende dieses filmischen Projektes steht auch das Ende des Krieges und damit auch das Ende des Holocaust. Es sind die folgenden Schlusssequenzen, die im Sinne eines Fazits die dargestellten Ereignisse der gesamten vier Folgen bündeln und die Zuschauenden aus der filmischen Illusion wieder in ihre Leben führen. Dieser letzte Eindruck von der Filmhandlung bestimmt wesentlich die Rezeption der gesamten Serie in der (inter-)subjektiven Erinnerung und im kommunikativen Austausch darüber; darauf verweist 1999 auch Gertrud Koch:

„Jedes konkrete Ende produziert Rezeptionsmuster, die insofern wichtig sind, da sie nicht nur die Fiktion, sondern auch unsere Wahrnehmung von ihr beenden, um gleichzeitig den Weg für eine abschließende Betrachtung der dargestellten Ereignisse, Charaktere und deren Schicksale, Handlungen usw. zu eröffnen."[203]

Konkret zum Serienende von *Holocaust*: Die deutsche Wehrmacht hat kapituliert, der Krieg in Europa ist vorbei und die Konzentrationslager sind befreit – davon gehen wir als Zuschauende aus, wenn wir den Protagonisten Erik Dorf erblicken. Denn er sitzt in ziviler Kleidung beim Verhör einem amerikanischen Captain gegenüber und soll sich zum ersten Mal zu seinen Taten äußern (Abbildung 51). Mit seinen Verbrechen konfrontiert leugnet Erik Dorf, der als Obersturmbannführer und juristischer Berater von Reinhard Heydrich (Leiter des Reichssicherheitshauptamtes) eine hohe Stellung in der SS erlangt hatte, seine aktive Rolle in der Planung und Durchführung der Massenexekutionen in Osteuropa und der industriell organisierten Menschenvernichtung in Auschwitz. Eine juristische Aufarbeitung wird hier angebahnt und die national-

---

202 Vgl. Märthesheimer / Frenzel (1979).
203 Koch, Gertrud (1999): Handlungsfolgen: Moralische Schlüsse aus narrativen Schließungen. Populäre Visualisierungen des Holocaust. In: Dies. (Hrsg.): Bruchlinien. Tendenzen der Holocaustforschung, Köln / Weimar / Wien, S. 295-313, hier S. 302.

sozialistischen Verbrechen müssen zum ersten Mal außerhalb ihres ideologischen Geltungsraums moralisch erklärt werden. Schwarz-Weiß-Fotografien bezeugen die Ereignisse, zu denen Dorf sich äußern soll (Abbildung 52). Mit kühler distanzierter Stimme kommentiert er das Dargestellte: „[...] Hinrichtungen [...] Leichen [...] ich war ein Übermittler von Befehlen, ein Kurier [...] ich hatte damit nichts zu tun [...] ich hatte keine Befehlsgewalt – die Befehle kamen aus Berlin [...] wir mussten auch die Kinder sonderbehandeln [...]"[204]. Jegliches Schuldeingeständnis bleibt aus. Auf der Sprachebene und über Mimik und Gestik vermittelt Erik Dorf, dessen Entwicklung seit der ersten Folge parallel zu der Geschichte der jüdischen Familie Weiss gezeigt wurde, dass ihn der fotografisch dokumentierte Tod dieser einzelnen, konkreten Personen emotional nicht berührt. Keine emotionale Regung zeigt sein Gesicht – kühl, distanziert und ohne Anzeichen von Empathie mit den Opfern sitzt er da. Es mangelt Dorf an Mitleid und an angemessenen Begriffen, die Taten zu beschreiben. Weiterhin verwendet er die ideologisch ausgerichtete Wortwahl der Nationalsozialisten. Über die gesamten vier Folgen hinweg war es die Figur des Erik Dorf, die durch eine gezielte Sprachwahl den nationalsozialistischen Verbrechen eine neue Bedeutung gab und sie damit legitimierte. Verharmlosend, verhüllend, deformierend und oftmals ins Gegenteil verkehrt, diente diese Sprachwahl einzig dazu, jede Person, die der nationalsozialistischen Ideologie entsprach, zu erhöhen und jede andere zu verachten, um sie ausbeuten, verfolgen und ermorden zu können. Im Film wird Erik Dorf wesentlich an der Entwicklung einer euphemistischen Sprachweise für die Verfolgung und systematische Vernichtung der Juden und anderer Bevölkerungsgruppen beteiligt gezeigt.

Abbildung 51: *Holocaust*, Folge 4 TC: 01:34:43.

Abbildung 52: *Holocaust*, Folge 4 TC: 01:34:53.

Abbildung 53: *Holocaust*, Folge 4 TC: 01:36:31.

Abbildung 54: *Holocaust*, Folge 4 TC: 01:38:12.

---

204 *Holocaust – Die Geschichte der Familie Weiss*, Folge 4, TC: 01:34:33–01:35:42.

In dieser Sprachwahl spiegelt sich auch das Gefühlsregime dieser rassistischen und völkischen Ideologie wider: Es wird klar artikuliert, wen es zu hassen und wen es zu ehren gilt.

Auf den Dialog zwischen Erik Dorf und dem amerikanischen Captain folgt in den nächsten Einstellungen, wie der einstige Täter allein mit den visuellen Spuren seiner Taten zurückbleibt (Abbildung 53). Mit einem ganzen Stapel an Fotografien wird hier Zeugnis darüber abgelegt, welche Verbrechen begangen wurden. Allein über die Menge der Bilder wird das unfassbare Ausmaß der Menschheitsverbrechen angedeutet. Es ist eine lange Sequenz, in der Dorf dabei gezeigt wird, wie er die Fotografien einzeln in die Hand nimmt und betrachtet. Aufnahme für Aufnahme sieht er sich die Fotografien an – und wir mit ihm. Kein Kommentar, keine emotionale Regung folgt, einzig die Konsequenz sein Leben selbst zu beenden. Auf diese Situation vorbereitet und sich seiner juristischen Auswegslosigkeit bewusst, wählt er den Suizid. Schnitt. Szenenwechsel: Seine Frau liest laut aus einem Brief, in dem die Wegbegleiter ihres Mannes seinen Tod glorifizieren, da er „als Held für Großdeutschland gestorben ist".[205] Während sie weiter liest, werden die Kinder gezeigt. Zu der vorgelesenen Aussage, „[...] wir werden treu zu den Idealen stehen, für die er gekämpft hat [...]"[206] *stehen* sie da – aufrecht, als würden sie einen Schwur auf diese Zeilen leisten (Abbildung 54). Diese Kinder gehören zu der Generation, die bei der Ausstrahlung 1979 Anfang 50 Jahre alt war. Eine Generation, die zur Zeit der Erstausstrahlung überall vertreten war: im familiären, nachbarschaftlichen und beruflichen Umfeld, in den verschiedenen Institutionen und in der Politik. Mit Blick auf das vorgelesene Bekenntnis zu den nationalsozialistischen Idealen, wird deutlich, dass diese Heldenbekundung inoffiziell ist, weil sie unter den Alliierten keine moralische Berechtigung mehr hat. Denn für die Weltbevölkerung sind sie „seelenlose Mörder" von Unschuldigen, wie es der anwesende Onkel Kurt ausspricht. Onkel Kurt war immer nah dran an den Taten der uniformierten Nationalsozialisten. Er arbeitete mit an der logistischen Erschließung Osteuropas – immer im Dienste und in direkter Nachbarschaft zu den Verbrechen – und stellte die Ideologie und das Vorgehen der Nationalsozialisten erst gegen Ende der Filmhandlung immer stärker in Frage. Gerade im Schweigen sieht Onkel Kurt seine Mitschuld und fordert daraufhin dazu auf: „[...] wir müssen erkennen, dass wir uns alle mitschuldig gemacht haben – ich werde nicht schweigen [...]".[207] Damit endete im Januar 1979 die *Holocaust*-Serie im bundesrepublikanischen Fernsehen und über 30% der westdeutschen Bevölkerung, die dies gesehen hatten, wurden mit der Frage nach Schuld konfrontiert. Mit diesem Ende wurde nicht nur die Anklage an Erik Dorf, seine Familie und seinen Onkel formuliert, sondern hier wurde die gesamte Bevölkerung moralisch angesprochen: Es galt, Schuld zu bekennen an der Teilnahme an der nationalsozialistischen Ideologie und damit an der Beteiligung an den Menschheitsverbrechen – dies schwingt als Subtext bei diesem Abschluss der Serie mit.

Ein Schuldbekenntnis erfolgt erst aus der moralischen Einsicht in das eigene Fehlverhalten unter Berücksichtigung der geltenden Normen und Werte. Doch Schuld hat nicht nur eine juristische und moralische Seite, sondern ist gerade auch emotional spürbar. Diese Schuldfrage mit ihrer emotionalen Tiefe besteht seit Anbeginn dieser

---

205 *Holocaust – Die Geschichte der Familie Weiss*, Folge 4, TC: 01:38:06
206 *Holocaust – Die Geschichte der Familie Weiss*, Folge 4, TC: 01:38:12
207 *Holocaust – Die Geschichte der Familie Weiss*, Folge 4, TC: 01:39:26

Verbrechen, sie kommt nicht erst mit dieser Serie auf. Sie steht zwar immer wieder zur Disposition, wird unterschiedlich unter immer wieder neuen Vorzeichen verhandelt, verteidigt und überwunden geglaubt, doch für Dan Diner (1999) macht sie das Wesen der kollektiven Selbstvergewisserung der Deutschen aus:

> „So macht die Schuldfrage als Konstante kollektiven Gedächtnisses trotz oder auch gerade wegen allem Widerstreben immer wieder und aufs neue von sich Reden – sei's nun direkt oder verschoben, offen oder verdeckt, annehmend oder abweisend. Als erratisches Muster kollektiver Selbstverständigung der Deutschen ist sie jedenfalls ubiquitär."[208]

Gerade das Empfinden von Schuld geht immer auch mit einem komplexen emotionalen Verhalten einher, das mehrheitlich anerkannt und eingefordert wird. Als Bestandteile des Schuldgefühls gehören „Betroffenheit, Empathie, Mitgefühl und Trauer […] zu der emotionalen Melange, die das gesellschaftliche Gedenken und Erinnern an die Opfer einfordert"[209], wie Juliane Brauer 2019 über die gegenwärtigen, gesellschaftlichen Emotionsregeln im Umgang mit dem Nationalsozialismus schreibt.

Gerade dann, wenn Verbrechen solche kaum vorstellbaren Ausmaße wie im Fall des Holocaust annehmen, argumentiert Hannah Arendt, sind sie juristisch nicht mehr einholbar: „Diese Verbrechen lassen sich, scheint mir, juristisch nicht mehr fassen, und das macht gerade ihre Ungeheuerlichkeit aus",[210] schrieb Hannah Arendt im August 1946 in einem Brief an Karl Jaspers. Sie verdeutlicht damit, dass da, wo eine rationale und moralische Aufarbeitung an ihre Grenzen kommt und nur bedingt greift, Gefühle den Raum einnehmen. Dass sich die einzelnen Personen auf eine „rational nicht mehr fassliche, ja rational sogar zu widerlegende Weise mitverantwortlich fühlen für das, was Deutsche tun und getan haben",[211] zeichnet das Schuldgefühl aus – führt Karl Jaspers 1946 dazu aus. Karl Jaspers und Hannah Arendt schrieben dies 1946 aus der Position ihrer je unterschiedlichen Zeitgenossenschaft und räumlichen Nähe zu den Ereignissen – Arendt emigrierte 1933 in die USA und Jaspers blieb mit seiner jüdischen Frau in Deutschland. Dan Diner denkt die Ausführungen von Arendt und Jaspers weiter und aktualisiert sie für seine Gegenwart Ende der 1990er Jahre:

> „Weil derartige Verbrechen angemessen gar nicht geahndet werden können, legt sich die nicht abgegoltene, nicht abgeltbare Schuld der in unterschiedlicher Weise in die Tat verstrickten [sic!] auf *alle*, die ihrem Gedächtnis nach dem Kollektiv zugehören, aus dem heraus die Täter handelten. […] So erzeugt jenes Kollektivverbrechen wie aus sich heraus ein vagabundierendes und generationell übergreifendes Schuldgefühl. Und

---

208 Diner, Dan (1999): Über Schulddiskurse und andere Narrative. Epistemologisches zum Holocaust. In: Koch, Gertrud (Hrsg.): Bruchlinien. Tendenzen der Holocaustforschung, Köln / Weimar / Wien, S. 61-84, hier S. 63.

209 Brauer, Juliane (2019): Gefühlte Geschichte? Emotionen, Geschichte und historisches Lernen. In: Vierteljahrsschrift für wissenschaftliche Pädagogik, 95 (2019), S. 272-283, hier S. 280.

210 Arendt, Hanna / Jaspers, Karl (1985 [1926-1969]: Briefwechsel 1926-1969, München / Zürich, S. 90. Vgl. auch Arendt, Hanna (1945/46): Organisierte Schuld. In: Die Wandlung I (1945/46), Heft 4, S. 333-344.

211 Jaspers, Karl (1996 [1946]): Die Schuldfrage. Von der politischen Haftung Deutschlands, München, S. 54. Vgl. auch Jaspers, Karl (1979): Die Schuldfrage. Für Völkermord gibt es keine Verjährung, München.

eben jenes *Schuldgefühl* mutiert zu einem zentralen Bestandteil des kollektiven Bewußtseins der Deutschen."[212]

Das Schuldgefühl verliert nicht mit der Zeit seinen Platz in den Erinnerungskulturen der Deutschen. Vielmehr: Es wandelt sich samt den dazugehörigen visuellen, narrativen und sozialen Erinnerungspraktiken und bleibt zugleich Teil der Gemeinschaften. Dabei spricht Dan Diner gerade dem Schuldgefühl in seiner vagen und latenten Form eine „generationsübergreifende Bedeutung" zu:

„[...] jedenfalls verweisen mancherlei Reaktionen auf tief angelagerte Gefühlslagen, die in unterschiedlich anhaltender Intensität die Deutschen immer wieder aufs neue [sic!] bewegen. Allem Anschein nach handelt es sich hierbei zentral um die Frage von Schuld – genauer: um die Wirkung eines ständigen Schuldgefühls."[213]

Auch wenn die Zeit schon so weit verstrichen ist, dass die Stimmen der Zeitgenossenschaft der verschiedenen Täter-/Täterinnen- und Opfergruppen langsam verstummen, bleibt nach Dan Diner das irrationale Schuldgefühl bestehen. Die Schuldfrage und das dazugehörige Gefühl bleiben bis ins 21. Jahrhundert hinein virulent. Weil die Gemeinschaft ein „Gedächtniskollektiv der Deutschen" eint, argumentiert Diner, „legt sich wie Mehltau ein rational nicht aufklärbares und auf den Holocaust rückführbares Schuldempfinden" über soziale und ästhetische Praktiken, kulturelle Entwicklungen, politische Debatten und gemeinschaftliche Selbstvergewisserungen: „Das Phänomen scheint offen dazuliegen: Schuldempfinden *ohne* individuelle Beteiligung am Verbrechen – mehr noch: gar ohne Zeitzeugenschaft, verweist zurück auf das Spezifische jener Tat, der der Ortsname ‚Auschwitz' eingebrannt ist."[214]

Zu jeder Zeit stand die Frage nach der Schuld an diesen Verbrechen im Raum – mal latent und verschwiegen, mal als Motiv der Anklage oder als Basis für ein gemeinschaftliches Erinnerungshandeln. Es wurde implizit oder offensiv, rational und emotional Stellung bezogen zur Schuldfrage; in jeder Zeit gab und gibt es dafür andere Auslöser, andere Personen – als Anklagende und Angeklagte – und andere Konsequenzen. Für die Gegenwart muss das „Schuldempfinden *ohne* individuelle Beteiligung am Verbrechen"[215] im Sinne Diners unter den Vorzeichen von zunehmender Globalisierung und Migration neu gedacht werden. Das Konstrukt der deutschen Kollektivgemeinschaft, der nach Dan Diner die Bedeutung für das Fortleben des Schuldgefühls zukommt, löst sich zunehmend auf, wird heterogener und die Idee eines homogenen Schuldkollektivs ist für die Gegenwart im 21. Jahrhundert so nicht mehr haltbar. Bezogen auf die Erinnerungskultur konstatiert Aleida Assmann 2013: In Deutschland existieren viele *Wirs* mit ihren jeweiligen Gruppengedächtnissen nebeneinander. Es sei nicht anzunehmen, dass sie sich alle einen gemeinsamen Gedächtnisrahmen teilen, weil sie die Nachfahren verschiedener Täter-/Täterinnen- und Opfergruppen sind, bzw. als Menschen mit Migrationsbiographie zudem auf andere (Herkunfts-)Geschichten Bezug

---

212 Diner (1999): S. 65f. Hervorhebungen im Original. Vgl. auch Arendt / Jasper (1985 [1926-1969]): S. 90.
213 Diner (1999): S. 62.
214 Ebd. S. 65.
215 Ebd. S. 65.

nehmen.²¹⁶ Mit der Frage, an was zukünftig erinnert wird, steht auch das Gedenken an den Holocaust und die Art und Weise, wie er Teil der Kultur bleibt, zur Disposition. Zudem wird ein beständiges Ringen um die Zuordnung von Schuld und die Suche nach angemessenen Gefühlen auch mit Filmen und anderen geschichtskulturellen und erinnerungspraktischen Manifestationen geführt.

Dass Gefühle – wie das Schuldgefühl – keine anthropologischen Konstanten oder rein biologische Vorgänge sind, sondern soziokulturell erlernt und geformt werden und den historischen Wandlungen unterliegen,²¹⁷ stellt Ute Frevert mit ihrem Forschungsschwerpunkt zu Emotionen und Geschichte seit Ende der 1990er Jahre immer wieder heraus. Gefühle sind ausschlaggebend für vergangene, gegenwärtige und zukünftige Entwicklungen.

> „Gefühle machen Geschichte. Sie motivieren soziales Handeln, setzen Menschen individuell und kollektiv in Bewegung, formen Gemeinschaften und zerstören sie, ermöglichen Kommunikation oder brechen sie ab. Sie beeinflussen den Rhythmus und die Dynamik sozialen Handelns. Sie entscheiden mit über Krieg und Frieden"²¹⁸,

schreibt Ute Frevert 2009 über Gefühle als Teil der Vergangenheit und ihrer Deutung als Geschichte. Demnach sind Gefühle geschichtsmächtig, weil über sie Geschichte generiert wird und Gefühle sind ebenso geschichtsträchtig, weil auch sie historisch bedingt sind. Zudem können Gefühle zur Geschichtsauseinandersetzung motivieren oder davon abhalten. Außerdem werden die Prozesse der Geschichtsbegegnung auch wesentlich von Emotionen mitgesteuert. Dabei wandeln sich individuelle Empfindungen und kollektive Emotionspraktiken mit der Zeit, weil sie – aus der Perspektive der pädagogischen Anthropologie mit Christoph Wulf (2014) gesprochen – eben keine reinen biochemischen und körperlichen Vorgänge sind, sondern erfahren, erlernt, gesteuert und bei anderen evoziert werden. Damit werden Emotionen als soziokulturelle Konstrukte gefasst, die als diskursiv erzeugte Strukturen zu analysieren sind.

> „Einerseits sind also Emotionen von Mensch zu Mensch sehr verschieden, andererseits sind sie gesellschaftlich und kulturell geprägt, d.h. sie sind sprachlich, medial und normativ inkorporiert worden und werden kommuniziert. Emotionen werden in Interaktionen erzeugt und vermittelt; sie sind ein Ergebnis von Relationen. Emotionen haben einen historischen und kulturellen Charakter, sie unterliegen dem gesellschaftlichen und kulturellen Wandel"²¹⁹ – so Christoph Wulf.

---

216 Vgl. Assmann (2013): S. 28.
217 Frevert, Ute (2013): Vergängliche Gefühle, 2. Aufl., Göttingen; Frevert, Ute / Wulf, Christoph (2012) Die Bildung der Gefühle. In: Dies. (Hrsg.): Die Bildung der Gefühle, Zeitschrift für Erziehungswissenschaft, Vol. 15, Supplement 1, S. 1-10; Assmann, Aleida / Frevert, Ute (1999): Geschichtsvergessenheit – Geschichtsversessenheit. Vom Umgang mit deutscher Vergangenheit nach 1945, Stuttgart; Frevert, Ute (2017): Die Politik der Demütigung. Schauplatz von Macht und Ohnmacht, 2. Aufl., Frankfurt a.M.
218 Frevert, Ute (2009): Was haben Gefühle in der Geschichte zu suchen? In: Geschichte und Gesellschaft 35/2, S. 183-209, hier S. 202.
219 Wulf, Christoph (2014): Emotion. In: Ders. (Hrsg.): Handbuch Pädagogische Anthropologie, Wiesbaden, S. 113-123, hier S. 117f.

Gefühle in ihrer Wirkung auf historische Entwicklungen ernst zu nehmen und sie als Teil gemeinschaftlicher Aushandlungsprozesse zu sehen, betont auch ihre wichtige Bedeutung für Prozesse der Begegnung mit Geschichte. Da es – so der Kultursoziologe Andreas Reckwitz 2012 – keine vollkommene „Affektneutralität"[220] gibt, sind auch Erfahrungen im Umgang mit Geschichte emotional eingebunden. Gefühle sind nicht nur Teil der Vergangenheit und wandeln sich mit der Zeit, Gefühle sind auch wesentlich für die Auseinandersetzungsprozesse mit historischen Ereignissen und Relikten. Die Begegnung mit Geschichte hat immer eine emotionale Seite.

Lange Zeit wurden Emotionen als hinderlich für einen aufgeklärten Umgang mit Geschichte angesehen. Gerade die Strukturen und Ereignisse des Nationalsozialismus sind mit ein Grund dafür, warum bis in die 1990er Jahre hinein der Anspruch bestand, Emotionen aus der Geschichtsdidaktik zu verbannen. Zu Zeit des Nationalsozialismus wurden Gefühle in manipulativ-indoktrinierender Weise für die politische Idee vereinnahmt. Deshalb herrschte gerade in der Bundesrepublik die Skepsis gegenüber der unkontrollierten Wirkung von Emotionen und kognitive Lernkonzepte setzten sich durch. Es galt die Emotionen zu kontrollieren und ihrer mit einem reflektierten Vorgehen Herr zu werden. Kognition und Emotion standen unversöhnlich nebeneinander und wurden sogar als gegensätzliche Pole angesehen.[221] Bernd Mütter und Uwe Uffelmann (1996) zufolge herrschte eine „jahrelange Vernachlässigung, wenn nicht gar Tabuisierung"[222] der emotionalen Anteile historischen Lernens. Erst zu Beginn der 1990er Jahre endeten die Vorbehalte, und die Reflexion der emotionalen Seite der Geschichtskultur setzte ein. Für die Mitte der 1990er Jahre diagnostizieren Mütter und Uffelmann, dass die Forschung sogar soweit sei, „Emotionalität als eine spezifisch geschichtsdidaktische Kategorie"[223] zu verstehen und sie vom Rand in die Mitte ihrer Diskurse zu holen. Gerade im Hinblick auf die Geschichtskultur plädiert Bösch 2016 dafür, die Emotionalität ernst zu nehmen; besonders weil „Menschen, die schreien, vor Freude lachen oder verstört berichten – sie alle unterstreichen für Anwesende und Medienzuschauer die Außeralltäglichkeit und Authentizität der Vorgänge."[224]

Doch auch wenn die emotionale Ansprache das Gefühl von Involviertheit in die historische Darstellung erzeugt, hat die Geschichtsvermittlung mit Juliane Brauer (2016) gesprochen ihre Grenzen: Es gilt das „Paradigma der Nacherlebbarkeit"[225] für die emotionale Begegnung mit Geschichte zu problematisieren. Es lassen sich drei Gründe für die Kritik an dem Konzept des Nachfühlens historischer Ereignisse, Emotionen, Handlungen und Situationen ausmachen und diskutieren: 1. es bestehen unterschiedliche Erfahrungshorizonte zwischen den verstehenden und den verstan-

---

220 Reckwitz (2012): S. 35.
221 Vgl. Frevert, Ute / Schmidt, Anne (2011): Geschichte, Emotionen und die Macht der Bilder. In: Gesellschaft und Geschichte, 2011/37, S. 5-25.
222 Mütter, Bernd / Uffelmann, Uwe (1996): Einleitung: Emotionen – Eine neue Debatte der Geschichtsdidaktik? In: Dies. (Hrsg.): Emotionen und historisches Lernen: Forschung – Vermittlung – Rezeption, 3. unveränd. Aufl., Hannover, S. 11-16, hier S. 13.
223 Mütter, Bernd / Uffelmann, Uwe (1996): Die Emotionsproblematik in der Geschichtsdidaktik. Tagungsfazit und Forschungsperspektiven. In: Dies. (Hrsg.): Emotionen und historisches Lernen: Forschung – Vermittlung – Rezeption, 3. unveränd. Aufl., Hannover, S. 367-385, hier S. 367.
224 Bösch (2016): S. 92.
225 Brauer (2016): S. 31.

denen Person; 2. gerade Grenzerfahrungen sind nicht nacherlebbar; 3. historische Erfahrungen zeichnen sich dadurch aus, dass sie auf Erfahrungen von Alterität basieren und damit gegenläufig zu der Vorstellung von Anähnlichung und übereinstimmender Korrespondenz sind.

Die problematische Annahme von Immersion bei der Begegnung mit Geschichte spitzt sich gerade im Hinblick auf den Holocaust und die Verbrechen der nationalsozialistischen Zeit zu. Auschwitz als Symbol für das Jahrhundertverbrechen bringt die imaginative Einfühlung an ihre Grenzen. Wie sich Verfolgung, Erniedrigung, Todesangst anfühlen, kann imaginativ nicht nachempfunden werden, zu singulär und zu grenzüberschreitend sind diese Zustände. An den Grenzen des Mensch-Seins angesiedelt, wo auch die technisch-wissenschaftliche Rationalität kaum Zugang hat, entzieht es sich zudem der emotionalen Verfügbarkeit. Doch unabhängig von der anmaßenden Behauptung, den Emotionen der Opfer der nationalsozialistischen Taten nahe kommen zu können, lässt sich für alle historischen Personen, Handlungen und Ereignisse die Nacherlebbarkeit in Frage stellen. Denn Emotionen können schon deshalb nicht einfach nachempfunden werden, weil sie aufgrund ihrer Konstitution als kulturell geprägte, erlernte und im jeweiligen Körper verankerte Bestandteile des Selbst so stark mit der Person und dem jeweiligen Umfeld verwoben sind, dass ein Nacherleben aus einer emotionshistorischen Sichtweise nicht möglich ist. Zu schwer wiegt nach Brauer die Bedeutung des

> „geistigen eigenen Gepäck, unter dem Motto: Ich erkenne nur das, was ich weiß, ich sehe nur das, was ich kenne. Dieses Gepäck besteht aus individuellen Vorstellungsbildern. Es geht auf subjektives Erleben zurück, auf mediale Repräsentationen, kulturelle, familiäre Prägungen und Narrative sowie erlernte historische Deutungen. Geschichte wird daher nicht nacherlebt oder nachgefühlt."[226]

Gerade diese historische Ferne macht die Begegnung mit Geschichte aus. Historisches wird als solches fassbar und verhandelbar, wenn es das Fremde, Andere, unserem Alltag Entfernte bleiben darf. Aus dieser Begegnung zwischen einem *Wir* und dem historisch *Anderen* geht – mit Juliane Brauer (2016) gesprochen – der Prozess des historischen Lernens hervor: „Historisches Lernen ist die Erfahrung des zeitlichen, kulturellen und geografischen Anderen, des Fremden, es ist eine Alteritätserfahrung."[227] Dabei kann Alteritätserfahrung auf zwei Ebenen auftreten: 1. als das historisch Andere (diachrone Andersartigkeit) und 2. als das perspektivisch Andere (synchrone Andersartigkeit), bei dem der gleiche historische Sachverhalt von verschiedenen Standpunkten betrachtet wird.

Fremdverstehen, als ein Ziel historischen Lernens,[228] vollzieht sich nicht nur als ein kognitiver, sondern auch als ein emotionaler Prozess und geht im Idealfall aus der Konfrontation mit Alterität hervor. Im Prozess des kognitiven und emotionalen Ringens um das Verstehen von Geschichte hinterlassen Gefühle – wie das Synonym

---

226 Ebd. S. 35f.
227 Ebd. S. 32f.
228 Vgl. hierzu u.a. Rüsen, Jörn (2013): Historik. Theorie der Geschichtswissenschaft, Köln / Weimar / Wien, S. 29-51, S. 253-281.

Impressionen offenlegt – Eindrücke des Anderen im Selbst.[229] Der Kontext für die Emotionen besteht aus einer Gemengelage aus medialen Bildern und Darstellungsformaten, Erinnerungsberichten von Zeitzeugen und emotionalen Transferleistungen aus der eigenen Lebenswelt. Mit diesen Bezugshorizonten im Hintergrund findet eine Begegnung mit geschichtskulturellen Vermittlungssettings – wie beispielsweise dem Film – statt.[230] Es bleibt zu klären, wie das emotionale Potential von Filmen einzuschätzen ist: Welche Relevanz haben Emotionen für die filmische Darstellung von Vergangenheit? Welcher emotionale Resonanzraum kann für Zuschauende geschaffen werden? Und was zeichnet den Film gerade als Ort der Auseinandersetzung mit nationalsozialistischen Menschheitsverbrechen aus?

Den flüchtigen Moment eines intensiven Erlebens sehen Willner u.a. (2016) vielfach von den diversen „geschichtskulturellen Praktiken angestrebt, da sie ein scheinbar unverstelltes Erfahren des Damals im Jetzt versprechen und so in der Vorstellung der Akteure die Zeitebenen miteinander verschmelzen lassen."[231] Auch Filme zeichnen sich dadurch aus, dass sie in der Gegenwart der Rezeption intensive Erfahrungen und Gefühle auslösen können, sodass sich im Sinne von Erika Fischer-Lichte (2004) ein „intensiver Modus von Gegenwärtigkeit"[232] einstellen kann. In dieser Hinsicht können auch Filme als Kontaktzonen verstanden werden, mit denen die historische Distanz von Geschichte auf eine mediale Weise überbrückt werden kann. Filme weisen das Potential auf, Perspektiven auf Vergangenes ins Jetzt überführen zu können, wie es Assmann und Brauer 2011 in einem Vergleich mit Gedenkstätten und historischen Fotografien konzipieren:

„Die Bilder von historischen Filmen, die den historischen Ort mit der historischen Zeit verknüpfen, laden demgegenüber die Betrachter zur imaginativen Teilnahme ein; er und sie werden mit hineingenommen in die Bilder, die ihnen im markierten Rahmen einer genau abgegrenzten Zeit, die sie aus ihrer eigenen Erfahrungszeit ausschneiden, ein symbolisch vermitteltes Nacherleben ermöglichen. Die Illusion eines Films gestattet es den Betrachtern, mithilfe ihrer Fantasie die vergangene ‚Raum-Zeit' als stille und unsichtbare Beobachter zu betreten."[233]

Hiernach verstehen Assmann und Brauer die emotionale Nähe, die durch einen Film erzeugt werden kann, als „ein symbolisch vermitteltes Nacherleben". Sie heben so erneut die Unmöglichkeit des konkreten Nacherlebens von Geschichte im Allgemeinen und des Holocaust im Besonderen hervor. Dabei wird das symbolisch vermittelte Nacherleben nur möglich, weil der Film eine Illusion aus Raum und Zeit schaffen kann und in der Gegenwart rezipierbar ist. Über die filmische Illusion ermöglichen historische Filme eine Zeitreise ins Einst – und zwar über eine „klare Choreographie

---

229 Vgl. Ahmed, Sara (2004): Collective Feeling: Or, the Impression Left By Others. In: Theory, Culture & Society 21/2, S. 25-42, hier S. 28ff.
230 Vgl. Brauer (2016): S. 34f.
231 Willner / Koch / Samida (2016): S. 13.
232 Fischer-Lichte, Erika (2004): Ästhetik des Performativen, Frankfurt a.M., S. 166.
233 Assmann, Aleida / Brauer, Juliane (2011): Bilder, Gefühle, Erwartungen. Über die emotionale Dimension von Gedenkstätten und den Umgang von Jugendlichen mit dem Holocaust. In: Geschichte und Gesellschaft, 37 / 2011, Göttingen, S. 72-103, hier S. 90.

für das innere Miterleben"[234]. Dabei folgt nach Assmann und Brauer „der Habitus des imaginativen Mit- und Nacherlebens und des Springens über Raum- und Zeitgrenzen bei Filmen einer klaren Dramaturgie"[235]. Es ist nicht dem Zufall überlassen, wie mit der filmischen Illusion eine Begegnung mit Geschichte aufkommen kann. Die Erzeugung von Emotionen spielt in diesem Prozess eine wesentliche Rolle. Unter anderem gehört zur filmischen Emotionsarchitektur auch das Erleben von Glaubwürdigkeit über eine funktionierende Authentizitätsfiktion. Mit dem Emotionshistoriker Benno Gammerl (2012) gesprochen, sind es die in Filmen angewendeten „emotionalen Stile"[236] – verstanden als Bündel an Emotionen –, die zur Geschichtserfahrung führen. Dabei wirken sich die verschiedenen „emotionalen Stile" auf das Wahrnehmen, Denken und Handeln der einzelnen Personen und der Gemeinschaft aus. Zu den emotionalen Stilen gehören die verschiedenen Arten der Erzeugung, des Umgangs und des Ausdrucks von Emotionen, zu einer bestimmten Zeit, in einem bestimmten Zusammenhang und für eine bestimmte Gruppe. Auch der Zugang zu, die Darstellung von, und der Umgang mit Geschichte ist geprägt von „emotionalen Stilen", die sich zwischen individuellem Erleben und kollektiven Erwartungen bewegen und sich ebenfalls im Vorgehen der wissenschaftlich Forschenden wiederfinden lassen.[237]

Juliane Brauer und Martin Lücke heben 2013 hervor, dass Emotionen für die Auseinandersetzung mit Vergangenheit eine „zentrale Dimension von Erfahrung und Erkenntnis"[238] sind. Wenn Emotionen als eine Vermittlungsinstanz zwischen Körper, Geist und Gesellschaft verstanden werden, dann sind sie maßgeblich für die Formung des Bewusstseins, der Wahrnehmung und Erinnerung mitverantwortlich und wirken sich auch auf Erkenntnisprozesse historischer Sinnbildung aus.[239] Emotionen lenken die Begegnung mit Geschichte, ihre Reflexion und die wiederholenden Erinnerungsprozesse. Dies geschieht in allen Phasen der Beschäftigung mit Vergangenheit und Begegnung mit Geschichte auf eine deutende und selektive Weise – bestimmte Details werden übersehen, Prägnantes prägt sich ein, Randständiges wird vergessen und gewisse Vorannahmen und Erwartungen strukturieren massiv. In diesem Zusammenhang verweisen Brauer und Lücke in Anlehnung an Bourdieu auf den „praktischen Sinn", der als ein „unbewusstes Gespür" zu verstehen ist, mit dem sich an geltenden Regeln und Normen einer Gemeinschaft orientiert wird und es sich dadurch maßgeblich fügt, wie wahrgenommen, gedacht und agiert wird.[240] Nach dieser Ausrichtung werden Emotionen nicht in einer Opposition zu rationalen Denkweisen aufgefasst, sondern in einer Verbindung mit diesen. Das unterscheidet diese Ausrichtung von anderen geschichtswissenschaftlichen Ansätzen. Denn auch für die Prozesse der Be-

---

234 Ebd. S. 91.
235 Ebd. S. 91.
236 Gammerl, Benno (2012): Emotional Styles: Concepts and Challenges. In: Rethinking History, 16, S. 161-175, hier S. 161.
237 Vgl. ebd. S. 161-175.
238 Brauer, Juliane / Lücke, Martin (2013): Emotionen, Geschichte und historisches Lernen: Einführende Überlegungen. In: Dies (Hrsg.): Emotionen, Geschichte und historisches Lernen: Geschichtsdidaktische und geschichtskulturelle Perspektiven. Studien des Georg-Eckert-Instituts zur internationalen Bildungsmedienforschung 133, Göttingen, S. 11-26, hier S. 18.
239 Vgl. Ebd. S. 19.
240 Ebd. S. 21. Vgl. zu Bourdieus Ansatz auch die Ausführungen auf S. 59-65.

gegnung mit Geschichte wird teilweise weiterhin im Fachdiskurs an der tradierten Dichotomie zwischen Ratio und Emotion – zwischen Vernunft und Gefühl – beständig festgehalten. Hierzu arbeiten Ute Frevert und Anne Schmidt 2011 heraus, dass sich in der Geschichtswissenschaft der Vorbehalt, „Gefühle als Hindernisse und Blockaden rationaler Analysen zu betrachten", vielfach noch hartnäckig hält.[241]

Auch das geschichtskulturelle Setting eines Films rekurriert auf emotionale Stile und evoziert sie im Rezeptionsprozess. Gefühle liegen der Konzeption und Produktion von Filmen zugrunde, Gefühle werden zum filmisch dargestellten Gegenstand und tragen zur Wirkung von Filmen bei. Bei der Rezeption werden die Zuschauenden dazu aufgefordert entlang einer „emotionalen Choreographie"[242] bestimmte Gefühle zu erleben. Diese treffende Bezeichnung, die Matthias Heyl 2013 zur Beschreibung emotionaler Ansprache an Gedenkstätten wählte, lässt sich auch sinnstiftend auf den Film übertragen, wie sich mit der Ausführung von Gertrud Koch (1999) zu möglichen Gefühlsreaktionen bei der Filmrezeption nachvollziehen lässt:

> „Es kann sein, daß wir das Kino mit heimlichen Tränen, schallendem Lachen, ironischen Bemerkungen, paranoiden Zittern, finsterer Depression, obsessiver Identifikation mit einem Helden oder einer Situation, oder mit Gefühlen der Langeweile und Entfremdung verlassen. Eine ganze Palette von Stimmungen und Gefühlen können hervorgerufen werden, deren Färbung nicht nur vom Film bestimmt sein mag, sondern auch von persönlichen und zufälligen Umständen, jedoch ein Film beabsichtigt für gewöhnlich, ein spezifisches Gefühl zu erzeugen."[243]

Gertrud Koch beschreibt hier die Vielfalt an möglichen Gefühlszuständen, die die Zuschauenden bei der Rezeption ergreifen können und darüber hinaus nachwirken. Sie erfasst dabei die Potentialität von Empfindungen genauso wie die Gestaltungsabsichten – also das Eigensinnige der Zuschaueendeninstanz, aber auch das (implizit und explizit) Geplante der angewendeten filmischen Strategien. Gerade weil Emotionen so eindringlich sind und den Menschen sogar zu einer körperlichen Reaktion verleiten können, haben sie einen hohen Stellenwert in der Generierung von Bedeutung – auch im Hinblick auf die historisch ausgerichteten Filme. Emotionen schaffen eine sinnliche Nähe und können sich damit nachhaltig der fühlenden Person einprägen. Als emotionaler Konfrontationsort können Filme über „emotionale Stile"[244] – im Sinne Gammerls (2012) – einen Zugang zu Geschichte bieten. Dabei besitzen „emotionale Stile" von Filmen eine aktive und eine passive Seite: Die Zuschauenden sind aktiv im Prozess der Deutung und Interpretation von Emotionen und sie werden zu passiven

---

241 Vgl. Frevert / Schmidt (2011): S. 5-25.
242 Heyl, Matthias (2013): Mit Überwältigung überwältigen: Emotionen in KZ-Gedenkstätten. In: Brauer, Juliane / Lücke, Martin (Hrsg.): Emotionen, Geschichte und historisches Lernen. Geschichtsdidaktische und geschichtskulturelle Perspektiven. Studien des Georg-Eckert-Instituts zur internationalen Bildungsmedienforschung 133, Göttingen, S. 239-260, hier S. 245.
243 Koch (1999): S. 304.
244 Gammler, Benno (2012): Emotional styles – concepts and challenges. In: Rethinking History, Vol. 16, No. 2, June 2012, S. 161-175.

Beteiligten, wenn sie emotional ergriffen werden. Getroffen und affiziert von außergewöhnlichen Gefühlslagen prägen sich die dargestellten Ereignisse ein.[245]

Um den Stellenwert von Emotionen in ihrer Bedeutung für die Aneignung von Geschichte herauszustellen, wählt der Kulturwissenschaftler Bernhard Tschofen 2016 die Bezeichnung „Gefühlswissen des Historischen" und knüpft damit an den Diskursen um implizites Wissen an.

> „‚Gefühlswissen des Historischen' spielt darauf an, dass die Vorstellungen und Erfahrungen in der Begegnung mit Geschichte weitgehend implizit bleiben, also dem *tacit knowledge* zuzurechnen sind. Gleichzeitig ist solches Wissen in hohem Maße situativ, es schreibt sich nicht nur in Körper ein, sondern liegt in den Beziehungen, in die diese zu ihrer materiellen und medial vermittelten Umwelt eintreten."[246]

Mit der Formulierung „Gefühlswissen des Historischen" stellt Bernhard Tschofen heraus, wie wirkmächtig gerade inkorporierte und meist vorbewusst vorliegende Wissensdimensionen unsere Vorstellung von Geschichte bestimmen. Daten und Fakten machen nur einen Teil des (inter-)subjektiven Wissenshorizonts aus – zu den rationalen Anteilen gehören immer auch emotionale.[247] Gerade die emotional geprägten Modi des Wahrnehmens, Denkens, Handelns und Urteilens sind maßgeblich für ein differenziertes Verständnis von Geschichtswissen, das in Prozessen der individuellen und kollektiven Werdung angebahnt, angereichert und verändert wird und teils implizit vorliegt: Die Vorstellung von Geschichte konstituiert sich fortwährend auch über die emotionale Dimension, wandelt sich und liegt mit jeder weiteren Erfahrung als Repertoire an Geschichtsentwürfen vor, deren Besonderheit gerade die impliziten und vorbewussten Anteile sind. Dabei geschieht das eigene Ins-Verhältnis-Setzen zur Geschichte besonders über emotionale Zugänge, ist vielfach vage und unkonkret.

Wenn im Zuge von Emotionen – wie Neugier, Freude, Spannung, Sympathie, Empathie etc. – Interesse aufkommt, dann erfüllen sie eine zentrale pädagogische Funktion und sind relevant für die ersten Schritt zur Auseinandersetzung. Dabei kann gerade die von Emotionen ausgehende Irritation ein Ausgangspunkt für die Beschäftigung mit Geschichte schaffen;[248] besonders der Anreiz des unbekannten Anderen, der in der Alteritätserfahrung mit Geschichte liegt, ist eine zentrale, gefühlsbasierte Dimensionen im Kontakt mit Geschichte.[249] Der Historiker Rolf Schörken stellt 1995 heraus, wie wichtig es ist, für das Bedürfnis des Menschen „Neues und Unbekanntes zu sehen und zu erleben; dazu gehört auch die zeitliche Dimension der Ferne, die Geschichte."[250] Dieses Geschichtsinteresse basiert bei der Filmrezeption auf einer Er-

---

245 Vgl. hierzu die Ausführungen zu den aisthetischen und ästhetischen Dimensionen von Filmen S. 19-46.
246 Tschofen, Bernhard (2016): ‚Eingeatmete Geschichtsträchtigkeit'. Konzepte des Erlebens in der Geschichtskultur. In: Willner, Sarah / Koch, Georg / Samida, Stefanie (Hrsg.): Doing History. Performative Praktiken in der Geschichtskultur, Münster / New York, S. 137-148, hier S. 144.
247 Vgl. die Ausführungen zu implizitem Wissen als sinnlich-emotionale Responsivität: S. 114-124.
248 Vgl. hierzu die Ausführungen zu Aufmerksamkeit als zentrales pädagogisches Phänomen: S. 21-25.
249 Vgl. Brauer / Lücke (2013): S. 11. vgl. auch zur Alteritätserfahrung: Waldenfels, Bernhard (2012): Fremdheit und Alterität im Hinblick auf historisches interpretieren. In: Becker, Anja / Mohr, Jan (2012): Alterität als Leitkonzept für historisches Interpretieren, Bielefeld, S. 61-71.
250 Schörken, Rolf (1995): Begegnungen mit Geschichte, Stuttgart, S. 130.

wartungshaltung, die schon vor dem Betreten des Kinosaals, vor dem Starten einer DVD, eines Internetvideos oder vor dem Streaming eines Films besteht. Das „filmische Universum"[251], wie es Etienne Souriau 1951 bezeichnet, beginnt und endet nicht auf der Leinwand, auf dem Fernseher und den vielen Bildschirmen, sondern ist aufs engste verwoben mit der außerfilmischen Wirklichkeit und den diversen medial vermittelten Aspekten. Erwartungshaltungen, Vorannahmen und Vorwissen wirken sich auf das Interesse für das Dargestellte schon vor Beginn des Films aus und sind maßgeblich für die Rezeption. Gerade Filme über die Zeit des Nationalsozialismus werden vor dem Hintergrund eines Emotionshorizonts rezipiert, der auch auf einem „filmischen Universum" von visuellen Ikonen, Darstellungskonventionen, Erzählstrategien und Themen beruht. Die diversen Filme sind bis heute Bestandteil eines Diskurses um angemessene bzw. mögliche Emotionen im Kontakt mit den historischen Ereignissen, Handlungen und Biographien von Einzelpersonen und Gruppen.

Emotionen haben aber auch einen wichtigen Anteil im Entstehungsprozess historischer Imaginationen und sind somit maßgeblich für historisches Lernen. Mitte der 1990er Jahre wurde die Erkenntniskategorie der historischen Imagination eingeführt, um den Prozess der Aneignung von Geschichte zu fassen.[252] Die emotional gesteuerte Vorstellungsleistung der Imagination geschieht in der Hinwendung zum historisch Fremden und wird in der Geschichtsdidaktik als zentraler Erkenntnisakt beschrieben. Rolf Schörken (1994) zufolge dient historische Imagination der Annäherung an vergangene Zusammenhänge und basiert auch auf intuitiven, emotionalen und konstruktiven Anteilen. Diese Imagination speist sich aus dem Willen und Vermögen der einzelnen Person, historische Zusammenhänge in den eigenen Verständnishorizont aufnehmen zu wollen. Mit Schörken (1995) können historische Imaginationen als Prozesse verstanden werden, die „eine vorgestellte Welt mit Leben erfüllen, also mit Figuren bevölkern, mit Lokalitäten versehen, mit Ereignissen und Handlungen, mit Zusammenhängen, Bedeutungen, mit Problemen und deren Lösungen bestücken."[253] Diese Prozesse zeugen von den (inter-)subjektiven Anteilen in der Begegnung mit Geschichte, hier ist das Vermögen und der Wille des Einzelnen gefragt, sich mit Hilfe von Informationen und historischen Vergegenwärtigungen dem Vergangenen imaginativ zu nähern und es selbst mit Emotionen zu füllen. Dabei fasst Rolf Schörken 1998 historische Imagination als „geistiges Vermögen" auf, das in alle Akte der Deutung, Rezeption und Rekonstruktion von Vergangenheit involviert ist. Somit gehört Imagination zu den Grundpfeilern geschichtswissenschaftlichen Vorgehens.[254] Schörkens Überlegungen gründen auf dem Begriff der Spur von Paul Ricœur[255] und er bezieht das dazugehörige Konzept auf den Umgang mit Geschichtsquellen, um damit den besonderen Charakter dieser Quellen herauszustellen: Die Spur weckt ein bestimmtes Interesse

---

251 Souriau, Etienne (1997 [1951]): Die Struktur des filmischen Universum und das Vokabular der Filmologie. In: Montage AV 6/2, S. 140-157.

252 Exemplarisch zu nennen sind hier: Schörken, Rolf (1994): Historische Imagination und Geschichtsdidaktik, Paderborn; Borries, Bodo von (1996): Imaginierte Geschichte, Köln; Veit, Georg (1996): Von der Imagination zur Irritation. In: Geschichte lernen, 9. Jg., 1996/52, S. 9-12.

253 Schörken (1995): S. 12.

254 Schörken, Rolf (1998): Imagination und geschichtliches Verstehen. In: Neue Sammlung. Vierteljahres-Zeitschrift für Erziehung und Gesellschaft, 38 / 1998, S. 202-212, hier S. 204ff.

255 Vgl. Ricœur, Paul (1991 [1985]): Zeit und Erzählung. Bd. III: Die erzählte Zeit, München, hier S. 294ff.

und lädt dazu ein, Rückschlüsse auf mögliche Kontexte zu ziehen, einem „vorgestellten Lebenszusammenhang" nachzugehen und nach der Bedeutung zu fragen. Dieser Prozess des Aufmerkens und Nachvollziehens basiert grundlegend auf der „Vorstellungskraft", um einem möglichen Bedeutungszusammenhang auf die Spur kommen zu können.[256] Demzufolge gründet Geschichte und Geschichtswissenschaft auf einem konstruktivistischen Akt der Imagination: „Aus diesem Grund spielt die Imagination gerade dort eine – nur auf den ersten Blick unsichtbare – Rolle, wo die Geschichtswissenschaft ihre sachlichste Seite vorzeigt, bei der Identifikation und Interpretation einer Quelle."[257]

Diese Haltung lässt sich bereits Ende der 1970er Jahre bei Reinhart Koselleck finden, der historische Interpretation als Teil jeder Näherung an Vergangenes fasst – auch in der Wissenschaft: „Jedes historisch eruierte und dargebotene Ereignis lebt von der Fiktion des Faktischen, die Wirklichkeit selber ist vergangen. Damit wird ein geschichtliches Ereignis aber nicht beliebig oder willkürlich setzbar. Denn die Quellenkontrolle schließt aus, was nicht gesagt werden kann."[258] Eine Interpretation kann dehnbar sein, aber nicht beliebig. Auch in der geschichtskulturellen Näherung an Vergangenes gibt es Bezugshorizonte, die der Interpretation dienen und bestimmte Schlüsse zulassen bzw. ausschließen. In diesem Kontext arbeiten Assmann und Brauer 2011 heraus, dass das interpretative Vorstellungsvermögen nicht nur aus individuellen Erfahrungen gespeist wird, sondern maßgeblich auf „mediale Repräsentationen, kulturelle Prägungen und historische Deutungen [zurückgreift], mit denen die Lebenswirklichkeit des Verstehenden immer schon durchwirkt ist".[259] Aus dem (inter-)subjektiven Erfahrungshorizont heraus und unter Rückgriff auf das „Repertoire kulturellen Wissens"[260] vollzieht sich historische Imagination. Da sowohl die eigenen Erfahrungen beständig vergessen, erweitert und umgedeutet werden und das soziokulturelle Repertoire fortwährenden Wandlungen unterliegt, ist auch die historische Interpretation nicht statisch und verändert sich über die Zeit hinweg. Es werden auch immer wieder neue Quellen gefunden und es ergeben sich über die Zeit durch die veränderte Quellenlage und die Forschungsinteressen neue Sichtweisen auf die Quellen.

Wie mittels Film mit Emotionen umgegangen wird und sie in einem Zusammenhang mit den verschiedenen Rezeptionskontexten stehen, lässt sich eindringlich erneut am Ende der *Holocaust*-Serie zeigen. Denn diese Fernseh-Serie endet für das US-amerikanische Publikum nicht mit der gleichen Szene wie bei der westdeutschen Ausstrahlung im Januar 1979. Auf die anklagende Sequenz, die das Ende der deutschen Fassung darstellte,[261] folgt die eigentliche Schlusssequenz für das US-amerikanische Publikum. Mit fröhlicher Musik unterlegt, sehen wir eine Gruppe Jungen beim Fußballspielen. Die folgende Sequenz steht in einem deutlichen Kontrast zu dem Serien-Ende für das bundesrepublikanische Fernsehen: fröhlich, gelöst, optimistisch. In diese heitere Stimmung des befreiten Konzentrationslagers Theresienstadt tritt Rudi

---

256 Schörken (1998): S. 205f.
257 Ebd. S. 206.
258 Koselleck, Reinhart (1995 [1979]): Darstellung, Ereignis und Struktur. In: Ders.: Vergangene Zukunft: Zur Semantik geschichtlicher Zeiten, 3. Aufl., Frankfurt a.M., S. 144-157, hier S. 153.
259 Assmann / Brauer (2011): S. 78.
260 Ebd. S. 79.
261 Vgl. die Ausführungen zu der Schluss-Sequenz in der deutschen Fernsehfassung von 1979: S. 191-193.

Weiß ein, der einzige Überlebende der porträtierten jüdischen Familie. Hier trifft er auch auf Inga, die nicht-jüdische Frau seines Bruders, und ihren Sohn. Inga heiratete zu Beginn dieser Serie nicht nur einen Juden, sondern verließ ihn trotz Drängens nicht und folgte ihm schließlich sogar bis ins Konzentrationslager. Sie half auch der Familie Weiss und war in den verschiedenen Situationen solidarisch mit jüdischen Personen. Damit bewies Inga über die gesamte Serie hinweg als einzige nicht-jüdische Deutsche Zivilcourage. Beim Wiedersehen mit Rudi konfrontiert Inga ihn im Gespräch über die Ermordung aller seiner Familienmitglieder mit der Aussage: „Du kannst mich ruhig dafür hassen, dass ich zu denen gehöre."[262] Aber Rudi hegt keinen Hass – gegen niemanden. Er ist zukunftszugewandt und appelliert an Inga im Hinblick auf ihren Sohn Josef als Stellvertreter für die nachkommende Generation: „Bring ihm bei, keine Angst zu haben."[263] Nicht Hass, Wut, Aussichtslosigkeit oder Trauer bestimmen diese Szene, sondern eine aufgeräumte Abgeklärtheit und Optimismus. Sogar Rudis Aussage – „Ich bin ein Niemand. Keine Papiere, keine Familie, kein Land"[264] – ist nicht geprägt von Resignation eines überlebenden Juden, sondern nimmt die logische Konsequenz seiner Lebenssituation vorweg: das Exil und die Suche nach einer neuen Heimat. Zum Schluss des Films findet ihn seine Zukunft. Er wird damit beauftragt, die Fußball spielenden Jungen – verwaiste griechische Juden – nach Palästina zu begleiten. Die letzten Kameraeinstellungen zeigen ihn glücklich in spielender Interaktion mit den Kindern. (Abbildung 55) Damit endet für das amerikanische Publikum der Film 1978 mit den Opfern und ihrer Zukunftsperspektive – die Deutschen wurden 1979 mit den Tätern und Involvierten und ihrer Schuld zurückgelassen, weil dies für die Verantwortlichen beim WDR der drängenden Frage nach Mitschuld auf eine angemessenere Weise näher kam.[265] Während die Deutschen mit ihrem Serienende dazu aufgefordert werden, sich mit ihrer Vergangenheit zu beschäftigen, wird das US-amerikanische Publikum zukunftsorientiert und optimistisch zurückgelassen – eingestimmt auf die dargestellte Freude des Überlebenden. Die US-amerikanische Version entlässt ihre Zuschauenden mit den Worten Gertrud Kochs – die sie 1999 für das Ende von *Schindlers Liste* findet – „mit dem wohligen Gefühl, daß eine sehr üble Geschichte zu einem guten Ende gekommen ist."[266]

Insbesondere das Ende von Filmen befeuert die historische Imagination, weil es nach Koch den Übergang von der filmischen Illusion in die eigene Lebenswirklichkeit markiert:

> „In dem Moment, in dem der Film endet, beginnt er in der Erinnerung zu arbeiten. Kaum ist er ‚vorbei', beginnen wir ihn zu überdenken, durchzuarbeiten und die filmische Erinnerung zu konstruieren. Das Ende fordert uns auf, den Akt des Sehens und Interpretierens zu beenden, unterbricht das Kontinuum und entläßt uns."[267]

---

262 *Holocaust – Die Geschichte der Familie Weiss*, Folge 4, TC: 01:42:23.
263 *Holocaust – Die Geschichte der Familie Weiss*, Folge 4, TC: 01:43:16.
264 *Holocaust – Die Geschichte der Familie Weiss*, Folge 4, TC: 01:44:33.
265 Vgl. Brandt, Susanne (2003): „Wenig Anschauung"? Die Ausstrahlung des Films Holocaust im westdeutschen Fernsehen. In: Cornelißen, Christoph / Klinkhammer, Lutz / Schwentker, Wolfgang (Hrsg.): Erinnerungskulturen. Deutschland, Italien und Japan seit 1945, Frankfurt a.M., S. 257-268, hier 260.
266 Koch (1999): S. 311.
267 Ebd. S. 304.

Abbildung 55: *Holocaust*, Folge 4 TC: 01:47:41.

Für die jeweiligen Zuschauenden – in Amerika und der Bundesrepublik Deutschland – bietet das Ende jeweils unterschiedliche Ansätze zur imaginativen Integration des Gesehenen in die eigene Lebenswelt. Es sind andere Referenzen, andere Emotionen und damit auch andere Imaginationen, mit denen die jeweiligen Zuschauenden aus der filmischen Illusion in ihre Welt zurückkehren und den Film auf sich, das eigene Wahrnehmen, Denken, Fühlen, Urteilen und Handeln beziehen. Da bei der Filmrezeption die imaginative Beschäftigung mit den historischen Spuren im Abgleich mit dem soziokulturellen Korpus an visuellen, narrativen und auditiven Bezugsgrößen stattfindet, gehören die jeweils unterschiedlichen Filme, aber auch Romane, Comics, Zeitschriften, Fotografien, Fernsehbeiträge, Ausstellungen, Reden usw. als zumeist impliziter Referenzhorizont mit den entsprechenden moralischen und historischen Implikationen dazu. Die Serie *Holocaust* arbeitet in den Köpfen des jeweiligen Publikums unterschiedlich weiter, nicht nur, weil die Schlusssequenzen sich unterscheiden, sondern auch, weil die Zuschauenden andere soziokulturelle Bezüge zur Imagination nutzen und vor allem das jeweilige Publikum auch anders in die historischen Ereignisse verstrickt ist.

Der Optimismus eines Überlebenden des Holocaust bestimmt das offizielle Ende für das ursprüngliche US-amerikanische Publikum. Statt Hass wird Versöhnung mit der Vergangenheit gewählt, statt Auswegslosigkeit beendet eine Perspektive in die Zukunft die Handlungen. Es ist gerade Rudi, der im Verlauf der Serie als Einziger der Familie Weiss direkt den Weg in den heldenhaften Widerstand gegangen ist und sich nicht in die lähmende Passivität der anderen Familienmitglieder gefügt hat. Es ist Rudi, der überlebt und optimistisch weiterlebt. Dieses Ende mit der moralischen Implikation eines glücklichen Überlebens scheint problematisch im Angesicht der Tatsache, dass die meisten verfolgten Jüdinnen und Juden ermordet wurden. Gerade vor dem Hintergrund, dass die Serie versucht die unterschiedlichen Leidenswege und Ansichten der jüdischen Opfer aufzuzeigen, wirkt das Ende mit Rudi Weiss eindimensional. Den Zuschauenden wurde über vier Episoden der Anschein einer umfassenden Einsicht in verschiedene, teils konträre Gedanken- und Gefühlswelten vermittelt. Rudis optimistische, vergebende Einstellung nun ohne Gegenpol an das Ende zu setzen, birgt die Gefahr, den anderen Bewältigungsstrategien überlebender Holocaustopfer – wie Hass auf die Täter, Rachegelüste, Lebensunwillen etc. – auf Kosten eines ungestörten Happy Ends die Legitimität abzusprechen. Hier lässt sich mit der Perspektive von Ulrike Jureit und Christian Schneider (2010) das problematische Bestreben einer erinnerungspolitischen Normierung erkennen, sich mit den Opfern identifizieren zu wollen, was die Gefahr einer „Illusion der Vergangenheitsbewältigung" birgt.[268]

Wenn in der Begegnung mit Geschichte das einst Geschehene durch den imaginativen Akt in die eigene mentale Welt integriert wird, dann hat dieser Akt der Interpretation seine Grenzen. Das wird umso deutlicher bei einer Näherung an die Menschheitsverbrechen der nationalsozialistischen Zeit, insbesondere mit Blick auf den Holocaust. Auf Seiten der Zuschauenden gibt es keine persönlichen Erfahrungen, keine lebensweltlichen Kontexte, über die ein imaginatives Nacherleben der Geschehnisse möglich wäre. Zu unfassbar und fremd ist der millionenfache Mord in den unterschiedlichen Ausprägungen. „Die Aufgabe und Herausforderung", die Assmann und Brauer 2011 im Umgang mit dem Holocaust sehen, „ist die imaginative Vergegenwärtigung eines vergangenen Geschehens, das aufgrund seiner beispiellosen Neuheit in der Instrumentierung von exzessiver und massenhafter angewendeter Gewalt die Grenzen der Vorstellung sprengt."[269] Hierzu gehört ein imaginatives Annähern, das anstrengt, beunruhigt, widerständig ist und zum Scheitern verurteilt ist, weil es unmöglich ist, einen Zugang zu diesem Vernichtungsgeschehen zu bekommen.

„Das ‚Ungesehene/Unsehbare' verbleibt im Bereich paranoider Phantasmen: Wir umkreisen es mit unseren Imaginationen; Vergangenheit im allgemeinen gehört zu den Gespenstern, die uns verfolgen, die jedoch unterschiedliche Stufen auf einer Skala einnehmen. Es gibt viele Dinge aus der Vergangenheit, die ich rekonstruieren kann, um sie authentischer erleben zu können, wenn ich dabei auch auf einer experimentellen Ebene verbleibe: tote Sprache, alte Rezepte, antike Möbel, altertümliche Architektur sind zumindest auf einer gewissen Ebene rekonstruierbar. Aber der Massenmord in einer Gaskammer, die psychische Zerstörung und der physische Tod können nicht gesehen werden. Sie bleiben ein Gespenst unseres Vorstellungsvermögens und verbinden uns dergestalt mit dem Tod."[270]

Damit hebt Gertrud Koch 1999 klar hervor, dass eine Annäherung an die Verbrechen an die Grenzen des imaginativ Vorstellbaren kommen muss. Doch was kann die Konsequenz daraus sein? Das Unmögliche nicht wagen, weil es zum Scheitern verurteilt ist? Den Holocaust nicht mehr zu imaginieren, hieße ihn dann auch in letzter Konsequenz nicht mehr zu zeigen, ihn nicht mehr darzustellen – weder filmisch noch fotografisch noch literarisch. In der Geschichte der Holocaust-Thematisierung herrschte lange Zeit

---

268 Vgl. Jureit / Scheider (2010): S. 10.
269 Assmann / Brauer (2011): S. 76.
270 Koch (1999): S. 305.

eine klare Skepsis besonders den Bildern gegenüber – ihnen wurde eine Wirkmacht zugesprochen, die für den Holocaust nicht legitim erschien.

Claude Lanzmann, der Regisseur des neuneinhalbstündigen Films *Shoah* (von 1974 bis 1985 entstanden)[271] verhängte sogar ein Bilderverbot und entschied sich deshalb bei seinem Film für die Form des Dialogs mit den Überlebenden, Tätern, einst Involvierten und Zeitzeugen.

> „Wäre mir ein unbekanntes Dokument in die Hände gefallen, ein Film, der – heimlich, da Filmen streng verboten war – von einem SS-Mann gedreht worden wäre und der gezeigt hätte, wie dreitausend Juden, Männer, Frauen und Kinder gemeinsam starben, erstickt in einer Gaskammer des Krematoriums Auschwitz 2 – hätte ich so einen Film gefunden, ich hätte ihn nicht gezeigt, ich hätte ihn zerstört. Ich bin unfähig zu sagen, warum / Das versteht sich von selbst." [272]

Claude Lanzmann sprach ein Bilderverbot für die Darstellung des Holocaust aus, weil seiner Ansicht nach jeder Film wie eine Wiederholung funktioniert und damit die Singularität des Ereignisses gefährdet. Eine mimetische, visuell realitätsnahe Repräsentation eines solchen Menschheitsverbrechens scheine aufgrund seiner Totalität nicht möglich und sei daher auch filmisch nicht darstellbar. Jeder Versuch einer filmischen Darstellung komme einer moralischen Grenzverletzung gleich. Für Claude Lanzmann gibt es nur die Option, einzelne Geschichten aus der Totalität der Geschichte herauszuheben und erzählen zu lassen: Allein das Wort ohne eine visuelle Entsprechung historischer Ereignisse. Auch der Überlebende der Konzentrationslager Auschwitz und Buchenwald Elie Wiesel plädiert dafür, dieses Unvorstellbare nicht abzubilden, es der visuellen „Vorstellungskraft"[273] nicht auszusetzen; denn an das Unvorstellbare von Auschwitz komme nichts heran – die Wahrheit liege eher im Schweigen. Die Verbrechen des Holocaust sind so unvorstellbar, dass sie sich jeder Darstellung widersetzen, sie sind nicht zu erfassen und zu vermitteln.

Eine andere Position vertritt Georges Didi-Huberman mit seiner Ausstellung (2000) und Publikation (2003) zu den wenigen Abbildungen, die Mitglieder des Sonderkommandos 1944 „trotz allem" angefertigt haben.[274] Er betont, dass die erinnerungsrelevanten Anteile einer Kultur Bilder brauchen, um im Gedächtnis fortbestehen zu können.

> „Berufen wir uns nicht auf das Unvorstellbare (*l'inimaginable*). Schützen wir uns nicht durch den Hinweis darauf, daß wir uns diese Hölle ohnehin nie vollständig werden vorstellen können – auch wenn es sich tatsächlich so verhält. Aber wir *müssen* es, wir *schulden* es diesem schwer Vorstellbaren"[275].

---

271 *Shoah*, Regie: Claude Lanzmann, Frankreich 1985.
272 Lanzmann, Claude (1994): ‚Ihr sollt nicht weinen'. Einspruch gegen ‚Schindlers Liste'. In: Frankfurter Allgemeine Zeitung, vom 05. März 1994.
273 Wiesel, Elie (1979 [1978]): Die Trivialisierung des Holocaust: Halb Faktum und halb Fiktion. In: Märthesheimer, Peter / Frenzel, Ivo (Hrsg.): Im Kreuzfeuer: Der Fernsehfilm ‚Holocaust'. Eine Nation ist betroffen, Frankfurt a.M., S. 25-30, hier S. 27.
274 Vgl. zu diesen besonderen Aufnahmen die Ausführungen auf S. 155-158.
275 Didi-Huberman, (2007 [2003]): S. 15.

Damit widerspricht er Claude Lanzmann und Elie Wiesel deutlich. Diese Position Didi-Hubermans nehmen auch Assmann und Brauer (2011) ein und plädieren dafür, sich dieser Anstrengung zu stellen, auch wenn das „Vorstellungsvermögen zum Scheitern verurteilt" ist. Es besteht eine ethische Verpflichtung die „Vorstellungsanstrengung" immer wieder erneut zu wagen und nicht einer „Vorstellungsabstinenz"[276] nachzugehen: Diese Bilder müssen ertragen werden und die zum Scheitern verurteilte Anstrengung der imaginativen Annäherung an die Bilderwelt des Leids sollte auf sich genommen werden, weil diese Verbrechen geschehen sind und eine zivilisatorische Anteilnahme das abverlangt – auch um diese historischen Ereignisse nicht vergessen zu lassen und sie präsent zu halten. Es ist ein Teil der Verantwortung, die mit Bekanntwerden bzw. seit dem Ereignen der Verbrechen besteht und die Menschheit zu dieser Anstrengung verpflichtet. Historische Imagination als zentraler Akt historischen Lernens ist damit nicht nur auf persönliche Erfahrungshorizonte und dem soziokulturellen Repertoire an Wissensbeständen zurückzuführen, sondern muss in Konsequenz aus dem Holocaust auch einen „ethischen Imperativ" im Sinne Assmanns und Brauers berücksichtigen:

> „Dann besteht historische Imagination in einem kognitiv-emotionalen Akt, welche historische Zusammenhänge mit Personen, Handlungen oder Bedeutungen auffüllt, einer subjektiven und ethischen Bereitschaft folgt und sich mithilfe eines Fundus an bereits vorhandenem Wissen, Bildern und Einstellungen vollzieht."[277]

Ein Ringen um das Verstehen des Vergangenen braucht Bilder – und da, wo sie fehlen, werden sie imaginiert – um die einstigen Geschehnisse in die eigene Welt hineinholen zu können, sie zu vergegenwärtigen. Dieses Hereinholen des fremden Einstigen geschieht im Spannungsverhältnis zu gegenwärtigen Bildern, Diskursen, Erwartungshaltungen und Vorstellungen. Filme sind schon längst ein Teil dieses Prozesses und prägen die Vorstellungen und den Umgang mit Geschichte.

---

276 Assmann / Brauer (2011): S. 79.
277 Ebd. S. 79.

Schluss – zusammenfassend drei Thesen zum Film als pädagogisches Setting

Beschäftigung mit dem Selbst, den Anderen und der Welt finden vielfach medienvermittelt statt oder sind davon beeinflusst. Wie ein solches Cluster an Zugriffen und Vorgängen mittels Medien gedacht werden kann, führt 2006 der Kultursoziologe Andreas Reckwitz aus:

> „Lesen/Schreiben, Film- und Fernsehbetrachtung, schließlich der Umgang mit dem Computer sind auch interobjektive Beziehungen – zudem mit intersubjektiven Bestandteilen –, aber im Zusammenhang einer Kulturtheorie des modernen Subjekts stellen sie sich primär als Technologien des Selbst heraus, in denen das Subjekt über den Weg der Wahrnehmung von ihm präsentierten oder selbst produzierten Zeichensequenzen mit sich selbst beschäftigt ist, sei es zum Zwecke der Bildung, des Kunstgenusses, der Selbstexploration, der Zerstreuung oder des Spiels."[1]

Alle diese von Reckwitz aufgezählten Prozesse sind pädagogisch relevant und machen deutlich, wie auch der Film als Produkt und Prozess sowie verändernder Faktor von Zeichen-, Sozial- und Selbsttechniken verstanden werden kann.

Über das Spannungsverhältnis von Aufmerksamkeit und Gewohnheit lässt sich Filmerfahrung als Kern des pädagogischen Settings von Filmen diskutieren. Einhergehend damit zeigt sich, dass Film und Publikum in einem zirkulären Verhältnis zueinander zu denken sind. Dieses Verhältnis zeichnet sich gerade dadurch aus, dass es ästhetisch, sozial und historisch bedingt ist. Dabei gilt es den Forschungsgegenstand Film als einen ästhetischen Gegenstand ernst zu nehmen und die filmische Form zur Deutung pädagogischer Implikationen ins Zentrum der Analyse zu stellen, um der Frage nachgehen zu können, wie das jeweilige pädagogische Setting eines Films ausgestaltet ist. Eine Antwort darauf kann nur unter Berücksichtigung der jeweiligen historischen Kontexte von Produktions- und Rezeptionszusammenhängen erfolgen.

Gerade mit ihrer Vermittlungs- und Verbreitungsleistung haben Medien – darunter auch der Film – für Sigrid Nolda (2002) eine große Bedeutung für pädagogische Fragen. Als „Versuch einer Passung zwischen Sachlogik und Adressatenvoraussetzun-

---

1 Reckwitz, Andreas (2006): Das hybride Subjekt. Eine Theorie der Subjektkulturen von der bürgerlichen Moderne zur Postmoderne, Weilerswist, S. 59.

gen"² lässt sich der Vorgang der Vermittlung durch ein Medium allgemein beschreiben. Wobei die Vorstellung von einem linearen Sender-Empfänger-Verhältnis hier genauso wenig greift wie eine klare Trennung zwischen rein faktischen, sprachlich fassbaren und vagen, impliziten Wissensformen. Zudem ermöglicht die Verbreitungsleistung von Medien eine „Bereitstellung von Inhalten für eine möglichst große Zahl von Interessenten".[3] Die damit einhergehenden Selektions- und Kanonisierungsprozesse, die medial mit getragen, forciert oder durchbrochen werden, weisen Parallelen zu drängenden Fragen der Pädagogik auf: Was soll wie weitergegeben werden?

„So sehr Massenmedien Flüchtigkeit und Alltäglichkeit verbreiten, so sehr sind sie auch daran beteiligt, Orientierung und Verbindlichkeit durch die Bündelung von Fokussierung und Aufmerksamkeit zu schaffen."[4] Diese allgemeine Aussage Noldas trifft auch auf den Film zu. Er ermöglicht ein Gefühl der kulturellen Zugehörigkeit und kann der Orientierung dienen. Dennoch zeichnet sich das Rezeptionsgeschehen durch plurale Formen der Aneignung aus: Da die Filmbegegnung vor einem sozial und historisch beeinflussten Erfahrungs- und Erwartungshorizont stattfindet, folgt daraus die potentielle Offenheit und Unabgeschlossenheit von Wirkung und Sinngehalt eines Films. Wie Filme von den jeweiligen Zuschauendengruppen rezipiert werden, verändert sich. Dadurch sind keine generalisierenden Aussagen zu einzelnen Filmen möglich, sondern nur Zuschreibungen für einzelne Gruppen über ihre jeweiligen Rezeptionskontexte. Je nachdem, vor welchem intersubjektiven Horizont an möglichen Vorerfahrungen – im Umgang mit anderen Filmen, im Erleben von Situationen und Ereignissen sowie in der Beschäftigung mit kulturellen Codes – die Begegnung mit Filmen stattfindet, erfolgen Prozesse der Deutung und Sinnbildung. Demnach sind Filme als offene Möglichkeitsräume zu verstehen, deren Produktion, Rezeption und Analyse jedoch keiner Beliebigkeit folgt, sondern vor einem soziokulturellen Hintergrund und in Abstimmung mit medialen und ästhetischen Standards geschieht.

Pädagogische Adressierungen, wie sie mittels eines Mediums wie dem Film organisiert werden können, sind dabei so vielfältig zu denken, wie das Medium selbst in der Vergangenheit war, gegenwärtig ist und zukünftig sein kann. Demnach kann es keine abschließende Systematisierung des pädagogischen Settings von Filmen geben. Somit liegt hier ein Entwurf vor, der entscheidende Nahtstellen markiert, um das Potential des Films als pädagogisches Setting zu diskutieren, ohne dabei den Eigensinn von Auseinandersetzungsprozessen mit Filmen aus dem Blick zu verlieren.

Allen Filmen liegen Aufmerksamkeitsstrukturen zugrunde, aus denen mögliche Zugänge und Annäherungen an das Dargestellte hervorgehen.

Aufmerksamkeit zu schaffen und zu lenken ist eine wichtige pädagogische Strukturierungsleistung. Dabei basiert das Gelingen pädagogischer Prozesse auf der Bereitschaft der Adressaten für das vermittelnde Wissen offen und aufmerksam zu sein.[5]

---

2   Nolda (2002): S. 28.
3   Ebd. S. 28f.
4   Ebd. S. 160.
5   Vgl. Kade (2011): S. 90.

Erst durch Aufmerksamkeit wird „der innere Sinn von uns selbst affiziert"[6], so Immanuel Kant bereits 1781. Aufmerksamkeit ist ein knappes Gut, das als ökonomische, kulturelle und pädagogische Ressource für soziale Strukturen prägend ist.

In Filmen findet die Organisation von Aufmerksamkeit mittels wahrnehmungsbezogener Standards statt und ist auf technische und ästhetische Entwicklungen des Mediums sowie auf soziokulturelle Kontexte der Rezeption zurückzuführen. Neben den maßgeblichen Entscheidungen, was überhaupt zum Gegenstand eines Films wird, ist auch die Art und Weise der Inszenierung relevant: Die Aufmerksamkeitslenkung beginnt schon u.a. mit der Wahl des Settings, der Kostüme, der Kameraperspektive und -bewegung, des Einsatzes von Licht und Ton sowie in der Postproduktion mit dem Einsatz von Musik, Schnitt und Montage. Dabei wird mit der Erwartungshaltung, dem Zuschauendenblick und -gehör so umgegangen, dass bestimmte Aspekte thematisiert oder evoziert werden. Es finden mittels Film pädagogische Strukturierungen der Öffnung und Konkretion, der Aufforderung zur Eigenleistung und der dezidierten Lenkung statt. Bei einem Großteil der Filmproduktionen hat die Erzählung mit dem dargestellten Inhalt höchste Priorität und die Verwendung der filmischen Mittel wird dem untergeordnet. Dies ist möglich, weil das hoch artifizielle Medienprodukt Film meist unter Verwendung von Continuity-Regeln entsteht, die zu etablierten Sehgewohnheiten geworden sind und damit zum selbstverständlichen Teil der Filmrezeption gehören.[7] Eine Fortführung von filmkulturellen Standards schafft Orientierung, und ein Abweichen von gewohnten Inhalten und Darstellungsweise lässt Momente der Irritation und Aufmerksamkeit entstehen. Gerade dieses Spannungsverhältnis zwischen Aufmerksamkeit und Gewohnheit ist konstitutiv für Filmwahrnehmung und bestimmt die Ausgestaltungsstrategien von Filmen im Sinne eines pädagogischen Settings.

Filme sind im Zusammenhang mit innerfilmischen, intermedialen und außerfilmischen Geschehnissen, Praxen und Diskursen zu verstehen.

Jede Filmrezeption erfolgt vor dem Hintergrund eines Erfahrungs- und Erwartungshorizonts der jeweiligen Zuschauenden, der vom Entstehungskontext des Films divergieren kann. Neben der Frage, auf welche Teilhabe an Ereignissen, Praxen und Diskursen mit dem einzelnen Film rekurriert wird, bleibt zu klären, welche Aspekte im Film für welche Zuschauendengruppen virulent werden könnten und welcher gemeinschaftliche Erfahrungsraum durch die Filmrezeption entstehen kann.

Unter anderem verhilft der angeeignete „gesellschaftliche Orientierungssinn"[8] – so eine Umschreibung Bourdieus für den Habitus-Begriff – Zuschauenden Filme zu verstehen, Bedeutungen abzuleiten und zu generieren. Dabei werden Filmzuschauende als aktiv und passiv zugleich verstanden: Die Annahme von einer durchweg aktiven und selbstbestimmten Instanz der Zuschauenden sollte relativiert werden, weil auch

---

6   Kant, Immanuel (1956 [1781]): Kritik der reinen Vernunft I, Werke III, hg. von Wilhelm Weischedel, Wiesbaden, S. 152. Bereits Kant führt aus, dass die Besonderheit von Aufmerksamkeit daran hindert, sie „einzupredigen oder einzuprügeln". Kant, Immanuel (1983 [1798/1800]): Anthropologie in pragmatischer Hinsicht, Werke in zehn Bänden, Bd. 10, hg. von Wilhelm Weischedel, Darmstadt, S. 834.

7   Zu den verschiedenen Continuity-Regeln im Film vgl. u.a. Elsaesser / Hagener (2013 [2007]): S. 114f.

8   Bourdieu, Pierre (1992 [1984]): Homo academicus, Frankfurt a.M., S. 728.

die vorbewussten, vorreflexiven, nicht rein faktischen und in Sprache überführbaren Anteile des Rezeptionsprozesses berücksichtigt werden müssen. Zuschauende sind weder einem reinen Determinismus unterworfen, noch befinden sie sich in der Position einer autonomen Souveränität gegenüber dem Medium Film. Davon ausgehend, dass die Prozesse des Sich-Zu-Eigen-Machens filmischer Standards und des filmisch Dargestellten komplex sind, weil sie nur teils bewusst, zeitversetzt zur Rezeption, nicht monokausal und lebenslang stattfinden können, sollte sich den Zugangsweisen zu Filmen indirekt über die soziokulturellen Bezugshorizonte genähert werden. Neben Ereignissen, sozialen Verhältnissen und gesamtgesellschaftlichen Entwicklungen sind es symbolische, ästhetische und (medien-)technische Standards, die maßgeblich dafür verantwortlich sind, wie Filme produziert, vermarktet und rezipiert werden. Hierzu müssen bei der Analyse von Filmen Gegenstandsgrenzen überwunden werden und neben innerfilmischen auch intermediale und außerfilmische Vorkommnisse, Praxen und Diskurse Beachtung finden. Dabei lassen sich entlang der Phänomene der Wiederkehr, Migration und Variation kultureller Codes einige Dimensionen der soziokulturellen Bezugshorizonte anbahnen und potentielle Bedeutungen abwägen, und dadurch das zirkuläre Verhältnis zwischen der filmrezipierenden und -produzierenden Seite erschließen, sodass der Frage nachgegangen werden kann: Wie könnte ein Film in einem bestimmten Kontext und zu einer bestimmten Zeit verstanden werden und damit zum pädagogischen Prozess des Abwägens von Selbst- und Weltverhältnissen beitragen?

Filmgeneriertes Wissen ist nicht restlos in andere Wissenspraktiken überführbar.

Mit jeder (pädagogischen) Menschenbildannahme, mit jeder Vorstellung von Zuschauenden geht auch eine bestimmte Vorstellung von relevanten und zu erwerbenden Wissensbeständen einher. Wenn das Subjekt nicht allein über seine aktiven, reflexiven und bewussten Denk- und Handlungsweisen zu verstehen ist, hat das auch Konsequenzen für die Betrachtung möglicher Wissensformen. Sobald Wissen nicht nur als ein Bestand von Eindeutigkeiten, Fakten, Regeln und theoretischen Zugängen gedacht wird, finden auch praktische Tätigkeiten, soziokulturelle Phänomene, sinnliche Empfindungen und polyvalente Umstände Beachtung. Ein weiter Wissensbegriff erfasst sowohl explizite als auch implizite Wissensformen und damit neben den klar sprachlich fassbaren Kenntnissen von sich und der Welt auch die uneindeutigen, unausgesprochenen und unaussprechlichen Zustände und Verhältnisse.

Eine Erforschung pädagogischer Arrangements, die die vielfältigen Dimensionen expliziten und impliziten Wissens berücksichtigt, basiert auf der Skepsis gegenüber der Passfähigkeit kognitivistischer Ansätze. Aus diesem Zweifel folgt vielfach eine Annäherung an praxistheoretische Forschungsperspektiven, mit denen ein besonderer Fokus auf die Dynamiken von Wahrnehmungs-, Denk-, Urteils- und Handlungsweisen innerhalb eines sozialen Geschehens gelegt wird. Für die pädagogische Perspektivierung praxistheoretischer Fragestellungen verweisen Jürgen Budde, Martin Bittner, Andrea Bossen und Georg Rißler 2018 auf die besondere Bedeutsamkeit von vorbewussten und vorreflexiven Anteilen in der Forschung:

"Vielmehr geht es [...] um Reflexionsfolien und Verstehensgrundlagen des Pädagogischen, also dessen, was mit Begriffen wie Wissensvermittlung, Aneignungsprozessen, Bildungspraxis, Lernen oder etwa Differenzbearbeitung zu bestimmen versucht wird. Eine solche praxistheoretische Erziehungswissenschaft verweist dabei auch auf den Umstand, dass die Bearbeitung von Fragen nach einem bewusstseinsgesteuerten und rational begründeten Handeln nur annähernd in der Lage ist, das Pädagogische angemessen zu theoretisieren."[9]

Ferner warnt Anja Kraus 2017 gerade im Zusammenhang mit der Reflexion der verschwiegenen respektive impliziten Anteile von Lernprozessen vor „pädagogischen Trugbildern" und argumentiert gegen eventuelle „Omnipotenzvorstellungen" der Pädagogik. Die Disziplin überschätze sich, wenn sie davon ausgeht „die Entwicklung distinkter Kompetenzen" eindeutig erzielen zu können und wenn sie „im Hinblick auf das Ideal eines evident herstellbaren Abbilds von Welt und der Vorstellung einer Vermittlung normierten Könnens getragen ist."[10] Es gilt gerade die Vielfalt an Wissensformen zu berücksichtigen, um pädagogische Prozesse in ihrer Differenziertheit zu denken.

Über die Filmpräsentation wird sowohl propositionales, eindeutiges, faktenbezogenes Wissen transportiert als auch nicht-propositionales Wissen auf verschiedenen Ebenen virulent, das wesentlich zur Sinnbildung beiträgt und die Besonderheit filmgenerierten Wissens ausmacht. Mit dem Wissensbegriff lassen sich beide Ebenen – die Filme und das Publikum – mit Bezug aufeinander diskutieren, denn es sind dadurch sowohl Zugänge zur Person als auch Untersuchungen der symbolischen und materiellen Strukturen des Films möglich.

Eine filmische Wissensgenese erfolgt – wie in jedem anderen Bereich – mittels Anschluss an ein Repertoire an Werten, moralischen Standards und normativen Erwartungen. Diese werden mit jedem Film (re-)inszeniert, teils indirekt vermittelt oder manchmal explizit infrage gestellt. Dabei sind moralische Implikationen Teil aller pädagogischer Settings. Vielfach sind sie implizit enthalten, wie Dieter Lenzen 1999 allgemein zur Werteorientierung aus erziehungswissenschaftlicher Perspektive formuliert: „Werte schleichen sich in die pädagogische Beziehung unbemerkt und ungeprüft ein."[11] Auch in der pädagogischen Beziehung zwischen der filmproduzierenden und -rezipierenden Seite spielt die Vermittlung moralischer Wissensbestände eine Rolle und kann zum moralischen Urteilen befähigen.

In jedem Film ist zudem ein Kontextwissen der Entstehungszeit und des konkreten Entstehungszusammenhangs der jeweiligen Filmproduktion enthalten. Dieses Wissen bildet die Grundlage für die jeweilige Wahl eines Themas sowie dessen Umgangs- und Darstellungsweise. Ob beispielsweise einzelne Ereignisse, gesellschaftliche Verhältnisse, bestimmte Narrative oder biographische Entwicklungen zum Gegenstand eines Films werden und mit welchem Interesse sich dem genähert wird, ist kontext- und zeitabhängig. Selten wird dieses Wissen als explizit thematisierter Gegenstand Filmzuschauenden präsentiert, sondern bildet meist die unausgesprochene Basis eines Films, auf der alle Entscheidungen für die Ausrichtung des jewei-

---

9   Budde / Bittner / Bossen / Rißler (2018): S. 10.
10 Kraus (2017): S. 832.
11 Lenzen (1999): S. 20.

ligen pädagogischen Settings gründen. Es ist ein implizit mittransportiertes Wissen, zu dem es kontextbedingte Entsprechungen von medialen bzw. filmkulturellen Routinen in der Bewältigung von Themen und Diskursen gibt, sodass sich mit Blick auf die Objektebene Film fragen lässt: Was findet in welcher Form (immer wieder) Eingang in Filme?

Mit der fortwährenden Rezeption von Filmen bilden Zuschauende ein erfahrungsbasiertes Repertoire an filmkulturellem Wissen heraus, zu dem auch der gekonnte Umgang mit filmischen Mitteln wie beispielsweise Schnitt, Ton, Kameraführung gehört. Die verschiedenen filmischen Mittel sind dadurch gekennzeichnet, dass sie sich durch gesellschaftliche, technische und ästhetische Entwicklungen stetig verändern und neu ausprägen, sodass sich das Publikum durch die Rezeption fortwährend anpassen muss. Das Ergebnis ist eine mediale Könnerschaft, die sich durch die Bewältigung eines komplexen Wissensclusters aus – beständig wandelnden – formalen und inhaltlichen Strategien, Routinen und Praktiken einstellt. Mit Blick auf die Ebene der Zuschauenden lässt sich dieses filmkulturelle Wissen als Scharnierstelle zur Teilhabe an einem Erfahrungs- und Erwartungshorizont im Umgang mit inhaltlichen Ausrichtungen, filmischen Darstellungs- und Rezeptionskonventionen verstehen.

Zu der Vertrautheit mit dem Medium Film gehört auch ein Umgang mit filmischen Emotionsarchitekturen. Die sinnliche und emotionale Ansprache mittels Filme basiert wesentlich auf ästhetischen bzw. aisthetischen Strukturen und bringt eine Wissensdimension hervor, die eine hohe sinnstiftende Bedeutung hat. Dabei beruht die Relevanz von Emotionen für die Begegnung und Aneignung filmgenerierten Wissens auf der Nähe, die durch ein spürbares Berührtwerden durch die filmische Inszenierung erzeugt wird. Meist noch, bevor Zuschauende beginnen zu reflektieren, kann es sein, dass sie sich längst auf die emotionale Wirkung des Films eingelassen haben: „In dieser Perspektive werden Medien und deren Bilder zum Bildner der Ich-Funktion des Subjekts. Sie grundieren, strukturieren und formieren den ästhetischen Erfahrungsprozess eines eher passiven, antwortenden Subjekts"[12], wie Manuel Zahn 2009 mit Verweis auf Karl-Josef Pazzini betont. Es gilt zu berücksichtigen, dass den sinnlich-emotionalen Begegnungsmomenten vielfach keine kognitiven Reflexions- und Artikulationsmomente vorausgehen: Denn die Zuschauenden befinden sich bereits *vor* einer kognitiv-reflexiven Beschäftigung mit dem Dargestellten in einer praktisch-intentionalen Beziehung mit dem Film. Dieses implizite Wissen im Sinne einer sinnlich-emotionalen Responsivität auf filmische Arrangements ist wesentlich für die Ausgestaltung des Films als pädagogisches Setting. Dabei ermöglicht die filmische Choreografie eines sinnlichen und emotionalen Erlebens nur eine symbolische Annäherung an das Dargestellte. Hier gilt es – gerade mit Blick auf filmische Gewalt- und Leidensdarstellungen sowie historische Kontexte – zu betonen, dass nur eine Immersion in den filmischen Illusionsraum und nicht in das Dargestellte erfolgen kann. Es gilt das „Paradigma der Nacherlebbarkeit"[13] auch für das pädagogische Setting Film kritisch zu überdenken.

Wie relevant inkorporierte und meist vorbewusst vorliegende Wissensebenen sind, wird dadurch deutlich, dass sie für die Nicht-Überführbarkeit filmgenerierten Wissens in andere Wissenspraktiken verantwortlich sind. Die Vielfalt filmgenerier-

---

12 Zahn (2009): S. 229.
13 Brauer (2016): S. 31.

ten Wissens ist in Form und Zugänglichkeit auf die Spezifik der Filmform zurückzuführen. Denn die Fassung von Wissen findet unter den medialen Möglichkeiten statt: Auslassungen, Andeutungen, Verdichtungen, Konkretisierungen erfolgen mithilfe von technischen und ästhetischen Strategien des Mediums Film.

Aus diesen Überlegungen gehen Konsequenzen für die Vorstellung vom Film als Erkenntnisgegenstand hervor. Die vielfältigen epistemischen Prozesse im Zuge der Produktion und Rezeption von Filmen basieren auch auf Erwartungshaltungen und kulturellen Selbstverständlichkeiten, die auf das soziokulturell und historisch bedingte Umfeld zurück zu führen sind. Gerade verschwiegene, vorreflexive, sprachlich nicht fassbare oder auf Routinen basierende Wissensformen wirken sich auf die Eingriffe und Zugriffe der Selbst-, Welt- und Gemeinschaftsvergewisserungen mittels Film aus. Ihnen mit der Analyse der Bezugshorizonte kultureller Codes näher zu kommen, ermöglicht es, Filme über ihr Verhältnis zu filmischen, medialen, historischen, ästhetischen und gesellschaftlichen Praxen und Diskursen als epistemische Arrangements zu erschließen. Filme als pädagogische Settings zu denken, heißt daher filminduzierte Wahrnehmungs- und Denkmuster als mögliche selbst- und weltverändernde Erkenntnispotentiale ernst zu nehmen.

Quellen

Literatur

Adam, Christian (2016): Der Traum vom Jahre Null. Autoren, Bestseller, Leser: Die Neuordnung der Bücherwelt in Ost und West nach 1945, Berlin.

Adorno, Theodor W. (2007 [1965/66]): Vorlesung über Negative Dialektik, Frankfurt a.M.

Ahmed, Sara (2004): Collective Feeling: Or, the Impression Left By Others. In: Theory, Culture & Society 21/2, S. 25-42.

Akademie der Künste, Berlin (1993): Streit um die Neue Wache. Zur Gestaltung einer zentralen Gedenkstätte, Konzeption Hans Gerhard Hannesen und Jörg Feßmann, Berlin.

Alkemeyer, Thomas / **Brümmer**, Christina (2017): Subjektivierung und Techniken des Selbst. In: Budde, Jürgen / Hietzge, Maud / Kraus, Anja / Wulf, Christoph (Hrsg.): Handbuch Schweigendes Wissen, Weinheim, S. 700-711.

Allen, Robert C. / **Gomery**, Douglas (1985): Film History: Theory and Practice, New York.

Altenloh, Emilie (1914): Zur Soziologie des Kinos. Die Kino-Unternehmung und die sozialen Schichten ihrer Besucher, Jena.

Arendt, Hanna / **Jaspers**, Karl (1985 [1926-1969]): Briefwechsel 1926-1969, München / Zürich, S. 90.

Arendt, Hanna (1945/46): Organisierte Schuld. In: Die Wandlung I (1945/46), Heft 4, S. 333-344.

Arendt, Hanna (1989 [1950]): Die vollendete Sinnlosigkeit . In: Dies.: Nach Auschwitz. Essays und Kommentare I, hg. von Geisel, Eike / Bittermann, Klaus, Berlin, S. 7-30.

Assmann, Aleida / **Frevert**, Ute (1999): Geschichtsvergessenheit – Geschichtsversessenheit. Vom Umgang mit deutscher Vergangenheit nach 1945, Stuttgart.

Assmann, Aleida (1999): Vorwort. In: Assmann, Aleida / Frevert, Ute: Geschichtsvergessenheit Geschichtsversessenheit. Vom Umgang mit deutscher Vergangenheit nach 1945, Stuttgart, S. 19-20.

Assmann, Aleida / **Brauer**, Juliane (2011): Bilder, Gefühle, Erwartungen. Über die emotionale Dimension von Gedenkstätten und den Umgang von Jugendlichen mit dem Holocaust. In: Geschichte und Gesellschaft, 37 / 2011, Göttingen, S. 72-103.

Assmann, Aleida (2013): Das Unbehagen in der Erinnerungskultur. Eine Intervention, München.

Audehm, Kathrin (2017): Habitus. In: Budde, Jürgen / Hietzge, Maud / Kraus, Anja / Wulf, Christoph (Hrsg.): Handbuch Schweigendes Wissen, Weinheim, S. 167-178.

Baberowski, Jörg (2005): Der Sinn der Geschichte, München.

Basseler, Michael (2010): Methoden des New Historicism und der Kulturpoetik. In: Nünning, Vera / Nünning, Ansgar / Bauder-Begerow, Irina (Hrsg.): Methoden der literatur- und kulturwissenschaftlichen Textanalyse. Ansätze – Grundlagen – Modellanalysen, Stuttgart / Weimar, S. 225-249.

Baßler, Moritz (2001 [1995]): Einleitung: New Historicsm – Literaturgeschichte als Poetik der Kultur. In: Ders. (Hrsg.): New Historicism. Literaturgeschichte als Poetik der Kultur. Mit Beiträgen von Stephen Greenblatt, Louis Montrose u.a., 2. aktualisierte Auflage, Frankfurt a.M., S. 7-28.

Baumgarten, Alexander Gottlieb (2011 [1739]): Metaphysica. Historisch-kritische Ausgabe, Stuttgart.

Bazin, André (2004 [1948]): Der filmische Realismus und die italienische Schule der Befreiung. In: Was ist Film?, Berlin, S. 295-326.

Benjamin, Walter (1972 [1932]): Gewohnheit und Aufmerksamkeit. In: Ders.: Gesammelte Schriften, Band IV.1, hrsg. von Tillman Rexroth, Frankfurt a.M.

Benjamin, Walter (2013 [1989]): Das Kunstwerk im Zeitalter seiner technischen Reproduzierbarkeit (Dritte Fassung). In: Walter Benjamin. Werke und Nachlaß. Kritische Gesamtausgabe. Band 16: Das Kunstwerk im Zeitalter seiner technischen Reproduzierbarkeit, hrsg. von Burkhardt Lindner, Berlin, S. 96–163.

Benjamin, Walter (2013 [1974]): Das Kunstwerk im Zeitalter seiner technischen Reproduzierbarkeit (Fünfte Fassung). In: Walter Benjamin. Werke und Nachlaß. Kritische Gesamtausgabe. Band 16: Das Kunstwerk im Zeitalter seiner technischen Reproduzierbarkeit, hrsg. von Burkhardt Lindner, Berlin, S. 207–256.

Benjamin, Walter (1991 [1942]): Über den Begriff der Geschichte. In: Ders.: Gesammelte Schriften, Band I.2, unter Mitwirkung von Theodor W. Adorno und Gershom Scholem, hrsg. von Rolf Tiedemann und Hermann Schweppenhäuser, Frankfurt a.M., S. 691-704.

Bernstein, Martin (2016): 3-D-Modell von Auschwitz soll NS-Verbrecher überführen. In: Süddeutsche Zeitung vom 26.08.2016 https://www.sueddeutsche.de/panorama/tatorte-3-d-modell-von-auschwitz-soll-moegliche-ns-verbrecher-ueberfuehren-1.3138841-0#seite-2 (30.11.2019).

Bilstein, Johannes (2014): Unbewusstes. In: Wulf, Christoph / Zirfas, Jörg (Hrsg.): Handbuch Pädagogische Anthropologie, Wiesbaden, S. 643-649.

Brandt, Susanne (2003): „Wenig Anschauung"? Die Ausstrahlung des Films Holocaust im westdeutschen Fernsehen. In: Cornelißen, Christoph / Klinkhammer, Lutz / Schwentker, Wolfgang (Hrsg.): Erinnerungskulturen. Deutschland, Italien und Japan seit 1945, Frankfurt a.M., S. 257-268.

Brauer, Juliane / **Lücke**, Martin (2013): Emotionen, Geschichte und historisches Lernen: Einführende Überlegungen. In: Dies (Hrsg.): Emotionen, Geschichte und historisches Lernen: Geschichtsdidaktische und geschichtskulturelle Perspektiven. Studien des Georg-Eckert-Instituts zur internationalen Bildungsmedienforschung 133, Göttingen, S. 11-26.

Brauer, Juliane (2016): ‚Heiße Geschichte'? Emotionen und historisches Lernen in Museen und Gedenkstätten. In: Willner, Sarah / Koch, Georg / Samida, Stefanie (Hrsg.): Doing History. Performative Praktiken in der Geschichtskultur, Münster / New York, S. 29-44.

Brauer, Juliane (2019): Gefühlte Geschichte? Emotionen, Geschichte und historisches Lernen. In: Vierteljahrsschrift für wissenschaftliche Pädagogik, 95 (2019), S. 272-283.

Brecht, Bertolt (1957 [1937]): Verfremdungseffekte in der chinesischen Schauspielkunst. In: Schrift zum Theater. Über eine nicht-aristotelische Dramatik, Frankfurt a.M., S. 74-89.

Brecht, Bertolt (1957 [1940]): Neue Technik der Schauspielkunst. In: Ders.: Schrift zum Theater. Über eine nicht-aristotelische Dramatik, Frankfurt a.M., S. 106-114.

Brink, Cornelia (1998): Ikonen der Vernichtung. Öffentlicher Gebrauch von Fotografien aus nationalsozialistischen Konzentrationslagern nach 1945, Berlin.

Broersma, Koert / **Rossing**, Gerard (1997): Kamp Westerbork gefilmd. Het verhaal over een unieke film uit 1944, Hooghalen / Assen.

Brümmer, Kristina / **Alkemeyer**, Thomas (2017): Bausteine zu einer Geschichte ‚schweigenden Wissens'. In: Budde, Jürgen / Hietzge, Maud / Kraus, Anja / Wulf, Christoph (Hrsg.): Handbuch Schweigendes Wissen, Weinheim, S. 29-44.

Brümmer, Kristina / **Alkemeyer**, Thomas (2017): Bausteine zu einer Geschichte ‚schweigenden Wissens'. In: Budde, Jürgen / Hietzge, Maud / Kraus, Anja / Wulf, Christoph (Hrsg.): Handbuch Schweigendes Wissen, Weinheim, S. 29-44.

Bryson, Norman (2001 [1983]): Das Sehen und die Malerei. Die Logik des Blicks, München.

Bohn, Cornelia / **Hahn**, Alois (2003 [1999]): Pierre Bourdieu (1930-2002). In: Kaesler, Dirk (Hrsg.): Klassiker der Soziologie. Band II. Von Talcott Parsons bis Pierre Bourdieu, München, 4. Aufl., S. 252- 271.

Bolter, Jay David / **Grusin**, Richard (1999): Remediation: Understanding New Media, Cambridge / London.

Bordwell, David (1996): La Nouvelle Mission de Feuillade; or What Was Mise-en-Scène? In: Velvet Light Trap: A Critical Journal of Film & Television, 37, H. 3, S. 10-29.

Bordwell, David (1997): On the History of Film Style, Cambridge / London.

Bordwell, David (2008): Poetics of Cinema, New York / London.

Bordwell, David / **Thompson**, Kristin (2019 [1979]): Film art. An introduction, 11. Aufl., Boston.

Borries, Bodo von (1996): Imaginierte Geschichte, Köln.

Bourdieu, Pierre (1976): Entwurf einer Theorie der Praxis auf der ethnologischen Grundlage der kabylischen Gesellschaft, Frankfurt a.M.

Bourdieu, Pierre (1987 [1980]): Sozialer Sinn. Kritik der theoretischen Vernunft, Frankfurt a.M.

Bourdieu, Pierre (1992 [1984]): Homo academicus, Frankfurt a.M.

Bourdieu, Pierre (1997 [1985]): Zur Genese der Begriffe Habitus und Feld. In: Ders.: Der Tote packt den Lebenden. Schriften zu Politik und Kultur 2, Hamburg, S. 55–73.

Bourdieu, Pierre (2001 [1997]): Meditationen. Zur Kritik der scholastischen Vernunft, Frankfurt a.M.

Bourdieu, Pierre (2005 [1998]): Die Männliche Herrschaft, Frankfurt a.M.

Böhme, Kurt W. / **Maschke**, Erich (1962-1974) (Hrsg.): Zur Geschichte der Deutschen Kriegsgefangenen des Zweiten Weltkrieges, Wissenschaftliche Kommission für deutsche Kriegsgefangenengeschichte, 15 Bände, Bielefeld.

Bösch, Frank (2016): Geschichte als Erlebnis. Ereignisse als historische Erfahrung in situ. In: Willner, Sarah / Koch, Georg / Samida, Stefanie (Hrsg.): Doing History. Performative Praktiken in der Geschichtskultur, Münster / New York, S. 83-96.

Bude, Heinz (1992): Bilanz der Nachfolge. Die Bundesrepublik und der Nationalsozialismus, Frankfurt a.M.

Budde, Jürgen / **Hietzge**, Maud / **Kraus**, Anja / **Wulf**, Christoph (2027) (Hrsg.): Handbuch Schweigendes Wissen, Weinheim.

Budde, Jürgen / **Hietzge**, Maud / **Kraus**, Anja / **Wulf**, Christoph (2017): ‚Schweigendes' Wissen in Lernen, Erziehung, Bildung und Sozialisation. Einführung. In: Dies. (Hrsg.): Handbuch Schweigendes Wissen, Weinheim, S. 11-28.

Budde, Jürgen / **Bittner**, Martin / **Bossen**, Andrea / **Rißler**, Georg (2018) (Hrsg.): Konturen praxistheoretischer Erziehungswissenschaft, Weinheim / Basel.

Budde, Jürgen / **Bittner**, Martin / **Bossen**, Andrea / **Rißler**, Georg (2018): Konturen praxistheoretischer Erziehungswissenschaft. Eine Einleitung. In: Dies. (Hrsg.): Konturen praxistheoretischer Erziehungswissenschaft, Weinheim / Basel, S. 9-17.

Caroll, Noël (1998): A Philosophy of Mass Art, Oxford.

Casetti, Francesco (2001 [1999]): Filmgenres, Verständigungsvorgänge und kommunikativer Vertrag. In: montage AV, 10/2/2001, S. 155-173.

Casetti, Francesco (2010): Die Explosion des Kinos. Filmische Erfahrung in der postkinematographischen Epoche. In: montage av 19/1/2010, S. 11-35.

Classen, Christoph (2004): Back to the fifties? Die NS-Vergangenheit als nationaler Opfermythos im frühen Fernsehen der Bundesrepublik. In: Zeitgeschichte-online https://zeitgeschichte-online.de/themen/back-fifties (20.02.2020).

Clemens, Iris (2017): Schweigendes Wissen in kulturtheoretischer und epistemologischer Perspektive. In: Budde, Jürgen / Hietzge, Maud / Kraus, Anja / Wulf, Christoph (Hrsg.): Handbuch Schweigendes Wissen, Weinheim, S. 45-56.

Corell, Catrin (2009): Der Holocaust als Herausforderung für den Film. Formen des filmischen Umgangs mit der Shoah seit 1945. Eine Wirkungstypologie, Bielefeld.

Crary, Jonathan (1996): Techniken des Betrachtens. Sehen und Moderne im 19. Jahrhundert, Dresden / Basel.

Crary, Jonathan (2002 [1999]): Aufmerksamkeit. Wahrnehmung und moderne Kultur, Frankfurt a.M.

Dayan, Daniel / **Katz**, Elihu (1994): Media Events: The Live Broadcasting of History, Cambridge.

Dewey, John (1980 [1934]): Kunst als Erfahrung, Frankfurt a.M.

Dewey, John (1988 [1938]): The Philosophy of the Arts. In: ders.: The Later Works, 1925–1953. Vol. 13: 1938–1939, hg. v. Jo Ann Boydston, Carbondale/ Edwardsville.

Dewey, John (1995 [1925]): Erfahrung und Natur, Frankfurt a.M.

Didi-Huberman, Georges (2010 [2002]): Die Mnemosyne-Montage: Tafeln, Raketen, Details, Intervalle. In: Ders.: Das Nachleben der Bilder. Kunstgeschichte und Phantomzeit nach Aby Warburg, Frankfurt a.M., S. 499-559.

Didi-Huberman, Georges (2005): Bewegende Bewegung. Die Schleier der *Ninfa* nach Aby Warburg. In: Enders, Johannes / Wittmann, Barbara /Wolf, Gerhard: Ikonologie des Zwischenraums. Der Schleier als Medium und Metapher, München, S. 331-360.

Didi-Huberman, Georges (2007 [2003]): Bilder trotz allem, München.

Dietrich, Cornelie (2009): Ästhetische Bildung zwischen Markt und Mythos. In: Westphal, Kirstin / Liebert, Wolf-Andreas (Hrsg.): Gegenwärtigkeit und Fremdheit. Wissenschaft und Künste im Dialog über Bildung, Weinheim/München, S. 39-54.

Dietrich, Cornelie / **Krinninger**, Dominik / **Schubert**, Volker (2013): Einführung in die Ästhetische Bildung, 2. durchgesehene Auflage, Weinheim / Basel.

Dillmann, Claudia / **Möller**, Thomas (2001): Einleitung. In: Deutsches Filminstitut (Hrsg.): Die Vergangenheit in der Gegenwart. Konfrontation mit den Folgen des Holocaust im deutschen Nachkriegsfilm, Frankfurt a.M.

Diner, Dan (Hrsg.) (1988): Zivilisationsbruch. Denken nach Auschwitz, Frankfurt a.M.

Diner, Dan (1999): Über Schulddiskurse und andere Narrative. Epistemologisches zum Holocaust. In: Koch, Gertrud (Hrsg.): Bruchlinien. Tendenzen der Holocaustforschung, Köln / Weimar / Wien, S. 61-84.

Dinkelaker, Jörg (2017): Aufmerksamkeit in pädagogischen Situationen. In: Kraus, Anja / Budde, Jürgen / Hietzge, Maud / Wulf, Christoph (Hrsg.): Handbuch Schweigendes Wissen. Erziehung, Bildung, Sozialisation und Lernen, Weinheim / Basel, S. 380-391.

Doßmann, Axel (2018): Bilder aus dem Lager Westerbork und Harun Farockis Revision in Aufschub. In: Krautkrämer, Florian (Hrsg.): Aufschub. Das Lager Westerbork und der Film von Rudolf Breslauer / Harun Farocki, unter Mitarbeit von Ulrike Bergermann, Berlin, S. 63-114.

Dümling, Albrecht (1993): Musikalischer Kontrapunkt zur filmischen Darstellung des Schreckens. Hanns Eislers Musik zu Nuit et Brouillard von Alain Resnais. In: Köppen, Manuel (Hrsg.): Kunst und Literatur nach Auschwitz, Berlin, S. 113-123.

Ebbrecht-Hartmann, Tobias (2016): Three Dimensions of Archive Footage. Researching Archive Films from the Holocaust. In: Apparatus. Film, Media and Digital Cultures in Central and Eastern Europe, doppelte Sonderausgabe, hg. von Natascha Drubek, Ghetto Films and their Afterlife http://www.apparatusjournal.net/index.php/apparatus/article/view/51/105 (05.05.2020).

Elsaesser, Thomas (1986): The New Film History. In: Sight and Sound 55,4, S. 246-251.

Elsaesser, Thomas (2001): Realität zeigen: Der frühe Film im Zeichen Lumières. In: von Keitz, Ursula / Hoffmann, Kay (Hrsg.): Die Einübung des dokumentarischen Blicks. ‚Fiction Film' und ‚Non Fiction Film' zwischen Wahrheitsanspruch und expressiver Sachlichkeit 1895-1945, Marburg, S. 27-50.

Elsaesser, Thomas (2002): Filmgeschichte und frühes Kino. Archäologie eines Medienwandels, München.

Elsaesser, Thomas / **Hagener**, Malte (2013 [2007]): Filmtheorie zur Einführung, 4. überarbeitete Auflage, Hamburg.

Elsaesser, Thomas (2015): Der Vergangenheit ihre Zukunft lassen. Harun Farockis Aufschub. In: Gonzáles de Reufels, Delia / Greiner, Raums / Pauleit, Winfried (Hrsg.): Film und Geschichte. Produktion und Erfahrung von Geschichte durch Bewegtbild und Ton, Berlin, S. 11-25.

Engel, Juliane / **Paul**, Heike (2017): Implizites Wissen im interdisziplinären Diskurs. In: Budde, Jürgen / Hietzge, Maud / Kraus, Anja / Wulf, Christoph (Hrsg.): Handbuch Schweigendes Wissen, Weinheim, S. 107-119.

Engell, Lorenz (1995): Bewegen beschreiben. Theorie zur Filmgeschichte, Weimar.

Engell, Lorenz (2010): Kinematographische Agenturen. In: Engell, Lorenz / Bystřický, Jiří / Krtilová, Kateřina (Hrsg.): Medien denken. Von der Bewegung des Begriffs zu bewegten Bildern, Bielefeld, S. 137-156.

Engell, Lorenz / **Wendler**, André (2011): Motiv und Geschichte. In: Rabbiteye. Zeitschrift für Filmforschung, 003/2011, S. 24-40.

Engell, Lorenz / **Siegert**, Bernhard (2013): Editorial. In: Zeitschrift für Medien- und Kulturforschung, Schwerpunkt Medienanthropologie, S. 5-10.

Engell, Lorenz (2014): Ihre Medientheorie auf einer Seite. In: ZfM 10, 1/2014, S. 35-37.

Engell, Lorenz (2015): Der Film zwischen Ontografie und Anthropogenese. In: Voss, Christiane / Engell, Lorenz (Hrsg.): Mediale Anthropologie, Paderborn, S. 63-82.

Fabich, Rainer (1993): Musik für den Stummfilm. Analysierende Beschreibung originaler Filmkompositionen, Frankfurt a.M. / New York.

Fabich, Rainer (2015): Von Kinokapellen und Klavierillustratoren. Die Ära der Stummfilmmusik. In: Bundeszentrale für politische Bildung https://www.bpb.de/geschichte/zeitgeschichte/sound-des-jahrhunderts/209733/stummfilmmusik (05.05.2020).

Fahle, Oliver (2011): Das Material des Films. In: Sommer, Gudrun / Hediger, Vinzenz / Fahle, Oliver (Hrsg.): Orte filmischen Wissens. Filmkultur und Filmvermittlung im Zeitalter digitaler Netzwerke, Marburg, S. 293-306.

Farocki, Harun (2007): Die Bilder sollen gegen sich selbst aussagen. In: Schwarte, Ludger (Hrsg.): Auszug aus dem Lager. Zur Überwindung des modernen Raumparadigmas in der politischen Philosophie, Berlin / Bielefeld, S. 295-311.

Ferro, Marc (1991 [1985]): Gibt es eine filmische Sicht der Geschichte? In: Rother, Rainer (Hrsg.): Bilder schreiben Geschichte: Der Historiker im Kino, Berlin, S. 17-36.

Feuchert, Sascha (2001): Flucht in den Gegendiskurs: Einige Bemerkungen zu Josef Martin Bauers ‚Soweit die Füße tragen' – einem Bestseller des Wirtschaftswunders. In: Ders. (Hrsg.): Flucht und Vertreibung in der deutschen Literatur, Frankfurt a.M., S. 169-181.

Fischer, Stefan (2010): Falsche Nachkriegserinnerung. Der Schnee von gestern, Süddeutsche Zeitung vom 23. März 2010 https://www.sueddeutsche.de/kultur/falsche-nachkriegserinnerungen-der-schnee-von-gestern-1.12263 (03.02.2019).

Fischer-Lichte, Erika (2004): Ästhetik des Performativen, Frankfurt a.M.

Foucault, Michel (1993 [1967]): Andere Räume. In: Barck, Karlheinz (Hrsg.): Aisthesis: Wahrnehmung heute oder Perspektiven einer anderen Ästhetik, 5. durchgesehene Aufl., Leipzig, S. 34-46.

Franzen, K. Erik (2003): In der neuen Mitte der Erinnerung. Anmerkungen zur Funktion eines Opferdiskurses. In: Zeitschrift für Geschichtswissenschaft, 51, S. 49-53.

Frei, Norbert (1996): Der Frankfurter Auschwitz-Prozeß und die deutsche Zeitgeschichtsforschung. In: Fritz Bauer Institut (Hrsg.): Auschwitz. Geschichte, Rezeption und Wirkung, Frankfurt, S. 123-138.

Frei, Norbert (2005): 1945 und wir. Das Dritte Reich im Bewußtsein der Deutschen, 2. Aufl., München, S. 23-40.

Frevert, Ute (2009): Was haben Gefühle in der Geschichte zu suchen? In: Geschichte und Gesellschaft 35/2, S. 183-209.

Frevert, Ute / **Schmidt**, Anne (2011): Geschichte, Emotionen und die Macht der Bilder. In: Gesellschaft und Geschichte, 2011/37, S. 5-25.

Frevert, Ute / **Wulf**, Christoph (2012) Die Bildung der Gefühle. In: Dies. (Hrsg.): Die Bildung der Gefühle, Zeitschrift für Erziehungswissenschaft, Vol. 15, Supplement 1, S. 1-10.

Frevert, Ute (2013): Vergängliche Gefühle, 2. Aufl., Göttingen.

Frevert, Ute (2017): Die Politik der Demütigung. Schauplatz von Macht und Ohnmacht, 2. Aufl., Frankfurt a.M.

Friedmann, Georges / **Morin**, Edgar (2010 [1952]): Soziologie des Kinos. In: montage AV 19/2/2010, S. 21-41, hier S. 30.

Fröhlich, Gerhard (1994): Kapital, Habitus, Feld, Symbol. Grundbegriffe der Kulturtheorie bei Pierre Bourdieu. In: Mörth, Ingo / Fröhlich, Gerhard (Hrsg.): Das symbolische Kapital der Lebensstile. Zur Kultursoziologie der Moderne nach Pierre Bourdieu, Frankfurt a.M./ New York, S. 31-53.

Frübis, Hildegard / **Oberle**, Clara / **Pufelska**, Agnieszka (2019) (Hrsg.): Fotografien aus den Lagern des NS-Regimes, Wien / Köln / Weimar.

Galitz, Robert / **Reimers**, Brita (1995) (Hrsg.): Aby M. Warburg. „Ekstatische Nymphe ... trauernder Flußgott". Portrait eines Gelehrten, Hamburg.

Gallwitz, Tim (2001): „Was vergangen ist, muss vorbei sein!" Zur Gegenwärtigkeit des Holocaust im frühen deutschen Nachkriegsfilm 1945-1950. In: Deutsches Filminstitut (Hrsg.): Die Vergangenheit in der Gegenwart. Konfrontation mit den Folgen des Holocaust im deutschen Nachkriegsfilm, Frankfurt a.M., S. 10-19.

Gammerl, Benno (2012): Emotional styles: concepts and challenges. In: Rethinking History, Vol. 16, No. 2, S. 161-175.

Garncarz, Joseph (2010): Maßlose Unterhaltung. Zur Etablierung des Films in Deutschland 1896-1914, Frnkfurt a.M. / Basel.

Geimer, Alexander (2010): Filmrezeption und Filmaneignung. Eine qualitativ-rekonstruktive Studie über Praktiken der Rezeption bei Jugendlichen, Wiesbaden.

Geimer, Peter (2007): Das Bild als Spur: Mutmaßungen über ein untotes Paradigma. In: Krämer, Sybille / Kogge, Werner / Grube, Gernot (Hrsg.): Spur: Spurenlesen als Orientierungstechnik und Wissenskunst, Frankfurt a.M., S. 95-120.

Geng, Johannes (2019): Sensorische Regime. Die wahrnehmungsformierende Kraft des Films, Wiesbaden.

Glaubitz, Nicola / **Käuser**, Andreas / **Ritzer**, Ivo / **Schröter**, Jens / **Stiglegger**, Marcus (2014): Medienanthropologie. In: Schröter, Jens (Hrsg.): Handbuch Medienwissenschaft, Stuttgart, S. 383-392.

Gombrich, Ernst H. (1995): Aby Warburg und der Evolutionismus des 19. Jahrhunderts. In: Galitz, Robert / Reimers, Brita (Hrsg.): Aby M. Warburg. „Ekstatische Nymphe ... trauernder Flußgott". Portrait eines Gelehrten, Hamburg, S. 52-73.

Greenblatt, Stephen (1988): The Circulation of Social Energy. In: Shakespearen Negotiations. The Circulation of Social Energy in Renaissance England, Berkeley / Los Angeles, S. 1-20.

Greenblatt, Stephen (1990 [1988]): Verhandlungen mit Shakespeare. Innenansichten der englischen Renaissance, aus dem Amerikanischen von R. Cackett, Berlin.

Greenblatt, Stephen (1995 [1990]): Grundzüge einer Poetik der Kultur. In: Ders.: Schmutzige Riten, Frankfurt a.M., S. 107-122.

Gregor, Ulrich (2011): Nuit et Brouillard. Bemerkungen zu einer Schlüsselszene. In: montage AV 20/1/2011, S. 183-185.

Greif, Gideon (1995): Wir weinten tränenlos... Augenzeugenberichte der jüdischen „Sonderkommandos" in Auschwitz, Köln / Weimar / Wien.

Groß, Bernhard / **Morsch**, Thomas (2016) (Hrsg.): Handbuch Filmtheorie, Wiesbaden.

Groß, Bernhard (2016): Filmgeschichte. Film, Geschichte und die Politik der Bilder. In: Groß, Bernhard / Morsch, Thomas (Hrsg.): Handbuch Filmtheorie, Wiesbaden, S. 1-19.

Gunning, Tom (1990): Cinema of Attractions: Early Film, Its Spectator, and the Avant-Garde. In: Elsaesser, Thomas (Hrsg.): Early Cinema: Space, Frame, Narrative, unter Mitarbeit von Adam Barker, London, S. 56–62. [Dt. als: Das Kino der Attraktionen. Der frühe Film, seine Zuschauer und die Avantgarde. In: Meteor, 4, 1996, S. 25-34.]

Günzel, Stephan (2014): Negative Medientheorie. In: Schröter, Jens (Hrsg.): Handbuch Medienwissenschaft, Stuttgart / Weimar, S. 170-174.

Hagener, Michael (1998): Aufmerksamkeit als Ausnahmezustand. In: Haas, Norbert / Nägele, Rainer / Rheinberg, Hans-Jörg (Hrsg.): Aufmerksamkeit, Eggingen, S. 273-294.

Hagener, Malte / Kammerer, Dietmar (2016): Theoretische Aspekte der Montage, der filmischen Verfahren und Techniken. In: Groß, Bernhard / Morsch, Thomas (Hrsg.): Handbuch Filmtheorie, Wiesbaden, S. 1-17.

Hagener, Malte / **Pantenburg**, Volker (2020) (Hrsg.): Handbuch Filmanalyse, Wiesbaden.

Hahn, Alois (2001): Aufmerksamkeit. In: Assmann, Aleida / Assmann, Jan (Hrsg.): Aufmerksamkeiten, Reihe: Archäologie der literarischen Kommunikation 7, München, S. 25-56.

Hájková, Anna (2004): Das Polizeiliche Durchgangslager Westerbork. In: Benz, Wolfgang / Distel, Barbara (Hrsg.): Terror im Westen: Nationalsozialistische Lager in den Niederlanden, Belgien und Luxemburg 1940-1945, Berlin, S. 217-248.

Hansen, Miriam (1993): Early Cinema, Late Cinema: Permutations of the Public Sphere. In: Screen, Vol. 34, No. 3, S. 197-210.

Harvey, Elisabeth (2009 [2003]): Der Osten braucht dich! Frauen und nationalsozialistische Germanisierungspolitik, Hamburg.

Hediger, Vinzenz / **Fahle**, Oliver / **Sommer**, Gudrun (2011): Einleitung. Filmisches Wissen, die Frage des Ortes und das Pensum der Bildung. In: Dies. (Hrsg.): Orte filmischen Wissens. Filmkultur und Filmvermittlung im Zeitalter digitaler Netzwerke, Marburg, S. 9-41.

Hediger, Vinzenz (2015): Aufhebung. Geschichte im Zeitalter des Films. In: Engell, Lorenz / Fahle, Oliver / Hediger, Vinzenz / Voss, Christiane (Hrsg.): Essays zur Film-Philosophie, Paderborn, S. 169-249.

Held, Jutta / **Schneider**, Norbert (1993): Sozialgeschichte der Malerei vom Spätmittelalter bis ins 20. Jahrhundert, Köln.

Heller, Franziska (2020): Neoformalismus / Kognitivismus. In: Hagener, Malte / Pantenburg, Volker (Hrsg.): Handbuch Filmanalyse, Wiesbaden, S. 329-349.

Hemme, Dorothee (2009): Märchenstraße – Lebenswelten: Zur kulturellen Konstruktion einer touristischen Themenstraße, Studien zur Kulturanthropologie/Europäische Ethnologie 2, Berlin.

Hepp, Andreas (2014): Mediatisierung / Medialisierung. In: Schröter, Jens (Hrsg.): Handbuch Medienwissenschaft, unter Mitarbeit von Simon Ruschmeyer und Elisabeth Walke, Stuttgart / Weimar, S. 190-196.

Heuss, Theodor (1949): Silvester-Ansprache 31.12.1949, erste Seite mit Ergänzungen und Korrekturen, digital zur Verfügung gestellt vom Bundesarchiv https://www.bundesarchiv.de/DE/Content/Virtuelle-Ausstellungen/Silvesteransprache-Des-Bundespraesidenten-1949/silvesteransprache-des-bundesprasidenten-1949.html (28.01.2019).

Heyl, Matthias (2013): Mit Überwältigung überwältigen: Emotionen in KZ-Gedenkstätten. In: Brauer, Juliane / Lücke, Martin (Hrsg.): Emotionen, Geschichte und historisches Lernen. Geschichtsdidaktische und geschichtskulturelle Perspektiven. Studien des Georg-Eckert-Instituts zur internationalen Bildungsmedienforschung 133, Göttingen, S. 239-260.

Hickethier, Knut (1996): Film und Fernsehanalyse, Stuttgart / Weimar.

Hilger, Andreas / **Schmidt**, Ute / **Schmeitzner**, Mike (2001) (Hrsg.): Sowjetische Militärtribunale (= Schriften des Hannah-Arendt-Institut für Totalitarismusforschung, Band 17), Band 1: Die Verurteilung deutscher Kriegsgefangener 1941-1953, Köln / Weimar / Wien.

Hillebrand, Frank (2013): Praxistheorie. In: Kneer, Georg /Schroer, Markus (Hrsg.): Handbuch Soziologische Theorien, Wiesbaden, S. 369-394.

Hillesum, Etty (1983 [1941-1943]): Das denkende Herz der Baracke. Die Tagebücher von Etty Hillesum 1941-1943, hg. von Gaarlandt, Jan Geurt, Freiburg.

Hitzer, Bettina / **Welskopp**, Thomas (2010) (Hrsg.): Die Bielefelder Sozialgeschichte. Klassische Texte zu einem geschichtswissenschaftlichen Programm und seinen Kontroversen, Bielefeld.

Hitzler, Roland (2011): Eventisierung: Drei Fallstudien zum marketingstrategischen Massenspaß, Wiesbaden.

Hodenberg, Christina von (2020): Zur Generation der 45er. Stärken und Schwächen eines Deutungsmusters. In: Aus Politik und Zeitgeschichte, 70. Jg., 4-5/2020, S. 4-9.

Hoffmann, Hilmar (1988): „Und die Fahne führt uns in die Ewigkeit". Propaganda im NS-Film, Frankfurt a.M.

Hofmann, Werner (1995): Der Mnemosyne-Atlas. Zu Warburgs Konstellationen. In: Galitz, Robert / Reimers, Brita (Hrsg.): Aby M. Warburg. „Ekstatische Nymphe ... trauernder Flußgott". Portrait eines Gelehrten, Hamburg, S. 172-183.

Holtrof, Cornelius (2010): On the Possibility of Time Travel. In: Lund Archaelogical Review 15/16, S. 31-41.

Holtorf, Cornelius (2010): On Pastness: A Reconsideration of Materiality in Archaeological Object Authenticity. In: Anthropological Quarterly 86/2, S. 427-444.

Hornshoj-Moeller, Stig (1995): Der ewige Jude. Quellenkritische Analyse eines antisemitischen Propagandafilms, Göttingen.

Horstmann, Anja (2009): „Judenaufnahmen fürs Archiv" – Das dokumentarische Filmmaterial „Asien in Mitteleuropa". In: Medaon. Magazin für jüdisches Leben in Forschung und Bildung, 4 / 2009, S. 1-11.

Horstmann, Anja (2013): Das Filmfragment „Ghetto" – erzwungene Realität und vorgeformte Bilder. In: Bundeszentrale für politische Bildung https://www.bpb.de/geschichte/nationalsozialismus/geheimsache-ghettofilm/156549/das-filmfragment-ghetto?p=all (05.05.2020).

Hörning, Karl H. / **Reuter**, Julia (2015): Doing Culture. Neue Positionen zum Verhältnis von Kultur und sozialer Praxis, Bielefeld.

Huber, Martin (2010): Methoden sozialgeschichtlicher und gesellschaftsgeschichtlicher Ansätze. In: Nünning, Vera / Nünning, Ansgar / Bauder-Begerow, Irina (Hrsg.): Methoden der literatur- und kulturwissenschaftlichen Textanalyse. Ansätze – Grundlagen – Modellanalysen, Stuttgart / Weimar, S. 201-223.

Huisstede, Peter van (1995): Der Mnemosyne-Atlas. Ein Laboratorium der Bildergeschichte. In: Galitz, Robert / Reimers, Brita (Hrsg.): Aby M. Warburg. „Ekstatische Nymphe ... trauernder Flußgott". Portrait eines Gelehrten, Hamburg, S. 130-171.

Hübscher, Sarah / **Neuendank**, Elvira (2018): Learning from Warburg. Der Bilderatlas als Erkenntnis-, Darstellungs- und Vermittlungsinstrument. In: Zeitschrift für Pädagogik, Jahrgang 64 / Heft 3, S. 307-324.

Hümme, Heike (2005): Künstlerischer Opportunismus in der Malerei und Plastik des Dritten Reiches. Braunschweig, S. 75f.

Jahn, Peter (2012): Moralische Sieger. Westdeutsche Spielfilme zum Thema deutscher Kriegsgefangener in der Sowjetunion. In: Scherstjanoi, Elke (Hrsg.): Russlandheimkehrer. Die sowjetische Kriegsgefangenschaft im Gedächtnis der Deutschen, München, S. 148-164.

James, William (1911 [1885]): The function of cognition. In: Ders.: The meaning of truth. New York, S. 1-42.

Jankowski, Stanislaw / **Wood**, Thomas (1997): Jan Karski – Einer gegen den Holocaust. Als Kurier in geheimer Mission, Gießen.

Jaspers, Karl (1996 [1946]): Die Schuldfrage. Von der politischen Haftung Deutschlands, München.

Jaspers, Karl (1979): Die Schuldfrage. Für Völkermord gibt es keine Verjährung, München.

Jeismann, Karl-Ernst (1997 [1979]): Geschichtsbewußtsein – Theorie. In: Bergmann, Klaus / Fröhlich, Klaus / Kuhn, Anette / Rüsen, Jörn / Schneider, Gerhard (Hrsg.): Handbuch der Geschichtsdidaktik, 5. überarb. Aufl., Seelze-Velber, S. 42-44.

Jergus, Kerstin (2019): Zur Medialität pädagogischer Beziehungen und der medialen Seite der Bildung. In: Gentzel, Peter / Krotz, Friedrich / Wimmer, Jeffrey / Winter, Rainer (Hrsg.): Das vergessene Subjekt. Subjektkonstitution in mediatisierten Alltagswelten, Wiesbaden, S. 255-275.

Jörissen, Benjamin (2017): Einführung: Digitale Medialität und implizites Wissen. In: Budde, Jürgen / Hietzge, Maud / Kraus, Anja / Wulf, Christoph (Hrsg.): Handbuch Schweigendes Wissen, Weinheim, S. 439-447.

Junker, Detlef / **Reisinger**, Peter (1977 [1974]): Was kann Objektivität in der Geschichtswissenschaft heißen, und wie ist sie möglich? In: Dies. (Hrsg.): Theorieprobleme der Geschichtswissenschaft, Darmstadt.

Jurczyk, Karen / **Lange**, Andreas / **Thiessen**, Barbara (2010) (Hrsg.): Doing Family - Familienalltag heute, Weinheim.

Jureit, Ulrike (2004): „Zeigen heißt verschweigen". Die Ausstellungen über die Verbrechen der Wehrmacht. In: Mittelweg 36, 13/1, S. 3-27.

Jureit, Ulrike / **Schneider**, Christian (2010): Gefühlte Opfer. Illusionen der Vergangenheitsbewältigung, Stuttgart.

Jureit, Ulrike (2012): Normative Verunsicherungen. Die Besichtigung einer erinnerungspolitischen Zäsur. In: Fröhlich, Magrit / Jureit, Ulrike / Schneider, Christian (Hrsg.): Das Unbehagen an der Erinnerung – Wandlungsprozesse im Gedenken an den Holocaust, Frankfurt a.M., S. 21-36.

Jureit, Ulrike (2017): Generation, Generationalität, Generationenforschung, Version: 2.0. In: Docupedia-Zeitgeschichte, 03.08.2017 verfügbar unter: https://docupedia.de/zg/Jureit_generation_v2_de_2017 (15.04.2020).
Jureit, Ulrike (2019): Generation – ein Kollektivbegriff mit begrenzter Reichweite. In: Die Mediation Quartal I/2019, S. 21-27.
Jurich, Joscelyn (2013): What do Subjects want? In: Afterimage. Volume 40, Issue 5, Oakland, S. 6-10.
Kade, Jochen (1999): Irritationen – zur Pädagogik der Talkshow. In: Gogolin, Ingrid / Lenzen, Dieter (Hrsg.): Medien Generation, Opladen, S. 151-181.
Kade, Jochen / Seitter, Wolfgang (2003): Von der Wissensvermittlung zur pädagogischen Kommunikation. Theoretische Perspektiven und empirische Befunde. In: Zeitschrift für Erziehungswissenschaft, 6. Jg. / H. 4, S. 602-617.
Kade, Jochen (2004): Erinnerung und Pädagogik. Darstellungsformen des Holocaust im Spielfilm. In: Meseth, Wolfgang / Proske, Matthias / Radtke, Frank-Olaf (Hrsg.): Schule und Nationalsozialismus. Anspruch und Grenzen des Geschichtsunterrichts, Frankfurt / New York, S. 65-91, hier S. 65.
Kade, Jochen (2011): Aufmerksamkeitskommunikation. Zu einem erziehungswissenschaftlichen Grundbegriff. In: Amos, Sigrid Karin / Meseth, Wolfgang / Proske, Matthias (Hrsg.): Öffentliche Erziehung revisited. Erziehung, Politik und Gesellschaft im Diskurs, Wiesbaden, S. 75-99.
Kaes, Anton (1985): Über den nomadischen Umgang mit Geschichte. Aspekte zu Alexander Kluges Film „Die Patriotin". In: Text und Kritik. Alexander Kluge, H. 85/86, S. 132-144.
Kaes, Anton (1987): Deutschlandbilder. Die Wiederkehr der Geschichte als Film, München.
Kant, Immanuel (1956 [1781]): Kritik der reinen Vernunft I, Werke III, hg. von Wilhelm Weischedel, Wiesbaden.
Kant, Immanuel (1983 [1798/1800]): Anthropologie in pragmatischer Hinsicht, Werke in zehn Bänden, Bd. 10, hg. von Wilhelm Weischedel, Darmstadt.
Kany, Roland (1987): Mnemosyne als Programm. Geschichte, Erinnerung und die Andacht zum Unbedeutenden im Werk von Usener, Warburg und Benjamin, Studien zur deutschen Literatur 93, Tübingen.
Karski, Jan (2011 [1944]): Mein Bericht an die Welt. Geschichte eines Staates im Untergrund, München.
Kasinof, Laura (2011): Strikes Hit Yemen as Violence Escalates in Capital, The New York Times, 15. Oktober.
Kat. Ausst. Aby Warburg. Bildersammlung zur Geschichte von Sternglaube und Sternkunde im Hamburger Planetarium, Hamburg 1993, hg. von Fleckner, Uwe / Galitz, Robert / Naber, Claudia / Nöldeke, Herwart, Hamburg.
Keilbach, Judith (2008): Geschichtsbilder und Zeitzeugen. Zur Darstellung des Nationalsozialismus im Bundesdeutschen Fernsehen. Münster.
Keitz, Ursula von (2007): Zwischen Dramatisierung und Episierung. NS-Täterbilder in exemplarischen deutschen Spielfilmen. In: Fröhlich, Margrit / Schneider, Christian / Visarius, Karsten (Hrsg.): Das Böse im Blick. Die Gegenwart des Nationalsozialismus im Film, München, S. 159-177.
Kertész, Imre (1998): Wem gehört Auschwitz? In: Die Zeit, 19. November 1998.

Kirsten, Guido (2016): Neoformalismus und Kognitive Filmtheorie. In: Groß, Bernhard / Morsch, Thomas (Hrsg.): Handbuch Filmtheorie, Wiesbaden, S. 1-18.

Kleinhans, Bernd (2003): Ein Volk, ein Reich, ein Kino. Lichtspiel in der braunen Provinz, Köln.

Kleinhans, Bernd (2013): „Der schärfste Ersatz für die Wirklichkeit". Die Geschichte der Kinowochenschau, St. Ingbert.

Kleßmann, Christoph / **Wagner**, Georg (1993) (Hrsg.): Das gespaltene Land. Leben in Deutschland 1945-1990. Texte und Dokumente zur Sozialgeschichte, München.

Knoch, Habbo (2001): Die Tat als Bild. Fotografien des Holocaust in der deutschen Erinnerungskultur, Hamburg.

Knoch, Habbo (2016): Wem gehört die Geschichte? Aufgaben der ‚Public History' als wissenschaftlicher Disziplin. In: Hasberg, Wolfgang / Thünemann, Holger (Hrsg.): Geschichtsdidaktik in der Diskussion. Grundlagen und Perspektiven, Frankfurt a.M., S. 303-345.

Knopp, Guido (2005): „Wir legen viel Wert auf Authentizität". In: Das Parlament, 17. Okt. 2005.

Koch, Gertrud (1999): Handlungsfolgen: Moralische Schlüsse aus narrativen Schließungen. Populäre Visualisierungen des Holocaust. In: Dies. (Hrsg.): Bruchlinien. Tendenzen der Holocaustforschung, Köln / Weimar / Wien, S. 295-313

Koch, Gertrud (2003): Nachstellungen – Film und historischer Moment. In: Hohenberger, Eva / Keilbach, Judith (Hrsg.): Die Gegenwart der Vergangenheit. Dokumentarfilm, Fernsehen und Geschichte, Berlin, S. 216-229.

Komisar, Efrat (2018): Filmed Documents. Methods in Researching Archival Films from the Holocaust. In: : Apparatus. Film, Media and Digital Cultures in Central and Eastern Europe, doppelte Sonderausgabe, hg. von Natascha Drubek, Ghetto Films and their Afterlife http://www.apparatusjournal.net/index.php/apparatus/article/view/85/407 (05.05.2020).

Kompisch, Kathrin (2008): Täterinnen: Frauen im Nationalsozialismus, Köln.

Koselleck, Reinhart (1977): Standortbindung und Zeitlichkeit. Ein Beitrag zur historiographischen Erschließung der geschichtlichen Welt. In: Koselleck, Reinhart / Mommsen, Wolfgang J. / Rüsen, Jörn (Hrsg.): Objektivität und Parteilichkeit in der Geschichtswissenschaft, München, S. 17-46.

Koselleck, Reinhart (1995 [1979]): Vergangene Zukunft. Zur Semantik geschichtlicher Zeiten, 3. Aufl., Frankfurt a.M.

Koselleck, Reinhart (1995 [1979]): Darstellung, Ereignis und Struktur. In: Ders.: Vergangene Zukunft: Zur Semantik geschichtlicher Zeiten, 3. Aufl., Frankfurt a.M., S. 144-157.

Koselleck, Reinhart (2015 [1984/1992]): Erinnerungsschleusen und Erfahrungsschichten. Der Einfluß der beiden Weltkriege auf das soziale Bewußtsein. In: Ders: Zeitschichten. Studien zur Historik. Mit einem Beitrag von Hans-Georg Gadamer, Frankfurt a.M., S. 265-284.

Koselleck, Reinhart (1993) in einem Interview mit Siegfried Weichelein von der tageszeitung „Mies, medioker und provinziell", taz 13.11.1993, S. 10.

Koselleck, Reinhart / **Jeismann**, Michael (1994) (Hrsg.): Der politische Totenkult. Kriegerdenkmäler in der Moderne. Bild und Text, München.

Koselleck, Reinhart (1995): Ist Geschichte eine Fiktion? Reinhart Koselleck im Interview mit Hasso Spode. In: Neue Züricher Zeitung, Folio, 1995, H 3, S. 62.

Koselleck, Reinhart (1998): Wer darf vergessen werden? Das Holocaust-Mahnmal hierarchisiert die Opfer. Die falsche Ungeduld. In: Die Zeit, 19.März.1998 https://www.zeit.de/1998/13/holocaust.txt.19980319.xml (zuletzt 24.02.2020).
Koselleck, Reinhart (1999): Die Diskontinuität der Erinnerung. In: Deutsche Zeitschrift für Philosophie 47 /2, S. 213-222.
Königseder, Angelika (2009): Polizeihaftlager. In: Benz, Wolfgang / Distel, Barbara (Hrsg.): Der Ort des Terrors. Geschichte der nationalsozialistischen Lager, Band 9, München, S. 19-52.
Köppen, Manuel (2007): Holocaust im Fernsehen. Die Konkurrenz der Medien um die Erinnerung. In: Wende, Waltraud (Hrsg.): Der Holocaust im Film. Mediale Inszenierung und kulturelles Gedächtnis, Heidelberg, S. 273-289.
Kötzing, Andreas (2014): „Der Bundeskanzler wünscht einen harten Kurs..." Bundesdeutsche Filmzensur durch den Interministeriellen Ausschuss für Ost/West-Filmfragen. In: Kunst unter Kontrolle. Filmzensur in Europa, München, S. 148-159.
Kracauer, Siegfried (2005 [1960]): Theorie des Films. Die Errettung der äußeren Wirklichkeit. Mit einem Anhang „Marseiller Entwurf" zu einer Theorie des Films, hg. von Inka Mülder-Bach, unter Mitarbeit von Sabine Biebl. In: Ders. (2004ff): Werke in 9 Bänden, Bd. 3, hg. von Mülder-Bach, Inka / Belke, Ingrid, Frankfurt a.M.
Kraus, Anja / **Budde**, Jürgen / **Hietzge**, Maud / **Wulf**, Christoph (2017) (Hrsg.): Handbuch Schweigendes Wissen. Erziehung, Bildung, Sozialisation und Lernen, Weinheim / Basel.
Kraus, Anja (2017): Können lernen. In: Budde, Jürgen / Hietzge, Maud / Kraus, Anja / Wulf, Christoph (Hrsg.): Handbuch Schweigendes Wissen, Weinheim, S. 826-838.
Krause, Peter (2002): Der Eichmann-Prozeß in der deutschen Presse, Frankfurt.
Krauss, Marita (2008): Sie waren dabei. Mitläuferinnen, Nutznießerinnen, Täterinnen im Nationalsozialismus. Göttingen.
Krautkrämer, Florian (2018) (Hrsg.): Aufschub. Das Lager Westerbork und der Film von Rudolf Breslauer / Harun Farocki, unter Mitarbeit von Ulrike Bergermann, Berlin.
Krautkrämer, Florian (2018): Sichtbares lesen und Unsichtbares zeigen. Harun Farockis Remontage in seinem Film Aufschub. In: Krautkrämer, Florian (Hrsg.): Aufschub. Das Lager Westerbork und der Film von Rudolf Breslauer / Harun Farocki, unter Mitarbeit von Ulrike Bergermann, Berlin, S. 7-19.
Kriest, Ulrich (1996): ‚Gespenstergeschichten' von Texten, die Texte umstellen. „New Historicism" und Filmgeschichtsschreibung. In: montage/av 5/1/1996, S. 89-118.
Kusters, Paul (1996): New Film History. Grundzüge einer neuen Filmwissenschaft. In: montage AV, 5/1/1996, S. 39-60.
Landwehr, Achim (2016): Die anwesende Abwesenheit der Vergangenheit. Essay zur Geschichtstheorie, Frankfurt a.M.
Laner, Iris (2018): Ästhetische Bildung zur Einführung, Hamburg.
Lanwerd, Susanne / **Stoehr**, Irene (2007): Frauen- und Geschlechterforschung zum Nationalsozialismus seit den 1970er Jahren. Forschungsstand, Veränderungen, Perspektiven. In: Gehmacher, Johanna / Hauch, Gabriella (Hrsg.): Frauen- und Geschlechtergeschichte des Nationalsozialismus: Fragestellungen, Perspektiven, neue Forschungen, Innsbruck, S. 22-68.
Lanzmann, Claude (1994): ‚Ihr sollt nicht weinen'. Einspruch gegen ‚Schindlers Liste'. In: Frankfurter Allgemeine Zeitung, vom 05. März 1994.

Lehmann-Rommel, Roswitha (2015): Aufmerksamkeit und Subjektbildung aus pragmatistischer Sicht. In: Reh, Sabine / Berdelmann, Kathrin / Dinkelaker, Jörg (Hrsg.): Aufmerksamkeit. Geschichte – Theorie – Empirie, Wiesbaden, S. 147-169.

Lenzen, Dieter (1999) (Hrsg.): Erziehungswissenschaft – Was sie kann, was sie will, Reinbek.

Lessing, Theodor (1983 [1919]): Geschichte als Sinngebung des Sinnlosen, München.

Levi, Primo(1990[1986]): Die Untergegangenen und die Geretteten, München.

Lindeperg, Sylvie (2010 [2007]): „Nacht und Nebel". Ein Film in der Geschichte, Berlin.

Lindeperg, Sylvie (2018 [2013]): Westerbork: Das doppelte Spiel des Films. In: Krautkrämer, Florian (Hrsg.): Aufschub. Das Lager Westerbork und der Film von Rudolf Breslauer / Harun Farocki, unter Mitarbeit von Ulrike Bergermann, Berlin, S. 21-61.

Luttmer, Karsten (2004): Die Walser-Bubis-Kontroverse. https://www.zukunft-braucht-erinnerung.de/die-walser-bubis-kontroverse/ (letzter Abruf: 08.05.2020).

Locke, John (1970 [1693]): Gedanken über Erziehung, Stuttgart.

Lowry, Stephen (1992): Film – Wahrnehmung – Subjekt. Theorien des Filmzuschauers. In: montage/av, 1/1, S. 113-128.

Löffler, Petra (2014): Verteilte Aufmerksamkeit. Eine Mediengeschichte der Zerstreuung, Zürich.

Luhmann, Niklas (1997): Erziehung als Formung des Lebenslaufs. In: Lenzen, Dieter / Luhmann, Niklas (Hrsg.): Bildung und Weiterbildung im Erziehungssystem. Lebenslauf und Humanontogenese als Medium und Form, Frankfurt a.M., S. 11-29.

Lücke, Martin (2016): Diversität und Intersektionalität als Konzepte der Geschichtsdidaktik. In: Hasberg, Wolfgang / Thünemann, Holger (Hrsg.): Geschichtsdidaktik in der Diskussion. Grundlagen und Perspektiven, Frankfurt a.M., S. 69-86.

Macdonald, Sharon (2013): Memorylands: Heritage and Identity in Europe Today, London / New York.

Maeder, Pascal / **Lüthi**, Barbara / **Mergel**, Thomas (2012) (Hrsg.): Wozu noch Sozialgeschichte? Eine Disziplin im Umbruch. Festschrift für Josef Mooser zum 65. Geburtstag, Göttingen.

Mannheim, Karl (1980a [1924]): Eine soziologische Theorie der Kultur und ihrer Erkennbarkeit (Konjunktives und kommunikatives Denken). In: Kettler, David / Meja, Volker / Stehr, Nico (Hrsg.): Karl Mannheim. Strukturen des Denkens, Frankfurt a.M., S. 155-322.

Mannheim, Karl (1980b [1924]): Strukturen des Denkens, Frankfurt a.M.

Mannheim, Karl (1928): Das Problem der Generationen. In: Kölner Vierteljahreshefte für Soziologie, Nr. 7, S. 157-185, S. 309-330. Auch digital erhältlich: https://www.1000dokumente.de/index.html?c=dokument_de&dokument=0100_gen&object=pdf&st=&l=de (03.02.2019).

Mannheim, Karl (1985[1929]): Ideologie und Utopie, Frankfurt a.M.

Margry, Karel (1996): Das Konzentrationslager als Idylle. „Theresienstadt" – Ein Dokumentarfilm aus dem jüdischen Siedlungsgebiet. In: Fritz Bauer Institut (Hrsg.): Auschwitz: Geschichte, Rezeption und Wirkung. Jahrbuch 1996 zur Geschichte und Wirkung des Holocaust, Frankfurt a.M. / New York, S. 319-325.

Marx, Karl (1968 [1844]): Ökonomisch-philosophische Manuskripte, In: Marx, Karl / Engels, Friedrich: Werke, Ergänzungsband, Schriften bis 1844, Erster Teil, (=Werke, Band 40), Berlin, S. 465-588.

Marx, Karl (1978 [1845]): 1. ad Feuerbach (Thesen über Feuerbach). In: Marx, Karl / Engels, Friedrich: Werke, Bd. 3, Berlin, S. 5-7.
Maubach, Franka (2009): Die Stellung halten. Kriegserfahrungen und Lebensgeschichten von Wehrmachthelferinnen, Göttingen.
Märthesheimer, Peter / **Frenzel**, Ivo (1979): Im Kreuzfeuer: Der Fernsehfilm ‚Holocaust'. Eine Nation ist betroffen, unter Mitarbeit von Auerbach, Helmut (Institut für Zeitgeschichte) und Pehle, Walter H., Frankfurt a.M.
McLuhan, Marshall (1970 [1964]): Die magischen Kanäle, Frankfurt a.M.
McLuhan, Marshall (1967): The Medium is the Massage: An Inventory of Effects, London.
Mersch, Dieter (2006): Medientheorie zur Einführung, Hamburg.
Meyer-Drawe, Käte (1990): Illusion von Autonomie. Diesseits von Ohnmacht und Allmacht des Ich, München.
Meyer-Drawe, Käte (2008): Diskurse des Lernens, München.
Meyer-Drawe, Käte (2015): Aufmerken – eine phänomenologische Studie. In: Reh, Sabine / Berdelmann, Kathrin / Dinkelaker, Jörg (Hrsg.): Aufmerksamkeit. Geschichte – Theorie – Empirie, Wiesbaden, S. 117-126.
Mollenhauer, Klaus (1996): Grundfragen ästhetischer Bildung. Theoretische und empirische Befunde zur ästhetischen Erfahrung von Kindern, unter Mitarbeit von Cornelie Dietrich, Hans-Rüdiger Müller und Michael Parmentier, Weinheim/München.
Morasch, Gudrun (2014): Erfahrung. In: Wulf, Christoph / Zirfas, Jörg (Hrsg.): Handbuch Pädagogische Anthropologie, Wiesbaden, S. 549-558.
Morin, Edgar (2010 [1953]): Forschungen zum Kinopublikum. In: montage AV 19/2, S. 43-59.
Mulvey, Laura (1989): Visual and Other Pleasures, Bloomington.
Musial, Bogdan (2011): Der Bildersturm. Aufstieg und Fall der ersten Wehrmachtsausstellung. In: https://www.bpb.de/geschichte/zeitgeschichte/deutschlandarchiv/53181/die-erste-wehrmachtsausstellung (30.04.2020).
Mühlenberg, Jutta (2010): Das SS-Helferinnenkorps. Ausbildung, Einsatz und Entnazifizierung der weiblichen Angehörigen der Waffen-SS 1942-1949, Hamburg.
Mütter, Bernd / **Uffelmann**, Uwe (1996): Einleitung: Emotionen – Eine neue Debatte der Geschichtsdidaktik? In: Dies. (Hrsg.): Emotionen und historisches Lernen: Forschung – Vermittlung – Rezeption, 3. unveränd. Aufl., Hannover, S. 11-16.
Mütter, Bernd / **Uffelmann**, Uwe (1996): Die Emotionsproblematik in der Geschichtsdidaktik. Tagungsfazit und Forschungsperspektiven. In: Dies. (Hrsg.): Emotionen und historisches Lernen: Forschung – Vermittlung – Rezeption, 3. unveränd. Aufl., Hannover, S. 367-385.
Naber, Claudia (1995): „Heuernte bei Gewitter". Aby Warburg 1924-1929. In: Galitz, Robert / Reimers, Brita (Hrsg.): Aby M. Warburg. „Ekstatische Nymphe … trauernder Flußgott". Portrait eines Gelehrten, Hamburg, S. 104-129.
Nabi, Widad (2018): Ich habe Flügel, endlich. In: Die Zeit, 10. Sept. 2018 https://www.zeit.de/kultur/2018-09/kriegstrauma-syrien-gruppe-47-flucht-schreiben-heilung-ingeborg-bachmann (28.04.2020).
Nietzsche, Friedrich (1982 [1864-1869]): Briefwechsel. Kritische Gesamtausgabe, hrsg. von Colli, Giorgio / Montinari, Massimo, Band III / 1, Berlin.

Nohl, Arnd-Michael (2014): Bildung und konjunktive Transaktionsräume. In: von Rosenberg, Florian / Geimer, Alexander (Hrsg.): Bildung unter Bedingungen kultureller Pluralität, Wiesbaden, S. 27-40.
Nolda, Sigrid (1998): Distanzierte Familiarität. Zur möglichen Pädagogik von Fernseh-Familienserien. IN: Zeitschrift für Erziehungswissenschaft, Heft 1, S. 89-102.
Nolda, Sigrid (1999): Popularisierung von Bildungswissen im Fernsehen. In: Drerup, Heiner / Keiner, Edwin (Hrsg.): Popularisierung wissenschaftlichen Wissens in pädagogischen Feldern, Weinheim, S. 157-179.
Nolda, Sigrid (2002): Pädagogik und Medien. Eine Einführung, Stuttgart.
Pandel, Hans-Jürgen (2006): Authentizität. In: Mayer, Ulrich / Pandel, Hans-Jürgen / Schneider, Gerhard (Hrsg.): Wörterbuch Geschichtsdidaktik, Schwalbach, S. 25-26.
Paul, Gerhard (2013): TV-Holocaust. Ein fiktionaler US-Mehrteiler als Bildakt der Erinnerung. In: Ders: BilderMACHT. Studien zur Visual History des 20. und 21. Jahrhunderts, Göttingen, S. 478-505.
Pirker, Eva Ulrike / Rüdiger, Mark (2010): Authentizitätsfiktionen in Populären Geschichtskulturen: Annäherungen. In: Pirker, Eva Ulrike / Rüdiger, Mark / Klein, Christa / Leiendecker, Thorsten / Oesterle, Carolyn / Sénécheau, Miriam / Uike-Bormann, Michiko (Hrsg.): Echte Geschichte. Authentizitätsfiktionen in populären Geschichtskulturen, Bielefeld, S. 11-30.
Pirner, Manfred / **Rath**, Matthias (2003) (Hrsg.): Homo medialis. Perspektiven und Probleme einer Anthropologie der Medien, München.
Pischel, Christian (2016): Indexikalität und filmischer Realismus. In: Groß, Bernhard / Morsch, Thomas (Hrsg.): Handbuch Filmtheorie, Wiesbaden, S.1-21.
Polanyi, Michael (1985 [1966]): Implizites Wissen, Frankfurt a.M., S. 14.
Presser, Jacob (2010 [1965]): Ashes in the wind. The destruction of Dutch Jewry, London.
Prinz, Sophia / **Göbel**, Katharina (2015): Die Sinnlichkeit des Sozialen. Eine Einleitung. In: Dies. (Hrsg.): Die Sinnlichkeit des Sozialen. Wahrnehmung und materielle Kultur, Bielefeld, S. 9-49.
Probst, Volker G. (1986): Bilder vom Tod. Eine Studie zum dt. Kriegerdenkmal in der Weimarer Republik am Beispiel des Pietà-Motivs und seiner profanen Varianten, Hamburg.
Raskin, Richard (1987): Nuit et Brouillard by Alain Renais. On the Making, Reception and Function of a Major Documentary Film, Aarhus.
Rath, Matthias (2003): Homo medialis und seine Brüder – zu den Grenzen eines (medien-)anthropologischen Wesensbegriffs. In: Pirner, Manfred / Rath, Matthias (Hrsg.): Homo medialis. Perspektiven und Probleme einer Anthropologie der Medien, München, S. 17-30.
Reckwitz, Andreas (2006): Das hybride Subjekt. Eine Theorie der Subjektkulturen von der bürgerlichen Moderne zur Postmoderne, Weilerswist.
Reckwitz, Andreas (2012): Affektive Räume: Eine praxeologische Perspektive. In: Mixa, Elisabeth / Vogl, Patrick (Hrsg.): E-Motions: Transformationsprozesse in der Gegenwartskultur, Wien / Berlin, S. 23-44.
Reidy, Julian (2013): Baader, Vesper, Ensslin im Kino. Terrorismus und *memoria* in Markus Imhoofs *Die Reise* (1986), Margarethe von Trottas *Die bleierne Zeit* (1981) und Andres Veiels *Wer wenn nicht wir* (2011). In: Germanica 53/2013, S. 163-179.
Reichel, Peter (2001): Vergangenheitsbewältigung in Deutschland. Die Auseinandersetzung mit der NS-Diktatur von 1945 bis heute, München.

Reichel, Peter (2007 [2004]): Erfundene Erinnerung. Weltkrieg und Judenmord in Film und Theater, Frankfurt a.M.
Ricken, Norbert (2013): Zur Logik der Subjektivierung. Überlegungen an den Rändern des Konzepts. In: Gelhard, Andreas / Alkemeyer, Thomas / Ricken, Norbert (Hrsg.): Techniken der Subjektivierung, München, S. 29-47.
Ricœur, Paul (1991 [1985]): Zeit und Erzählung. Bd. III: Die erzählte Zeit, München.
Rilke, Rainer Maria (1997 [1910]): Die Aufzeichnungen des Malte Laurids Brigge, Leipzig.
Rittich, Werner (1942): Symbole großer Zeit – Zu dem Reliefwerk von Arno Breker. In: Kunst im Deutschen Reich, 6. Jg., Folge 1, Januar 1942, München, S. 3.
Rosenstone, Robert A. (1995b): Visions of the Past. The Challenge of Film to Our Idea of History, Cambridge.
Rosenstone, Robert A. (1995a): The Historical Film as Real History. In: Film-Historia, Vol. V, No. 1, S. 5-23.
Rosenstone, Robert A. (1995c) (Hrsg.): Revisioning history. Film and the construction of a new past, Princeton.
Rosenstone, Robert (2003 [1995]): Die Zukunft der Vergangenheit. Film und die Anfänge postmoderner Geschichte. In: Hohenberger, Eva / Keilbach, Judith (Hrsg.): Die Gegenwart der Vergangenheit. Dokumentarfilm, Fernsehen und Geschichte, Berlin, S. 45-64.
Rosenstone, Robert A. (2006): History on film / film on history, Harlow.
Rupnow, Dirk (2013): Unser Umgang mit den Bildern der Täter. Die Spuren nationalsozialistischer Gedächtnispolitik – ein Kommentar zu Yael Hersonskis Film „Geheimsache Ghetto". In: Bundeszentrale für politische Bildung https://www.bpb.de/geschichte/nationalsozialismus/geheimsache-ghettofilm/154336/dirk-rupnow-zu-geheimsache-ghettofilm?p=all (05.02.2020).
Rüsen, Jörn (1994): Was ist Geschichtskultur? Überlegungen zu einer neuen Art über Geschichte nachzudenken. In: Füßmann, Klaus / Grütter, Heinrich Theodor / Rüsen, Jörn (Hrsg.): Historische Faszination. Geschichtskultur heute, Köln, S. 3-26.
Rüsen, Jörn (2008 [1994]): Historische Orientierung. Über die Arbeit des Geschichtsbewußtseins, sich in der Zeit zurecht zu finden, 2. überarb. Aufl., Schwalbach.
Rüsen, Jörn (2008): Historisches Lernen. Grundlagen und Paradigmen, Schwalbach, S. 80-85.
Rüsen, Jörn (2013): Historik. Theorie der Geschichtswissenschaft, Köln / Weimar / Wien, S. 29-51, S. 253-281.
Rüsen, Jörn (2016): Über einige theoretische Grundlagen der Geschichtsdidaktik. In: Hasberg, Wolfgang / Thünemann, Holger (Hrsg.): Geschichtsdidaktik in der Diskussion. Grundlagen und Perspektiven, Frankfurt a.M., S. 19-35.
Römer, Felix (2008): Der Kommissarbefehl. Wehrmacht und NS-Verbrechen an der Ostfront 1941/42, Paderborn.
Rösch, Perdita (2010): Aby Warburg, Paderborn.
Ryle, Gilbert (1969): Der Begriff des Geistes, Stuttgart..
Sabisch, Andrea / **Wollberg**, Ole / **Zahn**, Manuel (2017): Ästhetische Praxis und schweigendes Wissen. In: Budde, Jürgen / Hietzge, Maud / Kraus, Anja / Wulf, Christoph (Hrsg.): Handbuch Schweigendes Wissen, Weinheim, S. 79-91.
Sabrow, Martin (2012): Held oder Opfer. Zum Subjektwandel deutscher Vergangenheitsverständigung im 20. Jahrhundert. In: Fröhlich, Margrit / Jureit, Ulrike /

Schneider, Christian (Hrsg.): Das Unbehagen an der Erinnerung – Wandlungsprozesse im Gedenken an den Holocaust, Frankfurt a.M., S. 37-54.

Sauzay, Brigitte / **Arnold**, Heinz Ludwig / **Thadden**, Rudolf von (1995) (Hrsg.): Vom Vergessen vom Gedenken. Erinnerungen und Erwartungen in Europa zum Mai 1945, Göttingen.

Schäfer, Hilmar (2016): Praxis der Wiederholung. Das Denken der Interabilität und seine Konsequenzen für eine Methodologie praxeologischer Forschung. In: Ders. (Hrsg.): Praxistheorie. Ein soziologisches Forschungsprogramm, Bielefeld S. 137-159.

Schenk, Irmbert (2014): Robert Benigni: Das Leben ist schön. In: Ders.: Film und Kino in Italien. Studien zur italienischen Filmgeschichte, Marburg, S. 171-195.

Schieber, Elke (2001): „Vergesst es nie – Schuld sind sie!" Zur Auseinandersetzung mit dem Völkermord an den Juden in Gegenwartsfilmen der DEFA. In: Deutsches Filminstitut (Hrsg.): Die Vergangenheit in der Gegenwart. Konfrontation mit den Folgen des Holocaust im deutschen Nachkriegsfilm, Frankfurt a.M., S. 36-47.

Schildt, Axel / **Siegfried**, Detlef (2009): Deutsche Kulturgeschichte. Die Bundesrepublik – 1945 bis zur Gegenwart. München, S. 21-42.

Schilling, René (1999): Die „Helden der Wehrmacht" – Konstruktion und Rezeption. In: Müller, Rolf-Dieter / Volkmann, Hans-Erich (Hrsg.): Die Wehrmacht. Mythos und Realität, München, S. 550-572.

Schindler, Larissa (2017): Situiertheit des Lernens. In: Budde, Jürgen / Hietzge, Maud / Kraus, Anja / Wulf, Christoph (Hrsg.): Handbuch Schweigendes Wissen, Weinheim, S. 659-671.

Schittly, Dagmar (2002): DDR-Alltag im Film. Verbotene und zensierte Spielfilme der DEFA. In: APuZ. Alltagskultur Ostdeutschland. Heft 17/2002, S. 23-29.

Schlöndorff, Volker (2007): Deutscher Herbst. Die mörderischen Kinder. In: Die Zeit, 04. Oktober 2007, Nr. 41.

Schneider, Norbert (1993): Jan Vermeer 1632-1675. Verhüllung der Gefühle, Köln.

Schörken, Rolf (1994): Historische Imagination und Geschichtsdidaktik, Paderborn.

Schörken, Rolf (1995): Begegnungen mit Geschichte, Stuttgart.

Schörken, Rolf (1998): Imagination und geschichtliches Verstehen. In: Neue Sammlung. Vierteljahres-Zeitschrift für Erziehung und Gesellschaft, 38 / 1998, S. 202-212.

Schulz, Gerhard (2005 [1992]): Erlebnisgesellschaft. Kultursoziologie der Gegenwart, 2. um den Anhang gekürzte und mit einem neuen Vorwort versehene Aufl., Frankfurt a.M.

Schulze, Winfried (1994) (Hrsg.): Sozialgeschichte, Alltagsgeschichte, Mikro-Historie. Eine Diskussion, Göttingen.

Schütz, Erhard (2010): „Spätheimkehrer". Mediale Reflexe zum Mythos von Adenauers Moskau-Reise. In: Agazzi, Elena / Schütz, Erhard (Hrsg.): Heimkehr: Eine zentrale Kategorie der Nachkriegszeit. Geschichte, Literatur und Medien, Berlin, S. 95-115.

Schwartz, Michael (2014): Homosexuelle im Nationalsozialismus. Neue Forschungsperspektiven zu Lebenssituationen von lesbischen, schwulen, bi-, trans- und intersexuellen Menschen 1933 bis 1945, Oldenburg.

Seidenschnur, Tim (2010): Streit um die Wehrmacht. Die Debatten um die Wehrmachtsausstellungen im Wandel der Generationen, Marburg.

Seel, Martin (1997): Ästhetik und Aisthetik. Über einige Besonderheiten ästhetischer Wahrnehmung. In: Recki, Birgit / Wiesing, Lambert (Hrsg.): Bild und Reflexion. Paradigmen und Perspektiven gegenwärtiger Ästhetik, München, S. 17-38.
Simmel, Georg (1984 [1903]): Die Großstädte und das Geistesleben. In: Ders.: Das Individuum und die Freiheit. Essais, Berlin, S. 192-204.
Smith, Laurajane (2011): The "Doing" of Heritage: Heritage as Performance. In: Jackson, Anthony / Kidd, Jenny (Hrsg.): Performing Heritage: Research, Practice and Innovation in Museum Theatre and Live Interpretation, Manchester, S. 69–81.
Souriau, Etienne (1997 [1951]): Die Struktur des filmischen Universum und das Vokabular der Filmologie. In: Montage AV 6/2, S. 140-157.
Sobchack, Vivian (1996): The persistence of history. Cinema, telvision and the modern event, New York.
Sontag, Susan (2008 [2003]): Das Leid anderer betrachten, 2. Aufl., Frankfurt a.M.
Steinbacher, Sybille (2001): ‚Protokoll vor der Schwarzen Wand'. Die Ortsbesichtigung des Frankfurter Schwurgerichts in Auschwitz. in: Wojak, Irmtrud (Hrsg.): „Gerichtstag halten über uns selbst..." Geschichte und Wirkung des ersten Frankfurter Auschwitz-Prozesses, Frankfurt a.M. / New York, S. 61-89.
Svevo, Italo (1959 [1928]): Zeno Cosini, Hamburg.
Tenorth, Heinz-Elmar (1992): Laute Klage, stiller Sieg. Über die Unaufhaltsamkeit der Pädagogik in der Moderne. In: Brenner, Dietrich / Lenzen Dieter / Otto, Hans-Uwe (Hrsg.): Erziehungswissenschaft zwischen Modernisierung und Modernitätskrise. Weinheim, S. 129-140 (29. Beiheft der Zeitschrift für Pädagogik).
Thompson, Kristin (1995 [1988]): Neoformalistische Filmanalyse. In: Montage AV 1995/4/1, S. 23–62.
Thünemann, Holger (2005): Geschichtskultur als Forschungsansatz zur Analyse des Umgangs mit der NS-Zeit und dem Holocaust. Konzeptionelle Standortbestimmung und ein Vorschlag zur kategorialen Differenzierung. In: Zeitschrift für Geschichtsdidaktik, H.4 / 2005, S. 230-240.
Thünemann, Holger (2018): Geschichtskultur revisited. Versuch einer Bilanz nach drei Jahrzehnten. In: Sandkühler, Thomas / Blanke, Horst Walter (Hrsg.): Historisierung der Historik. Jörn Rüsen zum 80. Geburtstag, Wien / Köln / Weimar, S. 127-149.
Troth Lippman, Doris (2010): Removing the Cloak of Invisibility: The Vietnam Women's Memorial. In: Sacred Heart University Review: Vol. 15 : Issue 1, Fairfield, S. 3-15, hier S. 13.
Tschofen, Bernhard (2016): ‚Eingeatmete Geschichtsträchtigkeit'. Konzepte des Erlebens in der Geschichtskultur. In: Willner, Sarah / Koch, Georg / Samida, Stefanie (Hrsg.): Doing History. Performative Praktiken in der Geschichtskultur, Münster / New York, S. 137-148.
Veit, Georg (1996): Von der Imagination zur Irritation. In: Geschichte lernen, 9. Jg., 1996/52, S. 9-12.
Vertov, Dziga (2003 [1923]): Kinoki – Umsturz. In: Albersmeier, Franz-Josef (Hrsg.): Texte zur Theorie des Films, Stuttgart, S. 36-50.
Wagenaar, Aad (2005 [1995]): Settela, Nottingham.
Waldenfels, Bernhard (2002): Aufmerksamkeitsschwellen. In: Links. Rivista di letteratura e cultura tedesca. Zeitschrift für deutsche Literatur- und Kulturwissenschaft, 2, S. 37-44.

Waldenfels, Bernhard (2012): Fremdheit und Alterität im Hinblick auf historisches interpretieren. In: Becker, Anja / Mohr, Jan (2012): Alterität als Leitkonzept für historisches Interpretieren, Bielefeld, S. 61-71.

Waldenfels, Bernhard (2016): Geweckte und gelenkte Aufmerksamkeit. In: Müller, Jörn / Nießeler, Andreas / Rauh, Andreas (Hrsg.): Aufmerksamkeit. Neue humanwissenschaftliche Perspektiven, Bielefeld, S. 25-45.

Warburg, Aby (2000 [1924-1929]): Der Bilderatlas Mnemosyne. Gesammelte Schriften Bd. II, 1, hg. von Martin Warnke, unter Mitarbeit von Claudia Brink, Berlin.

Warburg, Aby (2001 [1926]): Tagebuch der Kulturwissenschaftlichen Bibliothek Warburg. Gesammelte Schriften Bd. VII, 7, hg. von Karen Michels, Charlotte Schoell-Glass, Berlin.

Warburg, Aby (2010 [1893-1906]): Sandro Botticellis „Geburt der Venus" und „Frühling". In: Ders.: Werke in einem Band. Auf der Grundlage der Manuskripte und Handexemplare, hg. und kommentiert von Martin Treml, Sigrid Weigel, Perdita Ladwig, unter Mitarbeit von Susanne Hetzer, Herbert Kopp-Oberstebrink und Christina Oberstebrink, Berlin, S. 39-123.

Warburg, Aby (2010 [1900]): Ninfa Florentina. In: Ders.: Werke in einem Band. Auf der Grundlage der Manuskripte und Handexemplare, hg. und kommentiert von Martin Treml, Sigrid Weigel, Perdita Ladwig, unter Mitarbeit von Susanne Hetzer, Herbert Kopp-Oberstebrink und Christina Oberstebrink, Berlin, S. 198-210.

Warburg, Aby (2010 [1905]): Dürer und die italienische Antike. In: Ders.: Werke in einem Band. Auf der Grundlage der Manuskripte und Handexemplare, hg. und kommentiert von Martin Treml, Sigrid Weigel, Perdita Ladwig, unter Mitarbeit von Susanne Hetzer, Herbert Kopp-Oberstebrink und Christina Oberstebrink, Berlin, S. 176-183.

Warburg, Aby (2010 [1927-1929]): Mnemosyne I. Aufzeichnungen. In: Ders.: Werke in einem Band. Auf der Grundlage der Manuskripte und Handexemplare, hg. und kommentiert von Martin Treml, Sigrid Weigel, Perdita Ladwig, unter Mitarbeit von Susanne Hetzer, Herbert Kopp-Oberstebrink und Christina Oberstebrink, Berlin, S. 640-646.

Warburg, Aby (2010 [1929]): Mnemosyne Einleitung. In: Ders.: Werke in einem Band. Auf der Grundlage der Manuskripte und Handexemplare, hg. und kommentiert von Martin Treml, Sigrid Weigel, Perdita Ladwig, unter Mitarbeit von Susanne Hetzer, Herbert Kopp-Oberstebrink und Christina Oberstebrink, Berlin, S. 629-639.

Warnke, Martin (1980a): Schlangenbilder und Bilderfahrzeuge. In: Hofmann, Werner / Syamken, Georg / Warnke, Martin (Hrsg.): Die Menschenrechte des Auges. Über Aby Warburg, Frankfurt a.M., S. 75-83.

Warnke, Martin (1980b): „Die Leidschaft der Menschheit wird humaner Besitz". In: Hofmann, Werner / Syamken, Georg / Warnke, Martin (Hrsg.): Die Menschenrechte des Auges. Über Aby Warburg, Frankfurt a.M., S. 113-186.

Warnke, Martin (2000): Editorische Vorbemerkungen. In: Warburg, Aby: Der Bildatlas „Mnemosyne". Gesammelte Schriften Bd. II, 1, hg. von Martin Warnke, unter Mitarbeit von Claudia Brink, Berlin, S. VII-X.

Waterton, Emma (2014): A More-Than-Representational Understanding of Heritage? The `Past` and the Politics of Affect. In: Geography Compass 8/11, S. 823-833.

Webber, Jonathan (1995): Die Zukunft von Auschwitz. Einige persönliche Bemerkungen, Frankfurt a.M., S. 2-6.
Weckel, Ulrike (2012): Beschämende Bilder. Deutsche Reaktionen auf alliierte Dokumentarfilme über befreite Konzentrationslager, Stuttgart.
Weisz, Zoni (2011): Ein immer noch vergessener Holocaust – Essay. In: Aus Politik und Zeitgeschichte, Sinti und Roma, Heft 22-23/2011, S. 3-8.
Wende, Waltraud (2007): Medienbilder und Geschichte. Zur Medialisierung des Holocaust. In: Dies. (Hrsg.): Der Holocaust im Film. Mediale Inszenierung und kulturelles Gedächtnis, Heidelberg, S. 9-28.
Wende, Waltraud / **Koch**, Lars (2010): Filmanalyse als Kulturanalyse: Zur Konstruktion von Normalität und Abweichung im Spielfilm, Bielefeld.
Wendler, André / Engell, Lorenz (2009): Medienwissenschaft der Motive. In: Zeitschrift für Medienwissenschaft 1/2009, S. 38-49.
Welzel, Barbara (2004): Aby Warburg: Mnemosyne-Atlas. In: Kunst und Unterricht, Heft 285/286, S. 35-37.
West, Candace / **Zimmerman**, Don H. (1987): Doing Gender. In: Gender and Society, Bd. 1, Nr. 2, S. 125-151.
White, Hayden (1991 [1973]): Metahistory: Die historische Einbildungskraft im 19. Jahrhundert in Europa, Frankfurt a.M.
Wiesel, Elie (1979 [1978]): Die Trivialisierung des Holocaust: Halb Faktum und halb Fiktion. In: Märthesheimer, Peter / Frenzel, Ivo (Hrsg.): Im Kreuzfeuer: Der Fernsehfilm ‚Holocaust'. Eine Nation ist betroffen, Frankfurt a.M., S. 25-30.
Wiesel, Elie (2000): Gedenkrede zur Gedenkstunde im Deutschen Bundestag am 27. Januar 2000 https://www.bundesregierung.de/breg-de/service/bulletin/27-januar-tag-des-gedenkens-an-die-opfer-des-nationalsozialismus-gedenkstunde-des-deutschen-bundestages-ansprache-von-prof-dres-h-c-elie-wiesel--808050 (02.12.2019).
Wiesing, Lambert (2002) (Hrsg.): Philosophie der Wahrnehmung, Frankfurt a.M.
Wigger, Lothar (2008) (Hrsg.): Wie ist Bildung möglich?, Bad Heilbrunn.
Willner, Sarah / **Koch**, Georg / **Samida**, Stefanie (2016): Doing History – Geschichte als Praxis. Programmatische Annäherung. In: Dies (Hrsg.): Doing History. Performative Praktiken in der Geschichtskultur, Münster / New York, S. 1-25.
Wimmer, Michael (1996): Zerfall des Allgemeinen – Wiederkehr des Singulären. Pädagogische Professionalität und der Wert des Wissens. In: Combe, Arno / Helsper, Werner (Hrsg.): Pädagogische Professionalität. Untersuchungen zum Typus pädagogischen Handelns, Frankfurt a.M., S. 404-447.
Wirtz, Rainer (2008): Alles authentisch: so war's. Geschichte im Fernsehen oder TV-History. In: Fischer, Thomas / Wirtz, Rainer (Hrsg.): Alles authentisch? Popularisierung der Geschichte im Fernsehen, Konstanz, S. 9-32.
Wrochem, Oliver von (2009): Kriegsdeutungen und gesellschaftliche Transformation. Wehrmachtsikonen, Sinnstiftung und soldatische Identitäten in Westdeutschland. In: von Lingen, Kerstin (Hrsg.): Kriegserfahrung und nationale Identität in Europa nach 1945. Erinnerung, Säuberungsprozesse und nationales Gedächtnis, Paderborn / München / Wien / Zürich, S. 189-205.
Wulf, Christoph / **Zirfas**, Jörg (2014) (Hrsg.): Handbuch Pädagogische Anthropologie, Wiesbaden.

Wulf, Christoph (2014): Emotion. In: Ders. (Hrsg.): Handbuch Pädagogische Anthropologie, Wiesbaden, S. 113-123.
Wulf, Christoph (2018): Medienanthropologie. Historische und kulturanthropologische Perspektiven. In: Vierteljahrsschrift für wissenschaftliche Pädagogik 94, S. 40-50.
Zahn, Manuel (2009): Film-Bildung. In: Meyer, Torsten / Sabisch, Andrea (Hrsg.): Kunst Pädagogik Forschung. Aktuelle Zugänge und Perspektiven, Bielefeld, S. 225-231.
Zahn, Manuel (2012): Ästhetische Film-Bildung. Studien zur Materialität und Medialität filmischer Bildungsprozesse, Bielefeld.
Ziemann, Andreas (2011): Medienkultur und Gesellschaftsstruktur, Wiesbaden.
Zumbusch, Cornelia (2004): Wissenschaft in Bildern. Symbole und dialektisches Bild in Aby Warburgs Mnemosyne-Atlas und Walter Benjamins Passagen-Werk, Berlin S. 31-129.

Filme

Aufschub, Regie und Drehbuch: Harun Farocki, Deutschland 2007.
Das schreckliche Mädchen, Regie und Drehbuch: Michael Verhoeven, Deutschland 1990.
Die bleierne Zeit, Regie und Drehbuch: Margarethe von Trotta, Deutschland 1981.
Die Brücke, Regie: Bernhard Wicki, Drehbuch: Bernhard Wicki / Michael Mansfeld / Karl-Wilhelm Vivier, Deutschland 1959.
Eichmann-Prozess: Eine vollständige Dokumentation von 200 Stunden Filmmaterial wurde aus Anlass des 50. Jahrestages des Gerichtsprozesses 2011 von *Yad Vashem – Internationale Holocaust Gedenkstätte* auf einem eigenen YouTube-Kanal veröffentlicht. https://www.youtube.com/user/EichmannTrialEN/videos (17.12.2019)
Film ohne Titel, Regie: Rudolf Jugert, Drehbuch: Helmut Käutner, Ellen Fechner, Rudolf Jugert, Deutschland 1948.
Holocaust – Die Geschichte der Familie Weiss [Holocaust], Regie: Marvin J. Chomsky, Drehbuch: Gerald Green, USA 1978.
In jenen Tagen, Regie: Helmut Käutner, Drehbuch: Helmut Käutner / Ernst Schnabel, Deutschland 1947.
Nacht und Nebel [Nuit et brouillard], Regie: Alain Resnais, Drehbuch: Jean Cayrol, Frankreich 1956.
Pizza in Auschwitz, Regie: Moshe Zimmerman, Israel 2008.
Rat der Götter, Regie: Kurt Maetzig, Drehbuch: Friedrich Wolf, Philipp Gecht, DDR 1950.
Schindlers Liste [Schindler's List], Regie: Steven Spielberg, Drehbuch: Steven Zaillian, USA 1993.
Shoah, Regie: Claude Lanzmann, Frankreich 1985.
So weit die Füße tragen, Regie und Drehbuch: Fritz Umgelter, Deutschland 1959.
Son of Saul [Saul fia], Regie: László Nemes, Drehbuch: László Nemes / Clara Royer, Ungarn 2015.
#uploading_holocaust, Regie: Sagi Bornstein und Udi Nir, Deutschland /Israel /Österreich 2016.

Dank

Diese Publikation ist das Ergebnis meiner Dissertation, die ich 2020 an der TU Dortmund eingereicht und verteidigt habe. Dass am Ende über dieser Arbeit nur ein Name steht, spiegelt nicht wider, wie wissenschaftlicher Erkenntnisgewinn von statten geht. Ich verdanke einer Vielzahl von Menschen den gelungenen Abschluss dieser Arbeit. Die Beschäftigung mit Filmen, Fotografien und Geschichte begleitet mich schon sehr lange und daher bin ich auch denjenigen zu Dank verpflichtet, die mir viele Jahre zuvor einen Zugang zu diesen Themen ermöglicht haben und mit mir im Austausch waren. Auf je unterschiedliche Weise haben mir diese Personen dabei geholfen, meine Perspektive auf das Thema zu finden, meine Ideen und Probleme gehört und fortwährend die richtigen Fragen gestellt: Roland Baege, Felix Dobbert, Ute Gerhard, Sarah Hübscher, Ruprecht Mattig, Ulrike Mietzner, Stephan Neuendank, Bernd Oehler, Barbara Platzer, Ellen Risholm, Jan Schmolling, Barbara Welzel, Kurt Wettengl.

Pädagogik

Tobias Schmohl, Thorsten Philipp (Hg.)
Handbuch Transdisziplinäre Didaktik

August 2021, 472 S., kart.,
Dispersionsbindung, 7 Farbabbildungen
39,00 € (DE), 978-3-8376-5565-0
E-Book: kostenlos erhältlich als Open-Access-Publikation
PDF: ISBN 978-3-8394-5565-4
EPUB: ISBN 978-3-7328-5565-0

Andreas de Bruin
Mindfulness and Meditation at University
10 Years of the Munich Model

April 2021, 216 p., pb.
25,00 € (DE), 978-3-8376-5696-1
E-Book: available as free open access publication
PDF: ISBN 978-3-8394-5696-5

Andreas Germershausen, Wilfried Kruse
Ausbildung statt Ausgrenzung
Wie interkulturelle Öffnung und Diversity-Orientierung
in Berlins Öffentlichem Dienst und in Landesbetrieben
gelingen können

April 2021, 222 S., kart., Dispersionsbindung, 8 Farbabbildungen
25,00 € (DE), 978-3-8376-5567-4
E-Book: kostenlos erhältlich als Open-Access-Publikation
PDF: ISBN 978-3-8394-5567-8

**Leseproben, weitere Informationen und Bestellmöglichkeiten
finden Sie unter www.transcript-verlag.de**

Pädagogik

Andreas de Bruin
**Achtsamkeit und Meditation
im Hochschulkontext**
10 Jahre Münchner Modell

Februar 2021, 216 S., kart., durchgängig vierfarbig
20,00 € (DE), 978-3-8376-5638-1
E-Book: kostenlos erhältlich als Open-Access-Publikation
PDF: ISBN 978-3-8394-5638-5

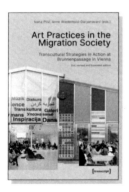

Ivana Pilic, Anne Wiederhold-Daryanavard (eds.)
Art Practices in the Migration Society
Transcultural Strategies in Action
at Brunnenpassage in Vienna

March 2021, 244 p., pb.
29,00 € (DE), 978-3-8376-5620-6
E-Book:
PDF: 25,99 € (DE), ISBN 978-3-8394-5620-0

Melanie Groß, Katrin Niedenthal (Hg.)
Geschlecht: divers
Die »Dritte Option« im Personenstandsgesetz –
Perspektiven für die Soziale Arbeit

Februar 2021, 264 S., kart.,
Dispersionsbindung, 1 SW-Abbildung
34,00 € (DE), 978-3-8376-5341-0
E-Book:
PDF: 33,99 € (DE), ISBN 978-3-8394-5341-4

**Leseproben, weitere Informationen und Bestellmöglichkeiten
finden Sie unter www.transcript-verlag.de**